目 录

绪　论　小学语文教学技能概述 …………………………………… 1
　　一、小学语文教学技能的意涵 …………………………………… 1
　　二、小学语文教学技能的课程内容构建 ………………………… 2
　　三、小学语文教学技能的课程实施方略 ………………………… 5

第一篇　小学语文教学准备技能

第一章　教材分析技能 …………………………………………… 13
　　想与说　如何分析教材 …………………………………………… 13
　　读与评　名师备课经验评析 ……………………………………… 13
　　讲与议　教材分析与处理 ………………………………………… 15
　　学与做　技巧提炼与实训 ………………………………………… 32

第二章　教学目标设计技能 ……………………………………… 35
　　想与说　如何看待目标制度 ……………………………………… 35
　　读与评　目标设计课例评析 ……………………………………… 36
　　讲与议　目标理解与陈述 ………………………………………… 37
　　学与做　技巧提炼与实训 ………………………………………… 47

第三章　教案编写技能 …………………………………………… 51
　　想与说　什么是理想的教案 ……………………………………… 51
　　读与评　同课异构的比较 ………………………………………… 51
　　讲与议　教案的理解与编写 ……………………………………… 60
　　学与做　技巧提炼与实训 ………………………………………… 73

第四章　课前说课技能 …………………………………………… 78
　　想与说　说好课需要何种素养 …………………………………… 78

读与评　两种形式说课稿比较 …………………………………………… 79
　　讲与议　说课的困境与对策 ……………………………………………… 84
　　学与做　技巧提炼与实训 ………………………………………………… 91

第二篇　小学语文课堂施教技能

第五章　课堂导入技能 ………………………………………………… 97
　　想与说　什么是导入的价值 ……………………………………………… 97
　　读与评　导入课例的评析 ………………………………………………… 97
　　讲与议　导入的偏失与方式 …………………………………………… 100
　　学与做　技巧提炼与实训 ……………………………………………… 110

第六章　课堂讲授技能 ………………………………………………… 112
　　想与说　讲授法落伍了吗 ……………………………………………… 112
　　读与评　"下水"教案的评析 …………………………………………… 113
　　讲与议　讲授的理解与运用 …………………………………………… 118
　　学与做　技巧提炼与实训 ……………………………………………… 132

第七章　课堂提问技能 ………………………………………………… 137
　　想与说　提问旨归何处 ………………………………………………… 137
　　读与评　同课异问的思考 ……………………………………………… 138
　　讲与议　提问的类型与技巧 …………………………………………… 140
　　学与做　技巧提炼与实训 ……………………………………………… 165

第八章　课堂朗读技能 ………………………………………………… 167
　　想与说　什么是朗读的密码 …………………………………………… 167
　　读与评　备课十读的启示 ……………………………………………… 168
　　讲与议　朗读的痼疾与技巧 …………………………………………… 169
　　学与做　技巧提炼与实训 ……………………………………………… 191

　🎤|朗读示范|
　　1. 统编版小学语文教材六年级上册《七律·长征》 …………………… 170
　　2. 统编版小学语文教材二年级下册《雷雨》 …………………………… 175
　　3. 统编版小学语文教材三年级下册《花钟》片段 ……………………… 177
　　4. 统编版小学语文教材三年级下册《燕子》 …………………………… 178
　　5. 统编版小学语文教材四年级上册《观潮》 …………………………… 178
　　6. 统编版小学语文教材一年级下册《一个接一个》 …………………… 180

7. 统编版小学语文教材三年级上册《卖火柴的小女孩》片段 …… 182
　　8. 统编版小学语文教材四年级下册《清平乐·村居》片段 …… 184
　　9. 统编版小学语文教材四年级上册《麻雀》片段 …………… 186
　　10. 统编版小学语文教材四年级下册《"诺曼底号"遇难记》片段 …… 186
　　11. 统编版小学语文教材四年级上册《秋晚的江上》 ………… 187
　　12. 统编版小学语文教材二年级下册《千人糕》 ……………… 188
　　13. 统编版小学语文教材五年级上册《四季之美》 …………… 191

第九章　课堂调控技能 …………………………………………… 193
　　想与说　课堂为什么要调控 …………………………………… 193
　　读与评　对话名师课例 ………………………………………… 194
　　讲与议　调控的价值与技巧 …………………………………… 197
　　学与做　技巧提炼与实训 ……………………………………… 211

第十章　课堂激励技能 …………………………………………… 213
　　想与说　怎样看待激励 ………………………………………… 213
　　读与评　故事里的激励启示 …………………………………… 214
　　讲与议　激励的认识与运用 …………………………………… 215
　　学与做　技巧提炼与实训 ……………………………………… 228

第十一章　课堂板书技能 ………………………………………… 234
　　想与说　板书能被替代吗 ……………………………………… 234
　　读与评　板书还是不板书 ……………………………………… 235
　　讲与议　板书的价值与技能 …………………………………… 237
　　学与做　技巧提炼与实训 ……………………………………… 249

第十二章　多媒体运用技能 ……………………………………… 253
　　想与说　多媒体是把"双刃剑" ……………………………… 253
　　读与评　比较与审思 …………………………………………… 254
　　讲与议　多媒体的影响与运用 ………………………………… 255
　　学与做　技巧提炼与实训 ……………………………………… 266

第十三章　课后作业设计与布置技能 …………………………… 268
　　想与说　什么是课后作业 ……………………………………… 268
　　读与评　实习前后的作业比较 ………………………………… 269
　　讲与议　课后作业的误区与对策 ……………………………… 272

学与做　技巧提炼与实训 ·· 282

第十四章　模拟授课技能 ·· 285

　　想与说　模拟授课何以被青睐 ·· 285
　　读与评　一次教师资格证面试 ·· 285
　　讲与议　模拟授课的症结与对策 ·· 288
　　学与做　技巧提炼与实训 ·· 300

第三篇　小学语文教后反思与评课技能

第十五章　教后反思技能 ·· 307

　　想与说　关于教后反思之反思 ·· 307
　　读与评　名师分享 ·· 307
　　讲与议　教后反思的层次与技巧 ·· 309
　　学与做　技巧提炼与实训 ·· 318

第十六章　评课技能 ·· 322

　　想与说　评课为什么重要 ·· 322
　　读与评　评课经验之辨 ·· 322
　　讲与议　评课的原则与方法 ·· 327
　　学与做　技巧提炼与实训 ·· 337

后　记 ··· 344

绪 论
小学语文教学技能概述

20世纪80年代中期，我国师范教育体制开始由三级师范向二级师范过渡，90年代后期，又开始了由二级师范向一级师范的过渡，进入21世纪，小学教师的培养出现了专科、本科、研究生三个层次共存的局面。"在高等教育体系中培养的小学教师不仅应具备比中师更强的教学技能，而且还应具有创造性地将教育教学过程艺术化的能力和水平。"[①]

请你反思

> 当你与中等师范学校（简称"中师"）出身的资深教师接触多了，就会领略到他们扎实的教学功底；当你考察的高等师范院校多了，就会发现较高的科研要求几乎将走廊里曾经的一排排的"小黑板们"驱赶殆尽了；"天下师范是一家"的情意无数次从人们的记忆里被翻找出来，一些专家也不断在公开场合为"中师"正名。

教师的职业技能是一个历史范畴，具有稳定性和可变性相结合的特点[②]。从教学技能层面看，稳定性是指某些教学技能或教学技能的某些方面不因时代的改变而变化；可变性则相反，是指某些技能会随着时代需要、理念变革、技术发展等的变化而变化。那些经过历史沉淀的、有效的教学技能及相关培养策略，应在继承中发展；那些变化性较大的技能及相关培养策略，要善于依据新的要求进行改造。

语文课程改革的深入、《义务教育语文课程标准（2022年版）》（以下简称"2022年版课标"）的颁布、技能培养目标的变化和教育技术的发展，必然会给小学语文教学技能的内容、模式与策略带来相应的变革。我们也要善于在变与不变、继承与创新中改造、发展它。

一、小学语文教学技能的意涵

《教育大辞典》认为："技能是指主体在已有的知识经验基础上，经练习形成的执行某种任务的活动方式。"[③]《心理学大词典》对技能的定义是："个体运用已有的知识经验，通过

[①] 王智秋.小学教育专业人才培养模式的研究与探索[J].教育研究，2007（05）：25—30.
[②] 乔晖.近十年语文教师职业技能研究综述[J].辽宁教育研究，2005（11）：76—78.
[③] 顾明远.教育大辞典（第一卷）[M].上海：上海教育出版社，1990：147.

练习而形成的智力活动方式和肢体的动作方式的复杂系统。"[1]据此，有学者将语文教师职业技能界定为："语文教师在其所从事的语文教育工作中，为了适应和满足工作的需要，通过反复练习而逐渐巩固乃至自动化了的动作或智力的行为活动方式。"[2]

小学语文教学技能作为语文教师职业技能的核心内容之一，要理解它，需结合以上定义再明确三点：一者，它是一种自动化了的教学行为活动方式，这个教学行为活动方式又是外显教学行为和内隐智力活动的复合系统；再者，它是以小学生的学习特点、小学语文学科的内容特点和相关的理论知识为基础的；三者，它是经过长期的、反复的训练由知识转化而来的。

2022年版课标明确指出，未来教育需求要从"有学上"转向"上好学"，因此，对于师范生和新手教师来说，小学语文教学技能的培养具有重要意义：一方面，它不但直接关系到师范生能否顺利走上小学语文教师的岗位，还能为其将来的教学生活奠定技能基础；另一方面，它不仅可以指导新手教师的语文课堂教学实践，还可以作为教学反思的坐标，供其审视课堂，构建自己的教学技能知识体系，以便更快、更好地渡过新手期。

二、小学语文教学技能的课程内容构建

（一）构建参照

1. 基于小学语文教学技能是外显教学行为和内隐智力活动的复合系统，可将语文教学技能分为教学动作技能和教学心智技能

（1）教学动作技能

"在完成一项语文教学任务过程中，当所涉及的一系列实际动作，以完善、合理的方式组织起来并顺利地进行时，就成为语文教学动作技能。"[3]包括教师在教学前、中、后一系列的外显行为，这些动作主要是肌肉、骨骼运动和与之相应的神经系统部分的活动。这一系列动作技能只有在具体教学情境中反复模仿、应用，才能逐步形成。而这一过程可大致划分为三个既有区别又有联系的阶段：掌握局部动作阶段、初步掌握完整动作阶段、动作协调和完善阶段[4]。在其形成过程中，各阶段变化主要表现在三个方面的特征上：从活动的结构改变来看，表现为许多局部的动作联合成一个完整的动作系统，动作之间互相干扰的现象以及多余的动作逐渐减少以至消失；从活动的速度和品质来看，表现为动作速度的加快以及动作的准确性、协调性、稳定性、灵活性的逐步提升；从活动的调节来看，表现为视觉控制的减弱和动觉控制的增强、基本动作接近自动化和动作紧张性的消失。

---

[1] 朱智贤.心理学大词典[M].北京：北京师范大学出版社，1989：300.
[2] 周庆元.语文教师职业技能训练概说[J].高等师范教育研究，1995（06）：35—39.
[3] 王贵寅.试论语文教学技能训练[J].松辽学刊（社会科学版），1995（01）：57—60.
[4] 王贵寅.试论语文教学技能训练[J].松辽学刊（社会科学版），1995（01）：57—60.

> **请你思考**
>
> 请回想模拟试讲的初级阶段，教授你教学论的老师或者同学在评价你的上课表现时，总会盯着你的动作技能发表意见，如眼睛总是盯着天花板，和学生对话时语言沉闷、表情僵硬，板书时缺乏随机性，等等，你认为这正常吗？

（2）教学心智技能

教学心智技能指教师借助内部言语在头脑中形成的，与外显动作相关的对小学语文教学内容进行认识活动的能力。因此，"在完成一项语文教学任务中，这些心理活动按一定的、合理的、完善的方式进行就是语文教学心智技能"[1]。掌握正确的思维方式、方法是小学语文教学心智技能的本质特征。其形成过程也可划分为既有区别又有联系的三个阶段：掌握局部心智活动阶段、初步掌握完整心智活动阶段、心智活动协调和完善阶段[2]。在小学语文教学心智技能形成过程中，各阶段的变化主要表现在三个方面的特征上：从活动的结构改变来看，表现为语文教学心智活动的各个环节逐渐连成一个整体，内部言语趋于概括化和简约化，也就是语文教师谙熟教学相关内容与程序并能基本顺畅地完成备课、上课以及其他相关教学活动；从活动的速度和品质来看，表现为小学语文教学思维的敏捷性与灵活性、思维的广度和深度、思维的独立性等品质逐步提升，此时的教师已经能在语文相关教学活动中有自己独立的思考，对待突发教学事件能做到临危不乱，并能努力应对；从活动调节来看，表现为小学语文教学心智活动的熟练化、神经劳动的消耗减少和内部言语过程的进行较少需要活动主体的意志努力，这一阶段的教师已经完全胜任语文教学活动，相关技能已了然于心、驾轻就熟，无须思考每一内容或程序的实施原则，即默会能力已形成。犹如弹琴，当学会时，不再需要思考手势怎么摆、"do"键在哪、"re"键在哪，手、脑与钢琴浑然一体，你中有我，我中有你，自然流畅。

> **细思默想**
>
> 你在模拟试讲时，可能会出现语无伦次、啰嗦反复、内容混乱、逻辑不强等问题。你或许以为，这是你表达能力不强或是过于紧张所致，其实这只是表象，真正的深层原因是你的语文教学心智技能还不完善。

教学动作技能和教学心智技能互为依托，相辅相成。动作技能是心智技能的外在表达，心智技能是动作技能的内在依据，不可偏废。过于强调动作技能而忽略心智技能的训练，动作就会变得单调、僵化，不能举一反三；反之，则是纸上谈兵，华而不实。

---

[1] 王贵寅.试论语文教学技能训练[J].松辽学刊（社会科学版），1995（01）：59.
[2] 王贵寅.试论语文教学技能训练[J].松辽学刊（社会科学版），1995（01）：59.

上述分类是从教学技能性质的视角来考量的，为教学技能训练和评价提供了理论依据，但无法据此进行教学技能内容体系的构建。

2. 鉴于教学技能是教师职业技能的核心组成部分，可从教师职业技能的角度来定位小学语文教学技能的课程内容

有学者在对师范生技能相关文献研究的基础上，结合基础教育课程改革背景和我国高等师范院校实际情况，提出师范生专业技能训练内容[①]（如图绪论-1所示）。

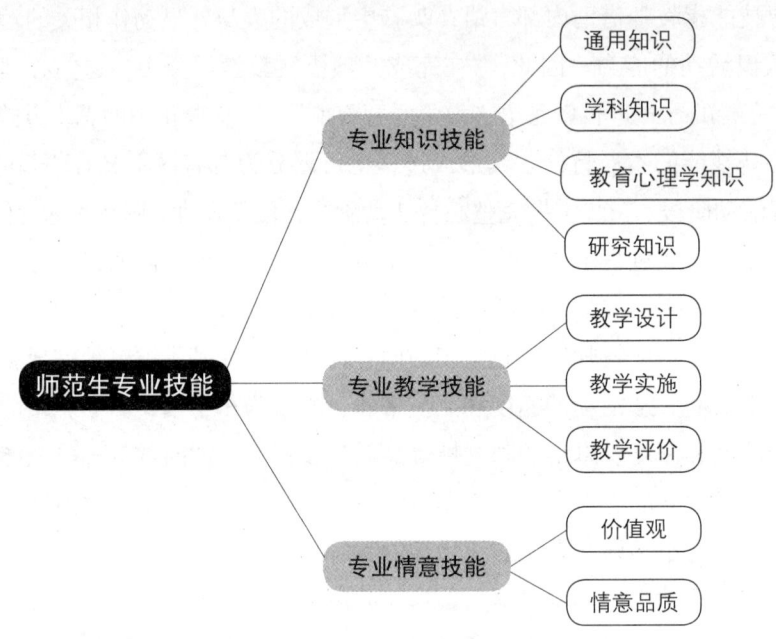

图绪论-1　师范生专业技能训练内容

可见，专业教学技能是师范生专业技能的重心，而教学设计、教学实施、教学评价又是专业教学技能的主要内容。由此，小学语文教学技能应包括师范生从事教师职业所必备的小学语文教学设计技能、教学实施技能和教学评价技能。

上述专业教学技能的分类，主要依据教学进程来划分，但若完全按这一分类构建小学语文教学技能内容体系，有些必备技能便无法涵括进去。

（二）课程内容构建

基于以上分类与分析，结合小学语文教学的实际和课堂教学前、中、后三个不同阶段，我们试将小学语文教学技能分为教学准备技能、课堂施教技能、教后反思与评课技能三部分，每部分又分解为若干必要技能。它是一个开放体系，可依据变化与需要灵活调整。

---

① 陈蓓，孙奕.论高等师范院校师范生的专业技能［J］.江苏教育学院学报（社会科学版），2009，25（03）：42—44.

1. 教学准备技能

教学准备技能处于准备阶段，是教学实施的基础，主要包括教材分析技能、教材处理技能、教案编写技能三项。其中，教案编写技能还可分解出教学目标设计技能、教学方法选择技能、板书设计技能等。另外，课前说课技能作为施教前的一种研讨方式，也可归入教学准备技能中。教材分析技能和教材处理技能是教学准备技能中最基础的内容，2022年版课标新理念、统编教材编排特点也最为直接地体现其中。

2. 课堂施教技能

2022年版课标在"指导思想"中明确指出义务教育的发展方向：聚集中国学生发展核心素养，培养学生适应未来发展的正确价值观、必备品格和关键能力，引导学生明确人生发展方向，成长为德智体美劳全面发展的社会主义建设者和接班人。毋庸置疑，这都有赖于课堂施教。因此，课堂施教技能是小学语文教学技能体系的重心，主要包括课堂导入技能、课堂讲授技能、课堂提问技能、课堂朗读技能、课堂调控技能、课堂激励技能、课堂结课技能、课堂板书技能、多媒体运用技能、作业设计与布置技能、模拟授课技能等。其中，重点是课堂讲授技能、课堂提问技能、课堂朗读技能、课堂调控技能、课堂激励技能和模拟授课技能。随着2022年版课标的实施，这些技能的具体内容会或多或少地有所变化，尤以课堂讲授技能的变化最大，必须放在以学生为主体的对话视域中来理解和运用它；而现代教育技术的发展，又使多媒体运用技能愈显重要。

3. 教后反思与评课技能

教后反思与评课技能处于课堂教学的总结、反思阶段，是本节课与下节课、教学与研究的衔接点，主要包括教后反思技能和评课技能，此外，还可将试卷设计与分析技能纳入进来。其中，教后反思技能是重点。

由上可见，小学语文教学技能体系中的必备技能应包括教材分析技能、教材处理技能、教案编写技能、课堂讲授技能、课堂提问技能、课堂朗读技能、课堂调控技能、课堂激励技能、课堂板书技能、多媒体运用技能、模拟授课技能和教后反思技能。当然，课程内容构建时除了考虑这些必备内容外，还应结合教学对象需要和课改要求相机调整。

三、小学语文教学技能的课程实施方略

（一）厘清小学语文教学技能课程与相关课程的关系，合理规划其在小学教育专业课程体系中的位置

师范院校"小学教育专业的课程结构由通识课程、专业基础课程和专业课程三个层次构成。专业基础课程既包括学科方向的专业基础课程和教师教育类的专业基础课程，也包括跨专业方向的专业基础课程。而专业课程既包含教师教育类的专业课程，也包含专业方向的课程"[①]。因此，在小学教育专业课程体系中，应围绕小学语文教学技能课程的

---

① 王智秋.小学教育专业人才培养模式的研究与探索［J］.教育研究，2007（05）：25—30.

目标与价值，厘清该课程与其他课程的关系，尤其是与语文学科基础类课程（如现代汉语、现当代文学史、儿童文学等）、教师教育类专业课程（如儿童教育概论、课程与教学论、儿童心理学等）、语文学科教学论类课程（如小学语文课程标准与教材研究、小学语文教学设计、小学语文教学研究等）以及其他教育实践类课程（如教育见习、教育实习等）等的关系，合理规划开设时机，以便与相关课程整合，更好地凸显其课程教学价值。

我们把小学语文课程与教学论类课程视为一个课程群，将其分为应用理论课程（如小学语文课程标准与教材研究、小学语文教学设计、小学语文教学心理学）、应用研究课程（如小学语文教学研究、小学语文教师科研方法）和应用实践课程（如小学语文教学技能、小学语文教育见习与实习）三个亚课程群。它们既各有侧重，又相辅相成，交叉共生。按照我们的课程规划，应用理论课程一般放在第五学期，属于入门课程。应用实践课程，如小学语文教育见习、小学语文跟师学习则渗透在第二至第七学期，不断线；小学语文教育实习分为小实习（通常称为"顶岗实习"）和大实习（通常称为"毕业实习"），分别安排在第六和第七、第八学期，目的是强化理论应用与实践学习。由此，小学语文教学技能课程最好放置在第七学期，一是便于将语文教学技能进一步细化，审视和提炼教学细节；二是为进一步整体训练奠定基础，符合事物"总—分—总"的认识规律。同时，可将应用研究课程中的小学语文教学研究、小学语文教师科研方法作为选修课放在第七学期，以加强三门课程之间的合力。

当然，小学语文教学技能课程与其他课程的教学内容如何衔接、开设顺序如何安排、各占多少课时等问题，既要遵循技能养成的一般规律，又要根据各院校的人才培养实际合理规划。

（二）基于教学实际，精选内容、总结经验、提炼特色，开发校本教材

校本教材既是对一门课程教研成果水到渠成的表达，又可将该课程的教学推向更加成熟的境地。小学语文教学技能的应用性强，直接与师范生、职初教师的教学经验和体验相联系。因此，我们注重将其在技能训练或教学实践中的体验、得失凝结在教学内容里，以加强针对性；教学内容的选择，我们以实用为起点和归宿，在不弱化理论的前提下，凸显内容的实用性；另外，我们还本着"怎样教就怎样编"，即教学与教材同构的思路来编写教材。2011年，我们与华东师范大学出版社合作，本着"教学做合一"的指导思想，精选内容、总结经验、提炼特色，开发出了这本《小学语文教学技能》教材；2022年，在前版基础上融入新的研究成果和新的实践经验，完成了修订工作。

（三）依据技能内容的差异和不同训练的需要，探索教学技能形成的模式

1. 遵循技能形成的一般规律

教学技能的形成一般要经历五个阶段。

第一阶段：心理定向。主要经由"应用情境呈现—学生自学、讨论—教师点拨、答

疑、讲授—共同观摩、评价相关技能示范"四个环节，意在让师范生理解技能目标与价值，熟悉技能知识与训练方法，以激发动机、了解途径、明确路向。

第二阶段：模仿训练。主要通过"呈现融合了所学技能知识的教学案例—分析、归纳、提取该技能的运用方法—提供相似教学情境、模仿练习"三个环节，将技能知识转化为操作行为。其中，选择、加工典型案例和及时反馈矫正是两个关键。

第三阶段：应用内化。提供多样化训练情境，采取多途径训练方法，促使师范生反复应用，并能结合自身特点不断反思、修正，使技能初步内化。其关键是应用情境设计和训练中的自我反思、调适。

第四阶段：综合运用。上述三个阶段主要是单个教学技能及其技能内部诸要素的理解、应用和掌握，将相关技能整合在一起进行应用训练则是技能学习的更高层次。师范生不仅要对单个技能进行初步内化，还要与已学过的教学技能整合起来，明确技能间的联系，使多种教学技能的应用实现有机结合，形成系统的技能结构和应用能力。技能综合训练与单个技能训练思路相似。因此，技能训练是一个层级明显而又叠合重复的复杂的教学过程。

第五阶段：熟练运用。即经过技能的分项训练和综合阶段的反复训练与尝试再现，所学教学技能趋于稳定，达到初步的自动化水平。

请你尝试

了解了技能形成的五个阶段后，你能否根据自己的情况写出一份单项教学技能自我训练的方案？

请你参考

师范生单项教学技能自我训练方案

一、内容选择：以某项技能为主，同时兼顾其他相关技能

二、编写训练方案

三、自我练习

四、录制与分析总结

可自录视频或到微格教室，利用10—15分钟时间，按照如下顺序进行：简短说课—模拟试讲—自我分析（自己观赏分析后，从教学设计和单个技能实施的结构、实施品质、技能的操作、调节方面做自我分析）—基于教案设计和自己的问题修改教案，并准备重讲—重讲并录制—总结自己的收获和心得。

五、继续训练其他技能

2. 探索教学技能训练的常式和变式

（1）常式

依据师范生技能形成的五个阶段和常见的教学方法[①]，小学语文教学技能训练的常式可为：自学质疑—示例感知—研讨点拨—模仿训练—应用反馈—修改调整。

① 自学质疑：即先让师范生自学相关技能知识，并就重点、难点处提出讨论问题。

② 示例感知：由于师范生缺乏直接的教学经验，因此，在学习教学技能知识之前，应先呈现融汇了所学技能的教学案例，让师范生在具体的情境中感知技能的操作情况，丰富直观体验。

③ 研讨点拨：即结合自学内容和相关案例，由具体而抽象，通过分析、概括，研讨所学教学技能的运用事宜，教师相机点拨，促使学生深入理解。

④ 模仿训练：即依据典型示例，设置训练任务和情境，让师范生进行模仿练习。

⑤ 应用反馈：即在不同的情境中就所学得的技能进行运用，并及时纠正、反馈。

⑥ 修改调整：即依据反馈，再就自己技能训练的设计和实施进行修改、调整，使自己的训练进入良性循环的境地。

（2）变式

当然，不是所有技能的教学都要经过六个环节，技能训练的内容不同、阶段不同、媒介不同，教学模式也会随之变化。

① 技能训练的内容不同，教学模式有差异。教学技能之间有区别也有联系，有共性更存在个性，因此要善于依据技能内容和师范生的学习特点，调整教学模式。如有院校就据此提出"讲·导·练"型、"示·导·练"型、"研·导·练"型的"三导"模式[②]。

② 技能训练的阶段不同，教学模式有差异。同样的技能训练出现在不同课程或同一课程的不同阶段，在教学模式上就会存在差异。例如，若实习前的技能训练课程要依据一般教学模式的话，实习后的模式可调整为：自学质疑—反思研讨—应用反馈—修改提升，因为此时的师范生已经具备了一定的教学经验。

③ 技能训练的媒介不同，教学模式有差异。即训练的主要媒介变了，相应的环节就需做出调整。高等师范院校技能训练常依托的媒介有普通教室、多媒体教室、微格教室。一般教学模式比较适合在多媒体教室中进行。微格教学是一个有控制的实践系统，是培养师范生教学技能的一种训练方法。微格教学的创始人之一阿伦认为，微格教学是"一个有控制的实习系统，它使师范生有可能集中解决某一特定的教学行为，或在有控制的条件下进

[①] 如周庆元、王松泉在《语文教师职业技能训练教程》一书中介绍的语文教师职业技能训练的基本方法："一是要点精讲法，二是范例演示法，三是情境体验法，四是实地操作法，五是自学自练法，六是小组活动法，七是实验室训练法，八是达标考核法。"

[②] 绵阳师专中文系教学法教研组.高师生初中语文教学技能整体培养模式探索[J].绵阳师专高等专科学校学报，1997（01）：22—28.

行学习"。有学者总结的微格教学技能训练六步循环系统较为典型。第一步,事前的学习和研究。这是前提和基础,内容主要有:语文课的性质、目的、内容,语文教学的过程、原则、方法,以及语文教学技能的内涵、种类、形成过程,等等。第二步,确定培训技能和编写教案。即在学习语文教学理论的基础上,选择恰当的教学内容,编写出较为详细的教案,做好课前准备。第三步,提供示范。即先看模仿样板,然后再让师范生自己练习讲课,以免盲目尝试。第四步,微格教学实践。首先,组成微型课堂。由扮演的教师角色、扮演的学生角色、教学评价人员(师范生和指导教师)和摄录像设备的操作人员组成。其次,角色扮演。在微型课堂上,被培训的师范生上一节课的一部分,练习一两种技能,所用的时间一般为10—15分钟。综合训练时可上一节课,时间为40分钟。在正式上课前应做简短说明,以便明确训练的技能、教学内容和教学设计的思想。最后,对被培训的师范生的讲课全过程进行录像,以便及时准确地进行反馈和评价。第五步,反馈评价。首先,播放录像。讲课后,应立即播放讲课录像。其次,自我分析。观看录像后,被培训的师范生要进行自我分析,检查实践过程是否达到了自己所设定的目标。最后,讨论评价。共同讨论存在的问题,指出努力的方向。第六步,修改教案,准备重讲。每个师范生重讲的次数不等,直到其形成确定的语文教学技能为止[①]。

(四)依据小学语文教学技能课程设置,专门训练,强化实效性

1. 精选训练内容

教学技能训练内容的选择主要依据教材特点和师范生的学情,准确把握。

2. 运用多种方法

方法的选择必须依据训练目的和具体内容,灵活选择。其中最常用,也最有效的方法是模拟教学。模拟教学是在教授教学论的教师的指导下,在学生个人或合作备课的基础上,以班级或小组为单位,由师范生充当教师或小学生或评课者,课后师生进行点评的教学技能训练方式。虽然这种训练缺乏真实的情境和体验,无法与现场教学实践相比,但对于技能的获得却是一种无可替代的方法。在训练组织方面要注意做到:集中训练与分散训练相结合,小组合作训练与个体自我训练相结合,课内训练与课外训练相结合。

3. 抓住训练时机

如果能将技能的训练与应用需要有机结合,无疑能激发师范生的训练动机,提高教学有效性。如师范生实习前、后,教学技能比赛前、后,跟师学习前、后,就业面试前、后等都是很好的时机。

4. 制定评价方式

制定合理的教学技能评价方式,形成技能训练、技能竞赛与技能考核三位一体的课程

---

① 黄臻晓.新课程背景下师范生教学基本技能的培养[J].教育探索,2007(01):76—77.

体系,以评促练。

另外,还应发挥学生社团的力量,让学生做小先生,以学生推动学生,指导社团通过组织专题讲座、教学实践、经验交流、教学竞赛等多种形式,帮助师范生提高语文教学技能水平。

(五)完善技能教学的保障制度,增强技能教学效果

1. 培养双师型师资队伍

通过挂职、拜师、实践观摩、联合教研等有效方式,让教授教学论的教师对接小学语文一线课堂,甚至创造各种机会让其亲自站在小学讲台上,体会小学生的学习状态,体会小学语文教师的教学心态,体会教学技能在实际教学中的运用效果。唯其如此,才能真正激活其语文教学技能知识,使其真正站稳大学讲台。

2. 加强校内教学技能设施的建设

建设足够的技能教学或学生自训用的微格教室、智慧教室、教学技能训练室、远程互动中心等。

3. 强化校外实践教学基地建设

发挥高等师范院校的主观能动性,依据实践教学需要,积极与小学合作,共建优质的实践教学基地,搭建实践教学平台,使对师范生的技能教学能够落到实处。

小学语文教学技能课程是实践课程的重要组成部分,该课程的任课教师既应加强自身教学内容和实施策略的研究,又要以实践课程的建设为平台,整合多样化的课程资源,多渠道开展技能训练,从而有效提升师范生的教学技能素养。

第一篇 小学语文教学准备技能

第一章
教材分析技能

想与说　如何分析教材

▶ 著名语文特级教师于永正说:"这法儿那法儿,钻研不好教材就没法儿。"你怎样理解这句话?试着将自己的观点进行提炼,并写在下面的方框中。

▶ 你认为应该怎样分析单篇语文教材?请在下面的方框中写下自己的观点,并以统编版小学语文教材中的一篇课文为例,说说你的分析思路。

读与评　名师备课经验评析

▶ 于永正老师基于自己四十几年的小学语文教学实践,与青年语文教师交流了自己的教材分析经验[①]。

一位教师首先要熟悉所教的教材,教学艺术来自对教材的准确把握。

---

① 于永正.于永正:我这样备课[J].福建论坛(社科教育版),2009(01):6.

第一步是先理解字词句在文中的意思。边读边画出生字、新词及含义深刻的句子。随着自己悟性的提高，有些关键词语、精彩之处及课文的重点、难点，会很快抓住。抓住了，便做上记号。凡是生字、拿不准读音的字，我都一一查字典，注拼音。凡是新词（包括说不准的词语），我都查字典，弄明白。有些词语的意思虽然不一定给学生讲，但老师必须弄懂。知识性的东西，不能有半点含糊。

第二步是朗读课文。做到正确、流利、有感情。一般要朗读四五遍。对于情感型课文，如《月光曲》《第一次抱母亲》，朗读的遍数还要多，不读到"其意皆出吾心""其言皆出吾口"是不罢休的。尽量不出一点错。朗读是钻研教材最重要的一环。朗读是活的，是跃出纸外，是赋予作品以生命。备课时，我力求把课文读"活"。朗读《卖火柴的小女孩》，学生听了不潸然泪下；朗读《小稻秧脱险记》，学生听了没有手舞足蹈；朗读《桂林山水》，学生听了没有身临其境的感觉，我便认为范读失败，因为我没有把文章读活。朗读好了，钻研教材就成功了一大半——不是一半，是一大半！朗读的意义十分重大。师生朗读得精彩的课堂，必然是充满生机的、充满灵性的、富有情趣的课堂。备"朗读"，第一是多读，用心揣摩课文的意境、思想感情（包括课文中人物的思想感情）。第二是多听别人朗读，听录音。"'录老师'是指导朗读的好老师。""录老师"就是指磁带、CD。第三是提高自己的艺术修养（尤其是音乐修养），丰富自己的情感。

第三步是正确领会作者遣词造句、谋篇布局的意图。对于作者推敲、锤炼文字的匠心，一定要细心琢磨、体会。郑振铎在《燕子》中描写燕子用翼尖或剪尾点水形成的水圈儿，为什么说成"小圆晕"？燕子飞倦了，落在远处的几痕电线上，为什么这里不用"根"而用"痕"？别看只是一个字，这里有多少意趣呀！每篇课文都有不同的谋篇布局方法，也要把握好，以便引导学生去感悟、去学习、去运用。对文章的妙处和特色理解了，成竹在胸了，课堂上便会自如地引导学生去感悟。只有教师领悟得深，学生才能领悟得深，甚至可以在教师的诱导下超常发挥。

第四步是认真思考课后练习题的要求，有的教师要先做一做。要求学生背诵的部分（或全文），我先背下来。要求学生正确、流利、有感情地朗读课文，我先努力去做。要求学生回答的问题，我先答一答（有时写在教案上，有时在心里想一想）。要求学生写的字和词语，我一定先写一写，每个要求写的字应注意什么，特别是每一笔在哪儿起笔、在哪儿收笔，一定把握准，否则就写不规范。例如，"越"字，楷体的右边第一笔"横"，在哪儿起笔？如果不"点"一下，多数学生会写错位置。它应该在"走"的第二横旁边起笔。要求学生造句，我一定先造，不是造一个，而是尽量地把这个词的运用范围都想到。如《水上飞机》一课，要求学生用"究竟"造句。课文中是这样写的："小海鸥决心去问个究竟。"这里"究竟"作"结果"讲。但词典里讲，"究竟"还作"追问"讲，"因有疑问，而追问"。如"这种冰箱究竟省不省电？"我弄明白了之后，心里一亮，便有了底儿了，每个不同解释我都造了几个句子，这就取得了指导造句的发言权。但我造句的目的，绝不是让学生抄袭以应付考试。那样做，就把孩子教"死"了。

- 于老师在上述文字中对自己多年来教材分析的经验进行了提炼，试评价其合理性体现在哪里，为什么？
- 结合于老师的经验，和同学们分享自己成功的教材分析经验，可先在下面的方框中写下自己的发言提纲。

讲与议　　教材分析与处理

理论总述

小学语文教材分析是语文教师备课环节最为关键的一项工作，是设计教学、编写教案的基础，也是备好课、上好课、评好课的前提和关键。

一、语文教材分析的意涵

（一）语文教材

对于"教材"，"一般有两种解释：① 根据一定学科的任务，编选和组织具有一定范围和深度的知识技能体系。它一般以教材的形式来具体反映。② 教师指导学生学习的一切教学材料。它包括教材、讲义、讲授提纲、参考书刊、辅导材料以及教学辅助材料（如图表、教学影片、唱片、录音、录像磁带等）。教材、讲义和讲授提纲是教材整体中的主体部分"。其中，"教材，亦称课本，是根据教学大纲（或课程标准）编定的系统的反映学科内容的教学用书"[①]。据此，语文教材就是根据语文课程标准和语文教学实际需要，为中小学师生教与学而编选的语文材料。语文教材的内涵是多层面的：从宏观的视角看，广义的语文教材是泛指一切可以用于教和学的语文材料，除了语文教材、教案外，还包括语文教师教学用书、练习册、习字册、习题集、课程辅助资料、课外阅读文选、音像教材、教学挂图、表格、生字卡片等，也包括语文课程标准。推而广之，课外语文听说读写的材料，乃

---

① 中国大百科全书·教育[M].北京：中国大百科全书出版社，1985：144—145.

至生活中一切可以传授语文知识、培养语文能力、启迪智慧、陶冶情操的文字的、图像的、音像的、情境的材料，统统可以称为"泛语文材料"。从中观的视角看，语文教材的一般内涵，则专指语文课堂教学的蓝本，即语文教材，又称"语文课本"。从微观的视角看，狭义的语文教材也可以指语文教学的具体乃至细微的素材，例如，一本语文教材中的某一具体的教学单元、一个单元中的某一篇具体的课文、一篇课文中的某一具体的段落，乃至于一个个更为具体的字、词、句[①]。

（二）语文教材分析

语文教材分析，是对中观和微观视角审查中的语文教材进行分析，即先整体感知语文教材，再探求它的各个部分或层次，乃至整个教材的实质，最后通过综合，获得对教材深刻而又完整认识的钻研过程。

语文教材分析遵循"整体—部分—整体"的认知规律，形象一点说，就是先"里里外外转转"，再"走进去"，后"走出来"的思维历程。"里里外外转转"，即整体审视；"走进去"，就是深入内部做细查慢究；"走出来"，就是回归整体，把各个部分或层次再联系起来，"从而得到一个彻里彻外，既洞悉本质又联结现象的完整认识"[②]。

二、小学语文教材分析的制约条件及主要作用

（一）语文教材内容与语文教学目标关系的制约

教材内容一方面受教学目标的支配，要服务于教学目标；另一方面又反作用于教学目标，即由教材内容而生发教学目标。因此，教材内容的分析有助于教学目标的确定和实施。

> **细思默想**
>
> 你是如何制定出每堂语文课的教学目标的？是先有了目标再去读教材，还是先钻研了教材才有了目标，抑或是兼而有之？理解上述问题的实质就是掌握语文教材内容与教学目标之间互相制约关系的关键。

（二）语文教材内容与语文教学方法关系的制约

教材内容还制约着教学方法的选择。从内容层面说，"此内容"的特点内在决定着学习"此内容"的最佳方法；从学习层面说，"此内容"含义的丰富性、内指性又决定着学

---

① 周庆元.中学语文教材概论［M］.长沙：湖南出版社，2005：2.
② 贾荣固.教材分析与处理的策略［J］.大连教育学院学报，1998（04）：51—56.

习方法的多样性。因此，小学语文教材的分析有助于小学语文教学方法的选择和运用。

（三）语文教材内容与教学对象关系的制约

语文教材内容的分析和选择受制于教学对象的学习差异与实际需要。因此，对教材进行分析有助于教学对象有效地学习教学内容。

如此，小学语文教材分析时至少要考虑三个要素和一个关系，即教学目标、教学方法、教学对象以及语文教材内容与三者关系的制约，要素及其关系的变化为教材的分析和处理带来了多种可能性。因此，切入最佳的视角设计教学，最大限度地发挥教材的作用，是教材分析的永恒追求。

三、小学语文教材分析的层级划分

小学语文教材分析的层级可依据语文课的单位来划分，语文课大致可分为四个层级：第一级是整个课程，是相对其他课程而言的教学单位；第二级是一个教学单元，是按教学功能划分的教学单位；第三级是课，是以教学内容划分的教学单位，它是教学单元的一个环节；最后一级是节，是因教学时间划分的教学单位。每一层级单位都相对独立，又互相联系，相对于更高层级来说，低层级的单位是其组成部分并为其服务，服从更高层级教学单位的教学目标。它们分别以自己不同的结构形式和功能加入到整个小学语文的教学系统中，组合起来共同完成语文课的任务。

由此，小学语文教材分析也可分为四个层级：整套教材分析、整组（单元）教材分析、单篇教材分析和单节教材分析。本着不同的教学需要，四个层级的分析既各自独立，又互相联系，如果在对整套或整组（单元）教材缺乏认识的情况下，孤立地研究单篇课文，就有可能对每篇课文的学习效果产生不利影响。因此，我们在分析语文教材时，应秉持系统层级观念，按照从全局到局部，再由局部到全局的顺序进行。

===== 技能概观 =====

一、整套教材的分析技能

（一）从语文教材的功能观、结构观和本质观中整体审视小学语文教材

1. 扬弃传统的语文教材功能观

"教材结构与教材功能是辩证统一的，对教材功能认识的差异必然导致教材结构设计的差异。"[①]传统的语文教材观把语文教材视为语文知识的仓库，重在详尽地向学生传递语

---

① 苏鸿.论中小学教材结构的建构[J].课程·教材·教法，2003（02）：9—13.

文知识，编制时主要遵从语文知识的逻辑，未能充分考虑学生的可接受能力。如此，语文知识自然被推向教材结构中的核心位置，其功能偏重于"教师的教"，结果压抑了"学生的学"。随着社会的发展，尤其是 2022 年版课标提出的"有理想、有本领、有担当的时代新人"培养要求，传统教材功能观逐渐受到冲击，"学生的学"逐渐回归到小学语文教材结构设计的核心位置，教材功能的重心也向提升学生的语文素养偏移。

> **恍然大悟**
>
> 在目前使用的统编版小学语文教材中，与原人教版教材相比排版变成了双行阅读（即文字上加注音），字号也增大了；同时，教材语言活泼、图文并茂，在栏目设计上增加了单元导读，还有泡泡形状的提示内容。这就是由"教材"转向"学材"！

2. 洞悉语文教材结构的结构观

> **继续思考**
>
> 既然教材功能与结构是辩证统一的，那么，教材功能的差异必然导致教材结构设计的差异，在新的教材功能观不断发展的背景下，小学语文教材的结构又是怎样的？

"结构性"是教材的根本规定性，是由教材系统中各基本要素之间的联系方式、组织秩序及其时空表现形式组成的一个有机整体结构。有学者由深层到表层将教材结构分为三个层次，即教材内容、教材程序和教材形态，三者相互依存、相互制约[①]。

① 教材内容处于教材结构的最基础层次。对教材内容的不同理解和选择，必然会导致教材程序设计和教材形态设计的差异。

> **请你来做**
>
> 请分析统编版小学语文教材，审视它选择了什么内容？选择的依据是什么？与原人教版教材相比在内容选择理念上有什么突破？这是整套教材分析时应关注的第一个问题。

② 教材程序是教材内容的逻辑化追求。其结构化的进程，直接制约着教与学双边活动的实际进程。教材程序反映了教材内容的逻辑与学生心理发展的逻辑的辩证统一的关系，对这一关系的认识和处理，正是现行语文教材编制和解读走向深入、合理的关键所在。小学语文教材面临的第一个问题是对教什么的把握和选择，其次是如何将这些内容依据学生学习这些内容的心理特点逻辑化，而儿童心理顺序的最大特点是既有连续性又

---

① 苏鸿.论中小学教材结构的建构[J].课程·教材·教法，2003（02）：9—13.

有阶段性，是发展的连续性与阶段性的统一，二者的结合必然使教材程序的设计变得复杂多样。由此，对语文教材程序的分析关键可把握两点：一是把握教材内容呈现的梯度；二是把握依据学习需要和情境差异而设计的风格多样化和结构化的学习单元。

③ 教材形态是在学生学习活动制约下，教材内容和教材程序所呈现的多种多样的表现形式。小学语文教材形态主要表现为课文系统、助学系统（包括导语、插入语、注释、插图等）、知识系统和练习系统。如上的教材结构在2022年版课标中直接体现在相较于2011年版全面更新的"课程内容"方面，表述为"主题与载体形式"和"内容组织与呈现方式"。这样的课文系统的变革呈现出类型多样化和表述人性化的趋势；助学系统的编选也因强化教学方法的功能而日趋多样化，并增加了一些新的内容，如针对学生学习过程中的需要，在课文或练习中设计了插入语；知识系统更凸显了语文实践性与应用性的特点，着重利于学生语言文字表达能力的提升，而不是仅仅为了记忆知识；练习系统的变革也呈现出开放性、自主性、层次性和多样化的特点。

3. 建立语文教材的活动本质观

由上分析可见，语文教材反映的不仅是作为学习客体的文化，更重要的是反映学习主体认识客体的活动及其进程，我们将之称为语文教材的"活动本质观"[①]。

（二）分析整册教材应着重把握纵横交织的结构体系

每册语文教材在整个教材体系中构成一个侧面，既具特殊性，又有着内在的联系性。因此，钻研教材时须从纵、横两个方面把握语文教材的结构。

1. 纵向体系

要弄清各年段、各册教材在整个小学语文教学系统中的地位和作用，以把握单册教材的教学目标、教学内容及重难点，做到胸有全局。

2. 横向体系

弄清各单元在整册教材中的地位和作用，以把握单元之间的内在联系，有了全册教材的蓝图，更利于对单篇课文进行定位。

二、整组（单元）教材的分析技能

> **请你思考**
>
> 小学语文教学主要以单篇课文为单位，也有不少学校、教师探究以整组课文为单位施教，还有的甚至打破现有单元的格局，重新组元教学，你对此如何看？

---

① 苏鸿.论中小学教材结构的建构[J].课程·教材·教法，2003（02）：9—13.

教学单元之所以是一个独立的教学单位，是因它特有的话语情境和教学功能。同一单元内，各篇课文要在相似的话语情境中，围绕共同的教学目标组合在一起，形成一股合力。因此，明确教材中的各种要素如何组元，形成了一个什么样的结构，是教材分析的关键。

统编版小学语文教材在编排理念上的一个重要突破，就是组元方式的多样化。有些按题材组元，有些根据文体组元，也有些是综合组元。第一学段教材每册编排八个单元，由识字单元和阅读单元构成，每个单元主要有课文、语文园地两部分。语文园地又编排了"识字加油站""字词句运用""日积月累""我爱阅读"等栏目。第二、第三学段教材结构大致相同，每册编排八个单元（六年级下册六个单元），包含七个阅读单元和一个习作单元，其中，五年级下册和六年级下册因各编排了一个综合性学习单元，阅读单元相应减少一个。每个单元前面编排单元导语，后面编排语文园地，习作单元、综合性学习单元不编排语文园地。

整组教材的分析要充分考虑"宽泛的人文主题和螺旋上升的语文要素"的双线组元特色。首先，要明确本单元语文的载体（选文）、语文的栏目内容和语文综合活动是如何组合的；其次，要围绕单元的"人文主题"和"语文要素"以及精读、略读、课外阅读三位一体的编排思路，确定单元内容的教学要点与课时安排，尤其是精读课文的教学定位，要充分发挥其示例作用；最后，还应围绕具体学情和教学目标，善于打破单元编排的制约，创造性地重新组元。

三、单篇教材的分析与处理技能

范文系统是小学语文教材的主体，语文教学目标主要是经由课文的教学来实现的。因此，如何分析和处理好单篇教材，如何实现由范例向教学预案的转化就成了用好教材的关键。

> **请你反思**
>
> 请基于前文"读与评"中于永正老师的案例，反思自己的经验，想想自己是如何分析和处理单篇教材的。

（一）单篇教材的分析技能

1. 为了实现或确定教学目标、教学重难点，通过教材分析，在课文中寻找和挖掘教学资源

教材内容一方面受教学目标支配，另一方面又反作用于教学目标，即由内容生发目标。更多情况下，教学目标、教学重难点主要是在课程目标的导向下，结合学情分析，由教材内容的实际生发而生成的。因此，围绕预定目标在文本中挖掘教学资源或依据教学资源选择教学重难点，帮助确定保底目标和发展目标，十分关键。

（1）疏通全文，厘清课文的内容要素

厘清课文的内容要素，即清楚一篇教材的基本组成部分包含哪些内容，从而抓住课文的主要内容；再关注联系，即各要素与主旨的关系如何，以确定其相互关系及各自地位，从而更深一步把握课文内涵。

以统编版小学语文教材二年级上册《坐井观天》的分析为例。

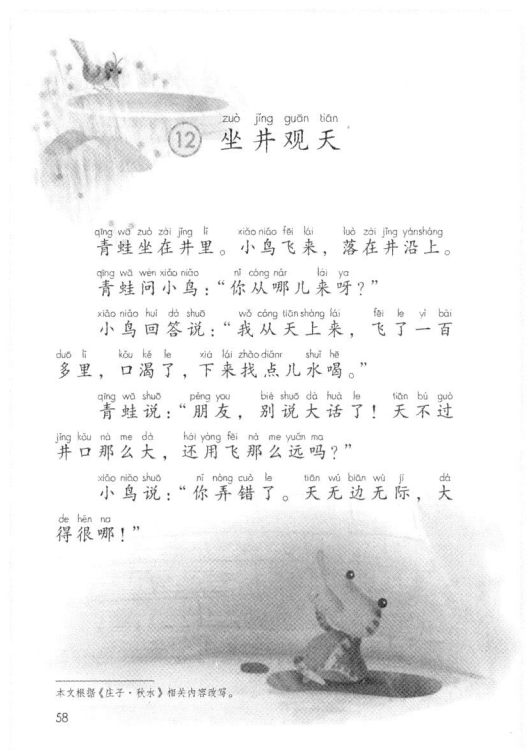

《坐井观天》是一则寓言故事。梳理可知，教材内容的要点为：第一，第1自然段交代了青蛙与小鸟各自所在的位置。第二，第2—7自然段通过写青蛙与小鸟的三轮对话，来展开故事内容：① 第一轮对话交代了小鸟从天上飞来，下来找水喝，青蛙产生了质疑；② 第二轮对话讲述青蛙与小鸟发生了争论；③ 第三轮对话讲述青蛙固执己见，小鸟无奈，叫青蛙自己跳出井来看看天有多大。

内容要素明确了，课文大意也就清晰了。具体来说，《坐井观天》这篇课文讲述了一只小鸟飞到井边喝水，通过三次对话与青蛙发生争论的小故事，揭示了"站得高，才能看得全"的道理。反过来说，大意有了，主旨明了，各要点之间的关系和各自的地位也就廓清了——第1自然段是故事铺垫，第2—7自然段是故事重点。

（2）深挖课文意蕴，明了人文教育的渗透点，趁机确定情感态度与价值观维度的目标

以课文为中心的教材分析模式，包括三个层面的分析，即话语层分析、形象层分析和

意蕴层分析。其中，意蕴是指课文所蕴含的思想、感情，也即课文的主旨。课文话语所塑造的形象具有指向性和包容性，往往使课文的意蕴呈现出丰富的内涵。由此，要明了一篇课文中人文教育的渗透点，应从意蕴层的分析着手，在字里行间意蕴的折射中，明确情感态度与价值观维度的教学目标。

请你参照[①]

综合古今中外对文本层次的探讨，我们从总体上可以将文本分为三个大的层次，即文学言语层面、文学形象层面和文学意蕴层面。

1. 文学言语层面

文学言语层面，这里指文学文本首先呈现于读者面前、供其阅读的具体言语系统。文学言语除了人们经常提到的形象性、生动性、凝练性、音乐性等特点外，还有以下三个特点必须加以说明。

第一，文学言语是内指性的。就文学活动而言，人们面对着两个世界，一个是现实世界，一个是艺术世界。艺术世界作为一个幻象的世界，它的逻辑与现实世界的逻辑是不同的。文学言语也不同于普通言语。普通言语是外指性的，即指向语言符号以外的现实世界，必须符合现实生活的逻辑，经得起客观生活的检验，并必须遵守各种形式逻辑的原则。而文学言语则是内指性的，是指向文本中的艺术世界。有时它也不必符合现实生活的逻辑，只要与整个艺术世界氛围相统一就可以了。

第二，文学言语具有心理蕴含性。人类的语言符号，一般有两种功能，即指称功能和表现功能。一般普通言语，侧重运用它的指称功能。而且随着人类语言的发展，普通言语越来越走向抽象，指称功能大大增强，而表现功能也因渐渐脱离实际语境、与人的情感生活的分离而受到削弱。相反，文学言语则把语言的表现功能提到更加重要的位置。文学言语中蕴含了作家丰富的知觉、情感、想象等心理体验，因而比普通言语更富于心理蕴含性。

第三，文学言语具有阻拒性。"阻拒性""陌生化"理论是俄国形式主义者提出来的。用"阻拒性""陌生化"理论解释整个文学，那是片面的、不准确的；但如果用它来概括文学言语的特征，却有一定的道理。与"阻拒性"言语相对立的是"自动化"言语。所谓"自动化"言语，是指那些过分熟悉的不再能引起人的注意的语言。这种"自动化"的言语看似形象、生动，实则因其陈旧而失去了魅力。文学言语就是要力避这种语言的"自动化"现象。作家们总是设法把普通言语加工成陌生的、扭曲的、对人具有阻拒性的言语。这种言语可能不合语法，打破了某些语言的常规，甚至

[①] 童庆炳.文学理论教程（第五版）[M].北京：高等教育出版社，2015：222—229.

还不易为人所理解，但却能引起人们的注意和兴趣，从而获得较强的审美效果。

2. 文学形象层面

由文学言语构成的层面，还处于文学作品的表层。读者在这种文学言语的感染下，经过想象和联想，便可在头脑中唤起一系列相应的具体可感的文学形象，构成一个动人心弦的艺术世界。这就是文学作品的第二个层面，即文学形象层面。文学形象，是读者在阅读文学言语系统过程中，经过想象和联想而在头脑中唤起的具体可感的动人的生活图景。文学形象有如下基本特征：文学形象是主观与客观的统一，文学形象又是假定与真实的统一；文学形象是个别和一般的统一，文学形象又是确定性与不确定性的统一。

由于文学形象具有这样的可感性和艺术概括性，具有上述极富召唤力的审美特征，因而具有了更为独立的审美价值。更由于它处于文本表层结构与深层结构的中间地带，因此它是更为重要的中间层次。王弼说"尽意莫若象"，这是说它与深层结构的关系，又说"言生于象"，这是强调它对表层结构的作用。也就是说，文学形象一方面关系着深层结构的传达，另一方面又制约着表层结构的处理，因此文学形象层面，就成了艺术表现的中心。高尔基说："在诗篇中，在诗句中，占首要地位的必须是形象。"

3. 文学意蕴层面

文学意蕴层面，是指文本所蕴含的思想、感情等各种内容，属于文本结构的纵深层次。由于形象具有指向性和包孕性，就使意蕴层面呈现出多层次的丰富意蕴，一般又可以分出三个不同的层面。

第一是历史内容层。有的形象本身就包含了一定的历史内容。有的文学作品中的形象，虽然本身不含历史内容，但却暗示了一定的历史内容。如李商隐的《乐游原》："向晚意不适，驱车登古原，夕阳无限好，只是近黄昏。"此诗所描写的形象是乐游原上黄昏时节的夕阳景色，但它却暗示出值得留恋的大唐帝国已日薄西山的历史内容。

第二是哲学意味层。什么是"哲学意味"呢？大家知道，"哲学"是人对宇宙人生的普遍规律的最高一级的思考与概括，它属于形而上的层次，是抽象的；"意味"则是一种不可言传、只可意会的感知因素，它属于形而下的层次，是具象的。二者通过形象引发的联想在深层意蕴中的有机结合，便是我们所说的哲学意味。陶渊明《饮酒》诗中虽然也有历史的内容，然而诗人着重渲染的是这种闲适避世生活的情趣，其中"欲辨已忘言"的"真意"，更富哲学意味。这种哲学意味可以说是一种难以形诸笔墨的"象外之象""味外之味"和"言外之意"。

第三是审美意蕴层。并非只有历史内容、哲学意味俱全的作品才算上乘之作。有些文学作品的意蕴比较单纯，甚至仅有审美意蕴这个层次，但也可能成为脍炙人口的佳作。

《坐井观天》属于叙事性作品，其形象层主要是在儿童头脑中唤起的"那只坐在井里看天、目光狭隘却又固执己见的青蛙"以及"小鸟"的形象；其意蕴层，即该寓言故事揭示的道理：认识事物，看待问题，站得高才能看得全面。由此，本文情感态度与价值观层面的目标可定位为：通过青蛙与小鸟的三轮对话，了解它们说法不一致的原因，体会"认识事物，看待问题，站得高才能看得全面"的道理。这样的分析和处理，既不至于使情感态度与价值观维度目标的确定和表述过于模糊、抽象（如在此维度目标的分析和表述中，凡是写景状物类的课文，动辄就是"激发学生热爱大自然、热爱祖国的思想感情"），又在分析过程中隐含了实现这一目标的过程与方法，同时遵循了语文课程"工具性与人文性的统一"的基本特点。

（3）细读全文，研究语境，通过分析、比较，明确课文内容的特点，尤其是"这一篇"课文的独特之处

课文内容的特点尤其是语言特点，是教学内容的重要来源和教法选择的重要依据，需要通过研究语境、推敲语言、揣摩写法等予以把握。很难想象，如果连课文的特点都抓不住，那么该如何教学课文，更别说教学效果。至于课文的独特之处，往往是这篇课文在范文系统中的立足之本。需在这篇与它篇之间进行分析、比较来确定。

《坐井观天》是统编版小学语文教材二年级上册第五单元中的一篇课文，该单元的人文主题是"思维方法"，语文要素是"初步体会课文讲述的道理"，"感受和体会课文语言表达的多样性，学习表达"。另两篇《寒号鸟》《我要的是葫芦》也是故事，内容浅显，寓意深刻。三篇课文的思维方法各有侧重，《坐井观天》凸显看问题要全面，《寒号鸟》凸显看问题要长远，《我要的是葫芦》凸显看问题要注意事物之间的联系；三篇课文在语言表达上也同中有异。基于单元定位，本文的特点或独特之处也就不难把握了。

内容特点：通过《坐井观天》的故事，传递看问题要全面的思维方法。

形式特点：① 对话为主，讲述故事；② 句式多样，陈述句为主，兼有反问句与感叹句；③ 句子长短结合，以短句为主；④ 插图设计巧妙，既写实又写意。

（4）基于对课文主要内容、主旨和课文特点等的分析，厘清教学重点

教学重点是从教的角度来说的，要受课程目标、教学目标、学习对象特点、教学环境等因素的制约，但直接的制约因素还在于对课文全面、深入的分析，尤其是对课文特点的分析。

基于以上分析，结合第一学段要求，《坐井观天》的教学重点必然包括：① 会认"沿、答"等10个生字，读准多音字"哪"，会写"井、观"等8个字，会写"坐井观天、井沿"等7个词语；② 分角色朗读对话，读出不同句式的不同语气，体会青蛙与小鸟的不同想法与不同情感；③ 体会"认识事物，看待问题，站得高才能看得全面"的道理。

（5）通过分析、比较、假设，判断教学内容的难点

难点是针对学习者可能产生较大理解困难而言的，教师需要联系学生的知识基础和认

知能力进行分析，从而判断出针对一般学生而言的难点。

通过对学生学习《坐井观天》情况的分析和假设，可以判断教学难点主要体现在：① 读出人物对话时的语气与想法，尤其是读出反问语气与感叹语气；② 在了解内容、把握形象、体会语言的基础上揭示寓意。

以上分析教材的常见步骤在实际操作中常常是交织、叠加在一起的，教师要在实践中、在常见策略中摸索并提炼出适合自己的分析路向。

2. 单篇教材内容中的儿童分析

课文在编选时充分考虑了学习对象的特点和需要，因此，单篇教材中必然隐含着它的学习主体——儿童，从这个意义上说，进行教材分析的同时必然伴随着对儿童的分析。

主要侧重于对以下几方面问题的思考。

① 根据儿童学习不同内容已有的基础（起点或原点）和学习后希望达到的结果，主要确定出儿童语言发展的生长点和情感态度与价值观发展的生长点。

② 儿童学习不同类型知识的特点是什么？

③ 这些知识能为儿童的后续学习准备什么？

以上教材分析的策略，可为教师实现或确定教学目标、教学重难点，转化教材内容和选择教学方法奠定一个良好的基础。

（二）单篇教材的处理技能

单篇教材的处理就是在语文教材内容分析的基础上，对课文内容进行精当调整、适度延伸、合理加工、系统构化，从而将教材内容转化成结构化的课堂教学内容的过程。教材处理要着重思考如何做才更有利于儿童的学习。

请你比较

调查发现，许多教师认为教材内容和教学内容是一回事，没有什么差别，或者说不出二者有何差别，你是怎么看待二者的差别的？

简单说来，教材内容是"用什么教"的问题，教学内容是"教什么"的问题。语文教材内容是教材层面的概念，指为了有效地传递、显现课程内容主要素而组织的文字与非文字材料[①]，即要达到语文课程所要求的目标，规定"用什么去教"。"教学内容是教材内容的教学化"[②]，教材内容是教学内容的重要的组成部分和凭借，教学内容既有对教材内容的沿用，又有对教材内容的重构与创生。语文教材内容是教学中的"交际对象"，而不是学习对象。这既体现了语文的语言应用的实践特性，又

---

① 王荣生.语文科课程论基础[M].上海：上海教育出版社，2003：293.
② 曾天山.教材论[M].南昌：江西教育出版社，1997：116.

> 说明了教材的凭借功能。明确语文教材内容与语文教学内容的区别与联系，对教材观、资源观的认识，对教材内容的选择与取舍，对教学内容的设计等都具有十分重要的指导价值。

1. 教材内容调整

教材内容依据教学目的的需要进行调整，主要包括：① 精当取舍；② 恰切增补；③ 适度拓展；④ 合理调序。

2. 教材内容加工

在对内容调整的基础上，还需围绕学生学习的需要，对不同类型的知识进行合理加工，寻找恰切的、有效的、多样化的表征形式，从而将教材内容转化成教学内容。主要包括以下内容。

① 将浅易的内容深化、细化，深入细致地开掘教材内容、方法或文化底蕴，增强浅易内容的教学价值。例如，杭州市文龙巷小学张冰老师对《坐井观天》第4、第5自然段的教学设计。

青蛙说："朋友，别说大话了！天不过井口那么大，还用飞那么远吗？"

小鸟说："你弄错了。天无边无际，大得很哪！"

学习第4、第5自然段，想一想：青蛙和小鸟在争论什么？

1. 出示两幅图，学生选出青蛙眼中的天和小鸟眼中的天

2. 读青蛙的观点

（1）联系上下文理解"大话"。

（2）认读"弄错"，感受争论。

3. 读懂小鸟的观点

（1）结合构词规则，推测"无边无际"中"际"的意思；联系生活，运用词语。

（2）想象拓展。小鸟："你弄错了。天无边无际，我飞过_____，飞过_____，大得很哪！"

4. 分角色朗读，读好对话

（1）指导学生朗读感叹句和反问句。

（2）同桌讨论，加上提示语读。

青蛙（笑着、摇摇手、摇着头）说……

小鸟（也笑着、大声、拍拍翅膀）说……

（3）根据提示语，加上神态、动作，同桌分角色朗读。

本来简短浅显的两段对话，张老师却围绕教学重难点进行细化、深化设计。为了让学生读懂小鸟的观点，理解天空的无边无际，张老师设计了"想象拓展"环节，还原小鸟飞来的过程，具体地感受天的大，引领学生在想象过程中自然地读懂小鸟的观点。这一设计不仅仅限于理解，还拓展了学生的想象力与表达力。在"分角色朗读，读好对话"环节，张老师先扣住教学重点——感叹句与反问句的朗读，再利用文本空白，添加提示语朗读，引导学生进一步体味，最后结合提示语，带上神态、动作，同桌分角色朗读，体会不同的语气和人物的情感。这样设计，不但细化了教学内容，还深化了对人物的理解，引导学生进一步明确了青蛙与小鸟各自的观点，为理解寓意做好了铺垫。

② 将深刻的内容浅易化，或对教材难点做深入浅出的转化，或简单处理，或一笔带过。《坐井观天》的寓意对二年级的学生来说，无疑是个难点，可从两方面进行浅易化处理：一方面是不做深究，学生大致意会即可。另一方面是做深入浅出的处理，一者紧紧扣住人物，用形象来讲道理，如第4自然段青蛙的一句感叹、一个反问就能让学生理解什么是目光狭隘；二者添加必要的情节或人物，在进一步认识主要人物、反思人物的过程中，巧妙地把握寓意，如可以设计一个青蛙跳出井口后的情境，引导学生展开想象、体验角色，从而让学生在青蛙的醒悟中自然而然地理解寓意。

③ 将分散的内容化零为整，整合分散的内容，提高教学的有效性，也利于举一反三、触类旁通。《坐井观天》要求会写的8个生字中，有6个是左右结构，且都是"左窄右宽"。教师书写课题时，先范写"观"字，再把其他5个左右结构的生字相机解决掉，这就提高了识字、写字的效率。

④ 对于纷繁复杂的内容，或化整为零，各个击破；或削枝去叶，突出主干。教师在教学时，不必追求知识的完整性，重在强化言语训练的有效性。

3. 教学内容结构化

将加工过的教学内容，围绕利于课堂的教与学进行系统规划。从适合教情与学情的角度寻找切入点，搭建对话平台，组织教学内容，使语文课堂教学设计与实施朝着主干凸显、枝节扎实、简约高效的方向发展。

（1）整体上应提炼出一条教学主线，架构起课堂的主体框架

教材处理时应寻找到利于师生对话的突破口，提炼教学主线，做到"挈领一顿，百毛皆顺"，从而架构起课堂主干。具体可从以下角度展开。

① 炼题目。课文的题目是学生揣度课文内容的窗口，提炼课题，常能得到要旨，拎出主线，贯通全文。这样的例子在小学课文里俯拾皆是，如在统编版小学语文教材三年级上册《总也倒不了的老屋》的揭题导入环节，可引导学生对题目进行质疑、预测。学生会提出"老屋为什么要倒下，又为什么总也倒不了？""老屋总也倒不了，是被施了魔法吗？"等类似的问题，由题目入手，一问立骨，直接通向对故事的理解和对主旨的把握。

② 炼"文眼"。"文眼是与全文主旨相互照看和辉映的传神词句。它往往是文章主旨和脉络的焦点，由文眼可以窥见全文的主旨。"[1]因此，扣住文眼，也容易拎出主线，沟通文脉，窥见主旨。如统编版小学语文教材三年级下册《燕子》的开头："一身乌黑的羽毛，一对轻快有力的翅膀，加上剪刀似的尾巴，凑成了那样可爱的活泼的小燕子。""可爱""活泼"是最切近全文主旨的关键词，开篇就直接点出，接着扣住它相机发问：文中哪些地方描写了小燕子的可爱活泼？作者是怎样写出小燕子的可爱活泼的？这样写有什么好处呢？如此三问，举重若轻，层层推进，贯通起了教学的重难点。

③ 炼主旨。一般而言，课文的主旨常隐含在文字所塑造的形象、意象和景象中，需循着文脉细究，才会逐渐清晰。因此，围绕对课文主旨的追寻来确立课堂教学的主线，也是常见的办法。如《坐井观天》第二课时的教学主线可用一个问题贯穿——这个故事到底想告诉我们一个什么道理呢？也有些课文的主旨像"水落后的石头"般明显，自然成为提炼课堂主线的现成抓手。如统编版小学语文教材四年级上册《盘古开天地》最后一个自然段："伟大的巨人盘古，用他的整个身体创造了美丽的世界。"可谓卒章见旨。导入课题后，就可从此处切入激疑：盘古做了什么事，让你觉得他是伟大的？因势利导，让学生自读课文，自找答案，答案找到了，课文也就理解了。再以"盘古是怎样用自己的整个身体创造了美丽世界的？"为主线，引领学生品味重点内容与关键语句，感受文字的魅力，感受幻想的神奇，并将语言文字的运用渗透始终。这样一来，本课的教学思路也就清晰可见了。

④ 炼问题。张楚廷说："教学，从根本上说，是思考着的教师引导着学生思考，又让思考着的学生促动教师思考。而在这一过程中，问题是最好的营养剂。"所有问题中的主问题无疑是那一个或几个能架构全篇的问题，因为它（们）能引领学生一以贯之地触摸文本。这些问题的提出者可以是教师，可以是学生，也可以是教科书编者。统编版小学语文教材特别注意在课后设计此类问题，以给教与学提供更便利的支架。师范生和新手教师更应利用这一便利条件来提炼不同课时的主问题。如统编版小学语文教材五年级下册《威尼斯的小艇》课后练习1："默读课文，说说课文围绕威尼斯小艇写了哪几方面的内容。"这就是教学写景散文第一个要解决的问题。课后练习2："体会作家笔下威尼斯的动、静之美，再有感情地朗读课文。"这一设计也体现了本单元"体会静态描写和动态描写的表达效果"的语文要素。由此，可提炼出教学精读环节的主问题：课文哪些地方写的是静态之美，哪些地方写的是动态之美？有感情地朗读课文，体会两种美的不同。

另外，还可根据不同教材内容的特点，通过炼文路、炼技能、炼插图、炼逻辑等方式来架构课堂教学的主线。教学主线是整堂课的"纲"，理出了这个"纲"，再通过创造性地

---

[1] 张会恩，曾祥芹.文章学教程[M].上海：上海教育出版社，1995：79.

处理教材，设计教学，就能达到牵一发而动全身、举一纲而百目张的效果。

（2）加工过的各部分教学内容，应围绕每堂课主体框架的逻辑，层层推进，环环相扣，形成结构化的课堂教学内容

注意做到：第一，每节课明确目标，突出重点，分散难点；第二，教学内容的安排要疏密有致，难易适度；第三，教学内容的呈现序列要有梯度，由浅入深，由易到难，避免平面位移；第四，教学方法的选择要注意其针对性和多样化；第五，教学主线框架内要寻找、创设有价值的言语能力生长点，引入丰厚的语用练习，这样的语文课才具实效。

要点提示

一、关注学段目标，尤其是阅读教学的学段目标对教材分析的指引

2022年版课标在"文化自信、语言运用、思维能力、审美创造"核心素养指导下，分别提出"总目标"和"学段要求"，在"学段要求"中首次区分了"六三"学制与"五四"学制。大家一定要着重关注学段目标，它虽不指向具体的教材分析，但可以指引教材分析的具体方向。它就像茫茫沙漠中的指南针，当你辨不清前进的方向时，它可以指引你，使你始终走在语文的路上，不至于南辕北辙。有的语文老师的经验就很好——把每个学段的目标贴在教科书上，使自己随时可以看到。

1. 低年级教材分析重点指向目标

① 指导学生学习用普通话正确、流利、有感情地朗读课文，学习默读；② 指导学生识字与写字；③ 指导学生了解词句的意思；④ 指导学生读懂课文的意思；⑤ 指导学生尝试阅读整本书。

2. 中年级教材分析重点指向目标

① 指导学生用普通话正确、流利、有感情地朗读课文，初步学会默读；② 指导学生理解词句的意思，体会关键词句表情达意的作用；③ 指导学生能初步把握文章的主要内容，体会文章表达的思想感情，学习圈点、批注等阅读方法，能对课文中不理解的地方提出疑问；④ 指导学生复述叙事性作品的大意，初步感受作品中生动的形象和优美的语言，能与他人交流自己的阅读感受；指导学生阅读整本书，初步理解主要内容。

3. 高年级教材分析重点指向目标

① 指导学生熟练地用普通话正确、流利、有感情地朗读课文，默读有一定的速度，学习浏览；② 指导学生理解词语的语境，辨别其感情色彩，推想有关词句的内涵，体会其表达效果；③ 指导学生揣摩表达顺序，体会思想感情，领悟表达方法，使学生提出自己的看法、做出自己的判断；④ 指导学生阅读叙事性作品，能简单描述印象最深的场景、人物、细节；阅读说明性文章，能抓住要点，尝试使用多种媒介阅读；⑤ 阅读整本书，把握文本的主要内容；⑥ 指导学生通过语调、韵律、节奏等体味作品的内容和情感。

二、要强调师范生钻研课文的大体过程和基本要求

第一步，不参阅任何材料，自己研读文本，理清文脉，把握大意，体会表达。

第二步，参阅与课文相关的资料，尤其是人民教育出版社课程教材研究所编著的小学各册《语文教师教学用书》。我们特别主张师范生和新手教师在这一步，认真研习教师教学用书，明确每册的"编写说明"，各单元的"单元说明"，单篇的"教材解析""教学目标""教学建议""教学资源""教学设计举例"等，既验证第一步自己的解读情况，又可深入研究课文是怎样运用语言文字来表达内容与思想的，具体可分解为：用什么样的语言形式表达了什么样的内容与思想，是怎样运用这样的语言形式进行表达的，这样表达有什么好处。

第三步，基于三维目标，分析课文中哪些内容是要学生学习的，不同类型的知识用什么样的方式表达更利于学生的掌握。

第四步，应就教学目标的确定与课时划分、教学重难点、教学切入点、教学流程、教学方式方法的选择、作业布置等在头脑中做个大致规划，也可形成草案。这一步可与第二步、第三步同步推进。

第五步，在自己的预设框架内参考成熟的教学设计，形成初步的设计方案，并不断修改完善。

对师范生和新手教师来说，遵循这样的流程会利于自己的专业成长。当然，实际操作中这几个步骤并非一定是一步接一步展开的，也可能是叠加推进的。但整个分析框架必须是"自己的"，因为只有是"自己的"才最有可能上出亮点来。修改时也要按"自己的"特点进行，哪怕不完善，也应坚持，因为完善是需要一个过程的，在这一过程中一定要找到"自己的"，坚持"自己的"。

注意两个基本要求：一是讲求教材解读的正确与准确，把握住"我们的教材"，也就是要理解编选意图，解读出主体信息，给文本价值定好位。二是要求对"我们的教材"用适合自己的方式构建师生对话平台，追求"我的处理方式"。这是教材解读正确、科学又不失个性的保障。

> **教学诊断**
>
> 有一位师范生在解读统编版小学语文教材五年级上册《桂花雨》一文时，就特别欣赏一位老教师对这篇课文的分析、处理和施教。因此文是由琦君的散文《故乡的桂花雨》改编来的，老教师在解读时颇下功夫：走进了作者及作者的其他作品，借鉴琦君作品的鉴赏资料，读出萦绕在作者心头的浓浓乡愁，课堂上借助原文阅读、背景阅读、比较阅读以及多媒体手段，将这浓郁的乡愁传递给学生，高潮处教师话语动情，学生潸然泪下。该师范生在实习时套用了这位教师的思路进行教学，结果不但没能使学生潸然泪下，还处处被动。你认为这位师范生失败的原因是什么？

> **他山之石**
>
> 特级教师陆继椿这样总结自己的教材分析体会：钻研教材不同于自己平时读书。凡属按读写训练要求确定作为例子的课文，我都努力读熟。不管是精读课文还是略读课文，也不管是哪种文体、风格、内容的文章，都不凭个人的兴趣好恶去读。我给自己立了个规矩——拿到课本先通读，编好单元按单元读，下周教的课文本周读，明天上的课文今天读。即使一篇较熟较长的课文，我也要读十遍左右。这样，到上课时就能运用自如了。在反复读课文的过程中，我总围绕十大问题思考：文章写了什么内容？思路怎样？好在哪里？最主要的特色是什么？作者为什么这样写？要突出什么作为读写训练的例子？读写教学如何进行？有没有教学中可能遇到的疑点和难点？怎样引导学生解决？文章有无不足之处？我坚持独立思考，没有心得决不看教学参考书。

三、师范生考编情境中教材分析可供参考的思路

试讲（模拟试讲，也叫无生试讲）和说课是师范生考编面试的最常见形式。其中，教材分析是最为基础、最为关键的一环。它既要靠平时的功夫，又有其特殊要求。如教材分析时间短（有限定时间）、参考素材少、教学内容常要求片段或课时教学、试讲或说课时间一般为10分钟或15分钟等。因此，规定时间内，要应对好特殊要求，亟需一些"急就"策略。以下七个步骤可供参考。

第一步，默读三看：一看课文内容；二看课文结构；三看课文特点。

第二步，结合三看，研究课后练习。

第三步，基于课后练习，确定保底目标；再结合学段要求和课文特质，确定发展目标。

第四步，拎出教学主线，遴选教学内容与方法，形成块状结构和板书设计。

第五步，细化重点环节的内容与步骤；抓住关键默课，在脑海里形成一个教学导图。

第六步，设计好结课与课后作业；边备课，边默课。

第七步，整体默课或小声练习，重点处要反复朗读，要反复演练板书，避免出现硬伤。

上述步骤有必要说明两点：一是此安排并非完全线性展开，有些环节中也渗透其他内容；二是要善于考虑到各种具体的情境，考虑各种形式的备案。

> **学习指津**
>
> 其实，我们介绍的这些方法，还有你听到的、看到的、读到的其他方法，都仅供参考。你必须在不断训练中，不断建构，找到适合自己的最佳路径。

学与做　技巧提炼与实训

- 结合自己的教材分析经验和本章内容，总结出你认为的比较有效的教材分析技能。

```
┌─────────────────────────────────────────────────────┐
│                                                     │
│                                                     │
│                                                     │
│                                                     │
└─────────────────────────────────────────────────────┘
```

- 下面是一位师范生针对小论文"如何备教材——以原苏教版中年级阅读教材为例"撰写的一份期末答卷。请基于上一个题目的总结，学习该同学的总结思路，就自己认同的教材分析方法进行总结，并以此为基础做好下一个题目。

如何备教材
——以原苏教版中年级阅读教材为例

教材是学生进行语文学习、开展语文活动的范本。语文教材是语文课的基础，教材质量的高低取决于教材研究的深广度与适切度。因此，备好教材是上好语文课的重要前提，是进行一切语文教学活动的基础。

如何备教材，这一直是语文教师追问的一个问题。我想，首先要树立两个意识——教材价值意识和教材年段教学目标意识。第一，教材价值意识。语文教材包括固有价值意识和潜在价值意识，教材的固有价值包括字、词、句、段、篇、文体、修辞、科学常识等；教材的潜在价值包括教材中渗透出的情感态度、价值观念、人生感悟、生命意义等。我们在备教材时，既要利用好教材的固有价值，也要善于发现教材的潜在价值。第二，教材年段教学目标意识。主要以中年段阅读教材为例，针对中年段阅读目标与内容，要注重以下三点：①明确课文的要点及其联系，把握课文的主要内容；②明确课文中关键词句表达了什么样的意思和情感，并且关注这些词句是如何表情达意的；③通过关键词句和主要内容去把握课文表达了什么样的思想感情，并为指导学生有感情地朗读课文寻找依据。

备教材由感知教材、理解教材、掌握教材三部分组成，下面我将结合具体课例谈谈如何备教材。

第一，正确把握课文特点，走入教材。拿到一篇课文，我们该怎么做？其实很简单，只要做到两看：一看课文中心、重点、难点、上下文联系及其结构，二看课文特点。课文中心、上下文联系及其结构，只要我们把课文读两三遍，就能大概把握。重点、难点可能一下子把握不住，但完全可以通过课文特点来把握，下面我就大致说说如何看课文特点。①课文是什么文体。中年段教材中包含了记叙文、散文、小说、童话故事、寓言故事、神话故事、儿童诗、现代诗、古诗词、说明文等。②有的课文叙述了一件完整的事，如《掌声》；有的课文则每段写一个方面，如《西湖》。③有的课文有重点段，如《苹果里的五角星》；有的课文有中心词句，如《黄河的主人》；有的课文几段结构相同，如《北大荒的秋天》。④有的课文段落是描述性的语言，如《第一次抱母亲》；有的则是概述性语言，如《卧薪尝胆》。⑤有的课文感情比较浓，如《番茄太阳》；有的课文则感情比较淡，如《世界上第一个听诊器》……其实，只要留心，就能发现课文的很多特点，这便有利于我们把握教材。我想，做到这"两看"，也就很容易抓住课文的突破口、题眼、文眼、线索等，抓住了这些，就容易走进教材，化繁就简。

第二，理解字、词、句在文中的意思。边读边画出生字、新词及含义深刻的句子，凡是生字、新词都应该查查字典，确保知识性的东西准确无误。如在教学《黄河的主人》时指导学生理解"惊涛骇浪"的词义，备课时就应借助字典查查"骇"的意思，同时要寻找相关场景图片，借此呈现在学生眼前，深化学生对词义的理解。只有所做的预设充分，学生才可能精彩"生成"。对于关键、深刻的句子，应反复地读，直到读懂、读透，且想方设法让学生理解。如在备《第一次抱母亲》时，"母亲竟然这么轻，我的心里非常难过"是本文的重点句，要指导学生读好，读出情感，再让学生找出相关的词句回答。在备课时要适时站在学生角度思考如何理解深刻的词句、如何读懂难句，适当引导。

第三，朗读课文。要求学生正确、流利、有感情地朗读课文，教师自己应先做到。一般要朗读4—5遍，不出一点错，对于情感型课文还要读出情感。朗读是钻研教材的重头戏，《黄河的主人》要读出其壮美，《第一次抱母亲》要读出其浓浓的亲情，《槐乡五月》要读出其花美人更美的味道……设计怎样的形式和层次，这些都是在一遍又一遍的朗读中悟出来的。朗读好了，备教材也就成功了一大半！"读书百遍，其义自见"，一旦教材的内在信息被充分的朗读内化，就只剩容易掌握的躯干框架了！

第四，正确领会作者遣词造句、谋篇布局的意图。对文章的词句一定要仔细推敲，仔细品味。如在备《军神》一文"年轻人一声不吭，双手紧紧抓住身下的白色床单，汗如雨下"时，这里对刘伯承的动作、神情刻画得较为概括，但只要抓住"一声不吭""紧紧抓住""汗如雨下"这几个词或短语，便能一下子把军神的形象刻在学生心中。通过朗读，仔细地品味这几个词语，再适当引导学生展开想象：刘伯承的心理是怎样的，从而深化对人物形象的理解。每篇课文都有它自己布局的方式，只有对文章的细微处理解了，才能引导学生去感悟和运用。如在备《黄河的主人》时，教师要明白课文的最后一句是全文的中心句，全文使用了对比、衬托的写人手法，从黄河到筏子再到乘客，最后写艄公。学生的理解由表及里，感情逐步向中心漫溯，这种由主观感受再到情感体验、理性认识的方法是源于本篇的布局结构、写作顺序的。教师只有悟得精，学生才能学得精。

第五，认真思考课后练习题，适当查阅资料。课后练习题是我们制定教学目标的依据，也是我们教学所要完成任务的明确指示。仔细观察课后练习1—3题，大同小异，所提要求是相似的；而4—5题是针对每篇课文的特点设计的，有所差异，但运用意图是一致的。要让学生写的字，自己先写一写，做到准确无误；要让学生回答的问题，自己先答一答，只有这样，上课时才会游刃有余。有些课文的课后练习是拓展型的，这就要求教师正确处理教材和课外资源的搭配使用问题。

需要强调的是，备教材不是纯粹地备教材，它所涉及的面及相关元素非常广泛。所以适当地、充分地备教材对于我们师范生来说，有相当大的难度。但是只要我们坚持以上五个步骤，不断积累经验，定能取得长足进步！

• 下面是统编版小学语文教材四年级上册《观潮》，参照以上总结，分析这篇课文，并与自己的同学进行交流。

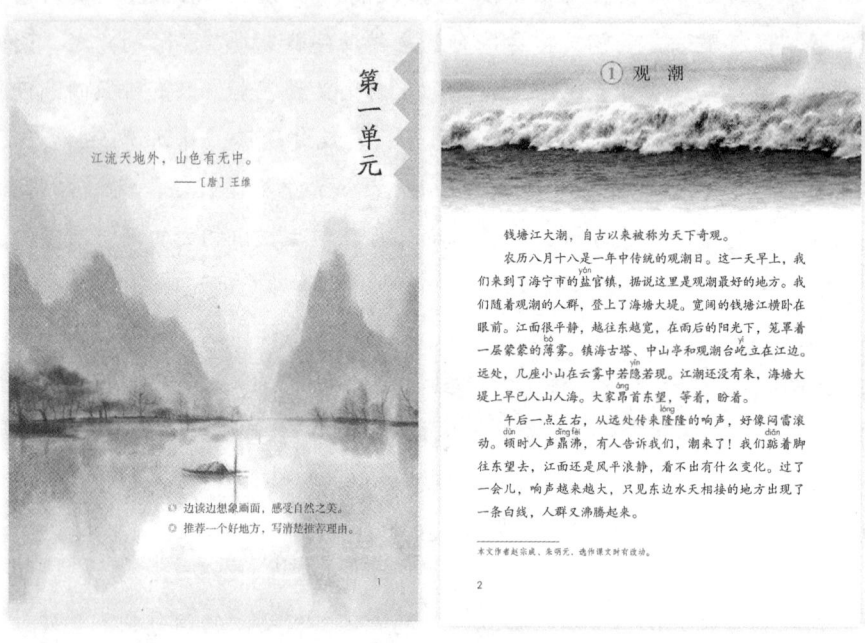

第二章
教学目标设计技能

想与说　如何看待目标制度

▶ 你是如何制定出每课时的教学目标的？是抄教学用书，还是按别的什么方式？教学目标既然是一堂课的起点又是归宿，那么，教学目标的制定就该是一项需要动一番脑筋的工作，往往是目标定出来了，怎样去落实它也就八九不离十了。你同意这个观点吗？请说说你同意或不同意的理由。

▶ 制定小学语文课堂教学目标时，其与课程标准和教材的关系是必须要考虑的。它们之间常形成以下两种关系，你认同哪种，为什么？

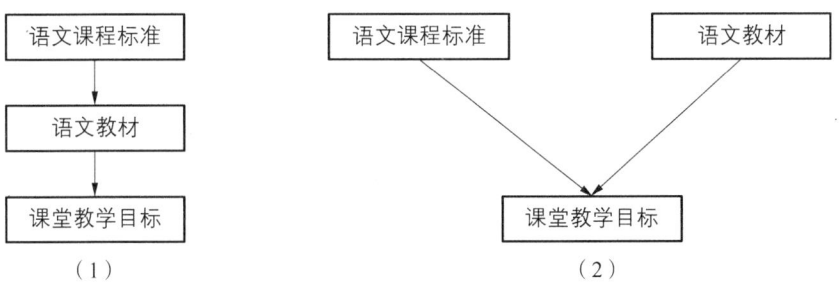

四 读与评 目标设计课例评析

▶ 下面是我国台湾地区健康小学谢秀芬老师针对翰林版教材第五册第一单元第三课《猎人和猴子》一文进行教学目标设计的过程。

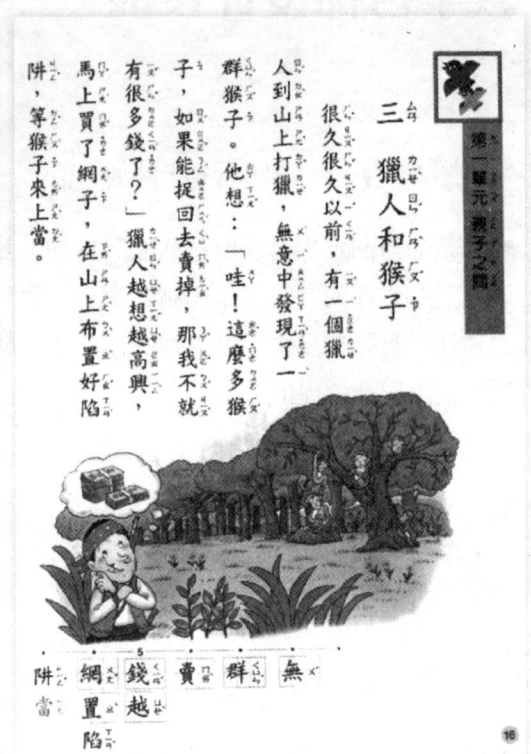

1. 所依据的能力指针［相当于我国大陆第二学段（三至四年级）的阶段目标］
能读懂课文内容，了解课文的大意。
能分辨基本的文体。
能提纲挈领，概略了解课文的内容与大意。
能掌握阅读的基本技巧。

2. 转化的想法
　　各类文体自有其表达上的特色，若能分辨文体，进而从其特色中找出理解内容的方法，如此方能凸显"文体"在语文学习中的意义。故事属叙事文体，其基本结构即是开始（原因）、经过、结果，如果没有经过有效的教学引导，不但无法帮助学生提升阅读能力，反而会造成制式的学习。因而，本教学活动的设计便着眼于文体的结构特色，通过首尾段意的比较，找到重点段，经由重点段（经过）的深入讨论，引导学生逐步理解单元主题。

课文大意分成"全课大意"及"分段大意"，三年级学生可以在低年级掌握词句的基础之上，加强对段意的理解与归纳，所以分段、归纳段意是阅读指导的重点。为了掌握段落大意，帮助学生提纲挈领，本次教学以"删除法"为主要的阅读练习技巧，让学生能从中比较词句的重要与否，进行保留或删除的选择。删去不重要的词句，保留重要的词句，加以连贯之后，所组织的段落大意自然完整、简明、精准。

3. 教学目标
1. 能了解故事文体的特色，找出重点段进行阅读讨论。
2. 能通过比较，运用"删除法"找出句子主干，并能说出段落大意。

• 请你评价这种做法的思路与价值。

讲与议　目标理解与陈述

=== 理论总述 ===

一、教学目标的意涵

（一）课堂教学目标

顾名思义，课堂教学目标是指课堂教学活动预期要达到的学习结果。它表现为对学生学习成果及终结行为的具体描述，或对学生在教学活动结束时其知识与技能等方面变化的说明。

具体来看，可从以下四方面来理解教学目标的内涵。

① 教学目标是教与学双方合作实现的共同目标，它表现为教学所引起的学生终结行为的变化。

② 教学目标是教学活动预期的结果，是师生对教学结果主观上的一种期望，它表明教学乃是一种由自觉目的支配的活动。

③ 教学目标是通过教学活动可以达到的结果，它应是具体明确和便于操作的，又应该符合教学内容和学生实际。

④ 教学目标是可评估的，可编制相应的评价量表，对教学目标的达成度进行定性或定量的测度，从而科学地测评教学效果。

（二）语文课堂教学目标

李海林认为，要厘清语文教学目标的含义，需要区分两点：一是课堂教学目标与课程教学目标是两个不同的概念，两者之间有一个相当大的模糊地带，应允许课堂教学目标与课程教学目标之间有一定的空间、余地，甚至空白。二是要弄清体系性教学目标与非体系性教学目标的区别。语文课不是由若干课堂教学目标一级一级累加性地构成目标结构，而是网络性地、滚雪球性地、积淀性地构成教学目标。因此，对语文学科来说，应当允许每一堂语文课的教学目标与整个课程的教学目标之间保持着一定的自由空间，允许它有一个积淀、等待、综合、发展的过程①。

总之，语文教学目标可分为语文课程教学目标和语文课堂教学目标。前者是从语文学科角度规定的人才培养规格和质量要求，后者则是从课程实施的角度规定的语文课堂教学预期要达到的学习结果。

（三）语文核心素养的理解

《义务教育语文课程标准（2011年版）》（以下简称"2011年版课标"）在"课程目标与内容"中指出："课程目标从知识与能力、过程与方法、情感态度与价值观三个方面设计。三者相互渗透，融为一体。目标的设计着眼于语文素养的整体提高。"而2022年版课标则提出了与之表述不同的"核心素养"目标："义务教育语文课程培养的核心素养，是学生在积极的语文实践活动中积累、建构并在真实的语言运用情境中表现出来的，是文化自信和语言运用、思维能力、审美创造的综合体现。"不管是三维教学目标还是核心素养的提出，都纠正了过去知识本位、忽视对学习过程体验的引导、缺乏对学生情感态度与价值观培养

---

① 李海林.关于语文教学目标的几点思考［J］.中学语文教学，2003（06）：28—29.

的错误,对于学生语文素养的提升具有重要意义。它提醒我们在制定教学目标时,不应死守一种"非此即彼"的二元对立的思维模式,而应以一种统合的思维方式来剖析和确立教学目标。

李茂森和孙亚玲在《论有效教学中教学目标的性质及其价值》一文中认为,有效教学视野中教学目标的性质,可从六个维度来剖析:教学目标是认知性的还是体验性的,教学目标是预设的还是生成的,教学目标是内在的还是外在的,教学目标是教师的还是学生的,教学目标是显性的还是隐性的,教学目标是具体的还是模糊的。这里的六个维度和语文课程标准倡导的核心素养并不矛盾,一个是从语文课堂教学的有效性出发,一个是从国家对学生的基本要求出发[①]。

二、教学目标的功能

教学目标是课堂教学的灵魂,它支配、调节、控制着整个教学过程,是教学活动的起点和归宿,是教师选择教学内容,运用教学方法、教学策略、教学媒体,调控课堂教学以及评价教学效果的基本依据,同时还是学生自我激励、自我调控、自我评估的重要手段。

(一)导向功能

语文课堂教学目标如同"航标",为课堂教学导航,使之始终向着正确的方向行驶。教学实践已证明,教学效果与目标的导向功能呈正相关,导向正确,可取得好的教学效果,反之则会引发负面效果。导向功能凭借影响师生的注意力来实现,有了明确的目标,课堂教学就能尽量排除无关干扰的刺激,使教学的重心始终聚焦在与教学目标相关的内容上,避免教学的主观随意性。

(二)调控功能

课堂教学目标贯穿教学过程的始终,调节、控制着课堂教与学的活动,使动态化的课堂不断达到平衡状态。当课堂生成与预设发生偏离时,是存还是废,是拉还是推,取决于教师对事件价值大小的判断,而衡量价值大小的标杆就是教学目标。

(三)激励功能

要使学生的学习产生强大不息的持久动力,需要引入激励机制,而目标激励是重要的激励策略之一。转化成为学生个体学习目标的课堂教学目标,能有效激发学生的学习动机,促使其不断实现目标,逐渐积累自己的成就感、自信心,并源源不断地转化为继续学习的动力。

---

① 李儒大.新课程下语文教学目标研究综述[J].当代教育论坛(学科教育研究),2007(07):108—109.

（四）评价功能

课堂教学多大程度上完成了教学任务、效果如何、是否需要调整、如何调整，回答这些问题的主要依据毫无疑问还是明确具体的课堂教学目标。

> **细思默想**
>
> 教学目标的重要性毋庸置疑。可为什么它们常常是从教学用书上复制过来的？为什么常常变得大而无当、可有可无？为什么常常大同小异？为什么课都上完了，教案上却没有教学目标？太多的"为什么"甚至让我们怀疑教学目标的重要性是否仅仅是理论上的。我们不是僵化的目标主义者，也不否认那些课上信手拈来的神来之笔，但毕竟课堂只有40分钟，是需要效率的。因此，要让目标的重要性真正体现在教学实践中，要让教学目标的功能不只是记在脑子里，还要融化在心田，让它无处不在。长此以往，老师们就会感觉到：你的课越上越"瘦"，学生却越学越"胖"。

三、教学目标的确定原则

（一）科学化原则

只有科学的目标才能真正发挥它的功能。因此，制定课堂教学目标时就要按规律办事，要符合语文学科教学的规律，符合小学生学习语文的规律，符合小学生身心发展的规律。

（二）具体化原则

小学语文教学目标确定的具体化原则表现为：目标能被清晰描述、被具体认识、可操作性强、容易评估等。尽管许多目标无法量化，但具体化仍然是目标制定的重要原则。

（三）系统化原则

尽管语文课堂教学目标和课程教学目标之间存在模糊地带，尽管每堂课都有其不同之处，但从长远来看，单元教学内部各篇课文的教学目标应保持连贯，各个单元的教学目标应相互呼应，共同指向语文教学的总目标；从近处看，每篇课文的教学目标、每个课时的教学目标也要有自己的系统。

（四）动态化原则

动态化原则即在制定教学目标时留有空间，有一定的伸缩性，使之与课堂教学的动态性特点相适应，并善于在教学生成过程中及时调整教学目标，使其不断向着完善、稳定的态势发展。

（五）个性化原则

课堂教学目标既应有"我们的"，更应有"我的"；既是教师定的，还要善于转化成学生自己的。即便是"我们的"教学目标，也不可照抄照搬，必须经过自己专业化、个性化的过滤。唯其如此，才能在参考的基础上，上出自己想上的课，上出自己的学生愿意上的课，也才能够打造异彩纷呈的课堂。

四、教学目标设计存在的问题

请先阅读下面低、中、高三个年段的课堂教学目标设计。

1. 统编版小学语文教材一年级下册《荷叶圆圆》教学目标设计：

（1）会认"珠、摇"等12个生字，会写"亮、机"等7个生字。

（2）能正确、流利、有感情地朗读课文、背诵课文。

（3）体会荷叶的可爱，并从中感受夏天的快乐。

2. 统编版小学语文教材三年级下册《燕子》教学目标设计：

（1）认识10个生字，会写13个生字，积累"乌黑、活泼"等15个词语。

（2）正确、流利、有感情地朗读课文。

（3）感受燕子活泼可爱、伶俐敏捷的特点，体会关键词句在表情达意上的作用。

（4）培养学生保护动物、与动物和谐相处的意识。

3. 统编版小学语文教材六年级上册《狼牙山五壮士》教学目标设计：

（1）会写"寇、副"等14个生字，会写"日寇、奋战"等20个词语。

（2）能正确、流利、有感情地朗读课文。

（3）结合关键语句，感受五壮士的英雄气概。

（4）学习点面结合的场面描写手法。

以上是根据三篇不同年段、不同文体的课文而设计的教学目标，代表了目前常见的课堂教学目标表述方式。仔细阅读后，可发现以下几个典型的问题。

（一）针对性差

以上所举例的教学目标，从横向看，有似曾相识之感；从纵向看，同一内容目标的表述差别不大，有种"八股文"的味道，流于形式，可有可无。难怪有的老师课都上完了，听说要检查教案，才把课堂教学目标补充上去。按说，年段要求不同、教学对象不同、文体特质不同、课文特点不同，教学目标差异较大才合乎道理。

（二）不够全面

不管是2022年版课标要求的核心素养还是2011年版课标要求的三维目标，教学目标制定至少包括知识、能力、方法，以及精神文化、审美创造等几个维度。细读上面列举的教学目标，不难发现其均缺少了"过程与方法"层面的表述。例如，"识字与写字"一条，三个年段对其教学目标的要求不一样，但不同年段、不同生字，分别用什么方法、经过什么过程，都没有表述。

（三）陈述模糊抽象

诸如"培养学生保护动物、与动物和谐相处的意识"之类的目标，是要求学生达到什么具体的目标？一节课能完成这些目标吗？类似"体会荷叶的可爱，并从中感受夏天的快乐""学习点面结合的场面描写手法"的目标，是要通过哪些内容、什么方法、何种过程去做？如何来检测这些目标是否达成？我想制定者自己也未必清楚，这就是造成"高耗低效"的源头。

（四）行为主体错位

诸如"培养学生保护动物、与动物和谐相处的意识"之类的目标，主语是谁？教学目标是指谁要达成学习结果？前者显然是教师，而教学目标的行为主体却是学生，这类写法就造成了行为主体的错位。

技能概观

设计课堂教学目标，一般要解决三个问题：一是确定要教什么或为了什么而教？二是确定所教内容要达到何种结果？三是如何陈述才能准确表达所期望达到的结果？由此，可将课堂教学目标设计技能分为：目标内容选择技能、目标水平分析技能和目标陈述技能。由于目标内容选择技能在阐述单篇课文分析时已有所涉及，这里不再赘述。

一、目标水平分析技能

教学任务确定后，就要考虑不同类型语文知识所应达到的不同结果。一般分两步进行：第一步，确定小学语文学习结果采用的目标分类体系；第二步，明确小学语文不同类型学习结果的学习要求。

（一）确定小学语文学习结果采用的目标分类体系

王小明等人运用加涅的学习结果分类理论（① 言语信息；② 智慧技能：辨别、具体概念、定义性概念、规则、高级规则；③ 认知策略；④ 动作技能；⑤ 态度），吸收现代心理学的相关理论，提出了一个简约的语文学习结果分类体系：语文基本技能、语文高级技能、情感与品德[①]。

---

① 王小明，等.语文学习与教学设计（小学卷）[M].上海：上海教育出版社，2004：30—32.

1. 语文基本技能

语文基本技能是指小学生运用字词句进行熟练的听说读写、表达思想、进行交流的技能，包括语文动作技能和一部分语文智慧技能。

以阅读教学为例，根据语文课程标准的有关规定，这些技能任务主要包括：字词句的运用；词句篇章的背诵和积累；结合上下文和生活实际了解或理解词句的意思。

2. 语文高级技能

语文高级技能是指小学生对于篇章理解、构思的技能和运用艺术手法表达情志的读写策略，包括语文认知策略和一部分语文智慧技能。

以阅读教学为例，这些技能任务主要包括：理解、体会词语、句式在语境中的运用规则，并在相似的语境运用中逐渐学习掌握；能够把握课文大意、揣摩文章的表达技巧和体会文章的思想感情；学习一定的阅读方法，形成良好的阅读习惯；等等。

3. 情感与品德

情感与品德是指小学生学习语文过程中受到的情感熏陶和价值观的教育，相当于语文情感态度与价值观维度的目标。

以阅读教学为例，这些技能任务主要包括：能够感受到阅读中语言形式和内容的美；乐于与人交流自己的感受和想法；能够感受到阅读的乐趣，逐步喜欢阅读。

（二）明确小学语文不同类型学习结果的学习要求

① 语文基本技能。语文基本技能简单，暗含的规则明确，一般要达到自动化的运用程度。

② 语文高级技能。语文高级技能复杂，暗含的规则模糊，往往不可能一次学会，需要在教学中逐步地、反复地渗透，逐渐内化。例如，概括段意技能就属于认知策略范畴，其规则具有启发性、指导性，只有在不同情境中经过一次次的训练，才能逐渐掌握。

③ 情感与品德。这类任务应与前两类任务的学习融合在一起，逐渐熏染。要注意从小学生的情感实际切入，少些生硬的灌输或品德标签的粘贴。

请你来做

以我们分析过的《坐井观天》一文的学习任务为例，说说以下三个任务各属于何种类型的学习结果，各应达到何种要求。

1. 会认"沿、答"等10个生字，读准多音字"哪"，会写"井、观"等8个字，会写"坐井观天、井沿"等7个词语。

2. 分角色朗读对话，读出不同句式的不同语气，体会青蛙与小鸟的不同想法与不同情感。

3. 体会"认识事物，看待问题，站得高才能看得全面"的道理。

二、目标陈述技能

教育心理学家一致认为,用传统方法陈述的教学目标含糊不清,使人无法捉摸。为此,西方教育心理学界发起了克服教学目标含糊性的运动。以下四种目标的陈述技能具有代表性[①]。

(一)行为目标的陈述技能

行为目标有时也称"作业目标",即利用预期学生学习之后将产生的行为变化来陈述的目标。1962年美国心理学家马杰为了克服传统教学目标的含糊性,取消用描述内在心理状态的术语,代之以描述行为的术语来陈述目标。马杰认为,陈述得好的目标具有三个要素:一是说明通过教学后,学生能做什么或能说什么;二是规定学生行为产生的条件;三是规定符合要求的作业标准。例如,《坐井观天》一课的目标:"体会'认识事物,看待问题,站得高才能看得全面'的道理",就只说明了第一个要素,还不够明确,依据行为目标的陈述要求可做如下修改:通过有感情地朗读青蛙与小鸟的三轮对话,明白青蛙与小鸟争论的问题与原因(学生行为产生的条件,亦即过程与方法维度的目标陈述);学生(主语,可以省略)能体会"认识事物,看待问题,站得高才能看得全面"的道理(行为);90%以上的同学能明白青蛙认为"天不过井口那么大"是因为长期待在井底的缘故(作业标准)。

当然,行为目标的陈述不一定要严格按马杰规定的标准进行,但对语文基本技能目标和部分语文高级技能目标的陈述很有借鉴意义,要结合教学实践,根据学习结果的类型,合理吸收这种目标陈述的优点。

行为目标虽然避免了用传统方法陈述目标的含糊性,但它本身也有缺点。它只强调了行为结果而未注意内在的心理过程,教师可能因此只注意学生外在的行为变化,而忽视其内在的能力和情感的变化。

(二)内部心理与外显行为相结合的目标陈述技能

由于部分语文高级技能目标和情感与品德领域的目标难以从外显行为中表现出来。为弥补行为目标的不足,格兰伦提出了内部心理与外显行为相结合的目标陈述技术。陈述目标时,首先陈述诸如感受、理解、体会、欣赏、把握、热爱等内在心理变化,而后再列举反映这些内在变化的外显行为动作。外显行为动作是我们评价教学是否达标的依据。例如,统编版小学语文教材二年级上册《小蝌蚪找妈妈》中"了解课文的叙述顺序"(内部心理描述)的目标可修改如下:

(1)先找出课文中小蝌蚪与鲤鱼、乌龟、青蛙对话的内容(行为);

(2)再找出课文中描写小蝌蚪生长变化的句子(外显行为);

[①] 皮连生.智育心理学[M].北京:人民教育出版社,1996:244—249.

（3）最后用言语概括课文的叙述顺序（外显行为）。

请你来做

请就《坐井观天》中"体会'认识事物，看待问题，站得高才能看得全面'的道理"（内部心理描述）的教学目标写出相应的外显行为动作。

（三）表现性目标的陈述技能

学生的认知能力、情感态度与价值观的形成往往不是一蹴而就的，也很难预期经过一定阶段的教学后学生的内在心理过程将会出现什么变化。为了反映出此类目标，艾斯纳提出了表现性目标陈述技术。这种目标要求明确规定学生应参加的活动，但不精确规定每个学生应从这些活动中习得什么。心理学家认为，这种目标只能作为教学目标具体化的一种可能的补充，但不能依赖这种目标，否则，在陈述目标时又会回到用模糊的术语陈述的老路上去。

以统编版小学语文教材二年级上册《日月潭》"激发热爱祖国美丽风景的情感"的目标陈述为例。这种表述，无法衡量学生"热爱"的变化程度。用表现性目标则可以陈述如下："能带着喜爱的感情，声情并茂地朗读《日月潭》一文，并在小组内谈谈自己的读后感。"

（四）"ABCD"法目标陈述技能

"ABCD"法是目前较为常用的一种教学目标陈述方法。

A（audience）：对象，即教师希望达到某一教学目标的学生的具体情况（年级、数目等）。如"班上所有的学生……""平时学习成绩在良好以上的学生"。

B（behavior）：行为，即学生所要达到目标的具体内容，与行为目标的行为一样，是可观察的、具体的。如"……学会使用……""比较……的异同"。

C（condition）：条件，即学生的行为结果应在什么条件下发生。如"五分钟内……""在家里独自……"。

D（degree）：程度，即学生的行为结果达到一个什么样的深度。如"……从而体会出作者对母亲的深情"。

请你来做

联系第一章对《坐井观天》一课的分析，请试着用"ABCD"法对"会认'沿、答'等10个生字，读准多音字'哪'，会写'井、观'等8个字，会写'坐井观天、井沿'等7个词语"进行目标陈述。

总之，设计教学目标时应注意三点：第一，教学目标的行为主体应是学生；第二，目

标陈述尽量避免模糊性，力求准确、具体，便于测量；第三，目标中所反映的学习结果应具有明显的层次性。

要点提示

一、教学目标定位要准确

一是教师要能区分语文的长期、中期、短期目标，分清总体目标、单元目标、课堂教学目标，并熟知三者的关系，避免将长期目标混同为课堂教学目标。通过对课堂教学目标的准确定位、具体实施和长期积累，最终实现语文的长期目标。二是目标的设计应该针对绝大多数学生的发展水平。比如说，当大多数学生还不能达到"复述课文"的程度时，教学目标就不应涉及或采用特别注明"个别同学可尝试复述课文"的方式。

二、明确陈述的主体对象

教学目标要陈述经过教学后学生能做什么，不是要陈述教师做什么。所以，设计教学目标时，不用"指导……""培养……""使学生了解……""提高学生的……水平"等句式，而应从学生角度出发，表述为"能……""概述……""列举……""对……进行评价"等句式。这样表述的教学目标，行为主体是学生，体现出学生是语文课堂学习主体的理念。

三、要体现出四大核心素养目标的相互渗透

四大核心素养不是四个方面割裂开的目标，而是一个目标所同时蕴含的四个维度，侧重点不同而已，多样性的教学目标有利于学生的全面发展，不同层次的教学目标有利于不同水平的学生在各自基础上的发展。因此，我们对每一篇课文每一个教学目标的设计，应体现出四大核心素养的尽可能的相互渗透、相互融合。

四、目标陈述应明确、具体且可测量的程度高

教学目标的制定，必须能让教者准确把握教什么和怎样教，学生明确学什么和如何学，这样才能达到预期的教学效果。因此，每节课都要设计出切实可行的教学目标。它需是具体的、明晰的，而不是抽象的、模糊的；需是可观察、可检测到的，尽量避免只可意会、不可言传的。

在表述教学目标时，经常使用的动词有：说出、写出、指出、找出、描述、解释、分析、评价、讨论、感受、比较、划分、鉴赏、体会、概括、辨别、区别、撰写、默写、背诵、复述等。这些词语都明确体现出教学目标表述的主体是学生。总之，教学目标确定后，要科学、准确、具体地表述出来，不能含糊笼统，要使任何教师和学生看后，能立即抓住要领，明白学什么、怎样学、学到什么程度。只有这样，才有利于进行

教学评价。

另外，要使目标发挥其更大的功能，还需注意教学目标的优化与整合。

教学目标的优化与整合，就是把核心素养以文本内容为平台，进行梳理，由一条清晰的主线串联成目标群。有实践者提出可从各种角度进行整合：一是以任务驱动为手段，整合教学目标。例如，《西门豹》是一篇篇幅较长的课文，故事情节曲折有趣，语言文字通俗易懂。为此，教师设计了"编电视连续剧"这一任务目标，将"学习生字新词、分段、归纳段意、感知人物形象"等多个分解目标融入其中，重新设定了"设计剧情、选拔演员、合作试镜、导演点评"四个层次。教学目标从局部到整体，从单一隔离到融会贯通，从教师的指令操纵到学生的主动参与，形成了一个富有生命力的综合体。二是以情感渲染为轴心，整合教学目标。三是以文本品读为支撑，整合教学目标[1]。

总之，一篇课文、一节课的教学是否有效，教学目标至关重要。目标制定得越科学，教学效果也就越理想。因此，教学目标的研究和陈述不容忽视。另外，还要关注课堂教学目标发展的趋势，使其能更好地体现课堂教学的动态性、开放性和创造性，以更好地培养学生的创新精神和实践能力，全面提升学生的语文素养。

学与做　　技巧提炼与实训

- 结合自己课堂教学目标的设计经验和本章内容，总结出你所认为的比较有效的教学目标设计技能。

- 请你分析以下课堂教学目标的不合理之处。

【例1】《卖火柴的小女孩》的教学目标：
培养学生的想象力。
【例2】《少年闰土》的教学目标：
1. 理解课文详略得当的写作方法；
2. 学习课文运用对比突出文章中心的写法；

---

[1] 林敏.浅谈小学语文教学目标的优化整合[J].教学月刊（小学版），2005（06）：7—8.

3. 让学生学习抓住人物特点具体地描写人物性格的写法。

【例3】《忆江南》的教学目标：

1. 培养学生有感情地朗读并背诵这首诗；
2. 培养学生的想象力，体会词语表达的意境和思想感情；
3. 培养学生学习古诗词的兴趣。

请你参考：

【例1】语文教师要在"培养学生的想象力"上下功夫，这是课程目标，而不是这一节课的目标。【例2】虽然设计了三个教学目标，但这三个教学目标的设计都在同一个层面上，都是学习和掌握课文的写作方法，体现不出对语文教学核心素养的有效整合。【例3】三个教学目标中都采用了"培养"一词来表述，这样的表述体现出的都是教师的行为。教师怎样培养，用什么手段去培养，那是不具体的，无法操作的，要求学生做的问题并没有涉及到。

这三个案例中的教学目标设计，强调的是"怎样做"和"做什么"的标准，基本没有涉及学生要达到怎样的要求和标准。这恐怕还算不上是语文教学目标，因其所设置的教学目标是抽象的，让人很难知道教师"做什么"、学生"学什么"。这种不符合具体行为的"做什么"的教学，肯定是低效率的教学。

- 利用你所学到的目标设计技能，任选一篇课文制定本课的教学目标。

1. 统编版小学语文教材三年级下册第一单元第2课《燕子》。

那边还有飞倦了的几对，闲散地在纤细的电线上休憩——嫩蓝的春天，几支木杆，几痕细线连于杆与杆之间，线上停着几个小黑点，那便是燕子。多么有趣的一幅图画呀！

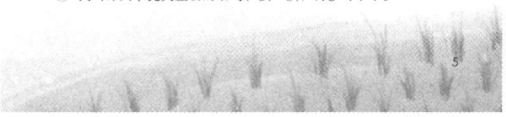

○ 朗读课文，边读边想象画面，并读出对燕子的喜爱之情。背诵第1～3自然段。

○ 读一读，记一记，再说几个这样的词语。

剪刀似的尾巴　　伶俐可爱的小燕子
光彩夺目的图画　　旷亮无比的天空

○ 找出课文中优美生动的语句，读一读，再抄写下来。

2. 统编版小学语文教材六年级上册第四单元第13课《桥》。

⑬ 桥

黎明的时候，雨突然大了。像泼。像倒。

山洪咆哮着，像一群惊慌的野马，从山谷里狂奔而来，势不可当。

村庄惊醒了。人们翻身下床，却一脚踩进水里。是谁惊慌地喊了一嗓子，一百多号人你拥我挤地往南跑。近一米高的洪水已经在路面上跳舞了。人们又疯了似的折回来。

东面、西面没有路。只有北面有座窄窄的木桥。

死亡在洪水的狞笑声中逼近。

人们跌跌撞撞地向那木桥拥去。

木桥前，没腿深的水里，站着他们的党支部书记，那个全村人都拥戴的老汉。

老汉清瘦的脸上淌着雨水。他不说话，盯着乱哄哄的人们。他像一座山。

人们停住脚，望着老汉。

老汉沙哑地喊话："桥窄！排成一队，不要挤！党员排在后边！"

有人喊了一声："党员也是人。"

老汉冷冷地说："可以退党，到我这儿报名。"

竟没人再喊。一百多人很快排成队，依次从老汉身边奔上木桥。

水渐渐蹿(cuān)上来，放肆地舔着人们的腰。

老汉突然冲上前，从队伍里揪出一个小伙子，吼道："你还算是个党员吗？排到后面去！"老汉凶得像只豹子。

小伙子瞪了老汉一眼，站到了后面。

木桥开始发抖，开始痛苦地呻吟。

水，爬上了老汉的胸膛。最后，只剩下了他和小伙子。

小伙子推了老汉一把，说："你先走。"

老汉吼道："少废话，快走。"他用力把小伙子推上木桥。

突然，那木桥轰的一声塌了。小伙子被洪水吞没了。

老汉似乎要喊什么，猛然间，一个浪头也吞没了他。

一片白茫茫的世界。

五天以后，洪水退了。

一个老太太，被人搀(chān)扶着，来这里祭奠(diàn)。

她来祭奠两个人。

她丈夫和她儿子。

| 咆 | 哮 | 嗓 | 淌 | 哑 | 揪 | 呻 | 废 |

◯ 有感情地朗读课文，注意读好短句。

◯ 这篇小说写了一位怎样的老支书？找出写老支书动作、语言、神态的句子，结合相关情节说说你的理解。

◯ 画出描写雨、洪水和桥的句子读一读。再联系老支书在洪水中的表现，说说这些描写对表现人物的作用。

◯ 小说最后才点明老支书和小伙子的关系，和同学讨论这样写有什么好处。

第三章
教案编写技能

想与说　　什么是理想的教案

▶ 因受职前教育特殊性的制约，师范生与一线教师在小学语文教案编写方面必然同中有异，请想想同在何处，又异在哪里？试着将自己的观点提炼出一些关键词句，并写在下面的方框中。

```
┌─────────────────────────────────────────────┐
│                                             │
│                                             │
│                                             │
│                                             │
│                                             │
└─────────────────────────────────────────────┘
```

▶ 在进行小学语文教案的编写时，有两个问题不得不回答：什么样的教案才是合格的教案？什么样的教案算是好的教案？其实，要想给这两个问题一个判断的标准还真不容易，因为合格的或好的教案应是施教者对合格的或好的教学不断追求的结果。基于这样的认识，我们不如转化成以下问题：对师范生来说，要写出合格的或好的教案应注意些什么？请你在下面的方框中先写几个关键词，并试着说说自己的看法。

```
┌─────────────────────────────────────────────┐
│                                             │
│                                             │
│                                             │
│                                             │
│                                             │
└─────────────────────────────────────────────┘
```

读与评　　同课异构的比较

▶ 下面是统编版小学语文教材四年级上册第三单元的一篇科普说明文《蟋蟀的住宅》，其人文主题是"留心观察",语文要素是"体会文章准确生动的表达,感受作者连续细致的观察"。我们先请一位工作了七年的教师编写了第一课时的教案,又请一位大四师范生编写了另一份教案,并让她在与前者比照的基础上,反思了自己的收获与差距。

【教案编写示例一】

《蟋蟀的住宅》第一课时教学设计

（南京市东山小学　朱锦涛）

一、教学目标

1. 会认"宅、隐"等12个生字，会写"址""卧"两个生字，理解"毫不可惜""随遇而安"等词语的意思。

2. 正确、流利、有感情地朗读课文。

3. 学习蟋蟀住宅的特点，理解"伟大工程"的含义。

4. 重点品读第5自然段，体会作者连续、细致的观察和准确、生动的表达。

二、教学重难点

1. 了解蟋蟀住宅的特点，理解"伟大工程"的意思。

2. 体会作者连续、细致的观察和准确、生动的表达。

三、教学过程

（一）猜字导入，课题质疑

1. 同学们，猜猜这是什么字？（"宅"）一起来看看"宅"这个字的演变过程。（出示）看老师写这个字："宅"上面是屋顶，下面是"托"的右半边。齐读这个字："zhái"。

2. 谁来给"宅"组个词？（板书：住宅）

3. 说到"住"，每一种动物住的地方都有自己的名称：狗住的地方叫——狗窝，鸟住的地方称——鸟巢。（板书：蟋蟀）指名读，注意读准字音，蟋蟀住的地方是——洞穴。出示"穴"字的古字，"穴"就是"洞"，里面部分表示洞里的石头或土块。

4. 我们今天学习的课文题目是——蟋蟀的住宅（生齐读课题）。看到这样的课题，你们有什么想问的吗？

（二）学习字词，词串梳理

1. 课文很长，文中的生词都会读了吗？（出示）

　　隐蔽　倾斜　卧室　卫生　宽敞

　　慎重　选址　挖掘　扒土　抛出

2. 指名读，开火车读。重点指导："倾"是后鼻音，"慎"是前鼻音。

3. 这些词语中标红的是本课的生字，观察这些字的字形，你最想提醒大家哪个字？（学生自主交流）

4. 重点指导写好"址""卧"。

（1）"址"是形声字，右边是"止"，表示声旁，左边是形旁，表示跟什么有关？（土）。"址"的意思就是"建筑物的位置"。

（2）"卧"的左边部分表示人的眼睛，右边是人字的变形，一个人躺下来闭上眼睛就是要——睡觉，这就是卧。

5. 再看看课文，哪几个自然段是写蟋蟀修建住宅的？（第7—9自然段）那么，第2—6自然段写的就是——蟋蟀住宅的特点。

（三）走进住宅，辨析示图

有一位同学根据法布尔的描述绘制了蟋蟀住宅的示意图。你觉得哪一幅图更接近法布尔的描述？默读第1—6自然段，勾画相关的语句。小组合作交流。注意倾听，相互补充。

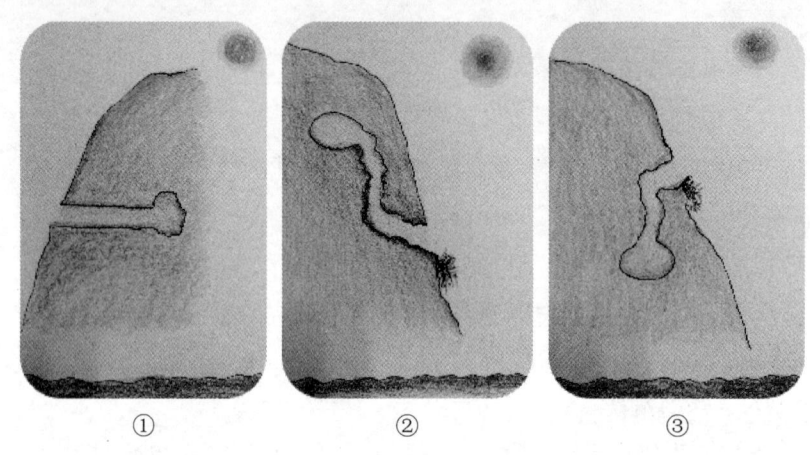

① ② ③

1.（出示第一幅图）这幅图对吗？为什么？（引导学生关注"弯弯曲曲"）由于隧道"弯弯曲曲"，所以第一幅图不符合要求。

2. 还有没有发现其他的问题？（引导学生关注"朝着阳光"）由于第一幅图背向阳光，可以肯定，不符合蟋蟀住宅的特点。

3.（出示第二和第三两幅图）还有同学画了这样两种示意图，再细细地读一读课文，你更赞成哪一种？

（1）引导学生关注"即使有骤雨，这里也立刻就会干的""顺着地势"。这样的住宅住进去一定感觉非常——舒服。（板书：舒服）伟大的工程需要伟大的构想，想不到蟋蟀在修建住宅时会有如此精巧的设计。

（2）引导关注"出口的一丛草"。读一读课文的第5自然段，为什么蟋蟀"绝不去碰这一丛草"？

如果你就是那只蟋蟀，你心里是怎么想的？这一丛草把蟋蟀的住宅隐藏了起来，蟋蟀住在里面就会非常——安全。（板书：安全）

（3）引导关注"排水优良"。课文的第5自然段中有一句话就解释了这住宅是怎么样的排水优良，你发现了吗？"即使有骤雨，这里也立刻就会干的。"骤雨是怎样的雨？一起来看"骤"这个字，它是"马"字旁，雨像马奔驰那样下得又急又大，谁来读好它。面对这样的骤雨，蟋蟀的住宅立刻会干，这就是——排水优良。（板书：排水优良）看一看第二和第三幅图，哪一幅图符合"排水优良"的特点？（明确第二幅图符合课文中对蟋蟀住宅的描述）

4. 小结：（结合板书）同学们，我们通过图文对照阅读，从三幅示意图中辨识出真正的"蟋蟀的住宅"，借助语言文字，我们感受到蟋蟀的住宅有"舒服""安全""排水优良"等特点。难怪作者法布尔在开头就说蟋蟀绝不肯——"随遇而安"。

5. 让我们一起透过语言文字走进这座神奇的住宅。（学生合作配乐朗读第5自然段）蟋蟀的住宅真不愧是一个伟大的工程。（板书：伟大）

（四）聚焦语言，学习方法

1. 同学们，我们今天能了解这样一个伟大的工程，源自作者法布尔的观察和记录。课文第5自然段对蟋蟀的住宅做了十分具体的描述，请同学们默读第5自然段，想一想，作者是怎样观察的？

（1）抓住关键词"阳光""骤雨"，感受作者连续的观察。

（2）抓住关键句"即使有骤雨，这里也立刻就会干的"，感受作者细致的观察。

（3）抓住关键句"最多九寸深"，感受作者细致的观察。引导关注"最多"，最多九寸深，也就是——不会超过九寸，法布尔一定是观察了大量的蟋蟀的住宅，这样的表达多准确啊！

（4）抓关键句"当四周很安静的时候，蟋蟀就在这平台上弹琴"。观察不仅仅需要我们用眼睛去看，读一读这句话，还需要什么？"弹琴"让你产生了怎样的联想？用眼看、用耳听、用心想，只有充分调动我们的感官进行观察，才能写出如此富有情趣的语言。

2. 配乐朗读。

（五）回顾全课，总结提升

同学们，处处留心皆学问，小小的蟋蟀，隐藏的洞穴，在法布尔的笔下给我们带来了不一样的体验和收获。我们不仅感受到了蟋蟀住宅的特点，更重要的是，在这个过程中学会了连续、细致、多感官的观察，也品味了准确而富有情趣的表达。下节课我们继续探究课文，去了解蟋蟀的住宅这一伟大的工程是如何建成的。

四、板书设计

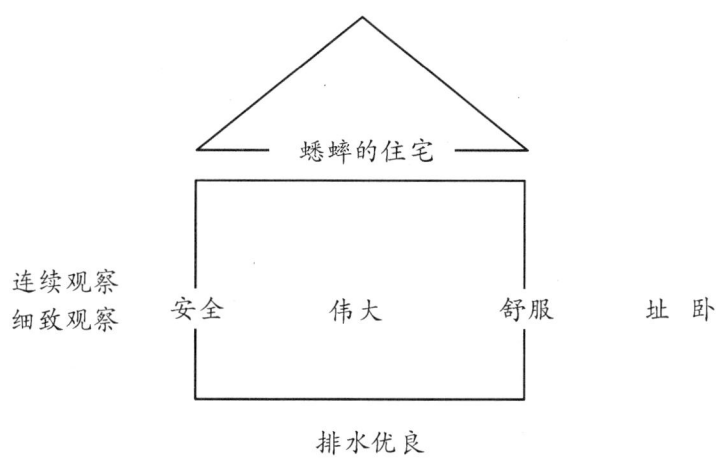

【教案编写示例二】

《蟋蟀的住宅》第一课时教学设计

[南京晓庄学院教师教育学院17小教文（3）班　戴倩茜]

一、教学目标

1. 会认"宅、隐"等12个生字，会写"宅、临、选、良"4个生字，理解"慎重"等词的意思。

2. 正确、流利、有感情地朗读课文，能用自己的话说出课文围绕"蟋蟀的住宅"介绍了哪些内容。

3. 品读词句，用自己的话说出蟋蟀的住宅的特点，感受作者细致的观察和准确、生动的表达。

二、教学重点

1. 用自己的话说说蟋蟀的住宅的特点与修建的过程。

2. 紧扣词句，感受作者细致的观察和准确、生动的表达。

三、教学难点

感受作者语言表述的准确、生动。

四、教学过程

板块一：生字导入，揭示课题

1. 同学们，今天老师带来了一个字，你们猜猜看，这是什么字？

（出示：𫝆）

2. 是的，这是"宅"字。（板书：宅）小朋友们仔细看看图上这个字，我们一般都说人住在宅子里。虫子呢？一般住在哪里？住在洞穴里。可这篇课文却说是——蟋蟀的住宅。（板书：蟋蟀的住宅）这究竟是怎么一回事呢？就让我们一起到文中去看看吧！

板块二：初读课文，整体感知

1. 出示自读要求，按要求轻声朗读课文：（1）读准字音，读通句子，做到正确流利；（2）了解课文围绕"蟋蟀的住宅"主要讲了哪几个方面的内容，并用自己的话说一说。

2. 出示字词，纠音反馈。

（1）出示生字词。

住宅　隐蔽　毫不　慎重　住址　优良

挖掘　搜索　倾斜　布置　骤雨　掘出

（2）同桌互读纠音，再"开火车"读，教师相机反馈指导。

（预设："住""宅""慎""重"等字注重翘舌音，"隐""慎""重""良""倾"等字注重前后鼻音，"良"字注意声母是边音）

（3）全班齐读。

3. 用自己的话简单说说围绕"蟋蟀的住宅"主要写了哪几个方面的内容。（主要写了蟋蟀的住宅的特点和住宅的修建过程）

板块三：走进住宅，悉心体悟

（一）按图索"宅"，说说特点

1. 出示图片，让学生猜猜看哪一个是蟋蟀的住宅。

2. 说说看，蟋蟀的住宅有哪些特点？你是从哪找到的？

预设一："在朝着阳光的堤岸上，青草丛中隐藏着一条倾斜的隧道，即使有骤雨，这里也会立刻干的。"

（1）"朝着阳光"说明蟋蟀在住宅选址时喜欢选择有阳光的地方，而不喜欢阴暗潮湿的地方。

（2）选址在"堤岸"，是为了满足坡度的需要，这样可以帮助排水。

（3）用"青草丛中有一条隧道"替换掉"青草丛中隐藏着一条倾斜的隧道"可以吗？为什么？（不可以，"隐藏"说明蟋蟀住宅选址的隐蔽，"倾斜"则是为了说明便于排水）

过渡：通过品读，我们发现蟋蟀的住宅选址时要满足阳光温和、排水优良的条件；除此之外，我们还发现它的住宅十分隐蔽，可即便是这么隐秘，也还是被细心的法布尔找到了，并且他还能总结出蟋蟀选址的特点，可见他观察得——十分仔细。

预设二："隧道顺着地势弯弯曲曲，最多九寸深，一指宽，这便是蟋蟀的住宅。"

（1）作者是怎么得到"九寸深，一指宽"这个数据的？是随随便便说的吗？

（不是的，作者能够说出具体的数字，说明他肯定是经过测量的，体现出观察的细致）

（2）作者在前面还加了一个程度词"最多"，这个词可以删掉吗？为什么？

（不可以，这个"最多"说明作者是经过反复测量才得到这个数字的，体现出语言表达的科学、准确）

过渡：因为蟋蟀非常小，它的住宅也不会很大，所以作者选择了最大值。这一段主要写了蟋蟀的住宅的样子是弯弯曲曲，但大小适宜的；这同时也说明作者的观察十分细致，描写也力求准确。请同学们再读一读第5自然段，体会作者观察的细致与用语的准确。

预设三：从课文第6自然段可以概括出蟋蟀住宅内部的特点——简朴、清洁、干燥、卫生。

（二）斟酌词句，品味语言

1. 出示句子：

（1）出口的地方总有一丛草半掩着，就像一座门。

（2）出口的地方有一丛草掩着，就像一座门。

你更喜欢哪一句？为什么？

预设一：这个"总"字说明法布尔不止观察了一次两次，而是观察了很多处蟋蟀的住宅,才得到的结论,体现出语言表达的准确、科学。

预设二:这个"半"字说明出口不是被草给全部遮蔽了。刚刚我们说蟋蟀的住宅的外部隧道有多宽?(一指)那么,被半掩着的出口有多大,你们试着比画一下。

过渡:是啊,就是这么小,法布尔竟然还能观察到,说明他观察得十分细致。作者在这里还用了一种修辞方法——是的,这个比喻是把半掩着的出口比作了"一扇门",仔细想想看,这是一个多么贴切的比喻啊。作者法布尔不但观察得仔细,语言描述也这么生动形象。

2. 出示句子:

当四周很安静的时候,蟋蟀就在这平台上弹琴。

(1)作者不仅用眼睛去观察蟋蟀,还用耳朵去听。你们听,夜晚慢慢降临了,四周也变得安静了,这个时候,一只小蟋蟀爬上了平台(播放录音)。

(2)它在弹什么?是钢琴还是吉他?是激烈的还是舒缓的?假如你是那只小蟋蟀,你会哼出怎样的曲调?又会配上怎样的歌词呢?

过渡:你看,我们的法布尔把再渺小不过的蟋蟀想象成一位艺术家了。他不仅亲眼去看这位艺术家,还用心听了这位艺术家演奏的作品。不过,这位艺术家同时也是一位建筑家,法布尔甚至不惜用"伟大"来形容他所建造的工程。下节课,我们就再次跟随法布尔一起去看一看这位建筑家究竟是如何建造这个"伟大"工程的。

板块四:指导书写,反馈纠正

1. 示范指导:临、选、良。

临:左右起笔高低一致,左边两竖左短右长,右半部分上下大小相等,下面中间为一竖。

选:右半部分竖画不过长横,竖弯钩书写时与竖画靠近,在竖画偏右一点。

良:横画略向上,中间短横连左不连右,右竖画略向左下倾斜。

2. 学生描红书写。

3. 教师反馈纠正。

五、板书设计

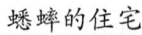

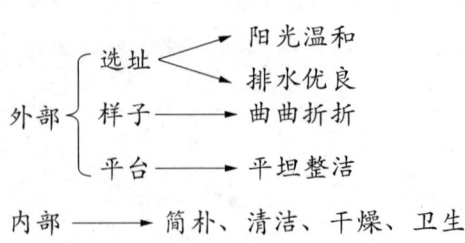

【戴倩茜同学的比较与反思】

问:我做到了什么?

答:通过对第一课时的设计,我认为自己做到了以下几点:① 对于教材内容的解读是准确的，对于教学内容的选择、教学重难点的确定也是合理的。② 对教案的结构与教学流程的设计，符合教学设计的一般规范。③ 第一课时的设计，我力求在夯实基础上下功夫，尤其是引导学生在读通读顺课文、理解课文大意、初步感知语言表达的准确与生动上稳扎稳打。我认为这也是师范生的基本功所在。④ 注重了教学方法的多样性，以及学生学习的自主性，期望达到"以学定教"的效果。⑤ 在环节转换部分，我注重了过渡语的设计，并在备课时将这些过渡语烂熟于胸，使环节与环节的衔接更为自然。

问：与一线教师设计的优秀教案相比，我的差距在哪里？

答：尽管我在设计上参考了一些资料，下了很大的功夫，但和朱锦涛老师的设计比起来，差距还是显而易见的，主要体现在以下几个方面：① 仔细研读朱老师的设计，发现其能够化繁就简，突出重点，而且目标、内容与方法融为一体，的确能将教学任务落实到位。而我的设计虽然看起来思路清晰，有模有样，但仔细体会内容还显臃肿、啰嗦，教路也不够通畅。这与我们师范生缺乏持续的、长期的教学经验有关。② 朱老师的设计处处从引导学生学的角度入手，读来感觉对学生的引导性、启发性很强。我在设计的过程中，也试图从"以学定教"的理念入手，可总是不自觉地就进入"以教定学"的困境。③ 在课文把握与语言品味方面，我的设计中规中矩，没有将课文进行有效整合，学生学习时可能会有一些迷茫；而朱老师则从"特点"与"语言"两个角度进行了重整，条理清晰，目标明确，学生也能清清楚楚地知道学习重点。④ 在课文朗读方面，我缺少对学生朗读方法的引导，学生不仅要初读和再读，更需要在教学过程中随着教学内容的变化反复读；朱老师在引导学生朗读方面，形式多样、恰切，利于巧妙地突破难点、深化重点，还激发了学生学习的趣味性，这也是我需要进一步思考与细化的地方。⑤ 在小结的设计方面，我忽略了对这一节课所学内容的总结，使得教学重点不够突出；而朱老师则进行了针对性总结，不但让学生通过回顾重点得以巩固提升，而且为下一节课做了很好的铺垫。⑥ 对于生字的指导，我仅仅停留在字音与书写层面，没有结合语境。由于对学情的不了解，我所选择的生字词也会有所偏差。另外，针对随机板书，我一开始还做得比较细致，但写着写着就忘了标注，这也是我们师范生常忽略的一个问题。

问：我如何做才能更好地弥补这一差距？

答：① 要丰富自己的教育教学的相关知识与技能，尤其要围绕着教学设计练习、模拟试讲练习，不断地用理论与技能武装自己。②"纸上得来终觉浅，绝知此事要躬行。"有些问题即使是想到了、看到了，如果不去亲身实践也无法做到。因此，我认为，应利用见习、实习等一切可以利用的机会，多多走上小学的讲台，让备课中产生的问题在讲台上解决，让新问题在讲台上产生。在设计教案时，我常常会对教学内容的设置是否符合学生的认知水平、是否能够激发起学生的学习兴趣等产生困惑。我知道，只有真正的课堂，才能真正解决这些问题。③ 我觉得对文本的反复品读很重要。只有自己对文本有一个深入的解读，读出一些自己独特的见解，才能将心得体会传达给学生。设计时，我虽紧紧扣住了课文的语言，却没有做到"跳出文本看文本"，这就显得对文章的解读缺乏新意；而解决这一问题，就必须要在反复读的基础上，读出一点新的东西，读出一点新的感悟，读出一点新的创造。

④ 我觉得与名师设计的教案进行对照反思是弥补差距的好办法。抓住每一次的设计对比练习的契机，不断学习，不断反思，通过比照，找到问题的实质，并通过在大学里进一步的学习，找到问题背后的理论依据。这样，就可以在不断地查漏补缺中获得切切实实的进步。

• 你的比较与反思

1. 你认为有过实习经验和没有实习经验的师范生在教案编制方面有何不同？

2. 你认为该师范生的教案编制有什么不妥之处？与在职教师的教案的差距体现在哪些方面？

3. 通过该师范生与在职教师教案的比较，你认为如何编写教案更有利于师范生的施教？

讲与议　　教案的理解与编写

理论总述

请你思考

有的教师认为，"教师上课，只要能熟悉教材，把课讲得生动活泼就行，写不写教案没多大关系"；有的教师认为，"写教案是繁琐哲学，会束缚手脚"；还有的教师甚至课前临时看看教材，在课本上做些标记就完事。一位教师深有体会地说："写教案最大的好处，是整理思想，加强计划，加深备课。它不仅能严密课堂教学过程，使自己上课时胸有成竹、讲课时从容不迫，而且有助于更好地研究新的教学方法，不断提高教学质量。有一个阶段我也尝试不写教案，结果不行。常有'准备不周''仓促上阵''手忙脚乱'的感觉，更谈不到有计划地开展教学改革了。"

那么，教案是什么？教案是用来做什么的？为什么教师对写不写教案会有不同的看法？

要想上好语文课，课前必须有一系列的准备，这些准备统称为"备课"。一般包括熟悉课程标准、钻研教材、了解学生、搜集信息、整理思路、选择教法、编写教案等。可见，编写教案是备课的最后一个环节，教案是全部备课工作的直接产物。

一、教案的意涵

教案又称"课时教学计划"，是教师为有效进行教学实践活动而事先设计的工作蓝图。具体来说，是指教师以现代教学理论为基础，依据课程标准的要求、教学对象的特点、不同内容的需要和教师自有的教学理念、经验、风格，在运用系统的观点与方法分析和处理教材内容的基础上，针对所教内容的教学目标、教学重点、教学难点、教学方法、教学流程等设计的具体实施方案。

教案是上好课的基础，须科学合理，准确无误；材料真实可靠，方案切实可行，书写工整规范；应让授课教师看起来纲彰目显，重难点醒目，用起来方便顺手。一份合理的教案应具备以下几个特性。

① 计划性。教案中对每个课题或课时的各个环节，包括教具的准备、教学环节的时间分配、教学手段的运用时机、教学方法的选择、板书板画设计等，都要精心思考、周密规划。

② 可操作性。教案是具体的实施计划，是一系列预设的实现方案，教什么，怎么教，应是清晰的、可操作的。

③ 可预演性。教案编写的过程实质上就是教学活动的各环节、各步骤在教师头脑中的预演过程。反过来说，一份好的教案，应依据教学活动的每一细节反复预演，周密预设，能使教师如临真实教学情境。

④ 指导性。因为预设和生成的对立统一关系，带来了课堂教学的复杂性和不确定性，要求教案对教学实施有较强的指导性。

需要提醒的是：教案只是课前的备课成果，教学过程中还要临场备课，调整原先的既定方案，适应学情，以获取最优的教学效果。

他山之石

一位全国著名的语文特级教师在谈及自己上课的经验时说："我课前会迅速浏览一下教案，保证大的环节不出问题。特别是执教新课文，我是慎之又慎的，当我走到教室门口时，想的是一开始我要做什么、讲什么；课堂上，当学生在活动时，我便默想着下一个环节干什么，我要说什么；当一个学生读书、回答问题时，我一边听，一边迅速地思考我应该怎样评价。总之，我为上课、为下一个环节而'时刻准备着'。"

一个阶段的教学完结后，教师往往要进行教学反思，通过拾遗补缺为下一阶段教学内容的准备做好铺垫，抓准重点难点，强化巩固，在教与学的活动方式上有针对性地进行调整、改进。这就是教学后的备课。

二、教案编写的价值

随着教师专业发展阶段的推进,对教案的认识和需要会有所变化,也由此带来了教案编写方式的多种变化。但无论专业发展到何种程度,只要预设和生成的矛盾存在,教案编写就不会消失。

> **他山之石**
>
> 于永正老师的经验是:有些课文考虑得较周密,我只写个大体教学过程。对已经教过几次的课文,我只写新的体会、新的处理方法。我还喜欢在课本上写"教案",美其名曰"备课于书"。我把隐形备课称为"备课于心"。我是每课都想"出新"的人,想每课都让学生喜欢,所以更多的是"备课于心"。教案往往只写个过程,更细微的东西写在书上。总之,备课要从自己的实际出发,从方便教学出发。

> **各抒己见**
>
> 现在有人甚至提出了"零教案"的观念,请查阅相关资料并讨论:"零教案"是真的不需要写教案了,还是对教案编写的一种超越?

为什么需要写教案呢?对这个问题的思考,你可依据自己的直接或间接经验,尝试回答以下几个问题。

① 编写教案实际上是对课堂教学内容和教学流程的一个系统规划,相当于"作战计划"。教学内容是以对教材内容的处理和加工为基础的,那些重要的内容、需要补充的内容,如果不记下来,是容易忘记的。如果不给这些内容一个合理的实施程序,你能保证顺利且有效地施教吗?

② 对教学内容总要给它一个合理的组织形式,要想与小学生有效互动,就得充分考虑他们的学习特点。因此,内容安排的时机、疏密程度、难易关系等总要尽心构思,尽管有些内容对于教师来说已经驾轻就熟了,但是由于学习对象的不同,思路就非得调整不可。那么,教学的具体构思过程就需要记下来。

③ 关于教与学的关系,需要有设想。例如:哪些是要讲且要精讲的,这些是需要记下来的;哪些是要学生自己练,应该怎么练,同样也要记下来;哪些是学生学为主、教师导为辅的,应该怎么学、怎么导,也是要进行规划的。

④ 精读教学讲求用语文的方式"煮"出语文的味道。教师对课文语句,尤其是关键语词的潜心涵泳、入微体察,是教出语文味的关键,而这些体悟往往稍纵即逝,需要随时记录下来。

⑤ 语文的运用，如要求小学生回答的问题、会认或会写的字、仿写的片段、造的句子，需要教师在上课前自己先写一写、造一造，最好还将相关的参考资料写下来。

⑥ 第一次或每一次教学同一篇课文，教学时间或学习对象变了，会带来很多的变化。你有没有新的感受、新的发现、新的反思？而这些新的东西，可能会随着时间的流逝而遗忘，这就需要你上完课后及时记录下来。况且，对语文教师的教学研究来说，这么重要的行动过程，这么丰富的教学感受，是非常值得记录下来从而进行进一步研究的。

综合以上的问题，得出的结论是一致的：要写教案。

而回答了以上问题，也就对教案的价值有了清晰的认识。教案的核心作用是对课堂教学进行总的向导、规划和组织，是教学的规划蓝图。此外，还有三个附带性价值：一是备忘录作用，由文字载体保存的信息可供随时提取或查阅；二是资料保存作用，教案中保存着教师从各种渠道获得的珍贵资料，以及自身的经验与心得，积累多了便是一座宝库；三是课题资源作用，教案中的丰富案例、精心思考过的问题、教学后的反思等，都是教师今后选择研究课题、促进自我发展的宝贵资源。至于教案没有起到应有的作用，甚至还成了约束教师教学的因素等现象，这些不是教案编写本身造成的，不能因此而否定教案的价值。

三、教案的类型

（一）内容层面的分类

在内容层面，教案可分为教学式教案、资料式教案、综合式教案三种。

1. 教学式教案

教学式教案即从有效处理好教与学的关系，使教学达到最优化的角度设计的教学规划。这种教案的内容注重教学过程的设计和教学方法的运用，包括教学目标、教学重难点、教学流程、作业布置、板书设计等。它强调教学的个性，是一种动态的教案。

2. 资料式教案

资料式教案即从教和学所需材料的角度来准备教学。侧重语文知识的汇集或教学参考资料的摘录，包括解题材料、作者资料、文本的解释材料（如字词解释、层次结构、段落大意、课文大意、主题思想、写作特点等）、文本的背景材料、补充材料、拓展材料等。这类教案侧重教学内容共性的整理，文献性强，是一种静态的教案。优点是知识相对稳定，便于长期保存，反复使用。

3. 综合式教案

综合式教案是以上两类教案的结合。内容上既有一定的教法设计，又有一定的资料汇集。力求做到既对教学内容把握得准确、到位，又能从自己的角度选择适当的教法，是语文课程内容共性和教学个性的有机结合。这类教案对师范生和新手教师尤其适用。

(二)形式层面的分类

在形式层面,教案可分为详细教案、简明教案和微型教案三种。

1. 详细教案

详细教案又称"详案"。这种教案内容周详,包括:作者简介、背景介绍、音形匡正、结构把握、内容精讲、主旨归纳、练习设计、作业布置等,一应俱全。教学过程的编写尤其细致,不仅有教学环节,还有任务安排,甚至对每一教学环节所需时间也做了大致安排,常有"圈、点、横线、方框、波浪线"等标识重点内容的符号,也有用不同颜色的硬笔书写关键词语、专门写出板书内容等做法。详细教案编写起来费时费力,但便于系统记载教学内容,全面把握教学进程。适用于经验不足的实习教师和职初教师。

2. 简明教案

简明教案又称"简案"或"教学提要",是对详细教案的简化。它往往只写出教学的最基本内容,如只简要写出教学过程的主要环节。这类教案文精字炼、篇幅短小,编写时需有较强的教材和教学驾驭能力。简案虽简约却并不简单,适用于经验丰富的教师。在多数情况下,简案常与"圈、点、批、注"于课本的备课方法结合使用。

3. 微型教案

微型教案又称"卡片教案"。即把教学内容尽量简化,只保留最基本的教学步骤或必要的板书,写在卡片上,每课时写一张卡片或写一面。上课时,将卡片放置在讲台醒目处,或夹在课本里,可以同时看到教材和教案要点,不致丢三落四。微型教案可以与详细教案、简明教案配套编写,协同使用。对于实习教师和职初教师来说,微型教案只宜作为详细教案的补充。对于经验丰富的教师来说,结合课本上的备课,运用微型教案,教学也能得心应手。

四、师范生编写教案的常见误区

除了实习阶段,师范生的教案编写虽以实际教学为指向,但目的却不是为了教学,而是指向教案编写训练。因此,可以认为是"纸上谈兵",是基于所学,演习如何"排兵布阵"。即便是实习阶段的教案编写,仍存在其特殊性。例如:对儿童理解的抽象性(即仅仅停留在一般意义上的儿童学习语文的特点等层面,无法和具体教学内容相衔接),具体教学情境的孤立性(也就是无法做到教学内容与教学对象、教学主客观条件等融合),教材内容缺乏前后联系(换句话说,即只看到这一篇课文,无法与同一单元其他课文或其他单元的课文内容相联系),细节处理缺乏经验,等等。以上现实,使师范生在教案编写时常出现以下几个方面的问题。

(一)常写成单纯的活动记录

也就是说,只见活动要求,不见教学内容随着步骤一起呈现。以一位师范生编写的原苏教版低年级课文《家》的教案为例。

1. 出示要求认识的字。

2. 指名读。

3. 再把难读的字同桌互读，互相纠正。

4. 点名读，再齐读。

> **请你分析**
>
> 结合上例说一说：
> 1. 这样写有什么问题？
> 2. 师范生为什么会这样写？
> 3. 如何修改才好？

（二）常写成教师的语言记录

即自己想在课堂上怎么说，就怎么记下来。如下例所示。

"首先，让我们来看看几幅画（出示四幅画，与课文内容有关）。""先看第一幅，谁能说说，你看到了什么？""嗯，这幅画里有白云、蓝天，一朵朵白云是不是总飘在蓝天上啊？""请同学看老师手里的生字卡（出示'白云'和'蓝天'的生字卡，带着学生，先用拼音自己拼读，然后齐读，再指名读）。"

> **请你分析**
>
> 请结合上例说一说：
> 1. 这样写有什么问题？
> 2. 师范生为什么会这样写？
> 3. 如何修改才好？

（三）常写成教学实录

即把教师预设的环节以师生对话的方式呈现出来。如以下这个例子。

细读课文，要求学生用"课文向我们介绍了谁的家，他的家在哪里"的句式完整地回答教师提出的问题，教师根据学生的回答，逐一出示相应的语句。

生：课文介绍了白云的家，他的家在蓝天。

师：（出示）"蓝天是白云的家"。

师：请大家一起带着感情朗读。

生：课文介绍了小鸟的家，他的家在树林。

师：（出示）"树林是小鸟的家"。

师：请大家一起带着感情朗读。

> **请你分析**
>
> 请结合上例说一说：
> 1. 这样写有什么问题？
> 2. 师范生为什么会这样写？
> 3. 如何修改才好？

技能概观

> **请你思考**
>
> 要有效发挥教案的功能，哪些要素是必需的？也就是说，教案的构成要素应该包括哪些？教案应不应该有固定的格式？对于师范生和新手教师来说，掌握教案固定格式的必要性体现在哪里？

一、熟悉教案的一般格式

（一）教案的主要构成元素

教案编写虽没有固定模式，但一般来说，以下要素是需要的：课程名称、适用年级、任课教师、具体内容、编写时间等。其中，具体内容包括教学课题、教学目标、教学重点、教学难点、课时安排、教学过程、作业布置、板书设计等项目。

① 教学课题。指授课内容的标题。

② 教学目标。即教师根据语文课程标准的要求和施教对象的实际情况，针对课题或课时的教学内容提出的课堂教学活动预期要达到的学习结果。

③ 教学重点和教学难点。主要是从"教师教"与"学生学"的不同角度提出的要求。教学重点，侧重"教师教"的视角，指为有效达成教学目标而重点施教的教学内容；教学难点，侧重于"学生学"的视角，指学生经过自学还不能理解或理解有较大困难的教学内容。

④ 课时安排。即一篇课文或一个主题要用几课时完成，每一课时如何安排。

⑤ 教学过程。又称为"教学流程""教学步骤"，是教案的主体部分，指为了达成教学目标而制定的具体实施步骤和措施。

⑥ 作业布置。作业是指教师课内或课后布置的要学生完成的学习任务。分为课内作业和课外作业。课内作业一般随着教学内容的展开随机呈现并解决；课外作业一般放在课时即将结束时布置，有时也根据需要在教学过程中灵活布置。

⑦ 板书设计。包括随着教案内容展开的随机板书和每一课时的整体板书。

（二）教案的一般格式

小学语文教案一般由课题计划和课时计划两部分构成。

1. 课题计划

课题计划是指一个单元或一篇课文的整体教学计划。一般包括：课题，课型（以讲授新内容为主的为新授课、以复习旧知识为主的为复习课、以练习技能为主的为练习课、以分析和讲评作业或试卷为主的为讲评课），教学目标，教学重点，教学难点，教学方法，教具准备，课时安排（包括分几课时完成，每课时的大致安排）。

表3-1　课题计划格式

课题：		课型：	
教学目标			
教学重点			
教学难点			
教学方法			
教具准备			
课时安排			

2. 课时计划

课时计划是指一个课时的教学计划。一般包括：教学课时，教学目标，教学重点，教学难点，教学过程，作业布置，板书设计，教学后记（简称"教后记"，又称"教学小结"或"教学回顾"，是备课过程、教学过程和个人心得体会的简要总结。教学后记可分课时写，也可在所有课时完结后写）。

表3-2　课时计划格式

第××课时
教学目标
教学重点
教学难点

（续表）

教学过程（教学内容、步骤、方法）	随机板书	时间
一、导入 二、学习 三、总结 四、拓展		××分钟 ××分钟 ××分钟 ××分钟
作业布置		
板书设计		
教学后记		

表3-3　简易课时计划格式

第××课时	
教学要点	
教学过程	
作业布置	
板书设计	

一般说来，教案的编写要因人而异，不能强求形式上的统一，应在追求高质量的前提下，保持各自的特色。教案的结构可根据课型、内容、任务及教学风格等进行变化。主要有三种情况：① 教案形式的变通。可以写成内容提要式、活动提纲式、纲要图表式等形态的教案。② 编写详略的变通。一般说来，师范生和新手教师要写详细教案，经验丰富的教师则可以写得简略些。③ 教案格式的变通。例如，教案一侧应留一定空白，以作补充之用；最后一页留出空当，以便写教学后记。

教案既要体现一定的规范性，又要适合教师个人的风格和特色。对于师范生来说，应先立"规矩"，再成"方圆"。

二、理解教案编写的要求

能否编写好教案，取决于对学生、教师、课程标准、教材、教材编者、教学环境等多方面因素的整合与优化的程度。

（一）追求科学、实用与独特的编写要求

科学，就是教案编写能正确反映小学语文教学内容及其内在联系的规律，能正确反映小学语文教与学及其内在联系的规律，以全面提升小学生的语文素养；实用，就是教案能帮助语文教师简约高效地完成教学任务；独特，就是教案编写能反映自己的施教特点，能为"我"所用。

（二）需要考虑到的五条标准

第一，小学语文教学目标的确定和表述要准确、具体。准确，就是所定目标需符合语文课程标准的要求、小学生学习实际和小学语文教学内容特点，切忌主观随意。具体，就是教学目标的针对性、可操作性要强，避免笼统模糊。

第二，小学语文教学内容的选择要精当，不能眉毛胡子一把抓，要做到突出重点、分散难点。

第三，教学过程应紧凑有序。一是教学内容的呈现序列要梯度推进，由浅入深、由易到难，避免平面位移；二是要处理好教学内容输出密度与学生接受力度的关系，张弛有致。

第四，教学方法的选择应多样和灵活。多样性和灵活性是教学有效实施的内在要求，是由不同学生学习不同内容的特点所决定的。

第五，教学时数应分配得当。既不过多过松，也不过少过紧。

这五条标准，是针对语文教案内容的几个方面提出的具体要求，应与前述语文教案编写要求保持一致、相互呼应。

三、掌握不同形式教案的编写技能

（一）详细教案编写技能

师范生和新手教师因缺乏生成的经验，一般情况下要求写详细教案。预设越是详细，生成就越是主动。这样既可以训练在理论层面规划课该怎么上，又可以更好地思考和应对教学实践中可能出现的问题。尤其是师范生实习期以外的教案编写行为，是基于教学假设的一种纸案预演，是"纸上谈兵"，因此越详细越好。详细教案编写要依据课时计划的格式来完成。

1. 教学目标的确定与编写

小学语文教学目标的确定主要依据语文课程标准、教材和学情，表述时要从学生所能达到的学习结果角度切入，并从每一课时学生所需树立的文化自信、所要掌握的语言运用、所要经历的思维养成、所需养成的审美创造四个方面将目标具体化，转化成易检测、易操作的学生行为的结果。教学目标的编写切忌贪多、求全、空泛，要追求确切、恰当、具体。

2. 教学重点和教学难点的把握与编写

教学重点和教学难点是教案编写的核心。要围绕所确立的目标，确定最基本、最主要的内容，这就是教学重点。依据内容特点和学生学习实际，明确相应的教学方法与教学过程，并以突出的篇幅，将重点内容、教学方法、教学步骤、教学时间、随机板书，条分缕析地呈现出来。

教学难点，尤其是与教学重点交叉的学习难点，是学习中的"拦路虎"，直接关乎学生的学习效力。编写时更应化抽象为具体，层层推进，巧妙突破。

3. 教学方法的选择与编写

语文教学要让学生"得法于课内，受益于课外"。这个"法"，尤其是指"学法"，是渗透在教学过程中的基本要素，也是教案构成的基本要素。但所谓"教学有法，教无定法"，即是说，教学虽有一定的规律，却不必拘泥于一种方法。选择恰切的方法需考虑四个方面的内容：教学目标的要求、教学内容的特点、学生学习的特点和教师自身的优势。遴选过程中要强调教学方法的针对性、完整性和组合性。

4. 教学过程的设计与编写

教学过程是系统化的教学内容在语文课堂教学特定时间和空间里的组合方式与活动序列，它的设计与编写是教案的主体。教学过程的设计与编写一般参照小学语文教学的一般模式。以阅读教学为例，第一步：设置情境，联系旧知；第二步：粗读课文，整体感知；第三步：细读课文，深入感悟；第四步：研读品味，练习转化；第五步：熟读成诵，应用迁移。通过对教学内容的结构化处理，能够使教案内容层次分明、思路清晰、过程有序、步骤紧凑、详略得当、重点突出。

5. 板书设计与多媒体运用的编写

板书是教学过程中必不可少的辅助手段。设计时要根据教学内容的特征和处理方法选择适宜的板书类型，如提纲式、摘要式、表格式等。做到目的性和准确性、条理性和简洁性、实用性和美观性的和谐统一。板书既要随着教学的进程逐次出现，又要整体附于教案后。

教案中要反映出多媒体运用的方式和时机，使多媒体的运用与教学内容密切配合，教师的表达与多媒体展示相呼应，有效发挥其辅助作用，避免多媒体使用的随意性。

6. 教学后记的撰写

教学设计的实施效果如何，成功之处或失败之处在哪，是什么原因造成的，应如何改进，自己在实施过程中或之后有何感想、反思等，都应及时记录下来，以作为改进教学或教学研究的素材。从这个意义上说，教案既是教学预案，又是研究预案。

名家心得

于永正：我从年轻的时候起就写"教后记"。这是我在备课本上为自己开辟的一块园地。一堂课下来有时很兴奋，就赶紧记下兴奋点（即成功点）；有时也有遗憾，就赶紧记下这遗憾。在记的过程中，自己的认识往往会得到升华，消极的东西会一下变成积极的，这是一种非常微妙的感受。所以我说，反思吧，记下来吧，这样，成功和失误都是收获！可以这样说，我是在不断地写教育、教学札记的过程中成长的。认真写三年教案的人，不一定成为优秀教师；但认真写三年教学反思的人，必定会成为有思想的教师，说不定还能写出一个专家来。

（二）简明教案编写技能

简明教案常常只写出最基本的内容。例如：教学过程只写几个大的步骤；教材分析只写出一个梗概，或几个要点；作者介绍、背景交代的材料尽量压缩；板书只集中设计一个课时的；等等。简明教案不单单是对详细教案的简化，更要求教师有驾驭教学全局的能力和较强的概括力。简明教案虽简短，设计却难，上课时也不容易把握。因此，它适用于对语文教学驾轻就熟的教师。

1. 提纲式教案

教案上只提纲挈领地写明教学目标、教学重难点、教学内容及方法和教学流程等关键内容。对一些教学的重要内容和方法也可以通过关键词、句子或问题的形式呈现出来。课前和课中只要看一下教案中的"纲"，就可以依此思路展开教学，达到此要求即可算作是合格的提纲式教案。

2. 板书式教案

将一堂课的设计浓缩在自己设计的板书中，并根据需要做适当注解。默课或上课时再依据板书设计展开，是一个"展开—浓缩—展开"的过程。小学语文板书式教案尤其要注重板书设计形式的活泼、丰富与生动。

3. 提问式教案

教师把这一课的重点、难点按照自己的教学设想，变成一个个问题写在教案上，简单明了，重难点突出。但要注意问题之间的逻辑序列。

4. 图形式或符号式教案

即教师在教案上用各种不规则的图形或各种符号来标示自己的思路和设想。

教师在备课时还可把具体内容写在课本上，配合简明教案进行教学，这也是一种简便、易行、有效的方式。

（三）微型教案编写技能

微型教案编写时应尽量简化教学内容，只保留最基本的教学步骤和必要的板书，常常是每课时一张卡片，与教材结合使用。对于师范生和新手教师来说，微型教案只宜在特殊情况下使用，更多时候是与详细教案、简明教案配套编写，协同使用。例如，师范生在面试试讲时可利用此种方式，不致临场慌乱、丢三落四。

=== 要点提示 ===

一、渗透"学生是语文学习的主体"的设计理念

小学语文教案设计的出发点和归宿是全面提升小学生的语文核心素养。因此，编写

教案既要做到"目中有书",更应重视"心中有人"。教案设计要从对教师"教"的构思为主,转向对学生"学"的引导为主,以学生的视角去预设其可能发生的思维活动,并设计相应对策,将"学生的学"置于教案编写的核心。

二、体现教师个人的教学风格与个性特征

教案是供教师教学的脚本、备忘录,归根结底是教师自己的。因此,不要过分强调统一要求、统一模式;不迷信教学参考书,不拘泥于教材,要敢于创新设计;要编写各具特色、富有个性的教案,尊重、发挥每一位教师的个性特色和创新精神。

三、教案格式应不拘一格

一方面,从教案编写的目的出发,教案形式应自由多样,教案为"学"所写,为"教"所用,只要有自己的见解、能动态地指导学生学习语文、适合学生发展需要的教案,就是好教案。不必囿于字数限制,不必在乎是写在备课纸上,还是批注在课本上,有没有制成多媒体课件,对成熟的教师来说,尤应如此。

另一方面,在形式上要革除"八股式"的条条框框,要根据实际需要,写出个性,写出新意,不必强求一律,给不同的教师以自由创新的空间。

四、重视整体思路和大环节、小细节的安排

教案的整体思路,是语文课堂教学的路径,最能体现教师自己所秉承的语文教学理念。本着"思路引路,环节铺路"的构想设置学习任务,以便给课堂各种不确定性的因素留下足够空间,给学生、教师、文本、教科书编者留出充分的对话空间。所谓"小细节",不是切割大环节,而是在给学生提供充分学习空间的同时,对于具体内容和具体任务的朗读、思考、理解、感悟的功夫要做细、做足、做充分,使教案在实施过程中既能让学生整体把握教学内容,又能使其细致地触摸到语言文字的温度。

五、注意教案语言的表述

教案语言一般要求简洁、准确,适合于学习对象的接受需求和教师自己的语言风格。当然,有些教案语言表面看是文字表述问题,实则是思考不成熟的问题。例如,有一位实习教师编写的统编版小学语文教材四年级上册《蟋蟀的住宅》第一课时的初读环节是这样表述的:"默读课文,想想这篇课文主要讲述了蟋蟀住宅的什么。"如此表述,我们也知道他要求学生干什么,表面看没什么问题。但如果从语文专业和实际教学两个层面考虑,还存在两个小问题。一个是这篇课文属于说明性文章,用"讲述"不准确,改为"介绍"或"写"更符合文体要求;另一个是"想想"的任务要求略显模糊,只是"想想"呢,还是要"说说"?如果对后者无具体要求,如此一来,就可能造成教学的不流畅。这个问题如

果修改为:"默读课文,想想这篇课文围绕蟋蟀的住宅介绍/写了哪两个方面的内容,试着用自己的话说说"就准确多了。

另外,精讲内容和过渡语应尽量写详细。这是因为师范生和新手教师的语言临场组织能力弱,我们常见到师范生在精讲时语言重复、啰嗦、不得要点,过渡语机械、干瘪,这就与事先没有详细设计、细心备课有关。

教案的核心功能是发挥对课堂教学的向导、规划和组织作用,同时兼有三个附带性价值,即备忘作用、资料保存作用和课题来源作用。但如果把教案看成上课的全部依据或应付学校检查的文本,这就弱化了教案编写的意义,异化了教案的功能,也意味着自己主动放弃了教学战场上最有力的武器。

总而言之,有活力的教案必将催生有活力的课堂教学,最大限度地释放师生双方的教与学的积极性、主动性和创新精神,语文教案的全面创新必然促成课堂教学的一系列价值转型,推进整个语文课程与教学改革向纵深发展。

学与做　　技巧提炼与实训

● 结合自己教案编写的经验和本章内容,总结出你认为的比较有效的教案编写技能。

| |
| |

● 下面是《小学语文教师》2006年第10期中,编辑朱文君就"语文备课的新思考"话题,对广东语文特级教师许汉展开的访谈,至今读来,历久弥新。请结合访谈内容,反思自己的备课。

关于备课的新思考
——全国著名特级教师许汉访谈录

本刊记者　朱文君

记者: 许老师,您认为当前语文教师备课存在什么问题?问题的症结又在哪儿?

许汉: 不久前,杨再隋教授撰文指出:语文课出现了"虚""闹""杂""碎""偏"的问题。如果这些问题带有普遍性的话,我认为问题首先出在备课上,是备课的指导思想出现了偏差,导致教师对文本的把握和实施教学出现偏差。

备课，教师无疑应首先要钻研教材，在钻研中挖掘和丰富文本的内蕴和教学元素，正如窦桂梅老师提出的：语文教师首先要学会把课文读厚。语文，是加法的艺术。但上课呢，需要做加法还是做减法？如何协调好教材因素和学生因素之间的关系？这都要在备课中做细致深入的思考。

记者：提到钻研教材，我记得于永正老师说过："钻研教材是备课的最重要一环。这法儿那法儿，钻研不好教材就没法儿。"简简单单的一句话却道出了语文备课的根本。

许汉：钻研教材是个老话题，也是个常谈常新的话题。纵观现今的语文课堂，教师们在钻研教材上往往存在以下三个误区。

一是过于依赖教参，缺少对文本的个性解读。

不少青年教师在备课时有一个通病，即未认真读懂、读通文本，就急忙翻教参，查阅现成的教案或教学实录，把别人的设计依葫芦画瓢搬上课堂，结果常常事与愿违。其实，教参也好，现成的教案、实录也好，应该是名副其实的"仅供参考"，阅读教参不应取代教师自己对文本深层的解读。

文本解读要求教师不仅重视文章的一词一句，甚至对文章的标点、题目等也都要认真加以推敲。比如，解读题目，题目是文章的眼睛，许多课文的题目都值得认真推敲：为什么以此为题？题目和文章内容、主题、表达方法有什么关系？要注意题文之间的联系。

此外，课文前的导读、预习提示，课文后的思考练习题都是教材的重要组成部分，反映了编者的意图。文本对话，既是和作者对话，也是和编者对话。教师备课时应把这些内容也作为与文本对话的组成部分。

二是过于关注教法，缺少对目标的准确把握。

有的教师听名师的课，最感兴趣的是教法设计，自己在备课中最花心思的也是教法设计。拿到一篇课文，对文本的理解还很肤浅，教学目标还不明确，就急于确定教学方法和教学手段，这样的教法设计如无根之木、无源之水，不可能收到好的教学效果。

我们常说，方法为目标服务，有了明确的目标，方法常常会"应运而生"。不同的目标，方法也是不同的，就好比不同的目的地，路径自然也不同。方法没有好坏，只有合适与否。最高效地达到目标的方法就是好的方法。

明确的目标哪里来？最首要的一条还是认真钻研教材。于永正老师的"课文钻研好了，教法往往也随之有了"，说的就是这个理。

三是盲目拓展延伸，忽视教材自身资源的挖掘。

新课标强调教师要有"课程资源意识"，于是扩展延伸教学内容、补充大量阅读资料成为一种时尚，结果导致不少教师教学时本末倒置，课堂上充斥着大量的课本以外的信息，而课本本身的资源反倒被忽略，没有得到充分利用。

例如，《太阳》一类的科普小品文教学，一些教师在钻研教材时，没有深入体会此类文体在表达上的特点，进而挖掘出文章中的语文因素，而是一味地拓展延伸课外知识，以为这样一来教学内容就充实了，这其实是对"厚"的曲解。

记者：您前面提到把教材读"厚"，那么应该如何理解这个"厚"字？又应该如何把教材读"厚"呢？

许汉："厚"不是外在知识的叠加，而是语文内涵的丰厚。我以为"厚"的含义有这样几个方面：一是把文本故事发生的背景还原丰满，把故事中的情节和人物放在当时的背景上来理解，这样人物或故事在我们心目中就不是孤立存在的了。例如，解读《赤壁之战》，我们把《三国演义》原著通读一遍，对《赤壁之战》的把握就会有"厚"的感觉。二是每一篇文章，由于表达或编入教材的需要，里面都有若干的空白点，教师解读时就应当把这些空白点用理解和想象填补起来，这是对文本情节的增"厚"。三是把作者的写作意图和文本蕴含的价值与意义充分挖掘，全面把握，要读出言外之意，品出内在意蕴——虽然教师的这些深度理解不一定全部传递给孩子，但我们仍然要深入品味和体验，因为居高才能临下，深入才能浅出，这是思想情感方面的"厚"。四是横向拓展，把与文本相关联、相类似的作品搜集整合到一起来阅读，这种阅读可以进一步强化和丰满我们对文本的感受，这又是一种"厚"。

那么究竟该如何读"厚"呢？名师为我们做出了很好的示范。

于永正老师说："在备《圆明园的毁灭》时，我专门翻看了《中国通史》中有关鸦片战争的章节；教《海洋——21世纪的希望》时，我在网上搜集到了不少有关海洋方面的资料。"

孙双金老师说："为了上好这篇课文，我重新走进了《二泉映月》，重新用心灵感悟这首不朽的名曲。我从网上下载了各种不同版本的《二泉映月》，查寻到阿炳当年亲自演奏的《二泉映月》录音，我一首一首地倾听，一遍一遍地比较。我的卧室一遍遍地响起《二泉映月》那如泣如诉的曲子，我的整个身心沉浸在《二泉映月》那优美、凄婉的旋律中。"

王崧舟老师说："当我将36个字的《长相思》读成了显性的1493个字的自我感悟、自我发现、自我鉴赏的时候，当这1493个字的文本细读的背后融入了我本人对纳兰的精神世界、诗词境界以及对自我的生命感觉、价值偏好的种种追寻、反思和拷问的时候，我忽然有了一种底气十足、神采飞扬的感觉。这种感觉，不正是清人唐彪谓之的'其言皆若出于吾之口，其意皆若出于吾之心'吗？"

相比之下，我们一些青年教师研读教材往往浅尝辄止，缺少对教材深层次的理解和感悟，这样备课的深度、广度就很有限了！

选入教材中的文学作品，大多是经典之作，内蕴较为丰富，走马观花似的阅读，自然无法领略其丰美、深邃的情感意趣。"读书百遍，其义自见。"语文教师备课，首先要多读。我在指导教师备课时，特别强调要"开口备课"——也就是大声地、有感情地把课文读出来。通常教师备课大都是浏览、默读教材，很少开口诵读。反观名师们，其自身的语言修养已非常出色，但备课时还是下苦功诵读。

靳家彦老师说："我在备课时，总要先放声诵读，一丝不苟，反复吟咏，口诵心惟。""教一课书必先烂熟于胸，熟读成诵，否则我不能走上讲台。"

于永正老师指出："朗读是钻研教材最重要的一环。朗读好了，钻研教材就成功了一大半。如朗读《桂林山水》，学生听了没有身临其境的感觉，我便认为范读失败，因为我没有把课文读活。"

最后需要注意的是：教师和文本的对话不完全等同于学生和文本的对话。教师对文本解读所得，并非要求学生有同样的解读所得，这需要教师正确把握好分寸和尺度。

记者：这一点很重要。文本解读不等于教材解读，作为一篇文章，每个人可以有多元的、个性化的解读，但作为一篇教材，应该遵循一定的教学主旨和取向。因此，教师对教材的研读，是一种基于语文课程观下的研读，是课程价值与教学相融合的过程。我想，教师在研读教材的过程中，除了获得对文本深入的理解以外，还需要揣摩阅读方法、体悟阅读心理。事实上，教师这种"潜心会文"的过程，也是对学生阅读学习的"切己体察"。不少教师提出这样的问题：备课中如何做到对教学目标的准确定位？如何恰当地安排教学内容以取得最佳的教学效果？

许汉：教学目标的定位是教学设计的首要问题。但往往一些被认为是优秀的教学设计却未必做到教学目标定位准确。比如，教学过程与教学方法详尽、有创意，但教学目标却模糊笼统、表述不清。

我以为应该强调知识与技能的目标要"全面"，情感态度与价值观的目标要"准确"，过程与方法的目标要"重视"。

在体现知识与技能这一目标维度时，不少教学设计往往停留在脱离语境的机械的语言文字训练上。例如，在古诗词教学中，常见的多是着力于读懂词句，疏通内容；少着力于品词品句，感悟语言。语言训练是多元的，语言的积累、品味和感悟各个要素，是不可分割的一个整体。新课程下的语言训练更强调整合性，更关注学生的体验和参与，因此，确定知识与技能的目标，必须认真、全面地解读文本的语言因素。

情感态度与价值观的目标维度，因教材的特定原因和学生的实际差异，不容易定位准确，恰如其分。只有教师对文本进行深入的解读，对编者意图认真地揣摩，才可能正确感悟文本的价值所在。王崧舟老师执教《长相思》时，在情感导向上就下了一番功夫，从诗人的伤感、无奈引发出诗人身在征途、心系故园、怀念家乡的情怀。

过程与方法的目标维度，在以往的教学设计中较为被忽略。其实，掌握过程与方法既是一种乐趣，也是一种收获。课程标准提出的学习兴趣的培养、学习方法和习惯的形成，都应根据教材特点纳入目标之中。如读童话寓言，要学会"不仅理解内容，还要悟出道理"；读情感型课文，要学会"品味语言，感悟情感"；读古诗词，要学会"熟读吟诵，读中悟情"，这都是学法指导的目标。

记者：既然备课因人而异，怎样看待教师备课的个性化要求呢？

许汉：个性化备课是备课的较高境界，是值得倡导的。个性化备课首先体现在独立钻研教材，对文本有独特的见解，有独立构想的教学思路，进而使教学设计能体现自己的教学风格，发挥自己的教学优势。

我曾经看到有的青年教师上参赛课，备课时导师太多，众说纷纭，虽然看似集思广益，但参赛教师无所适从，上课的效果就大打折扣了。我辅导青年教师备课一向坚持让教师在兼容并蓄、融会贯通的基础上，一定要有自己的独立思考。

观摩课比常态课的备课更应体现个性化。名师的观摩课自成一家，体现不同流派的教学特色。一般教师除常态课外，也应争取每学期上两三次观摩课。这些观摩课实际是研讨课，围绕一定的主题进行探讨。我一向不主张教师孤立研究课例，满足于某一课例的成功，而应以课题带课例。我提倡教师应有自己研究的课题，观摩课的备课、上课就要围绕课题进行探究，要体现这一课题的特点，通过实践、积累，逐渐形成个性化的教学特色、教学风格。

- 请基于以上所学，任选一篇课文编写教案，并与其他同学进行交流。

第四章
课前说课技能

想与说　说好课需要何种素养

▶ 由于考岗面试过程中,有些地方要求师范生进行说课,所以课前说课技能与师范生就业直接相关。与上课相比,你认为通过说课,面试单位希望看到师范生哪些方面的素养?

▶ 你认为,怎样说课才能更好地展示自己的这些素养呢?

▶ 你能说说师范生的说课与一线教师的说课有什么异同吗?

四 读与评　两种形式说课稿比较

▶ 下面是一位曾获得说课一等奖的师范生的纸案说课稿和PPT说课稿，阅读后，请依据任务进行品评。

《小露珠》纸案说课稿

一、说教材

《小露珠》这篇课文是原苏教版教材第五册的一篇童话故事。课文通过对小露珠这一自然现象的产生、成型、消失的介绍，向同学们展示了小露珠活泼可爱、闪亮、透明、圆润的特点，表达了自然界动植物对小露珠的喜爱之情，以及小露珠无私奉献、无怨无悔的品格。课文巧妙地运用了童话所具有的特征——奇特的幻想，采用了拟人化的写作方法，使文章读来生动有趣，并且在生动有趣的语言文字中，有机地渗透了自然科学常识。

二、说教学目标

根据课程目标、单元教学目标以及三年级学生的年龄特点，我制定了本课的教学目标。

（1）能正确、流利、有感情地朗读课文并背诵课文。

（2）学会本课10个生字，认识8个只识不写的字。认识一个多音字，理解由生字组成的词语。用"越来越……越来越……"造句。

（3）凭借对课文的朗诵感悟，引导学生学会抓住小露珠的特点，知道动植物都喜欢小露珠，感悟小露珠无私奉献、无怨无悔的品格。

三、说教学重难点

抓住小露珠的特点，感悟小露珠美化万物、无私奉献、无怨无悔的品格。

四、说教学流程

这篇童话我主要分两课时进行。

（一）第一课时

第一课时分三个步骤展开，具体步骤如下。

1. 激趣导入

以猜谜语的形式导出课题。

2. 初读课文

又分四个小步骤。

（1）自由读课文。要求读准字音，读通句子。

（2）通过指名读，检查生字新词。边读边重点指导："喇叭"连读轻声；"草秆"的"秆"读第三声；找出书中两个多音字"钻"和"乐"，知道各有哪两种读音并组词。

（3）初读课文。知道小露珠是早上形成，太阳出来时消失的。动物和植物都喜欢它，感受小露珠闪亮、透明、圆润的特点。

（4）指导写字及描红。重点指导"临"第二笔的"竖"不要写成"撇";"喇"中间是"束";"奏"的第六笔是"横"不是"撇"。

3. 布置作业

（1）抄写词语。

夜幕降临　　黎明　　反射　　格外　　衰老　　生机　　俊俏　　痕迹

蝴蝶　　一股　　袭击　　喇叭花　　水蒸气　　钻石　　乐曲　　精神

（2）比一比，组词。

湖（　　）股（　　）蝶（　　）蝴（　　）投（　　）碟（　　）

（二）第二课时

在第二课时的教学中，我依据童话语言生动、想象丰富的显著特点，教学过程主要突出两个特色：一是多层次地朗读，在朗读中感悟，在表演中吸收；二是找寻文章的空白点，练习说话，寻求学习的台阶。具体环节如下。

1. 设疑导入，激发兴趣

首先，出示"大家多么想把小露珠留住呀！"这句话。通过这句话的启示，让同学们有这些疑问，如："'大家'具体指的是谁？为什么想把小露珠留住？小露珠是什么时候出现的，它为什么走？"伴随着这些问题进入课文中。这样的设计避免了传统教学中一贯采用的直入第1自然段的枯燥的讲解方式，同时又让学生回顾了上节课的学习内容。

2. 抓住特点，感悟文本

"下面我们就来看看小动物们眼中的小露珠。"课文第2—4自然段描写了三个小动物来到小露珠面前赞美小露珠的情景，它们有一个显著特点：比喻形象。为了让学生感悟这个特点，我出示钻石、水晶、珍珠等实物图片和小露珠的图片让学生进行对比观察，学生从画面上形象地看到：钻石的闪亮动人、水晶的晶莹剔透、珍珠的饱满光滑和小露珠是如此地相似，从而更透彻地抓住了小露珠的特点（随机板书），体现它的外表美，理解动物们是多么地喜欢小露珠，把学生引入课文情境，获得美的享受。

3. 图文互补，内化文本

在"读中感悟"中学习第6自然段，体会植物对小露珠的喜爱。我在音乐声中琅琅范读，让学生通过想象去感悟我的声音所要表达的画面："在老师的朗读声中你仿佛看到了什么？"同时抓住文中空白，把自己当成植物说出对小露珠的感激之情。通过这一句式的训练，既能加深学生对课文的理解，同时也能教育学生学会感恩。

4. 联系课文，启迪想象，升华情感

过渡：看到这么多的花草树木在自己的滋润下变得那么俊俏、那么精神，小露珠可高兴啦！所以它更欢快了——（爬着，滚着，笑着）。小露珠在阳光的反射下，把美丽带给了大家，可是她自己怎么样了呢？（消失了）小露珠走的时候是什么样，来的时候又是怎样的？

这时引导学生学习第1自然段，感受小露珠来时所经过的一夜漫长的时间，并爬呀、滚呀才到来的过程。"来得慢而困难，走得却很快。"给学生带来思考，让学生对小露珠的情感由喜欢到敬爱，慢慢深化。紧抓契机，紧扣"笑盈盈"三个字，让学生面带笑容来读，思索：生命即将消逝，为什么可以如此潇洒？反复诵读。从而悟出小露珠的高尚品质，同时通过引读，体会"大家"依依不舍的心情。此时再抓重点句："大家多么想把小露珠留住呀！"体会其中的真正含义。整个教学设计，都试图让学生在读中理解课文内容，在读中培养语感，在读中得到感悟，真正体会到小露珠的心灵更美的品质。

同时我还抓住空白点，设计了"在这种场面里，向日葵、白杨树、喇叭花会怎样和小露珠告别呢"的讨论话题，引导学生用"……，好像在说：……"的句式说说，并出示第1自然段和最后一个自然段有关"越来越……越来越……"的句子，练习说话，完成课后第4题的教学目标。

课文学习至此，学生们知道了动物们喜欢小露珠，植物们更加喜欢小露珠，他们的情感也完全被调动了出来，这时让学生说说自己为什么喜欢小露珠。此时此刻，有了阅读理解的基础，同学们说喜欢小露珠是发自内心的，是通过朗读、说话体会出来的喜欢，这就比传统的课堂教学一开始就问"你们喜欢小露珠吗"要有意义得多。就这样，巧妙地引导学生自己进入角色，使小露珠的形象渐趋高大，使学生的情感不断升华。

最后体会全文，总结拓展。要求同学们知道，这篇童话不仅语言优美，在用词上也很恰当，从中感受动植物的特点。

五、说板书设计

15. 小露珠

外表（美）　　　心灵（更美）
闪亮　　　　　　无私奉献
透明
圆润

六、说设计理由

（1）依据童话通俗易懂、生动活泼的语言特征，我主要采取朗读感悟的方式，宜将情境教学法贯穿教学始终。同时，如何使深课文浅教、有意义地教，是我在教学中主要的思考点。

（2）围绕学法指导这一核心，以读书训练为经，以语言训练为纬，调动学生的多种感觉参与学习过程，让学生饶有兴趣地说、演、评、读，最大限度地发挥学生的自主性、主动性、发展性和创造性。力求以快乐的读为主基调，引导学生在读中悟，即教学生抓住小露珠以及各种小动物、植物的特点去感悟文本所蕴含的情感，从而达到情感体验的目的，理解"小露珠不但外表美，而且心灵更美"这一教学重难点，使语文的人文性得到更大空间的发挥。

《小露珠》PPT说课稿

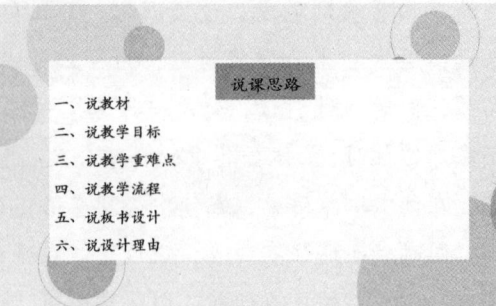

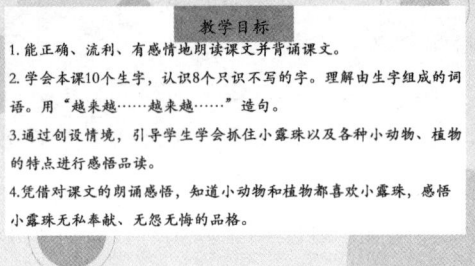
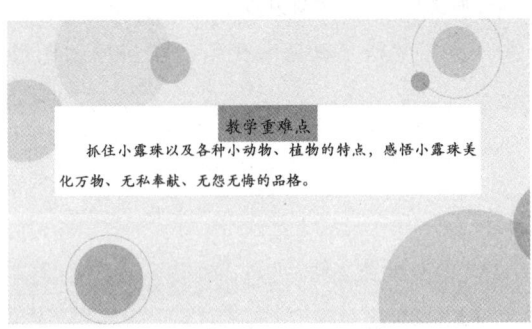

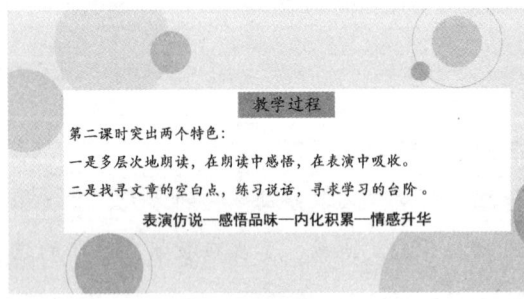
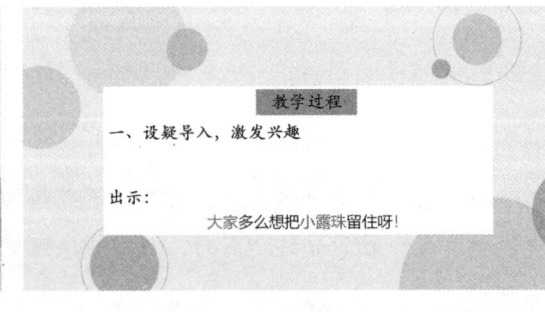
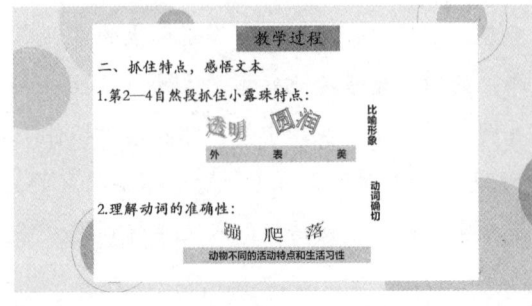
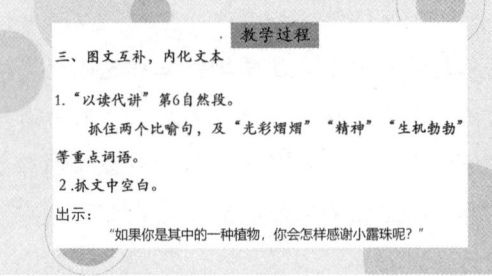

教学过程

四、联系课文，启迪想象，升华情感

1. 通过过渡引导学习第1自然段。
"来得慢而困难，走得却很快。"给学生带来思考，感情慢慢深化。
2. 紧抓契机，紧扣"笑盈盈"三个字。

　　在读中培养语感，在读中受到感悟，真正体会到小露珠的心灵更美的品质。

3. 抓住空白点，设计了"在这种场面里，向日葵、白杨树、喇叭花会怎样和小露珠告别呢？"
用"_____，好像在说：'_____'"的句式。
4. 抓练习，完成教学目标：
（1）小露珠爬呀，滚呀，越来越大，越来越亮。
（2）太阳公公散发的热量越来越大，小露珠的身子也越来越轻了。
5. 学生自主发挥，情感升华
"说说自己为什么喜欢小露珠？"

板书设计
15. 小露珠

外表（美）　　心灵（更美）
闪亮　　　　　无私奉献
透明
圆润

设计理由

1. 学生在原有知识的基础上对内容进行吸收，继而通过深入感知、感情朗读，对文章的深层理解有所提升。
2. 依据童话通俗易懂、生动活泼的语言特点，朗读感悟，宜将情境教学法贯穿教学始终。
3. 围绕学法指导这一核心，以读书训练为经，以语言训练为纬，最大限度地发挥学生的自主性、主动性、发展性和创造性。引导学生在读中悟，从而达到情感体验的目的。

- 请分别说说这两份说课稿的优点和不足。

- 通过比照，你认为纸案说课稿与PPT说课稿有何不同，为什么会有这些不同？在利用两种不同的辅助形式进行说课时，各应注意些什么问题？

> **讲与议**　说课的困境与对策

=== **理论总述** ===

说课对师范生来说至关重要，一方面它可以将教学设计内容、设计缘由和交流展示合而为一，从而带动相关理论的学习和应用，并在此过程中逐渐提高教学设计技能和说课技能；另一方面它又能表现出师范生异于课堂教学能力的专业素养。基于此，说课不但为中小学教师职前培养所重视，更是中小学教师招聘中的常见方式。但因师范生对说课的性质、目的、对象、价值、内容、方式等特殊性缺乏明晰的认识和有针对性的训练，常常造成其在说课练习、比赛、面试中出现偏差和失误，应引起重视。

一、说课的意涵

说课是教师以教育教学理论为指导，在备课基础上，面对同行、领导或相关专家，运用口头语言和相应辅助手段，阐述某一课题的教学设计和设计缘由，并与听者一起就教学目标的达成、教学流程的安排、教学重难点的把握及教学效果的评价等方面进行预测或反思，共同研讨如何进一步改进和优化教学设计的研究过程。

> **请你比较**
>
> 比照上面的定义，思考师范生说课的对象是谁？师范生说课的目的是什么？师范生说课的重点在哪里？说课设计与教学设计的区别与联系是什么？

（一）课前说课

课前说课就是在认真研读教材、领会编写意图、分析教学资源、初步完成教学设计基础上的一种说课形式，是教师深层次备课后的一种教学预演活动。通过说课，借助集体的智慧来预测课堂教学的实际效果，最终达到改进和优化教学设计的目的。

（二）课后说课

课后说课，顾名思义，即上完课后进行的说课。主要是对课堂教学的各要素进行反思，借助集体智慧修正完善教学设计、提升课堂教学质量。

对于职前师范生而言，因其教学的模拟属性，更适宜进行课前说课训练。

二、说课的类型

从宏观上来看，说课可以是说学科课程、课程标准、学科教材和课程资源的利用等。从微观上来看，说课则主要是说课堂教学实施过程的设计策略和流程。可以细化为以下几种基本类型。

（1）从说课时间的角度：分为课前说课和课后说课。
（2）从改进和优化课堂教学设计的角度：分为预测型说课和反思型说课。
（3）从教学业务评比的角度：分为评比型说课和非评比型说课。
（4）从教学研究的角度：分为专题型说课和示范型说课。
（5）从说课主体的角度：分为授课者说课和评课者说课。
（6）从说课借助媒介的角度：分为纸案辅助说课和PPT辅助说课。

对师范生来说，要注意训练课前说课与课后说课，尤其是课前说课更有训练的必要。

三、课前说课的价值

> **请你思考**
>
> 面试中的说课，相较于试讲，更容易组织，而且可以体现试讲中体现不出的素质。你觉得说课能展示师范生的什么潜质？或者说你觉得说课中表现出何种素质才能打动评委？

课前说课的价值主要表现在以下几个方面。

① 能将你的说课能力和研究素养在说的过程中表现出来。说课主要是在单位时间内，向听者说明我要上什么、我将怎样上、我为什么要这样上。好的说课起码应回答好三个问题：我说清楚了吗？我说得有道理吗？我能吸引听者吗？表现在说课中主要是说课者对教材的把握与设计能力怎样，说课者的说课能力（包括说态、语言表达、板书、交流能力、调控能力、应变能力等）如何，说课者的研究素养（包括专业理论功底、对教学的理解力、对儿童的理解力、思维品质、研究的方法、研究个性以及与别人合作研究的可能性等）怎样。

② 能围绕教学设计在研究的层面与专家进行交流。专家可能在你说课之后，随机提一些问题，如果你能围绕说课内容对所提问题进行有效辩答、交流，也是一种研究素质的展现。

③ 能检验你在面对专家时所表现出的心理素质和应激状态。

四、师范生在说课过程中出现的常见问题及困境所在

（一）常见问题

因师范生说课本身的特殊性，决定了其与一线教师的说课存在许多差异，并且优点和不足相互渗透的特点明显，归纳起来主要有以下五点。

① 能够将教学内容是"如何设计"的这部分说得详细、具体，但对"为何要这样设

计"却说得空洞、抽象，缺乏针对性。这一点对教学经验欠缺的师范生来说尤为明显，具体表现就是：说课成了说教案，甚至是读教案。主要原因有二：一是师范生不明确说课的目的；二是相关的学科理论匮乏。要有效避免这一问题，应重点思考三个问题：何时进行说课训练比较合适？对师范生来说，说课是用来做什么的？师范生说课的对象是谁？

② 能够按说课内容层层推进，但又常常面面俱到、忽略重点。经过指导，大多数师范生能够做到步步为营、思路清晰，这是训练所追求的，但也常因此陷入繁琐的境地，导致其一味讲求面面俱到，费力、误时。原因有二：一是不能有效地将教学设计的重点转化成说课内容的重点；二是师范生不清楚说课的内涵和着力点。要解决这一问题，应思考两个问题：师范生说课的重心在哪里？说课重点选择的依据是什么？

③ 说课思路规规矩矩，但常常因此造成个性和创造性的缺失。按学科教学论老师指导的说课范式和流程规规矩矩地走下来，对师范生来说是正常的，也是必要的。可自己独特的设计思路、方法却囿于说课模式的限制，在说课过程中失掉了或未能彰显出来，看不到设计的亮点，不能充分展示自己的素养，面试时也就缺乏竞争力。当然，表面上看这是说课形式的限制，深层的原因则是师范生难以将设计实践和设计理念有机结合。要解决这一问题，需思考以下三个问题：第一，说课的本质是什么？说课有无固定的模式，为什么？第二，说课是谁在说，说谁的见解？第三，对自己来说，如何确定哪些内容可一句带过或干脆不说？考虑清楚这些问题，才能更好地把握说课的条件，找到适合自己的方式。

④ 教学设计中对教材内容挖掘较深，但往往忽略了与教情、学情的关联，造成教学内容失度。师范生在进行教学设计时，因缺乏直接的实践目的，往往以教材把握的深度、教学设计的独特为旨归。严格说来，教学设计所面对的应是具体的而非抽象的情境。舍此，训练的仅是设计方法，而非解决真实的教学问题。当缺乏实际教学情境体验的师范生面对具体的教材和抽象的儿童（因其教学设计不是面对真实具体的学生，所以只能根据教育心理学视域中的一般意义上的学生进行理解，即"抽象的儿童"）、模糊的教学环境时，会自然地关注具体的教材而忽略抽象的教情、学情，教学设计也就舍弃了对"程度"的思考和把握，而向"深度"开进了（师范生在实习的开始阶段，常感到预设和生成脱节，就是这个原因）。师范生在说设计依据时，往往表现出对教材的过分注重，造成其他理论视角的缺失，设计理念和理论视野都进入褊狭的境地。要避免这一问题可思考以下几个问题：教学设计的依据可从哪些角度阐述？这些理论依据我准备如何在说课稿中呈现？这些理论依据如何说才更彰显研究性？

⑤ 口语基本功扎实，但交流意识不明显。具体表现为：说课时语言呆板，语气、语调缺乏变化，播音腔或报告腔较常见，肢体语言少或运用不当，降低了交流的效力。这些问题的产生，主要是师范生对说课的情境和性质不清楚所致。可思考以下几个问题，以帮助把握说课语言：是说课还是上课？是交流还是做报告？如何说才更有表达力、更适合交流？

（二）困境所在

导致上述问题出现的原因有很多，除了师范生对说课的意涵、性质、目的等认识不清，高校教师缺乏结合实践教学进行有效指导等因素以外，主要还是职前教育阶段的局限所致。集中表现为以下两点。

1. 缺乏教学实践

因高等师范院校实践课程建设的不成熟及其自身的局限性，致使师范生难以获得独立的、持续性的教学实践，从而缺少针对具体情境和真实学生进行备课、上课、反思的体验过程。因此，师范生在说课时难以准确定位教学目标、教学重难点和教学内容，难以洞见到各个环节、细节的理论支撑，难以展示自己的个性与创新就在所难免了。质言之，如果"心中无课"，如何能做到"口中有课"？

2. 缺乏说课实践

在高等师范院校中，说课只是学科教学论课程教学内容的一部分，因课时有限，训练的时间和次数都较少，师范生更多的则是在比赛或面试前进行突击训练，在这种情况下，师范生既要把教学设计和理论依据融为一体，又要辅以恰切的体态言语、教学言语自如地演说出来，其难度可想而知。

===== **技能概观** =====

高等师范院校有其独特优势，一方面对于师范生在说课中的优点要继续保持和发扬，另一方面对其不足之处要有针对性的改善策略。

一、厘清师范生与在职教师课前说课的差异，借鉴在职教师的说课经验

师范生说课侧重课前说课，对象是自己的同学、老师、面试时的评委，目的不是解决真实的教学问题，而是就设计内容和相应理念与对象交流，展示自己的设计水平和理论素养，训练自己的说课能力，并能在说课比赛、面试中更好地展示自己，以获得肯定。

因此，与在职教师的说课相比，师范生的说课有其特殊性，主要包括类型特殊、目的特殊、对象特殊、说课设计的具体条件特殊等。只有明确二者的差异，才能有针对性地吸收在职教师的说课优点，强化教学的针对性。

将师范生与在职教师的课前说课进行比较（如表4-1所示）可以发现，对师范生所开展的说课教育，有以下两点需要改进：一是继续拓宽实践教学路径，提供多样化的实践教学形式，让师范生尽可能多地体验教学，尽量基于直接经验进行说课设计，追求"上什么要对、准（即教学内容要讲正确，要与教学目标吻合），怎么上要实、活（即教学流程尽可能真实、鲜活），为什么这样上要直、明（即能直接明了地说出教学设计的依据）"；二

是充分利用实习、跟师、支教等实践活动，在实践教学中围绕"解决教学中的实际问题"，相机进行说课练习。

表4-1　师范生与在职教师课前说课的差异比较

类型	性质	目的	对象	内容	方式
师范生	一种课程内容	旨在内化课程与教学的理论知识和实践知识，为将来能够更好地施教做准备	主要是同学、老师、面试时的评委	说课是师范专业的教学内容，是关注该如何上课的"纸上谈兵"，追求教学设计的合理性，以期合乎理论和实践的要求	"说"指演说，强调说的语气、语调，并注重体态言语和教学言语的运用
在职教师	一种研究方式	旨在解决教学实践中的问题，追求教学最优化	主要是同事	说课是一种研究方式而不是教学内容，讲求"上什么要对、准，怎么上要实、活，为什么这样上要直、明"，以期在教学实践中获得成效	"说"指述说，用口头言语把内容讲清楚即可

二、了解课前说课的必备要素和常见范式，灵活选择适合自己的说课范式

课前说课必备要素包括说教材、说教学目标、说教学重难点、说教学流程、说板书设计、说设计依据，至于说学情、说教具准备、说课时安排、说教学方法等要素要不要涉及，说设计依据是单独设块，还是融入其他要素中，抑或是既融入又单独设块，应根据实际需要灵活处理。

就当前的说课比赛和说课面试来看，主要是提供一篇课文，要求用10或15分钟的时间进行说课。基于此，主要有三种有效范式可供参考。

第一种范式，是不分课时，就整篇课文按"说教材—说教学目标—说教学重难点—说教学方法（根据需要取舍）—说课时安排—说教学流程—说板书设计—说理论依据（根据需要处理）"的范式进行。其优势是内容完整；缺陷是受时间限制，重点处、细节处难以过多展开。

第二种范式，是在说教学流程时分课时说，因时间限制往往先简单说第一课时（第一课时的教学内容主要是生字词和课文大意，没有较深入的思维训练内容，若说课时间有限，必须有所选择，一般不太会把其作为说课训练的重点），再重点说第二课时。其优势是划分细致，针对性强；缺陷是第一课时往往浅尝辄止，难有亮点，还可能分散了说第二课时的时间和精力，使其不能深入、具体。

第三种范式，是我们主张的"先说整篇课文的教材分析、教学目标、教学重难点、教学方法（根据需要取舍）和课时安排，再重点说某一课时的教学流程，并将设计依据融入过程中，板书设计也是该课时的"。不足是内容显得不完整；优势是能够在规定时间内完

整、细致、从容地展示对某一课时的把握，尤其是对教学重点展得开、落得实，更容易在整体把握和细节处理中彰显自己的特色与特长。

当然，具体采用哪种范式，需根据实际灵活选择，以摆脱局限，更好地体现出自己的教学个性与创新性。

三、合理把握各环节的说课内容，突出说课重点，分配好说课时间

说教材部分一般要说清楚两方面内容：一是定位课题，即说清课文所在年级、单元中的位置，通常要求板书课题。二是依据本单元的人文主题与语文要素，聚焦课文特点和有语用价值的教学点。具有语用价值的教学点往往从课文特点中遴选而来，因此准确地说清课文特点是接下来的任务。课文内容方面应说清表层意和深层意，课文形式方面要明确在文体、结构、语言、表达方式、说明方法和艺术手法等方面的突出特点，另外还要紧密结合课文的辅助系统，如注释、插图、练习等来进一步明确有语用价值的教学点。

说课时可拿着教材或将课文用PPT呈现出来说，切不可读或背说课稿上的内容。教学目标可分成基础目标和发展目标来说，前者说清是什么即可，后者还需简单说明确定依据。教学重难点根据实际可以分开说，也可以结合在一起说，一般应把确定依据点明。教学方法部分如没有特别或新颖之处，可不单独设块说，但因为具体流程中教学方法是必须要说的内容，所以也可在说完教学流程后再单独设块总结，如此还需把各种方法之间的关系挑明。教学流程部分是说课的中心内容，包括说教学环节、教学内容、主要做法、设计依据、时间分配等，高明的说课一般会将设计依据与具体流程整合在一起呈现，使说课在有理有据中层层推进，对教学重点或难点流程的述说无疑是重中之重，应咬得紧、展得开、落得实，灵活而不花哨，具体又不乏特色。为了增强说课的生动性、展示个人特长的可能性和内容理解的直观性，有些内容还可以还原成教学言语，来展示"这个环节我将这样教"。对于非重点的内容可简略点说或一带而过，使内容安排显得详略得当、重点突出、切实可行又不乏亮点。板书是展示说课者的书写水平、对教学内容理解程度的可视语言，呈现方式有先说后写、边说边写、先写后说、先写一部分再边说边写剩余部分四种方式，我们主张采用第二种方式，以使说课过程与课堂教学同步，这样既可加深对说课者设计匠心和依据的理解，又可缓解说课者的紧张心理。板书要文字简练、重点突出、结构严谨，并且应注意配以贴板、贴图、线条、简笔画等以增强其直观性。

设计依据主要涵括四类：一是课程标准、教材类型、学科教学理论；二是学科教学基础理论，包括教育学、心理学、课程与教学论；三是学科教学的基础学科知识；四是其他理论，如教育专家的观点、言论，已形成广泛共识的事实、公理、规律、法则或约定俗成的习惯、行为、认识、观点等。我们认为，师范生在日常教学与训练中的说课设

计均是基于"如果让我上……我将会……"的情境中生成的假设,而交流对象的第一反应是"你为什么要这样设计,依据是什么?"因此,说设计依据时应与设计内容融会贯通、整体推进、贯穿始终,切莫大而无当、穿靴戴帽。在把握好各个说课环节的基础上还应依据教学的重点、难点、亮点和自我的优势点,突出说课的重点。毕竟师范生还面临着就业问题,需要在考官面前展示自己最优秀的一面。时间控制是师范生在比赛和面试中的一个突出问题,最好能在所要求的时间内提前半分钟结束,要和说课内容的取舍结合起来,合理分配,既不能因为赶时间打乱了自己说课的节奏,也不能因为内容太多而说不完。

四、说课言语应以口头言语为主,辅以适当的体态言语和教学言语

师范生说课的成败往往表现在"说"上,需注意:① 口头言语要清晰、简洁,语调富于变化,应与说课内容吻合。② 利用好表情(尤其是眼神)、手势、身姿等体态言语,以丰富口语传达出的信息,增强自我表达的张力和交流效力。训练初期要有意识地进行设计,如双手摆放位置可端着、搭着、扶着等,眼神要有交流感,手势可配合语调和内容设计,站姿应自然、大方、稳定,不宜多走动等。③ 可将某些教学言语融合进说课里,一则丰富说课的形式,二则还原部分需要的课堂情境,使说课更加充分。

═══════════ **要点提示** ═══════════

一、说课是"说"不是"讲"

是"说"指说课要说,不要读,也不要背,可以看看稿子,但要变成自己的话来说,如诉家常,自然朴实,不要"端着";不是"讲"是指说课不是演讲,也不是讲课。听者是自己的同学、同事或是专家、领导,不要自觉或不自觉地把听者当成小学生,要以商量、请教的口吻与听者真诚地交流。

二、说课重难点一定要合理分配

就师范生面试中的说课来看,一般是10分钟,给的是一篇课文,有时也不特别说明说第几课时,因此,要想10分钟把一篇课文的每个课时的教学都说清楚,面面俱到肯定不行。所以我们建议详说某一课时,略说另外的课时,详说的要着力在该课时的教学重难点上,略说的也要突出一两点特色。

三、要采用多种方式提升说课效果

可借助字卡、贴画、头饰、折纸、小黑板等直观教具,让说课尽量显得活泼些;可用教学言语处理部分教学内容,告诉听者自己会怎样教,以丰富说课语言的形式;也要善于

借助体态言语辅助说课，以提高说课的表现力。

四、厘清纸案辅助说课和PPT辅助说课的区别

面试中的说课一般要求依据纸案进行，但说课研讨或说课比赛则一般运用PPT辅助说课。两种说课既有联系又有区别，要分清并分别训练。

一方面，相对于PPT辅助说课，在纸案辅助说课中，听者无法看到所说内容，必须通过听的途径加以了解，所以需要说课者说得清晰、明了，但时间会比PPT辅助说课长。因此，纸案辅助说课更强调对说课内容的选择与处理，言说的要求会更高。另一方面，纸案辅助说课形式单调，评委的聚焦点是说课者，不会像PPT辅助说课那样分配一些注意力给PPT，因此要注意丰富说课形式，更加突出体态言语的表现力。

学与做　　技巧提炼与实训

- 结合自己的课前说课经验和本章内容，总结出你所认为的比较有效的课前说课技能。

- 请任选一篇课文或就统编版小学语文教材五年级下册第七单元《威尼斯的小艇》一文，先写出纸案辅助说课稿，再做成PPT辅助说课稿。

- 请结合自己的PPT辅助说课稿进行说课，按下面的评价标准给自己打个分数，并分析得分理由。

项目	权重	测评要素		评价标准		
				优（10—9）	中（8—6）	差（5—0）
基本素养	35%	仪表仪态	行为举止	1. 举止自然大方，交流意识强 2. 服饰得体，仪表符合教师的职业特点	1. 举止较为自然大方，有一定的交流意识 2. 服饰较为得体，仪表较为符合教师的职业特点	1. 举止不够自然大方，交流意识差 2. 服饰不够得体，仪表不甚符合教师的职业特点
			仪表服饰			
		言语表达	语音语速	1. 说课言语规范，口齿清楚，语速适宜 2. 表达准确、简洁、流畅，抑扬顿挫、感染力强 3. 交流意识明显，个性化言语风格较强	1. 说课言语较为规范，口齿较为清楚，语速较为适宜 2. 表达较为准确、简洁、流畅，有一定的感染力 3. 交流意识较为明显，有一定的个性化言语风格	1. 说课言语欠规范，口齿欠清楚，语速不够适宜 2. 表达不够准确、简洁、流畅，缺乏感染力 3. 交流意识不明显，缺乏个性化言语风格
			表达效果			
			沟通交流			
		心理素质	性格特征	1. 开朗乐观，积极上进，自信心强 2. 放松、自然，情绪调节和控制能力强 3. 应变能力强	1. 较为开朗乐观，积极上进，自信心较强 2. 有一定的情绪调节和控制能力，较为自然、放松 3. 有一定的应变能力	1. 自信心较差 2. 情绪调节和控制能力差，不够放松、自然 3. 应变能力差
			情绪调控			
			应变能力			
说课内容	60%	说教材		1. 能说清教材内容和形式方面的主要特点 2. 能结合教材和自己的说课稿有效表述 3. 有自己的看法，教材解读合理	1. 能大致说清教材内容和形式方面的特点 2. 能结合教材和自己的说课稿进行表述 3. 有自己的看法	1. 仅简单说明教材内容 2. 脱离教材读或背说课稿
		说学情		1. 能考虑到教学对象的学习实际，分析全面、准确 2. 能够将儿童发展理论和学习具体内容的特点相结合，分析具体、针对性强	1. 能考虑到教学对象的学习实际，分析较为全面、准确 2. 能够将儿童发展理论和学习具体内容的特点相结合，能避免抽象的分析	1. 忽略教学对象的学习实际，分析模糊、笼统 2. 不能将儿童发展理论和学习具体内容的特点相结合，分析抽象
		说教学目标		1. 目标定位合理、准确 2. 能借助说课稿或PPT进行清晰表述 3. 能就独特处适当说清确立缘由	1. 目标定位较为合理、准确 2. 能借助说课稿或PPT进行表述	1. 目标定位欠准确 2. 照着说课稿或PPT读
		说教学重难点		1. 教学重点、难点把握准确、到位 2. 能够结合设计缘由清晰表述	1. 教学重点、难点把握较为准确 2. 能够表述清楚设计缘由	1. 教学重点、难点把握欠准确 2. 不能说清设计缘由

（续表）

项目	权重	测评要素	评价标准		
			优（10—9）	中（8—6）	差（5—0）
说课内容	60%	说教学方法	1. 教法、学法恰当、清楚且有特色 2. 能将教法、学法分开或结合在一起清晰表述（如是常规教学法，可不在此处说）	1. 教法、学法较为恰当、清楚 2. 能将教法、学法分开或结合在一起表述	1. 教法、学法失当 2. 表述模糊、混乱，不能厘清教法或学法
		说课时安排	1. 能依据需要，合理安排教学时数和每课时的主要内容 2. 能结合相关缘由，清晰表述	1. 教学时数和每课时的主要内容安排较合理 2. 课时安排的表述较为清楚	1. 教学时数和每课时的主要内容安排欠合理 2. 课时安排的表述模糊
		说教学过程	1. 教学流程设计合理、清晰且富有特色 2. 能将上什么、怎么上、为什么这么上合而为一，将教学内容表述得清楚流畅、详略得当、节奏鲜明，且有一定的感染力 3. 能适当借助一定的辅助手段或还原部分上课情境，使说课能够具体、生动	1. 教学流程设计合理、清晰 2. 能将上什么、怎么上、为什么这么上合而为一，将教学内容表述得清楚流畅、详略得当 3. 能适当借助一定的辅助手段进行说课	1. 教学流程设计粗略 2. 上什么、怎么上、为什么这么上不能有效融合，教学内容表述不清楚、不流畅 3. 不能借助一定的辅助手段进行说课
		说板书设计	1. 板书设计合理 2. 能有效地结合板书进行说课 3. 能说清板书设计的价值和缘由	1. 板书设计较为合理 2. 能结合板书说课 3. 能说清板书设计的价值	1. 板书设计欠合理 2. 不能结合板书进行说课 3. 无法说清板书设计的价值
		说设计依据	1. 设计缘由直接、明确，不隔靴搔痒、穿靴戴帽 2. 能结合教学过程中的具体设计相机表述设计依据或单独设块整体言说设计依据	1. 设计缘由较为直接、明确 2. 能结合教学过程中的具体设计或单独设块整体言说设计依据，表述较为清晰	1. 设计缘由大而无当 2. 不能结合教学过程中的具体设计或单独设块整体言说设计依据
说课评价	5%	评价"课"	1. 能结合听者的提问有效评价自己的教学设计及其缘由 2. 能结合自己与听者的交流有效反思自己的课	1. 能结合听者的提问评价自己的教学设计及其缘由 2. 能结合自己与听者的交流反思自己的课	1. 不能有效结合听者的提问评价自己的教学设计 2. 不能有效反思自己的课
		评价"说"	1. 能够客观评价自己说的技能和效果 2. 能够反思自己说课时是否真正做到了"心中有课""目中有人"	1. 能够评价自己说的技能和效果 2. 对自己说课时是否真正做到了"心中有课""目中有人"有一定认识	1. 不能客观评价自己说的技能和效果 2. 意识不到说课时要"心中有课""目中有人"

第二篇 小学语文课堂施教技能

第五章
课堂导入技能

想与说　什么是导入的价值

▶ 苏霍姆林斯基说:"如果教师不想办法使学生产生情绪高昂和智力振奋的内心世界就急于传授知识,那么这种知识只能使人产生冷漠的态度。"你怎么看待这种观点?请用简洁的语言把你的观点写到下面的方框中。

▶ 请自选一篇课文进行导入设计,说说设计理由,思考进行小学语文教学导入设计应该注意什么,并把思考的结果写到下面的方框中。

读与评　导入课例的评析

▶ 下面是语文特级教师王崧舟执教的统编版小学语文教材四年级下册《墨梅》的课堂导入教学片段。

(课始,欣赏梅花图片)

师:梅花真美啊!走进梅园,各种颜色的梅花就一一展现在我们眼前:瞧,这是粉红的,像——霞;这是白色的,如——雪;这是淡绿的,似——玉。梅花真美啊!漫步于梅园的小路上,感觉整个梅园都被梅香浸透了。是啊,无论是粉的、白的,还是绿的,都显得是那么的淡雅高贵、清秀脱俗。(板书:淡)

师:同学们,大家回忆一下,你们知道哪些赞美梅花的诗句?(教师相机出示,学生齐读)

师:(出示墨梅图)同学们看图,这是什么梅?

生:墨梅。

师:为何称它为墨梅?

生:因为这是用墨画出来的梅花。

师:是的,相传古人因看到月光映梅影于窗纸上,想到了用浓浓淡淡的水墨来画梅花。这就是——墨梅。

师:说到画墨梅,当属元代诗人、画家王冕的造诣最深。(出示王冕简介,学生快速浏览)

师:我们一起来把王冕的名字写一写,注意"冕"字的上半部分和感冒的"冒"字是一样的,中间和下面的横与左右是不相连的,切不要写成"日"字。

(生跟着教师书空)

师:王冕爱梅啊,这一天他家洗砚池边的梅树上的梅花盛开了(出示图片),那淡雅的色彩、怡人的清香让王冕沉醉了,于是他挥墨画下了这么一幅墨梅图。为了使画的意境更加深远,他还在画上题了一首诗。(出示墨梅诗)

● 你认为这一导入好在何处?

▶ 针对统编版小学语文教材六年级下册《泊船瓜洲》一文,两位老师做了不同设计。

【案例一】施建平老师的导入设计

听××老师说,我们班不少同学对古诗挺感兴趣的,是吗?既然是,那老师得考考大家了。现在已经是春暖花开了,还记得我们学的那些描写春天的古诗吗?谁能背一背?

统编版小学语文教材中写春天的古诗:

第二册:南宋 杨万里 《小池》

第四册:唐 杜甫 《绝句》

第四册：唐　贺知章　《咏柳》

第六册：宋　苏轼　《惠崇春江晚景》

第八册：南宋　杨万里　《宿新市徐公店》

第十一册：宋　朱熹　《春日》

第十一册：唐　杜牧　《江南春》

1. 揭示课题

先来学习宋朝的大诗人王安石写的《泊船瓜洲》。

2. 介绍作者

同学们听说过王安石吗？他是宋朝杰出的政治家，也是一位知识渊博的学者，还是一位著名的诗人。这首诗是他有一回坐着船沿长江向西行驶时在旅途中写的。

3. 解题

（1）那么，王安石是在旅途的哪儿写的呢？我们来看题目，是哪儿？（学生：瓜洲）瓜洲在江苏省。如果这是长江（教师在黑板上画"长江"），瓜洲就在长江的北岸（做标记并写上瓜洲），离南京不远。

（2）那么"泊"是什么意思？"泊船瓜洲"这题目又是什么意思呢？（泊：船靠岸或船停靠岸边；泊船瓜洲：船停靠在瓜洲）诗人的船就停靠在这儿（在原图上加上小船）。

4. 揭示学法之一

刚才我们知道了诗人是一个怎样的人，是在什么情况下写下这首诗的，还弄懂了诗题的意思。这"知诗人，解诗题"是学古诗必不可少的一步，它可以帮助我们理解诗的内容。

揭示板书：知诗人，解诗题。

【案例二】李素琴老师的导入设计

1. 准备上课

回忆已学过的与月相关的古诗，《古朗月行》《静夜思》《枫桥夜泊》……

2. 认识课题

（1）王安石的《泊船瓜洲》也是一首与月有关的诗，大家首先一起来研究一下"泊"字。教师板书课题。出示字典中"泊"字的两个读音（bó、pō）及其不同的意义，选择正确的读音。齐读课题。

（2）谁能根据课前的资料搜集说说瓜洲在什么地方？（瓜洲现在位于长江北岸）

3. 引导交流

"泊船瓜洲"的意思是说把船停靠在瓜洲岸边。课前你们搜集了哪些关于这首诗的背景资料，我们来共同交流一下。（明确：王安石，北宋时期著名的政治家、文学家、诗人……）

4. 商定学习步骤和方法

（1）我们已经学过好多古诗了，你打算怎样学习这首诗呢？（明确：要背诵、读熟、还要会默写……）

（2）教师归纳学生的发言，板书"读、议、背、写"。

（3）教师引导：我们就按这个顺序和方法学习。

- 案例一中教师运用的情境教学导入法有什么鲜明的特点？
- 案例二中教师与学生商定学习步骤和方法，你认为是否有必要，为什么？
- 比较两则案例，导入部分有何共同点？对我们以后的教学有什么启发？

讲与议　导入的偏失与方式

理论总述

一、课堂导入的意涵

明代文学家谢榛谈及文章的开头时说："起句当如炮竹，骤响易彻。"文章的开头如此，一堂课的序幕同样如此。课堂导入是指一项新的教学内容或教学活动开始前，教师通过有效的方法，引领学生明确学习目标或要求，为教学内容的学习做好准备的教学行为。"导"是前提、是过程，"入"是结果、是目的，"导"的情况直接影响着"入"的效果。

二、课堂导入的价值

请你思考

常听有些老师讲，导入就那么几分钟，对授课起不到多大作用，所以没必要浪费时间和精力去设计导入环节，你怎么看待这种观点？

于漪老师曾有过譬喻：课的开始，其导入语就好比提琴家上弦，歌唱家定调，第一个音定准了，就为演奏或者歌唱奠定了良好的基础，即所谓"转轴拨弦三两声，未成曲调先有情"。好的导入如同桥梁，联系着旧知和新知，能在教学伊始消除其他课程的延续思维或心理杂念的干扰，吸引、集中学生的注意力，引起学生的兴趣，激发其求知欲。

（一）吸引学生的注意力

注意力是人的心理活动对一定对象的指向和集中，俄国教育家乌申斯基把它比作通向心灵的"唯一的门户"。好的导入具有先声夺人、引人入胜的效果，能引导学生为完成新的学习任务做好心理准备。如果导入环节设计不好，学生的注意力分散，就会对教师给予的各种刺激"视而不见""听而不闻"。

（二）激发学生的学习兴趣

兴趣是力求认识某种事物或爱好某种活动的心理倾向，这种倾向是和愉快的体验相联系的。尤其是在课堂教学的初始阶段，别具匠心的导入能有效地激发学生的学习兴趣。

（三）创设情境，渲染气氛

学习氛围直接影响学习效果，上课伊始，学生的感情往往处于蛰伏状态，社会心理学认为，人与人之间的信息传递与交流，需要在良好的心理认同和情感共振的基础上进行。因此，通过导入创设与学习内容相似的情境，可激起教师、学生、教学内容之间的情感共鸣，引导学生焕发良好的学习情绪。

（四）建立新旧知识之间的联系

课堂导入是新旧知识之间的"桥梁"和"纽带"，具有承上启下的作用，尤其是通过复习导入，可以在新旧知识之间建立起实质联系，为深入学习新的知识打下基础。

（五）明确教学任务与要求

学生知道了学习任务与要求，就能明确学习方向，激发学习动机，自觉地指向学习目标。因此，在课堂教学的阶段，合理导入是教师把教学目标转化为学生学习目标的有效手段。

三、课堂导入的常见问题

（一）牵强附会

有些导入片面追求趣味性，偏离了与教学内容的内在关联，显得牵强附会，不能给课堂初始的学习以明确定向，有时候甚至分散了学生的注意力。一位实习教师在上统编版小学语文教材三年级下册《赵州桥》一课时，为避免说明文的枯燥，在导入环节播放了一段动画《赵州桥的传说》。然而，这是篇说明文，并非故事类课文，如果播放一段赵州桥的视频，能强化学生对赵州桥的直观认识，还有情可原；但为了激发学生的兴趣，播放动画故事就牵强了，不但不能帮助学生更好地学习课文，还转移了其注意力。

（二）缺乏共鸣

导入要求具有直观性和启发性，如果过多地考虑内容特点，忽略学生的实际，则难以引起情感共鸣，导入难出效果。有位教师在《赵州桥》教学的导入环节，围绕课题连提三个问题："你见过赵州桥吗？它给你留下什么印象？它与其他桥有什么不一样的地方？"可以想见，见过赵州桥的学生并不多，后两个问题当然就无法引起共鸣了。

（三）喧宾夺主

导入环节要求言简意赅，尽可能在最短的时间内达到"入"的目的。有些导入太过发散，旁逸斜出，加之多媒体运用的便利，图片、影像满天飞。如有位教师在统编版小学语文教材一年级下册《动物王国开大会》的导入中，运用了大量的多媒体课件。先出示绿油油的森林图片，让学生说说看后的感受。然后出示狗熊、老虎、狐狸、大灰狼、梅花鹿等动物的图片，让学生说出最喜欢的动物是谁，为什么喜欢。结果，用时不少，却没有进入童话故事的正题。

（四）哗众取宠

导入应真诚、朴实，顺应学习需要；太过，则有哗众取宠之嫌。既不能卖弄自己的知识、经验，也不可卖弄口舌。如果上课伊始便滔滔不绝，引经据典，既不考虑学生或听课者的感受，也不考虑教学时间，就会让人有华而不实之感。

（五）故弄玄虚

有些课文形象生动，且明白如话，如统编版小学语文教材二年级下册的《蜘蛛开店》是一篇很有趣的童话故事，一只蜘蛛因为无聊、寂寞，决定开一家编织店，结果卖口罩来了河马，卖围巾来了长颈鹿，卖袜子来了四十二只脚的蜈蚣，吓得蜘蛛跑回到网上。这样的故事孩子读来忍俊不禁，可揭题导入，直奔主题：同学们，看了题目你想知道什么？但有的新手教师，偏偏七绕八绕：同学们，生意好不好做？（孩子有点摸不着头脑）对的，不好做，尤其是"后疫情时代"生意就更难做了。开店需谨慎啊，非得有灵活的头脑不可。在这篇课文中，小蜘蛛开的什么店？成功了还是失败了？为什么？我们赶快去读读课文吧。这显然是把这个故事对大人的启发，嫁接给孩子，忽略了教学对象和文本的特点，有故弄玄虚之嫌。

> **请你反思**
>
> 以上的种种问题，是否存在于你的教学实践中？你认为还有没有别的典型问题存在？思考存在这些问题的原因和解决对策。

技能概观

一、直接导入技能

直接导入技能是指教师借助语言表述或问题等,引导学生直接进入学习内容,是最简单、最经济的一种导入技能。

（一）直接导入的突出特点

1. 开门见山

单刀直入,不拐弯抹角,由题及文,节省教学时间。

2. 言简意赅

直接导入语信息量不大,往往用语简洁;又因直奔主题,言语内容显得准确、精练。

但缺点在于平铺直叙,易流于平淡。把握不好则可能会造成"导而不入"的境况。师范生和新手教师不宜多用。

（二）直接导入的主要方法

1. 开篇点题导入法

所谓"开篇点题导入法"就是紧承之前所学,直接导入本次课的学习任务。例如,统编版小学语文教材三年级下册《海底世界》的第二课时可这样导入:"同学们,上节课我们了解了海底有动物世界,有植物世界,也有物产世界,初步感受了海底世界的奇妙。这节课,就让我们再一次沉潜到海底世界,再一次沉潜到字里行间,去感受海底世界的奇妙吧!"

2. 温故知新导入法

所谓"温故知新导入法"就是通过复习旧知,找到新旧知识的联结点,顺理成章地引出新知的一种导入方法。它由已知导向未知,过渡流畅自然,适用于前后连贯性较强的教学内容。

师:二年级时,我们已经学习过《小蝌蚪找妈妈》和《龟兔第二次赛跑》,其中有一个同样的小动物是——

生:乌龟。

师:谁记得乌龟长什么样?

生:四条腿,宽嘴巴,背上背着个壳,会游泳……

师:今天,老师要带大家认识乌龟的一位亲戚——(出示投影)你们看,它的形状跟乌龟像不像?

生:像。

师:但和乌龟有什么区别?

生:比乌龟大。

师：它比乌龟大很多，身长可达1米多，轻的三四百斤，重的则有七八百斤，因为它生活在海里，所以称作"海龟"。今天我们就来学习《海龟下蛋》这篇课文。学习后，相信大家一定会大开眼界。

这里所讲的"旧知"不仅指前一节课的知识，还指与即将学习的新知有联系的知识。回顾旧知应简明扼要，不宜占用太多时间。

3. 背景简介导入法

所谓"背景简介导入法"就是在学习新课文前，教师先就课文的相关背景，如作者、人物、景物、事件等做补充说明，然后引导学生进入课文学习的一种导入方法。当教材中有关古诗词的选文、真人真事的选文、真情实感的选文、介绍人文景观或自然景观的选文，以及小学生较为陌生的内容，需要嵌入相关背景材料做必要补充时，常用到这种导入法。运用时可让学生先查阅相关资料，在导入环节引导学生参与。但要注意背景材料的针对性和呈现的简洁性、灵活性。例如，统编版小学语文教材五年级下册《祖父的园子》一文，节选自萧红的自传体小说《呼兰河传》。课文主要回忆了作者童年时期在祖父园子里看到的各种美好景物，以及在园子里自由自在、幸福快乐的童年时光。因此，导入时可这样介绍萧红童年时的相关经历：萧红幼年丧母，父亲冷酷暴戾，她自小就缺乏父母的关爱。在寂寞的童年里，只有年迈的祖父给她疼爱和温暖，令她忘却了父亲的冷漠和母亲的刁难，让她感到一些人间的温情。萧红和祖父之间的感情是十分深厚的，她依恋祖父；萧红能进学校读书，也得力于祖父的支持。祖父是一位慈祥、宽容、仁厚的老人，所以她一天到晚与祖父寸步不离。祖父一天到晚都在后花园里劳作，萧红也跟着祖父总在后花园里玩乐，家里的后花园给萧红的童年增添了无数欢乐。小结导入：今天要学习的这篇课文就是萧红回忆与祖父在园子里的一段无忧无虑、自由自在的生活。

4. 问题质疑导入法

所谓"问题质疑导入法"就是针对教学目标、教学课题、教学内容等设置问题，将学生的思考直接导向所学内容的一种引入方式。可以在教学伊始，就紧扣主要问题，把质疑的主动权交给学生，让学生积极开动脑筋。

（1）揭题设疑

亚里士多德说："思维自疑问和惊奇开始。"基于课题巧妙设疑，使学生带着渴望求解的心理去学习，易于激发学生的好奇心和求知欲。以语文特级教师李吉林《小小的船》的导入教学为例。

师：老师很想知道有多少小朋友喜欢看月亮。

生：我喜欢看月亮。

生：我也喜欢看月亮。

师：真好。有时候我们看见的月亮是这样的，这是什么样的月亮？

（出示圆月剪影）

生：这是圆月亮。

师：月亮很圆，用两个"圆"字会说吗？

生：这是圆圆的月亮。

师：（又出示新月剪影，把这弯弯的月亮贴在一幅画有星星的深蓝的天空上）有时候我们还会看见这样的月亮，这是什么月亮？

生：这是半月形的月亮。

生：不对，半月形没有这么大，这是弯弯的月亮。

师：对！晴朗的夜晚，这么可爱的月亮挂在蓝蓝的天上，该多美呀！难怪我们小朋友喜欢看月亮。有一位老爷爷还特地把我们小朋友看月亮的情景写了一首诗。（逐步把学生带入情境）题目就是"小小的船"。上节课小朋友学会了生字，这节课我们来学习课文。

师：小朋友开始学习读课文，首先要看题目，想想它的意思。

生：（读题目）小小的船。

师："小小的船"是什么样的船，是真的吗？小朋友自己读读课文，读书要认真，要一个字一个字看清，一个一个标点看清，不要读错。

（师指名一学生读课文）。

师：现在小朋友弄清楚了吗？这个"小小的船"是不是真的船？

生：这"小小的船"不是指真的船。

生：我知道，指的是月亮。

揭题质疑，既符合学生的好奇心理，又提示了课文的重点。不仅能激发学生的学习兴趣，而且有助于培养学生的审题能力。

（2）重点质疑

即抓住要解决的主要问题设疑导入。

下面是语文特级教师王崧舟就统编版小学语文教材五年级下册《草船借箭》一课设计的导入。

师：同学们，前些天，有一个问题始终困扰着王老师，王老师想来又想去。为了解决这个问题，我把《草船借箭》这篇课文整整读了20多遍。你们想知道是什么问题吗？（学生大声回答：想！）我暂时不告诉你们，请你们先仔仔细细地读读课文，猜猜困惑王老师的会是一个什么问题？看看谁有水平，猜得准。

（学生兴趣盎然地读课文，思索）

师：好，请同学们大胆地猜，是哪个问题困扰着王老师？

生：3天怎么能造好10万支箭？

生：为什么诸葛亮向鲁肃借船这件事儿不能让周瑜知道？

生：诸葛亮的计策妙在哪里？

生：曹操为什么不射"火箭"？

生：鲁肃是周瑜的下人，他为什么不向周瑜报告诸葛亮借船的事？

……

问题质疑导入的最大优势在于调动学生思维的积极性，唤起学生的学习兴趣，宜于让学生多质疑，这才是真正的主动学习。

二、间接导入技能

相较于直接导入，间接导入则是曲径通幽，它往往能使导入的价值表现得更为充分。

（一）间接导入的突出特点

1. 曲径通幽

即"拐弯抹角"地赚足学生的注意力，激发起学生的学习兴趣。

2. 直观生动

间接导入往往要借助一定的辅助手段，能使抽象化为直观、枯燥变为生动。

间接导入有利于弥补直接导入的平铺直叙，师范生和新手教师宜多用。但使用不好则容易臃肿繁琐、冲淡主题、浪费时间。

（二）间接导入的主要方法

1. 直观导入法

所谓"直观导入法"是指运用语言、实物、模型、图片、音乐、录音和影像等手段直观描述、呈现与教学内容相关的信息，引导学生通过倾听、观察、操作和体验等，感知对象，通过直观手段，帮助学生在头脑中形成事物的形象，吸引学生进入学习情境的一种导入方法。常见的有言语描述式、音乐渲染式、图画展现式、实物演示式、表演体会式、电教媒体法等。例如，统编版小学语文教材一年级上册《乌鸦喝水》的导入。

同学们，我给大家带来一位新伙伴，它是谁？（展示乌鸦挂图）你们别看它样子不美丽，可它喜欢动脑筋，它做了一件什么事呢？我这里有些道具，半瓶水和一些小石子，谁来做做小乌鸦，给大家演示一下乌鸦是怎样喝到水的？（学生演示，教师提醒注意观察瓶子里的水面的变化情况）那么，在学习这篇课文前谁还想做做小乌鸦，讲讲自己喝水的故事呢？

上课伊始，展示直观教具和媒体教材，为学生提供生动直观的感性材料，能够变枯燥无味的说教为生动直观的形象，有助于学生加深对所学内容的理解。绚丽的色彩、直观的道具、旖旎的画面、悦耳的音乐，可以刺激学生的感觉器官和思维器官，促进其学习热情的高涨。

2. 情境导入法

所谓"情境导入法"是利用丰富的教学手段，创设新奇、生动、有趣的学习情境，引领学生展开丰富的想象，产生如闻其声、如见其人、如临其境的感受，唤起学生的情感共鸣，使学生情不自禁地进入学习情境的一种导入方法。例如，统编版小学语文教材二年级上册《妈妈睡了》的情境导入。

师：同学们，有这么多老师来听我们班的课，你们肯定很紧张，为了放松一下，我们来听一首歌。（放录音《世上只有妈妈好》）

（生随音乐边拍手边唱）

师：这是唱给谁的歌呀？

生：妈妈。

师：是呀，世上只有妈妈好，你们能把这首歌唱得那么有感情，看来你们都有一位好妈妈。有一位小朋友也想趁着妈妈睡着的时候，和妈妈说说心里话呢！（课件出示课本插图，板书：妈妈睡了）

师：我们应该怎样读这个题目呢？（明确："睡了"应读得很轻）

师：想不想知道这位小朋友对妈妈说了什么？好的，下面我们就一起跟着小作者，也对自己的妈妈说说心里话吧！

情境导入，重在以"情"为纽带，以引起学生的情感共鸣为旨归。

3. 激趣导入法

布鲁纳说，"学校最好的刺激是对所学教材的兴趣"，"兴趣是最好的老师"。激趣导入就是用儿童喜闻乐见的方式，激起儿童对所学内容的兴趣。

（1）故事导入式

所谓"故事导入式"即利用学生爱听故事的特点，讲述一个和教学内容紧密相关的故事，以诱发孩子的学习兴趣。除了做到紧扣教学内容外，还应注意故事宜短不宜长。例如，统编版小学语文教材三年级上册《不懂就要问》的导入。

师：（出示孙中山先生的画像）大家认识他吗？

师：对的，他就是孙中山先生。孙中山一生都喜欢读书，他在英国留学的时候，有一天，几个留学生来看他，发现他生活艰苦，几乎连吃饭的钱都没有了。离开前，几个留学生凑了40英镑送给孙中山补贴生活。三天后，这几个留学生又来看他，可敲了半天门也没人来开，其中一个人说："算了，他大概不在家，我们下次再来吧。"有个年轻人又用力敲了几下，门居然开了。孙中山满脸愧疚："请原谅，我正在看书，没听见你们敲门。"大家走进屋，才发现桌子上摆满了新书，很是惊讶。孙中山连忙解释说："我用30英镑买的这些书。"有人疑惑地问道："你连吃饭的钱都没有，还买这么多书？"孙中山却说："我觉得买书比买吃的更重要。"

师：同学们，听了这个故事，你们一定想知道一生酷爱读书的孙中山先生小时候是怎样读书的吧？（板书：不懂就要问）

（2）谜语导入式

所谓"谜语导入式"指运用猜谜的形式揭示题旨，既能使学生喜闻乐见，又能调动其学习积极性，营造欢乐、愉快、轻松的学习氛围。例如，统编版小学语文教材二年级上册《葡萄沟》的导入。

同学们，老师给大家出个谜语，看看哪位小朋友能猜出来。"远看玛瑙紫溜溜，近看珍珠圆溜溜，掐它一把水溜溜，咬它一口酸溜溜。"猜一种水果。（揭示谜底"葡萄"，进而引出课题"葡萄沟"）①

谜语导入激活了学生的思维，他们在猜测的过程中为了找到正确答案，探求欲也被激起，不论是猜对的同学还是猜错的同学，都热情高涨，活跃了课堂气氛。

（3）游戏导入式

所谓"游戏导入式"即采用游戏的方法活跃课堂气氛，体验所学内容。例如，教学统编版小学语文教材二年级上册的《拍手歌》，就可以由孩子们常玩的拍手游戏导入。

（4）悬念导入式

所谓"悬念导入式"指教学中创设带有悬念的情境，给学生造成一种神秘感，从而激起学生的好奇心和求知欲的一种导入方法。悬念总是出乎人们意料，或展示矛盾，或使人困惑，常能造成学生心理上的焦虑、渴望和兴奋，想尽快知道究竟。格式塔心理学派认为，人们通过感官知觉得到的是一个个"完形"，当人们观看到一个不规则、不完满的形状时，就会产生一种内在的紧张力，这种力迫使大脑皮层紧张地活动，以填补"缺陷"，能给人以意觉上的不完满感。因此，在导语中巧设悬念，就能引起学生大脑皮层紧张的活动，激起求知的渴望。语文特级教师孙双金在执教李白的《赠汪伦》时，就先给学生讲述了一个布满疑团的故事。

师：李白是我国唐代的大诗人，可是他上过一次当，受过一次骗。（悬念已成）

生：上的什么当？他还会受骗吗？

师：这个让他上当的就是汪伦。（同学们面面相觑，悬念更悬）

师：汪伦是安徽泾县的一位隐者，他非常喜欢李白的诗，崇拜李白的为人，知道李白爱饮酒，"李白斗酒诗百篇"，还了解李白"三山五岳寻芳遍，一生爱把名山游"，于是写信给李白，信中说："先生好游乎？此地有千里桃花。先生好酒乎？此地有万家酒店。"（板书：桃花、万）

师：李白和汪伦素不相识，接信后，连忙赶到汪伦那里，汪伦解释道："桃花者，潭水名也，并没有桃花；万家者，店主人姓万，并没有一万家酒店。"（教师在黑板上"桃花"后加一"潭"字，在"万"前加一"姓"字，这里就反转突变了。）

师：后来，李白与汪伦谈论得很投机，李白离开时，汪伦送了马和布，还同村里人一同送行，李白很受感动，就写了这首诗。诗末说："桃花潭水深千尺，不及汪伦送我情。"李白要是不上当，就没有这首好诗了。

创设悬念要恰当适度，应结合教学内容及学生的心理承受能力而设置，不悬则无念可思，太悬则望而不思。只有巧妙而适度地创设悬念，才能使学生积极动脑、动手、动口，去思、去探、去说，从而进入良好的学习情境。

---

① 谜语导入［EB/OL］.https://wenku.baidu.com/view/a0bf612c77232f60dccca151.html.（2015-04-21）［2021-07-10］.

4. 引用导入法

所谓"引用导入法"即运用诗文、格言、警句等，结合教学内容设计导语，不仅能使学生受到启迪，而且可以使该知识得到强化。如习作课可这样开讲：伟大的生物学家巴甫洛夫的座右铭是："观察，观察，再观察！"仔细观察也是习作的前提。因为只有细致观察才能有所发现，有物可写，有景可描。请同学们仔细观察校园景色，然后以"春天的校园"为题写一篇作文，注意突出校园春天景色的特点。

借此引彼，以巴甫洛夫的座右铭导入作文教学，不仅能够突出观察的作用，而且可以提高学生的学习兴趣，还会使学生时刻牢记这一知识点，为知识再现起到积极作用。

另外，常见的还有板书导入法和随机导入法。前者指教师通过富有表现力的板书来使学生集中注意，主要通过变化字体、字的大小、字的颜色、书写顺序、板书格式以及故意写错别字等进行。后者是灵活地运用课堂情景，巧妙地联系所要讲授的内容，相机行事，随机导入式课堂可能取得意料不到的效果。

> **请你来做**
>
> 请自选几篇课文，利用上文介绍的方法，设计导入语，并尝试进行教学模拟。

要点提示

好的课堂导入是打开学生求知大门的钥匙。教师应依据课文特点、教学目标以及学生实际来选择有效的导入法。还应因课制宜，善于将各种方法整合在一起运用，才容易发挥导入的功能，取得事半功倍的效果。

一、准确解读教学内容，依据内容需要设计导入环节

准确解读教学内容，依据内容需要设计导入环节就是要注意从课文差异入手，选择恰当的导入方法。例如：写景状物的文章比较容易引起孩子的共鸣，因为生活就是他们的学习素材，大自然就是他们的文本材料，从生活入手，可以激起学生学习的最大动力。

二、把握教学对象自身的认知特点，按照学生的学习需要导入

一、二年级学生的思维以具体形象为主，当理解抽象问题时会有认知障碍，解决这一矛盾的方法是加强直观教学，常选用低年级儿童喜闻乐见的间接导入的方法。三、四年级学生的思维方式仍以具体形象思维为主，但开始逐渐向抽象思维延伸，常采用间接导入为主、直接导入为辅的方法。五、六年级学生的知识积累与生活阅历已经丰富起来了，且逐渐形成了抽象思维能力，常采用直接导入的方法。

三、注重多种导入方法的综合运用

课堂导入设计往往不是以单一形式出现的，而是多种导入方式的综合运用。这种灵活组合的方式更能发挥导入的功能，更容易调动学生的多种感官，引发情感共鸣，诱发学习动机。

四、注意把握导入时间

导入用时应以分、秒计，严格控制导入过程的每一个环节。导入方式要短小精悍，不可拖沓，一般导入时间以2—3分钟为宜。时间过长会喧宾夺主，不利于教学任务的完成。

著名特级教师于漪曾说过："课的第一锤要敲在学生的心灵上，激发起他们思维的火花，或像磁石一样把学生牢牢地吸引住。"可见，精彩的导入既能使学生情趣盎然，又可激起强烈的求知欲望，是课堂教学的"第一锤"。只要施教者清晰、熟络地掌握制约语文课堂教学导入的多种因素，瞄准教材的重点、难点，依据学生的心理特点与教学内容，灵活设计，巧妙运用，这个教学的"第一锤"就会"敲"在学生心灵上，迸发出迷人的火花。

学与做　　技巧提炼与实训

- 请结合自己课堂教学导入的经验和本章内容，总结出你所认为的比较有效的课堂导入技能。

- 请思考：特级教师于永正在统编版小学语文教材三年级下册《荷花》一课的导入中用了几种方法？它们是怎样结合在一起使用的？

师：今天在这里给大家上课，希望你们能喜欢。上课前，给大家介绍个人物。

出示课件：

> 叶圣陶（1894—1988），又名叶绍钧，江苏苏州人。现代著名作家、儿童文学家、教育家、出版家和社会活动家。他写过许多小说、童话、散文和教育方面的著作。

师：谁的数学学得好？算一下叶圣陶先生活了多大年纪？

生：94岁。

师：是的，他活了94岁，高寿。他是我国著名的作家、教育家、出版家和社会活动家。叶圣陶先生的散文风格和特点是什么呢？

出示课件：

他的散文描写细腻逼真，感情朴实，意味隽永，语言洁净。

师：今天我们学习一篇课文。大家把右手抬起来，我们一起来板书。（板书：荷花）

师：看我写个名字。（在"荷花"左下方写"叶圣陶"）当我在课题后面写下这个名字的时候，你看出了什么？

生：这篇文章是叶圣陶写的。

师：对。当你知道这篇课文是他写的，你心里会怎样想？即使你没有读过这篇课文。

生：课文一定很美。

生：课文一定写得流畅，语言很好，很洁净。

师：究竟好不好呢？请你们读书，认真仔细地读。过去的人啊，把读书叫"煮书"。（板书：煮书）饭可以煮，肉可以煮，怎么书也可以煮呢？

生：就是叫我们多读，反复读。

师：多读，读熟，就像煮肉一样，熟了就有味道了。（板书：读熟）读得不满意的句子、段落要反复练。下面开始读书。

• 请针对统编版小学语文教材五年级下册的《祖父的园子》设计导入语，要求至少使用三种导入方式。设计时，注意结合"讲与议"部分的内容。

第六章
课堂讲授技能

想与说　讲授法落伍了吗

▶ 弗兰德斯在大量课堂观察及研究的基础上,提出了"三分之二律",即课堂时间的三分之二用于讲话——教师讲话,教师讲话时间的三分之二是向学生讲话而不是与学生对话。结合当前语文核心素养的培养,谈谈你对"三分之二律"的看法。

▶ 教学方法自身本没有优劣之分,只存在使用恰当与否之别。但随着信息技术的爆发,讲授法似乎越来越不受待见,仿佛它就是落后教学法的代名词,对于这一点,你怎么看?

▶ 请以一篇课文为例,说说自己是怎样运用讲授法进行教学的。

四 读与评　"下水"教案的评析

▶ 下面是南京晓庄学院王宗海老师对统编版小学语文教材五年级上册课文《山居秋暝》所做的"下水"教学设计，请先认真阅读。

《山居秋暝》教学设计

【教学目标】

1. 会读律诗，背诵课文。
2. 理解《山居秋暝》的诗意，在反复诵读和知人论世中体悟诗情。
3. 有感情地诵读课文，读出律诗的节奏美、韵律美与情感美。

【教学重点】

1. 学习诵读律诗的方法。
2. 体悟《山居秋暝》的诗情。

【教学难点】

体悟诗情，读雅律诗。

【教学过程】

一、导入语

1. 出示《红楼梦》香菱学诗的片段。老师读，问学生听出了关于王维律诗的什么信息。

黛玉道:"你只听我说,你若真心要学,我这里有《王摩诘全集》,你且把他的五言律读一百首,细心揣摩透熟了,然后再读一二百首老杜的七言律,次再李青莲的七言绝句读一二百首。"

香菱笑道:"据我看来,诗的好处,有口里说不出来的意思,想去却是逼真的。有似乎无理的,想去竟是有理有情的。"黛玉笑道:"这话有了些意思,但不知你从何处见得?"香菱笑道:"我看他《塞上》一首,那一联云:'大漠孤烟直,长河落日圆。'想来烟如何直?日自然是圆的,这'直'字似无理,'圆'字似太俗。合上书一想,倒像是见了这景的。若说再找两个字换这两个,竟再找不出两个字来。"

2. 板书:山居秋暝,强调"暝"的读音和意思。

二、山水律:读诗文

1. 读对字音。

师读题目和作者,指名一生读诗文。

2. 读对停顿。

山居秋暝

[唐]王维

空山／新雨后,／／天气／晚来秋。／／／

明月／松间照,／／清泉／石上流。／／／

竹喧／归浣女,／／莲动／下渔舟。／／／／

随意／春芳歇,／／王孙／自可留。

绝句是一句一行,为何本文律诗两句一行?(一行是一联:首联、颔联、颈联、尾联)那么联与联之间的停顿自然要长,我们可叫它"长顿",约停三拍;其中,第三联是转,要翻出新意,因此与尾联之间的停顿要更长些,揣摩更久些,约四拍;每一联上下句之间,叫"中顿",约停二拍;而句内停顿,五言一般是二三拍,叫"短顿",约停一拍。

3. 读对韵脚、收束。

4. 读对节奏韵律。

出示知识支架:山水诗·山水律。

王维,山水田园诗派的最高峰,与孟浩然合称"王孟"。精通音律,尤擅弹琵琶。据说,721年,经岐王引荐,为公主弹奏一曲《郁轮袍》,"声调哀切,满座动容"。当年中进士,任太乐丞。故其一首首山水诗,也是一曲曲山水律。

5. 去掉诵读符号,出示课文,指名配乐诵读,要求读出节奏、读出韵律,读成一曲山水音。

三、山水诗：明诗意

（一）结合材料，理解诗意

1. 知识支架：山，终南山，终南捷径典故。两种人隐居，一是自抬身价，二是官场失意。

（这个知识点有助于理解下面这首诗的主题，即通过写失志归隐，抒发陶醉自然、贬斥功名之心。这种归隐之情吻合《山居秋暝》。）

> 送别
> ［唐］王维
> 下马饮君酒，问君何所之？
> 君言不得意，归卧南山陲。
> 但去莫复问，白云无尽时。

2. 知识支架：王孙贵族子弟，不同诗境中具体有所指。

（该知识点是为了说明同一个词在不同语境中的含义不同，此诗中"王孙"的具体所指，非贵族子弟，实指送别的友人；《山居秋暝》中的"王孙"是指作者本人。）

> 山中送别
> ［唐］王维
> 山中相送罢，日暮掩柴扉。
> 春草明年绿，王孙归不归？

3. 知识支架："王孙兮归来，山中兮不可久留。"

（这句出自《楚辞·招隐士》，《山中送别》化用典故，但化得自然贴切，使该诗表达的情感更丰富。）诗歌最后一句反用其意。（板书：留？）

（二）结合首尾，理解诗意

1. 先默读全诗，再结合首尾联，概括这首诗写了什么景，抒了什么情？

通过描绘初秋傍晚山中雨后的景色，表达了诗人对山水田园风光留恋的情感。

2. 知识支架：终南别业。

> 终南别业
> ［唐］王维
> 中岁颇好道，晚家南山陲。
> 兴来每独往，胜事空自知。
> 行到水穷处，坐看云起时。
> 偶然值林叟，谈笑无还期。

（三）结合诵读，理解诗意

为什么要留呢？让我们再一次漫溯诗中，去诵读探秘吧！

四、山水画：悟诗情

知识支架：王维精通绘画，被尊为"南宗山水画的鼻祖"，苏轼曾说："味摩诘之诗，诗中有画。"因此，山居秋暝诗，也是一幅山居秋暝图。

（一）首联

1. "空山新雨后，天气晚来秋。"这幅山居秋暝图，首联描绘的是近景还是远景？自己诵读，想想画意。（空山、雨后、初秋、傍晚）

2. 王维诗中常见"空"字。（板书：空）"空山不见人，但闻人语响。"（王维《鹿柴》）"人闲桂花落，夜静春山空。"（王维《鸟鸣涧》）这里的"空"是什么意思？（山的空寂）山真的空吗？［泉流、竹喧、莲动，意在追求"蝉噪林愈静，鸟鸣山更幽"。（王籍《入若耶溪》）的艺术效果。这叫以动衬静，动静结合。］

3. 这里的"秋"是指？（板书：秋）仅仅是为点明季节吗？

4. 王国维"一切景语皆情语"，这个画意背后是什么诗情呢？

（1）知识支架：笃信佛教，其名维，字摩诘，源自佛家《维摩诘经》，维摩诘是佛教中在家菩萨，以洁净著称。《旧唐书》记载："退朝之后，焚香独坐，以禅颂为事。晚年唯好静，万事不关心。"（王维《酬张少府》）诗风禅意融融，着墨无多，却高远空灵。

（2）"空"：空寂——内心空静、淡定。"我心素已闲，清川澹如此。"（王维《清溪》）

（3）"秋"：凉，画面冷并不暖，心淡了，冷了。"而今识尽愁滋味，欲说还休。欲说还休，却道天凉好个秋。"（辛弃疾《丑奴儿·书博山道中壁》）

5. 师生情景交融、画意诗情融为一体，诵读首联。

（二）颔联

1. 我们再看这幅画的第一个近景："明月松间照，清泉石上流。"（板书：照　流）

2. 边诵读边想象，同学之间互相描述一下你看到的景色。（空山新雨，皓月当空，月光静静地泻在这一片青青的松林间，有如白乳洗过一般；清泉潺潺，静静地滑过山石的脊背，有如白练，闪着粼粼的波光。）（同学推荐描述得好的进行展示）

3. 终南山秀色可餐，山有许多景色可写，为何着力在"青松""清泉"上？"松风吹解带，山月照弹琴。"（王维《酬张少府》）"息阴无恶木，饮水必清源。"（王维《济上四贤咏》）（托物自比，以明心志高洁）

4. 知识支架："宁息野树林，宁饮涧水流，不用坐梁肉，崎岖见王侯。"（不愿意为了荣华富贵，而卑躬屈膝巴结王侯）（王维《献始兴公》）随意洒脱，毫不着力，画意高远，再读"明月松间照，清泉石上流"。

5. 山中月明景丽/洁身自好，而朝堂黑暗污浊；故诗人悠悠吟出："随意春芳歇，王孙自可留。"

（三）颈联

1. 再看这幅画的第二个近景："竹喧归浣女，莲动下渔舟。"（板书：喧　动）

2. 边诵读边想象，同学之间互相描述一下你看到的景色。（竹林里，隐隐传来一阵阵歌声笑语，必是天真无邪的浣女们归来了；亭亭玉立的荷叶纷纷向两旁披分，掀翻了无数珍珠般晶莹的水珠，必是顺流而下的渔舟，划破了荷塘月色的宁静。）

青松明月之下，在这翠竹青莲之中，"竹喧""莲动"细极！静极！

山中无忧无虑/随意洒脱/无拘无束，而朝堂拘束庄肃/礼制森严/尔虞我诈/步步惊心；故诗人悠悠吟出："随意春芳歇，王孙自可留。"

（四）尾联

1. 齐读："随意春芳歇，王孙自可留。"诗人为何说"自可留"，现在体会到了吗？

2. 知识支架：出身名门，少有才名，21岁中进士，官终右丞，是典型的王孙。早年有抱负，有雄心。张九龄被唐玄宗罢相后，朝政落到奸相李林甫手中，忠直之士被排挤打压。他未受迫害，还升了官，不愿同流合污，又无能为力，内心苦闷、纠结，故半官半隐。"自顾无长策，空知返旧林。"（王维《酬张少府》）但又言："深林人不知，明月来相照。"（王维《竹里馆》）望有人知。

3. 师读上句，生读下句；一起读尾联。

五、山水韵：读诗文

1. 配乐读，自读、推荐读、教师参与读，读出节奏韵律、读出画意诗情。

2. 配乐朗诵，全班一起，不强求整齐划一。

六、板书设计

　　　　　　　空　秋

　　留？　　　照　流

　　　　　　　喧　动

● 结合上面的教学设计，找出教师讲授的部分，说说每一个环节的讲授是如何设计的。

- 如果让你来上这首诗，你将会采取怎样的思路，又会如何设计每一个环节的讲授?

讲与议　　讲授的理解与运用

=== 理论总述 ===

一、课堂讲授的意涵

作为教学中最古老、最基本、最常见的教学方法，讲授法为教师的传道、授业、解惑做出了重大贡献，即便是在今天的语文课堂上，它仍然是使用最频繁、最普遍的教学方法。

简单说来，课堂讲授是课堂教学中教师运用口头言语和一定辅助手段（如体态语、黑板、多媒体等）向学生呈现、说明和解释所学内容，以帮助学生正确理解的教学行为。它包括讲述法、讲解法、串讲法、评析法等[1]。小学语文教学中教师导入课题、布置教学任务、引导深入学习、讲解重难点、答疑解惑、总结提升等都离不开讲授。

从信息传播方面看，讲授具有单向性的特点，不要求学生有对应的互动行为。因此，具有省时省力、方便快捷、经济有效的优势，但容易造成学生被动学习的局面。

表6-1　讲授的优势与劣势[2]

优　势	劣　势
1. 它是陈述一种解释的便捷方法	1. 学生理解与否得不到反馈
2. 它能按学生的恰当水平来进行，而且内容适合学生的需求	2. 陈述的信息稍纵即逝，必须在理解和记忆后才便于运用
3. 它能鼓舞和激励学生	3. 教师必须与整个班级的步调一致
4. 对有经验的教师来说，它只要简单的准备和少量的资料	4. 缺乏经验的教师往往会快速陈述材料
5. 它是一种快速呈现材料的方式	5. 它可能会令人厌烦
6. 它是一种比书面表达更个性化的交流方法	6. 没有学生的积极参与
	7. 学生的注意范围比其他学习方式要窄
	8. 它假设学生会赞同
	9. 学生没有机会利用已掌握的知识

---

[1] 徐林祥，等.小学语文课堂教学技能训练［M］.北京：语文出版社，2000：56.
[2] G. Petty. *Teaching today*（4th）［M］. Nelson Thomes, 2009：126.

教师的讲解主要向学生说明"是什么、怎么做、为什么"。目的如叶圣陶说的"所谓讲，应当理解为给学生以指点和引导，使学生逐步达到能自己阅读"。因此，讲授"可以帮助学生释疑，可以帮助学生加深记忆，可以帮助学生形成动作图式，从而促进学生技能的形成，促进学生发现学习材料的内在的逻辑联系以加深理解"[①]，最终达到不需要讲而能自学的境地。

二、影响课堂讲授的主要因素[②]

（一）口头言语的外在形式：语调、语音、语速

研究显示，教师讲述时语调过低或过高、音量过大或过小、语速过快或过慢、没有明显的语气特征等都会降低学生听讲的注意度。

语速指单位时间内所发出音节的多少。希勒等人研究发现，教师语言的流畅性与学生的成绩之间存在显著的正相关关系。语速过快或过慢都不利于学生成绩的提高。过快容易让学生产生紧张感、压迫感，来不及对信息进行加工；过慢，则容易分散学生的注意力。

（二）用词是否恰当

1. 用词的精确性与模糊性

有人总结了教师用词模糊度与学生成绩高低之间关系的五项相关研究和五项实验研究，发现其中八项显示两者之间存在显著相关，显著性水平在0.05—0.001之间。说明用词精确与否直接影响学生的学习成绩。

表6-2　模糊用词的种类和例词

类　　别	例　　词
1. 指称不明	1. 所有这些，某地
2. 否定性强调	2. 不很多，不十分
3. 接近	3. 大约，有点，某种程度，差不多，大体上
4. "蒙混过关"和转折	4. 无论如何，当然，实际上，等等，实质上
5. 认错	5. 对不起，抱歉，我不能肯定，原谅我
6. 模糊限定	6. 一些，几个，一群
7. 多重性	7. 许多种，许多类
8. 可能性	8. 也许，可能，大概
9. 或然性	9. 一般，有时，经常，通常

---

① 肖川北.让教师的讲解扮靓课堂[J].语文教学通讯，2008（7）：1.
② 崔允漷.有效教学[M].上海：华东师范大学出版社，2009：140—143.

2. 专业术语使用的时机

学生在刚接触专业术语时，教师可适当运用该术语的日常生活词汇、俗称来解释，以帮助学生学习和理解该术语。但对掌握了的术语，教师使用非专业术语则会失去所教学科知识的严谨性和严肃性，甚至令学生产生错误的理解。

（三）讲述内容的组织性和逻辑性

信息加工理论认为，人的信息加工能力是有限的，如果教师向学生呈现的内容线索不明而且信息量超过学生短时记忆的限度，学生就会只加工其中的部分信息，而忽略其他信息。倘若教师精心组织新信息，合理安排呈现的顺序和步骤，学生则倾向于依次对信息做加工处理，而不会漏掉其中的某一部分。

另外，学生的知识水平和接受能力、教师的准备程度和表达水平、教学内容的特点等也都会对讲授的效果产生影响。

三、课堂讲授的原则

（一）适应性原则

适应性原则主要表现在三个方面：一是在把握课文情感基调的基础上，要从自己的讲授风格入手进行讲授。二是讲授应适应学生的接受水平以及心理和生理特点，符合其在特定教学情境中的状态。讲授应与学生的经验世界（知识的、生活的、情感的）发生联系，否则就可能变成自言自语。三是应契合教学内容的特性。例如，一般认为，串讲法比较适合于文言文，但是特级教师黄玉峰把串讲法运用于散文《世界上最美丽的坟墓》的教学中，原因在于"像《世界上最美丽的坟墓》这样的散文，是供读的，而且只能由对文本有切身感受的人来朗读；教《世界上最美丽的坟墓》这样的散文，是必须讲的，而且只能由对文本有深刻理解的人来串讲"，因为这样的散文是"超越了常人思想极限、突破到常人感官和情感无法抵达之深邃处"，"洒脱到极致、行文'全无章法'因而更像散文"[①]。

（二）准确性原则

准确性原则主要表现在两个方面：一是讲授内容应真切、正确。小学生心智等发展还不成熟，向师性强，错误的讲授可能会在他们的认知结构中停留很长一段时间，不利于他们的发展。例如，有老师讲解为什么叫"落花生"时这样说："花生是花落以后，就是花生的花落了以后才生果，所以管它叫'落花生'。"而事实上花生之所以叫作"落花生"，是因为其开过花的枝（即子房柄）要钻入土里才结出果实。二是言语表达应规范、准确，教

---

① 王荣生.听王荣生教授评课[M].上海：华东师范大学出版社，2007：174.

学口语应用普通话，在发音、用词、语法、修辞的运用上要规范、准确、有感染力。

（三）系统性原则

教师的讲解应是具有内在逻辑、层次和体系的，不是"逐句逐句地翻，把文言翻成白话，把白话翻译成另一种白话"（叶圣陶语）。即不是无系统的囫囵的讲，也不是零零碎碎的、凌杂的讲。在一节课里，要讲的内容多且杂，对这些内容的讲解须分清主次，明确它们之间的联系，建立内在的意义系统。

（四）启发性原则

启发性原则要求教师的讲授应具有启发、引导的作用，教师要善于通过讲授启发学生认清学习目标，诱导学生感知形象、深入思考，启迪学生的感悟与审美，丰富他们的思想感情。

（五）适度性原则

讲授要有度，我们提倡的精讲多练，就是度上的要求。即使是一些经验丰富、成绩卓越的教师也会有抑制不住的情感和思想诉求，但"太满了，想把自己想到的都告诉学生，反而使学生少了思考的空间"，"过多的主题（有限的时间与有限的学生认知能力都是多元解读的边界），过急的转换，学生缺乏必要的个人的充分体验（无论是困惑前还是对困惑本身），使得教师的深度的文本解读，却可能造成了相当一部分学生在课堂上体验与理解的浮光掠影"[1]。由此可见，对讲授的度的把握既是一种理性的克制，又是讲授艺术的表现。

（六）艺术性原则

这里的艺术性原则侧重于讲授语言，应符合三个层次的要求：一是要简练，要通俗易懂；二是要抑扬顿挫，具有表现力；三是要有感情，富于感染力。

四、课堂讲授的误解

新教学理念的发展，冲击着古老的讲授法，由于人们一时难以对其应用进行准确定位，因此或显或隐地存在误解。

（一）讲授法不利于学生自主学习

新课程强调"自主、合作、探究"学习方式的必要性，其中，自主学习是指学生在学

---

[1] 郭初阳.言说抵抗沉默——郭初阳课堂实录[M].上海：华东师范大学出版社，2006：106.

习过程中能够"自我导向、自我激励和自我监督"的一种高品质学习，但"自主学习"不是"独自学习"，老师的讲授不是对学生自主学习权利的剥夺。小学生知识积累少、思维水平低、情感价值观还不成熟，假使缺少教师的讲授、引导，那么"自主、合作、探究"不是停留在浅层次、低水平上，就是流于貌似热闹的"放羊"式学习中。

（二）讲授法与对话对立

传统语文教学中的讲授的确容易使教师陷入"独语"的尴尬境地（"忠诚于学科，却背弃学生；进行表演，却没有观众；体现权利，却忘却民主；追求效率，却忘记意义"）。2011年版课标要求："语文教学应在师生平等对话的过程中进行"，"阅读教学是学生、教师、教科书编者、文本之间对话的过程"。强调"对话"，有利于清除"独语"的积弊。然而，这场"对话"的革命很快演化为对"讲授"的革命，似乎"讲解"天然地与"对话"为敌，于是，抑讲解，扬提问，扬讨论。

从表层来看，讲授看似是教师讲学生听，学生处在"静听"状态，实则学生有着丰富的、积极的心理过程。哲学家马丁·布伯强调，真正的对话是"从一个开放心灵者看到另一个开放心灵者之话语"，是人与人之间在彼此平等、彼此倾听、彼此接纳、彼此敞开的基础上达成的双方视野的交融，是一种致力于相互理解、相互合作、相互激发、共同创造的精神或意识[①]。这样一种对话可以是"实际意义"上的行为方式和效果，也可以是"隐喻意义"上的精神与品质。因此，即便是讲授，只要具有对话的精神和品质，讲授也是一种对话，而非独语。这就是为什么于漪老师在《往事依依》中写道："老师入情入理的讲课也在我心上雕镂下深刻的印象，培养了我课外阅读的兴趣。"因为在这个过程中发生着"隐喻意义"层面的对话——"那深深感动的神情凝注在眼睛里。这种感情传染了整个教室，一堂鸦雀无声，大家都被深深感动了。"这种隐喻意义上的对话，有时候会比实际意义上的对话来得更深刻。

当我们放弃对"对话"的狭隘理解，便可以洞察"讲授"并非天然与"对话"对立，它可以丰富学生的认知、开启学生的思维、唤醒学生的体验、感染学生的情感，这与师生平等对话过程中的精神实质与理论追求是相契合的。

各抒己见

有人认为，有效的课堂教授也是一种独白式的课堂对话。你如何看待这一观点？

---

① 龙敏，肖中.对话理论视野下讲解行为观的新认[J].现代中小学教育，2006（04）：13—15.

技能概观

一、课堂讲授的准备技能

在新课程场域中,讲授不仅仍可以传授知识,更可以帮助学生提升语文素养,这就与传统教学场域中的讲授有了本质的区别。也就是说,传统教学中的"讲"主要是为了"授"知,现代教学中的"讲"主要是为了"授"法。因此,讲授法的采用必须要经过精心构思:为什么要讲?什么是要讲的?什么是留着不要讲完的?什么不能讲?怎样讲才能达到最佳效果?至于注意问题,苏霍姆林斯基说得十分清楚:"在这里,没有任何适用于一切场合的现成方案。一切都取决于具体教材的内容和学生现有的实际知识。同样的教材,在这个班里在这一点上不要讲完,而在另一个班里,却要在另一点上有所保留。"[①]

因此,应做好三方面的准备:一是教师要深入研读课文,搞清要呈现的内容、要补充的内容、要解释的内容、要留白的内容等,将教材文本转化为加工了的、个性化的教师文本。二是教师要了解学生的学习基础,把握学生、教师、教科书编者、文本之间在对话过程中可能存在的困难、困惑或误区,对此再细致思考讲授什么、怎么讲授等问题。唯其如此,讲授才能切中肯綮,一语中的。三是要注意如何表达才能顺利地将自己的教学语言转化为学生可接受的学习语言。尤其是小学生的话语体系和教师的话语体系差异较大,一些师范生或新手教师容易在准备时忽视这一点,常造成言语隔断现象,致使讲课节奏不够流畅。

二、课堂讲授的时机和内容把握技能

讲授的时机和内容是密切相连的,该讲之时即该讲之处。对此,前贤多有表述,孔子曰:"不愤不启,不悱不发。"宋代朱熹解释:"愤者,心求通而未得之状也;悱者,口欲言而未能之貌也。"就是说,只有当学生对问题心里急于弄清而又无从着手,嘴里想说而又无从谈起的时候,教师才能对他进行启发,解开关键点。也正如叶圣陶所说:"语文老师不是只给学生讲书的。语文老师是引导学生看书读书的。一篇文章,学生也能粗略地看懂,可是深奥些的地方、隐藏在字面背后的意义,他们就未必能够领会,教师就必须在这些方面给学生指点一下,只要三言两语,不要啰啰嗦嗦,能使他们开窍就行。教师经常这样做,学生看书读书的能力自然提高。"[②]

(一)疑惑时,剖疑解难

由于小学生理解水平的有限性和差异性,其在与文本对话的时候或多或少会遇到问题。当其百思不得其解的时候,教师就有必要进行讲解。例如,统编版小学语文教材六年

---

① B·A·苏霍姆林斯基.给教师的建议[M].杜殿坤,译.北京:教育科学出版社,2004:26.
② 叶圣陶.叶圣陶教育文集(第三卷)[M].北京:人民教育出版社,1994:518.

级上册的略读课文《我的伯父鲁迅先生》中的片段。

"可是到了后来，碰了几次壁，把鼻子碰扁了。"

"碰壁？"我说，"您怎么会碰壁呢？是不是您走路不小心？"

"你想，四周黑洞洞的，还不容易碰壁吗？"

"哦！"我恍然大悟，"墙壁当然比鼻子硬得多了，怪不得您把鼻子碰扁了。"

在座的人都哈哈大笑起来。

学生读了这一片段，也和文中的"我"一样，不太理解"碰壁"的言外之意，不太理解"我"的恍然大悟为何会让在座的人哈哈大笑。这时，就需要结合当时"四周黑洞洞的"现实与鲁迅先生"碰壁"的经历，运用讲授法为学生解惑。

> **请你参考**
>
> 现在，譬如说，学生的思想里产生了疑问。于是我就进一步努力做到，从学生以前在生物课上、在阅读书籍的过程中以及在劳动过程中所掌握的知识的全部储备里，把解决面临的疑问所需要的那些知识都抽取出来。这种通过抽取已有的知识来解决疑问的办法，就是获取知识。在这里，不一定要把学生一个接一个地喊起来回答问题，听他们说些什么，然后从他们零散的回答里凑成一个总的答案。这样的做法只能造成表面上的积极性，而不一定能调动每一个学生的真正的思维积极性；有些学生在思考和回答问题，而另一些只是在旁听。而我需要的是要使所有的学生都进行思考，进行紧张的脑力活动。因此我常常用这样的做法：一旦引起学生的疑问之后，我就自己来讲解教材，而不喊学生起来回答一些个别的、零碎的小问题。为了使学生从思考中获取知识，教师必须对学生的知识有充分的了解。可能一个学生记住了所学的东西，而另一个学生却有所遗忘。在这种情况下，我就得充当学生脑力劳动的指导员，使每一个学生在听我的讲解时，都能按照他自己的路子，从意识的仓库里把所储存的东西抽取出来；而如果在意识的仓库里的某个地方正好是个空白，如果有些人的思路在某处断了线，那我就得补充讲解，填补这个空白，克服思路脱节的现象。但这一点也是需要有高度的技巧和艺术的。我努力寻找重复讲解已经学过的教材的最恰当的形式，以便使学得最好的学生也能从中发现某些新东西。凡是学生的知识并没有什么空白和脱节的地方，我就只加以简短的讲解。这里没有那种表面上的积极性，学生们虽然没有开口，没有回答问题，没有相互补充，但这是真正的获取知识。我想，这种获取知识的形式，可以称为学生对自己思想的"回顾"，对自己的知识仓库的"清点"。①

---

① B·A·苏霍姆林斯基.给教师的建议[M].杜殿坤，译.北京：教育科学出版社，2004：26.

（二）肤浅时，启发深入

课文中有些词句看似平淡，却饱含深意。但学生的理解往往浮于表面，难以沉潜，这时需教师通过点拨、讲授，精"敲"细"磨"，引领学生于无声处听惊雷。例如，统编版小学语文教材三年级下册《荷花》的教学片段。[①]

师：你觉得这句话中哪个字写得特别美？

生：我觉得"冒"字写得美，到底美在哪儿，我也说不清楚。

师：说不清楚是正常的，你能觉得"冒"字写得美已经很好了。请大家想一想，"冒"字还可换成别的什么字？（学生分别换成了"长""钻""伸""露""探"……）

师：作者没有用这些词，而用"冒"，肯定有他的用意。自己用心读读前后几句话，体会一下，你觉得怎样的长才可以叫"冒"出来。（生分别说出"使劲地""不停地""生机勃勃地""喜气洋洋地"……）

师：请同学们分别把这些词填到原句中，再来读读、悟悟。（生读）

师：多么可爱的荷花啊！大家看，一个"冒"字，不但把白荷花写活了，而且使白荷花变得更美了，可见，作者观察入微、用词精妙、刻画入神……

课例中，这个"冒"字乍看不起眼，实则饱聚意蕴。如果让学生自己揣摩，也能大致意会其妙处，却不好言传。这时，老师先通过引导学生换词比较，再适时点拨、讲授，可谓"拨云见日"，不仅引领学生感受到了语言之美、意境之美，而且深刻感悟到了用词之妙。同时，在换词比较运用的过程中，学生还学得了品析关键词的方法。

（三）争议时，明辨是非

阅读教学"提倡多角度的、有创意的阅读"，使语文课堂经常处于争议的态势之中。当小学生就某一问题产生激烈争论、观点不一，甚至大相径庭、期待教师明辨是非时，如果教师经常给予"你们说的都有一定的道理"之类的模糊结论，学生对问题的认识和理解状态有没有变化呢？显然没有。[②]这时教师可以通过讲解，包括追源探流、去伪存真、总结方法、辨析观点、引导反思等方法，将学生对问题的追索导向广阔和深入。例如，语文特级教师刘志春执教的统编小学语文教材五年级上册《将相和》的教学片段。

师：刚才同学们说了这么多。我们回到刚才一位同学提的问题，也就是蔺相如在准备撞柱的时候，难道他就不怕秦王真的逼他撞吗？如果秦王真的逼他撞，蔺相如会怎么做呢？

生1：我想秦王是不会让蔺相如撞柱的。从"秦王双手捧住璧，一边看一边称赞"一句看，蔺相如正是抓住了秦王爱璧的心理，才会这样要挟秦王的。

---

① 伏继东.小学语文阅读教学不能没有"讲"[J].教育革新，2008（11）：63—64.
② 高微拉.略谈探究性阅读活动中的"自主"问题与对策[J].语文教学通讯，2004（25）：37—38.

生2：我不同意这位同学的说法，因为我看了《上下五千年》，从这本书中我知道了：秦王他本来也不诚心用这十五座城去换和氏璧，不过想借这件事试探一下赵国的态度和力量，所以我认为秦王很有可能让他去撞柱。

师：这位同学研究得比较深嘛！但是我要提醒你一点，在这篇课文当中秦王不是诚心用城换璧，但他是不是想要呢？请思考。其他同学继续。

生3：秦王肯定不会让蔺相如撞柱。因为秦王很喜欢这块价值连城的宝玉，不会轻易就毁掉它。而且秦王用十五座城换璧不是诚心诚意，只是想骗取和氏璧罢了。如果让蔺相如撞死在秦国，别人就会说秦王因为没有得到和氏璧而逼死赵国的使臣，到时秦王就会没有面子，所以秦王不会逼他撞柱。

师：你说秦王很喜欢这块璧，是从哪里看出来的？

生3：我是从这一句看出来的："秦王双手捧住璧，一边看一边称赞，绝口不提十五座城的事。"

师：你看，有根有据嘛！

生4：我觉得秦王是有可能让蔺相如撞柱的。因为他说不定突然大脑少了哪根筋，让蔺相如撞璧，（笑声）那蔺相如除了撞柱，又能怎么样呢？

师：秦王大脑少了哪根筋，这个好像也无从考证吧，课文当中也没有说对吧？

……

师：好了，同学们谈了自己的观点，我请大家思考一下：在秦王的眼里如果有一个天平，一边是蔺相如的脑袋，一边是和氏璧，谁重？围绕这个问题大家去思考，是不是会更好一些，当然，这个问题是没有什么正确答案的。

这里，刘老师尽管没有就上面的讨论得出结论，没有给出自己的明确观点，但是却由问题启发学生进一步思考，其实刘老师的观点已巧妙地隐含在自己的最后总结中，含而不露，这就给学生的继续思考指明了方向。

（四）偏颇时，引导纠正

当学生对内容的理解出现错误，对主题思想的把握不准，尤其是价值判断出现偏颇时，需要教师通过讲授纠正引导。以统编版小学语文教材四年级上册《麻雀》的教学片段为例[1]。

师：学了《麻雀》后，你有什么想说的？

生1：我觉得小麻雀很可怜，猎狗很凶猛，老麻雀真勇敢。（掌声）

生2：老麻雀伟大的母爱打动了我，妈妈就像老麻雀，我以后要孝敬妈妈。（掌声）

---

[1] 周正华."干旱缺水"与"洪水泛滥"——浅谈阅读教学中讲解的偏差及矫正[J].新课程研究（基础教育），2006（05）：28，30—31.

生3：老麻雀自不量力，明知自己不是猎狗的对手，还要同猎狗搏斗，这不是找死吗？（教室里出现杂音）

生4：我觉得老麻雀很傻，冒着生命危险救小麻雀，也没有使小麻雀获得安全，还不如待在树上，日后再孵出一窝小麻雀来。（教室内稍乱，学生议论纷纷。教师面露窘色，欲"讲"又止）

师：同学们都能从自己的角度，说出自己的看法，想法独特。希望大家今后继续坚持，敢于发表自己的看法。

请你来做

你认为上述教师在此环节最后的总结合适吗？如果不合适，你认为应该怎样做？

（五）疏离时，叙述描摹，引起体验

教师"应引导学生设身处地去感受体验"，"有自己的情感体验和思考"，"获得独到的感受和体验"。然而，小学语文教材中的许多内容源于成人世界，小学生自己不易理解。同时，体验既包含着情感成分，又包含着认知成分，因小学生经验匮乏，不容易将"他的经验"与"我的经验"对接。此时，教师若创设情境，具体描摹，教学效果将远远优于抽象说教。例如，教师指导阅读《十里长街送总理》，台下坐满了听课的老师，为激发学生情感，教师进行了范读，读着读着，教师的眼湿润了，声音哽咽了，不少听课的老师也为之动容，可此时学生看着泪流满面的老师，却疑惑不解，不知所措。不是孩子冷酷无情，而是他们与课文描写的情境距离太远了，课上出现如此局面，责任在教师，她心中装满总理许多感人的事迹，内心充满对总理无限的崇敬，却无法引起学生共鸣。[①]

请你来做

如果要改变这种局面，引起学生的情感共鸣，你认为怎样做才合适？

三、讲授方法的运用技能

（一）叙述式讲授

叙述式讲授是教师用简洁的语言，向学生客观地叙述教学内容的讲授方式。在讲述故

[①] 黄桂林，等.讲解，如何理性地回归[J].江西教育，2006（08）：13—15.

事梗概、生活经验、背景知识、人物关系、学习方法时常用到这种方法。它可以有效地帮助学生丰富感性知识、了解学习内容和学习方法。以语文特级教师孙双金执教的《走近李白》的教学片段为例。

师：你了解李白吗？后人都是怎么称呼李白的呢？

生：称他为"诗仙"！

生："酒仙"。

师：是的，李白不仅是"酒仙"，还是"诗仙"。（板书：李白是仙）我们来看看唐朝另一位诗人是怎么称李白的呢？

（出示杜甫《饮中八仙》）

师：这个"酒仙"称号的由来，还有一个故事：……马上弹起了美妙的曲子，可李隆基并不高兴："陈词滥曲，去，把李太白找来。"只听到高声歌唱，李白已经喝得酩酊大醉。"快，皇上有请。""君自去，我是酒中仙。"把李白扶上马，唐玄宗亲自调了醒酒汤。"拿酒来！我李白斗酒诗百篇……"于是，杜甫根据这个故事创作了《饮中八仙》。

（二）描绘式讲授

描绘式讲授是教师运用生动、鲜明、形象的语言，描摹人物、事件、景物，塑造情境的一种讲授方式。教师在塑造情境、刻画人物、描绘场景、揣摩细节、渲染气氛、表达情感时常常运用描绘式的教授方法。它可以有效地激发学生的形象思维和审美感受，从而具体、细微地感知学习内容。以语文特级教师李吉林执教的统编版小学语文教材一年级上册《小小的船》的教学片段为例。

师：小朋友讲得真好，那你看看这弯弯的月儿，想不想上去？

生：（神往地）想！

师：（描述）如果现在正是夜晚，你坐在院子里抬头看着蓝天，蓝天上有星星又有月亮。你看着这弯弯的月儿，觉得它多像一只小船，你们听着琴声（弹《小小的船》曲子）。

师：你们可以眯眯眼，听着，看哪些小朋友想着好像飞上蓝天，坐在月亮上了。(《小小的船》乐曲在教室里回荡，听着李老师弹的乐曲，小朋友们都入了神，有的果真眯上了眼睛，显得十分甜美。)

师：哪些小朋友觉得自己好像飞上了月亮？

（三）解释式讲授

解释式讲授是运用缜密的语言具体讲解事物、事理的含义及原因等的一种讲授方式。多用于解释字词句的含义、课题的意思、课文中有争议的地方、学生陌生的知识、可能理解不周的教学任务等。以语文特级教师于永正执教的统编版小学语文教材五年级上册《圆明园的毁灭》的教学片段为例。

师：读到第5自然段最恨，请同学们再把第五自然段读一读，把你的恨读出来。

（学生自由读课文第5自然段）

师：请你读第5自然段。（一生站起来读）

师：请坐。看黑板（板书：掠、搬、毁、放火），价值连城的国宝被统统掠走，这个"掠"活化了侵略者的嘴脸，这是第一可恨。第二可恨，人拿不动的就用牲口搬。第三可恨，实在运不走的就任意破坏、毁掉。同学们，任意破坏的是无价之宝呀！最可恨的是，他们企图放火烧毁罪证，罪行是活的东西，销毁得了吗？同学们再看书，这是帝国主义的嘴脸，一齐把最后一段读一读，1860年10月6日——读。（生齐读）

……

师：为什么英法联军毁了一座圆明园，会激起我们那么大的恨？

生：因为它是当时世界上最大的博物馆、艺术馆。

师：书读了一半。

生：因为圆明园不但建筑宏伟，而且收藏着最珍贵的历史文物。（板书：不但 而且）

师：看黑板，这就是第2—4自然段告诉我们的。它不但建筑宏伟，而且是最大的博物馆、艺术馆，收藏着最珍贵的历史文物。所以它毁灭了，使每一个中国人痛心，使每一个中国人都会对英法联军、对当时腐败无能的清政府产生痛恨。读一读，告诉我，课文哪几个部分写了圆明园的建筑宏伟？谁来读？请你读。

（四）说明式讲授

说明式讲授是运用言简意赅的语言，说清事物、说明方法与讲清事理的一种讲授方式，它可以帮助学生更清楚地了解事物与事理。以福州教育学院一附小林莘执教的统编版小学语文教材六年级下册《为人民服务》的教学片段为例。

师：说这篇课文很特别，还特别在它也是主席参加张思德同志追悼会的演讲辞。（板书：演讲辞）（图片演示主席演讲的各种姿态）在半个小时的演讲中，主席没有看稿，却字字珠玑、慷慨激昂、一气呵成。而且，丰富的肢体语言更增添了演讲的感染力。

师：怎样才能学好这篇议论文呢？这里要特别跟大家介绍一个规律，议论文和演讲辞，每一段话都有要说的重点、要点，这些重点、要点大多含在每一段话的开头或者结尾。只要你掌握了这个规律，再难的议论文也会迎刃而解。我现在抽其中的三段请你们来读一读，既想了解你们预习的情况，还想和大家一起寻找每段的要点。

（五）引导式讲授

引导式讲授是教师通过联系新旧知识、提示、启发学生观察、思考，使之主动学习的一种讲授方式。小学语文教学强调对话，因此教师对这种方法运用得最为普遍，它常与设问配合，对于教学中较为复杂或难以理解的内容、容易理解肤浅或狭窄的重点内容，通过调动学生的已知，帮助学生找到思考的路径和解决问题的方法，进而掌握知识，培养解决问题的能力。以语文特级教师赵志祥执教的统编版小学语文教材三年级下册《赵州桥》的教学片段为例。

生：赵州桥为什么会有一个大桥洞和两个小桥洞？

师：你的这个问题提得好啊！小桥洞，其实不是两个，是四个。你是知道答案故意来考我是吧？

生：是！（笑声）

师：厉害！现在大家来帮帮我。谁能回答这个问题？我建议大家用书上的句子来回答，读懂课文最精彩。

生："平时河水从大桥洞流过，发大水时河水还可以从四个小桥洞流过。"

师：这是一个作用。大桥洞是流水的，横跨河面的。发大水的时候四个小桥洞就起作用啦。大桥洞流不完小桥洞流，使桥更加地坚固。如果大家愿意可以和我一起写字。你就写在书上，写在书的什么位置都可以。我有个建议，最好写在题目的后边或者下边。（师生共同书写："坚固"）

（六）评述式讲授

即教师利用简洁、明确的语言，依据师生的对话情况，对所交流的内容做评论性、总结性的概括讲授。依然以语文特级教师于永正执教的统编版小学语文教材五年级上册《圆明园的毁灭》的教学片段为例。

师：把自己写的意思读出来，读出你的感情。再读一遍，发现问题自己改。（请坐端正）我们交流一下每个人的感受。

生：英法联军、八国联军真是丧尽天良。我们祖国现在强大起来了，再也不怕你们到我们的国土上胡作非为！

师：我们今天强大起来了，他们再来胡作非为已是不可能了，历史不会重演！

生：圆明园的毁灭不仅仅是对中国及世界文化史上的一种伤害，更是一种深刻的教训。帝国主义，罢手吧，这是世界上每个渴望和平、渴望平等之人的呼唤。我最想对自己说的是：落后就要挨打，朋友们，站起来吧，让我们的祖国更加强大起来吧！（掌声）

师：代表了所有中国人的心声，小小年纪，说出了所有中国人想说的话。

生：我恨，他们凭什么在中国的领土上烧杀抢掠；我恨，当时的清政府为什么那么无能。团结起来吧，用我们的行动告诉大家：今天的中国很强大，明天的中国会更加强大！（掌声）

（每一个发言的孩子都充满激情）

师：同学们说的话，表达了所有中国人共同的心声，虽然英法联军破坏、毁灭了圆明园，但是，圆明园将留在每个中国人的心中。我建议每个人把第3自然段背诵下来，让这举世闻名的皇家园林永远留在我们心里。我给大家四分钟的时间，背的时候注意这些关联词。先记住有什么，也有什么；然后是依照什么，根据什么，不仅有什么，还怎么样；最后写游览的感受。记住这些关联词，记住层次有助于你背诵。

当然，以上只是在小学语文教学中常见的讲授方式，要发挥其效力，需注意三点：一是注意围绕"学生的学"，选用不同的讲授方式；二是注意多种讲授方式之间及其与别的教学方式的有机结合；三是注意言语讲授与其他辅助方式的结合。

=== 要点提示 ===

一、要注意精讲

精讲是完善讲解行为的表现，关系到教学的有效性。精讲并不意味着少讲，"少"是数量概念，而"精"是质量要求，要追求单位时间里达到量少质高的水平。

"如果在运用时不能唤起学生的注意和兴趣，又不能启发学生的思维和想象，极易形成注入式教学（但不能简单地把两者等同看待）。"[①]当讲解成为注入，讲解就可能影响教学效率和信息的保持。不合理的讲解会引起学生的听觉疲劳与心理疲劳。根据美国学者约瑟夫·特雷纳曼的研究测试，讲解15分钟，学生能记住讲解内容的41%，讲解30分钟，学生能记住讲解的前15分钟内容的23%，而讲解40分钟，学生则只能记住讲解的前15分钟内容的20%了。也就是说，讲解所持续的时间越长，信息的保持率就越低，而且在这个时段后的讲解往往没有什么接收率可保证。应特别指出的是：语文课堂教学中的讲解是一种对话中的解说，其单位时间一般不宜超过5分钟。有些学校规定教师在语文课上的讲授不能超过5分钟或10分钟，虽不免僵化，却反映了对精讲的追求。

二、要注意观察、反馈与调整

因单位时间内的讲授具有单向性特点，无法与学生对话，因此，教师要注意边讲授边观察学生的反应：是眼神发光还是眉头紧锁，是神情专注还是左顾右盼，是精神焕发还是无精打采。由此，可一边洞悉一边调整语速，变化语调，更换讲授方式，或缩短，或停止讲授。

三、要允许学生质疑

讲授只是教师自己的一种表达，有时仅代表自己的一种观点。因此，讲授之后要允许

[①] 区培民.语文教师课堂行为系统论析——课程教学一体化的视点[M].上海：华东师范大学出版社，2001：58.

学生发表不同的看法，对于独到的见解应予以鼓励，对于片面理解或不成熟的观点，应相机引导、点拨。

四、要注意与其他方法、工具的结合运用

单一的信息传递方式不利于取得良好的教学效果，因此，讲授往往与提问、对话、活动等配合使用，并辅助以体态语、直观教具、媒体等，以发挥讲授的最大效果。

学与做　技巧提炼与实训

- 请结合自己的讲授实践和本章内容，总结出你所认为的比较有效的讲授技能。

- 下面是语文特级教师闫学教学统编版小学语文教材六年级下册《我的伯父鲁迅先生》时的备课资源和教学实录片段[①]，请分析他运用了哪些讲授技能，是怎样运用的？好在哪里？

备课资源

备课时曾参照下列资源：巴金《永远不能忘记的事情》；萧红《回忆鲁迅先生》；林贤治《人间鲁迅》；臧克家《有的人》；周海婴、鲁迅的相关作品，如《"碰壁"之后》《"碰壁"之余》等。

《我的伯父鲁迅先生》教学实录（片段）

师：不论是痛别伯父、谈水浒、谈"碰壁"，还是救助车夫、关心女佣，这一幕一幕都令作者刻骨铭心、难以忘怀。现在，就让我们随着周晔的记忆走进与伯父在一起的日子，看看在周晔的眼中鲁迅是个怎样的人。你想先谈哪件事？我想把选择的权利给最勇敢的同学，谁第一个举手我就把选择的权利给他。

生：（一生举起手来）我想先谈第二件事，谈"碰壁"。

师：好，尊重你的选择！我们就来谈谈"碰壁"。自由读这部分课文，边读边想你仿

[①] 雷玲.小学语文名师教学艺术［M］.上海：华东师范大学出版社，2008：133—140.

佛看到了一个怎样的场面？

（学生自由读这部分课文，交流）

生：我看见一家人坐在一起吃晚饭，周晔兴致勃勃地与伯父谈起"碰壁"这件事。

生：我看见每个人的脸上都洋溢着笑容。

师：谈笑风生！一家人团团围坐，共进晚餐，伯父与"我"谈鼻子，谈"碰壁"，众人忍不住哈哈大笑。我们一起来再现当时的情景好吗？

（师生共读这部分内容）

师：这个夜晚充满温馨，这个夜晚谈笑风生。但是，在感受这份充满幽默与风趣的温情的同时，你有不明白的地方吗？或者说你认为哪句话值得我们认真思考？

生：我认为鲁迅先生的这句话值得我们认真思考："你想，四周围黑洞洞的，还不容易碰壁吗？"

师：其他同学还有什么问题？

生：鲁迅真的是碰壁把鼻子碰扁的吗？如果不是，他为什么要跟周晔说是碰壁把鼻子碰扁的呢？

师：这个问题问得好！谁注意听了，把这个问题再说一遍？

生：鲁迅是不是真的走路不小心把鼻子碰扁了？如果不是，他为什么要这样说呢？

师：他听得多仔细啊！还有问题吗？

生：周晔为什么要写这件事情，这件事为什么会让她记忆深刻呢？

师：是啊，周晔回忆伯父的时候为什么要写下这件事？还有想问的吗？对于伯父所说的话同学们都明白吗？我们就来讨论一下同学们刚才提出的问题。有一个问题必须首先弄清楚：鼻子的高与直、扁与平，与碰壁真的有关系吗？

生：没有！

师：很显然，这是一个常识。鼻子的高与直、扁与平与碰壁并不存在着必然的联系。但既然如此，鲁迅先生为什么还要这样回答周晔的问题呢？他究竟想说什么呢？我想先不讲这个问题，让同学们先试着说，看大家能说出多少。

生：其实我觉得"四周围黑洞洞的"是指中国旧社会都是非常黑暗的，所以人们都想走出黑暗这堵墙，鲁迅先生经常被封建思想束缚！当时周晔比较小，不能领会到伯父所说的话的意思。我想周晔长大以后就能渐渐领会到这其中的意思了。

师：这个同学回答了几个问题？大家注意听了吗？

生：第一个问题是成年后的周晔为什么还要把这件事写到文章里来，第二个是伯父所说的"碰壁"隐含的意思。

师：其隐含的意思是结合什么来谈的？

生：结合封建社会的黑暗来谈的。

师：也就是说是联系当时的——

生：环境！

师：我们把这称为"社会背景"。这个同学读书很多，他在思考一些问题的时候，尤其是思考一些难以理解的问题的时候，就能够联系当时的社会背景来谈。我想问其他同学有没有也从这个角度来想问题的？

生：那时候的中国很黑暗，穷人走不出黑暗，他对周晔说这些就是希望周晔长大了以后能够建设祖国，帮助祖国走出这种黑暗的境界。

生：我觉得他现在说的"碰壁"有自己的意思。比如说，你很有才华，但周围的人都不理你，你就觉得你的才华是白费的。当时的人对鲁迅的看法是这个人不值得一提，还给他处处设置障碍，鲁迅的才华就无处发挥了。

师：你是不是课下查了相关的资料？

生：（摇头）没有。

师：那你是怎么想出来的？

生：靠脑子想出来的！

（听课教师与学生笑）

师：这是他的猜想，他的猜想是有一定道理的。鲁迅作为一个用笔猛烈抨击当时黑暗统治的文学家，作为一个苦苦寻求民族解放之路的思想者，作为一个有着独立人格和自由精神的人，在现实生活中可谓处处碰壁。他的文章被禁止发表，他多次面临被暗杀的危险，为了顺利发表文章，他使用了120多个笔名。鲁迅对"碰壁"有着切身的体会！他曾经愤然写下了《"碰壁"之后》《"碰壁"之余》等文章，与黑暗势力做了不屈不挠的斗争。

师：当你结合这一段历史来思考这一段话的时候，再来读读这部分内容，从这个谈笑风生的场景之中，在这风趣、幽默的语言背后，你看到了一个怎样的鲁迅呢？

生：看到了一个饱经沧桑的鲁迅！

生：看到了一个不畏艰险的鲁迅！

生：看到了一个坚持不懈、不怕艰险的鲁迅！

生：看到了一个拥有强烈爱国精神的鲁迅！

师：你是怎么体会出来的？

生：我是从文章的含义中体会出来的。

师：能具体说说吗？你怎么想到了爱国呢？

生：他希望自己的侄女能够建设祖国，走出这片黑暗。

师：所以你就想到爱国了是吗？好，你能自圆其说。

生：我想把鲁迅比作一种动物——裹在茧蛹中的青虫！

师：（惊讶）再说一遍？

生：裹在茧蛹中的青虫！

师：为什么呢？

生：青虫如果要变成美丽的蝴蝶，就要挣脱茧蛹的束缚，要拼命地冲出茧蛹，才会变成美丽的蝴蝶。鲁迅先生当时就处在一个黑暗的茧蛹中，他必须要坚持不懈地拼搏才能冲出黑暗！

师：大家觉得她的比喻怎么样？

（生热烈鼓掌表示赞赏）

师：这个比喻太好了，同学们用掌声鼓励你。鲁迅先生曾经把这个黑暗的社会比作一座铁屋子，他的比喻与刚才这位同学的比喻有相似之处。我还在想，鲁迅先生处境那么危险，多次面临被暗杀，连发表文章都不自由，还要使用120多个笔名，在这种情况下，他还在与侄女一起谈笑风生，这是一个怎样的鲁迅呢？

生：一个乐观的鲁迅！

生：一个坚持不懈与黑暗势力做斗争的鲁迅！

师：一个坚强不屈的鲁迅！

生：一个不屈不挠的鲁迅！

师：鲁迅面对危险坚强不屈，处处碰壁还是不屈不挠。但是面对家人，他又表现得充满了乐观精神。刚才有一个同学提到了一个很好的问题，大家都知道碰壁和鼻子并没有什么必然的联系，但是伯父为什么要采取这样的方式去说，为什么不直接告诉周晔？

生：如果直接说了，周晔可能还不太明白，而且这样对她会是一种负担，但是等她慢慢长大了，能够承受这种负担时，她就会慢慢明白的！

师：处境的危险、斗争的残酷、形势的复杂，这些都是伯父不想让周晔知道的。在自己的亲人面前，在幼小的孩子面前，鲁迅又表现了他的慈爱。别小看这简短的几句对话，我们却读出了这样一个复杂的鲁迅。我们现在再来读读这部分课文。

（师生合读这部分课文）

师：这一幕充满温馨的情景，让多年之后的周晔回想起来，可能和我们一样已经了解了伯父谈笑风生的背后面临的危险处境。伯父的那份苦心她已经体会到了，现在我们也已经体会到了。现在我们再读这部分课文，试着与鲁迅先生那颗伟大的心灵靠近些，再靠近些。

（学生再读这部分课文）

● 请为统编版小学语文教材六年级上册《月光曲》一文进行教学设计，并说说你在哪些环节运用了讲授法进行教学，同时分析这样做的原因。

第七单元

一首歌，一幅画，一件小工艺品……一段美好的艺术之旅。

借助语言文字展开想象，体会艺术之美。
写自己的拿手好戏，把重点部分写具体。

23 月光曲

两百多年前，德国有个音乐家叫贝多芬，他谱写了许多著名的乐曲。其中有一首著名的钢琴曲叫《月光曲》①，传说是这样谱成的。

有一年秋天，贝多芬去各地旅行演出，来到莱茵河边的一个小镇上。一天夜晚，他在幽静的小路上散步，听到断断续续的钢琴声从一所茅屋里传出来，弹的正是他的曲子。

贝多芬走近茅屋，琴声忽然停了，屋子里有人在谈话。一个姑娘说：ّ"这首曲子多难弹哪！我只听别人弹过几遍，总是记不住该怎样弹，要是能听一听贝多芬自己是怎样弹的，那有多好哇！"一个男的说："是啊，可是音乐会的入场券太贵了，咱们又太穷。"姑娘说："哥哥，你别难过，我不过随便说说罢了。"

贝多芬听到这里，推开门，轻轻地走了进去。茅屋里点着一支蜡烛。在微弱的烛光下，男的正在做皮鞋。窗前有架旧钢琴，前面坐着一个十六七岁的姑娘，脸很清秀，可是眼睛失明了。

皮鞋匠看见进来个陌生人，站起来问："先生，您找谁？走错门了吧？"贝多芬说："不，我是来弹一首曲子给这位姑娘听的。"

姑娘连忙站起来让座。贝多芬坐在钢琴前面，弹起盲姑娘刚才弹的那首曲子。盲姑娘听得入了神，一曲弹完，她激动地说："弹得多纯熟哇！感情多深哪！您，您就是贝多芬先生吧？"

―――――――――
本文根据有关材料改写。
①〔《月光曲》〕这里指贝多芬《第十四号钢琴奏鸣曲》，又名《月光奏鸣曲》，作于1801年。

贝多芬没有回答，他问盲姑娘："您爱听吗？我再给您弹一首吧。"

一阵风把蜡烛吹灭了。月光照进窗子，茅屋里的一切好像披上了银纱，显得格外清幽。贝多芬望了望站在他身旁的兄妹俩，借着清幽的月光，按起了琴键。

皮鞋匠静静地听着。他好像面对着大海，月亮正从水天相接的地方升起来。微波粼粼(lín)的海面上，霎时间洒满了银光。月亮越升越高，穿过一缕一缕轻纱似的微云。忽然，海面上刮起了大风，卷起了巨浪。被月光照得雪亮的浪花，一个连一个朝着岸边涌过来……皮鞋匠看看妹妹，月光正照在她那恬(tián)静的脸上，照着她睁得大大的眼睛。她仿佛也看到了，看到了她从来没有看到过的景象——月光照耀下的波涛汹涌的大海。

兄妹俩被美妙的琴声陶醉了。等他们醒过神来，贝多芬早已离开了茅屋。他飞奔回客店，花了一夜工夫，把刚才弹的曲子——《月光曲》记录了下来。

谱 莱 茵 盲 纯 键 缕 陶

○ 有感情地朗读课文。说说贝多芬为什么弹琴给盲姑娘听，为什么弹完一曲又弹一曲。
○ 反复朗读第9自然段，想象描绘的画面，感受乐曲的美妙，再背诵下来。

◎ 选做
听一听自己喜爱的音乐，展开联想和想象，把想到的情景写下来。

第七章
课堂提问技能

🎓 想与说　提问旨归何处

▶ 在师范生的一些考岗笔试中，常出现这类题目：给一篇课文请你设计几个问题，并说说设计理由。其实，就一篇课文的教学提出几个问题不是难事，可要设计出高质量的问题却非易事，为什么？

▶ 巧妙的提问，无疑是投向学生思维湖面的一颗石子，请反思自己直接或间接的教学经验，你认为怎样做才能更好地激起学生思维的浪花？试着提炼观点，写在下面的方框中。

▶ 有人说，语文课堂提问的归宿不应该是解决教师提出的问题，而是如何让小学生的脑袋里装满更多的问号，你如何看待这一观点？

四 读与评　同课异问的思考

▶下面是课改初期，一位小学语文教师就同一篇课文，基于不同的课改理念上的两次课。

第一次课：按课改前教学思路执教《黄继光》（片段）。

教师用小黑板呈现两个问题：（1）"黄继光肩上腿上都负了伤。他用尽全身的力气，更加顽强地向前爬，还有二十米、十米……近了，更近了。"联系上下文说一说黄继光为什么还要顽强地向前爬，此时他的心里在想什么？（2）"啊！黄继光突然站起来了！在暴风雨一样的子弹中站起来了！"这句话的三个感叹号都是什么意思？

师：对第一个问题你是怎样理解的？

生：黄继光心里装着祖国和人民，所以他有动力。

生：为了彻底完成战斗任务，他宁可牺牲自己的生命。

师：请同学们联系上下文来理解这句话。后文写道："天快亮了，……用自己的胸膛堵住了敌人的枪口。"这些句子写出了黄继光的动作，从他的动作中我们看出他坚定的决心、对敌人刻骨的仇恨、对祖国无限的热爱，化为了他决心以生命的代价换来战斗胜利的无穷动力。

师：（饱含深情地讲解之后）同学们理解这个问题了吗？

生：（齐）理解了。

师：好，我们来看第二个问题。

第二次课：关于《黄继光》的教学，在执教者与听课教师本着新课改思路一起研究、改进方案之后，又上了一次课，教学片段如下。

师：在学习的过程中要善于找出问题，你们看看还能提出哪些问题？

生：文中的"还有二十米，十米……近了，更近了"省略号的意思是什么？

生：就是说明越来越近了。

生：也能看出他爬得十分艰难。

师：是啊！透过这个省略号我们仿佛看到了黄继光那艰难的爬行过程。

生：我们小组提出一个问题，但是没解决，就是："啊！黄继光突然站起来了！在暴风雨一样的子弹中站起来了！"为什么三句话要用三个感叹号？

生：因为前文说了，他肩上腿上都负了伤，在这种情况下，他还能站起来，该有多难呢，所以应该用感叹号。（内容角度）

生：之所以三处都用感叹号，是因为说的感情一次比一次强烈。（形式角度）

师：老师真的非常高兴，你们综合运用这两个图式，自己读懂了课文，而且还把图式的内容进行了丰富。正像同学们所体会的那样，在扑向敌人火力点的那一刻，黄继光的腿已经断了，而且身负七处重伤，在他爬过的地方，留下了一条十多米长的血痕，在这样的情况下，要想站起来，扑向敌人的火力点，得需要多么惊人的毅力、多么顽强的品质呀！

现在老师提议，全体起立（师拿出黄继光的画像），让我们向这位伟大的战士、中国人民志愿军的特级战斗英雄深深地鞠躬，表达我们的敬意。下面同学们就带着这种深深的敬意，读一读你最受感动的句子或段落。（生读，两分钟后点名读）

（生读第8自然段）

师：你为什么选择这一段？（老师的问题，组织线索，深入的导向）

生：这一段最能表现黄继光顽强的品质。

师：老师也有两处最受感动的段落，我也想读一读，行吗？

生：行！

师：同学们和老师一起来读。（师生齐读）课文虽然学完了，但老师的问题训练单中还有三个问题需要同学们完成。（出示问题训练单：学完这篇课文我需要积累些什么？根据这篇课文的内容我能学着写点什么？围绕这篇课文的内容我还需要探究些什么？）

生：我想积累一些让人感动的句子。

生：我想积累一些好的词语。

生：学完本文我想写一首赞美黄继光的诗。

生：我想写一篇读后感。

生：学完本文我还想知道抗美援朝中其他英雄人物的故事。

师：是啊！在敌我力量相差那么悬殊的情况下，我军能取得绝对的胜利，就是因为我军拥有无数个像黄继光这样的英雄。这个问题值得探究。

生：我想探究一下黄继光还做了哪些事。

师：有没有同学现场能作诗的。

生：我想飞/飞到黄继光的坟墓旁/看一看英雄的模样/我想飞/飞到黄继光的家乡/看一看他小时候生活过的地方/我想飞/飞到朝鲜/看一看他堵过的那个枪眼。

生：假如我是一只蜜蜂/我要把最香甜的花蜜送给他/假如我是一只蝴蝶/我要把最香的花粉送给他/假如我是一棵大树……

- 比较两次课的课堂提问，思考二者针对相同内容采用的提问处理方式有何不同。

- 从教学效果看,当然是第二次优于第一次,请从课堂提问的角度分析原因。

- 对于师范生和新手教师来说,往往会选择第一种课堂提问的思路,但如果向第二种课堂提问思路迈进的话,应注意些什么问题?

讲与议　提问的类型与技巧

理论总述

请你思考

西方学者德加默曾提出:"提问得好即教得好。"你怎样看待这一观点?

著名学者张楚廷说:"教学,从根本上说,是思考着的教师引导着学生思考,又让思考着的学生促动教师思考。而在这一过程中,问题是最好的营养剂。"的确,好的提问,有利于增进师生交流、激发学习兴趣、启迪学生的思维、发展学生的智力和有效达成教学目标。

课堂提问的主体是多元的,可以是教师,可以是学生,也可以是教科书编者。下面主要从教师施教的层面谈一谈课堂提问技能。

一、课堂提问的意涵

"提问"的概念,最早可追溯到我国春秋时期,孔子主张"不愤不启,不悱不发""循循善诱"的教学方法。《学记》中也包含了如"善问者如攻坚木,先其易者,后其节目,及其久也,相说以解。不善问者反此"的教学主张。在西方,古希腊时期苏格拉底的"产婆术"主张用问答法逐步引导学生获得知识，而从来不直接把结论告诉学生。及至近代，随着班级授课制的产生，提问很快进入课堂，发挥着越来越重要的作用，大大提高了教学效率。虽然"问答法"教学历史悠久，但对于提问教学的研究相对较迟。1912年美国学者史蒂文斯最早掀起有关课堂提问的科学研究，他指出，课堂教学实际上就是一种提问和回答的循环；有学者发现，教学过程的核心是教师提问，学生回答，教师对学生的回答做出相应的反应。新世纪以来，提问在教学中的作用日益凸显，尤其是新课改所倡导的"促进学生全面发展，尊重学生个性，尊重学生独特的情感体验"的理念，为研究课堂提问提供了更为宽广的平台。

课堂提问是指在课堂教学过程中凭借精心预设或现场生成的问题展开对话、实现教学目标的教学过程或活动。狭义的课堂提问指问题的提出；广义的课堂提问则是指课堂教学过程中的问与答，因此又可以称为"课堂问答"。

课堂提问的主体包括教师、学生、教材编者。从教师提问的角度审视，广义的课堂提问过程至少需要经历这样几个"链接点"：教师设计问题、教师提出问题、给学生时间思考或讨论、请学生进行回答、学生应答、教师回应或评价学生的回答。崔允漷将其总结为：发问、候答、叫答、学生应答、理答五个环节[①]。加上此前教师精心设计问题和临场调整或生成问题，课堂提问的行为链上可包括六个环节：设问—发问—候答—叫答—应答—理答。因从教师的角度阐释，学生应答部分不再论述。

二、课堂提问的类型

> **请你来做**
>
> 请你选择一篇自己设计的教案，找出其中的提问部分，并从不同的视角将它们进行归类，看看各属于何种类型，它们又是如何有机地组织在一起的？

（一）依据提问的水平分类

教育家特内根据布卢姆教学目标分类学的基本思想创立了"布卢姆—特内教学提问模式"。他把教学提问由低到高分为六个水平，即知识水平、理解水平、应用水平、分析水平、综合水平、评价水平，每一水平的提问都与学生不同层次的思维水平或思维类型密切相关。由此，小学语文课堂提问可分为六种类型。

1. 知识水平的提问

常常是针对小学语文基础知识展开的提问，答案也是具体的，是最低层次的提问。

---

① 崔允漷.有效教学［M］.上海：华东师范大学出版社，2009：156.

2. 理解水平的提问

目的是通过提问帮助学生感知、理解课文内容，整体把握课文大意。

3. 应用水平的提问

是将知识由理解层面引向应用层面的重要方式，此类提问应能促进知识向能力的良好转化。

4. 分析水平的提问

即在对课文大意初步把握的基础上，进行细部探究时的提问，要注意在总体与部分、部分与部分的关系中进行提问。

5. 综合水平的提问

综合是分析基础上的进一步综合，是阅读理解的高层次要求，综合水平的提问能让学生更全面、更深入地理解课文的主题思想。

6. 评价水平的提问

是在对语文教学内容整体把握的基础上，指向对客观内容的主观认识方面的提问，对思维层次有较高的要求，对培养学生独立的判断能力、思辨能力和批判能力有较高价值。

以上六种类型的提问，其对于思维发展的要求和训练价值各不相同，应因需制宜。

请你来做

有一位教师在教学《狐狸和乌鸦》一文时设计了五组问题。请你根据提问的水平进行分类，说说五组问题分别属于何种水平的问题，提问的意图是什么？

第一组：狐狸见到乌鸦嘴里叼着一块肉后对乌鸦讲了些什么话？乌鸦又是如何回答的？

第二组：狐狸凭借什么骗到了乌鸦嘴里的肉？你觉得狐狸怎么样？

第三组：当乌鸦发现被狐狸骗后会怎么想？怎么做？

第四组：你怎样看待狐狸和乌鸦？它们给你什么启示？

第五组：本文的寓意是什么？能否结合实际说说？

（二）依据学生课堂学习的进程分类

1. 引导性问题

上课起始阶段，应在学生已知和需知的联结处设疑，意在引起学生注意，激发其探究欲望。这类问题应从全文着眼，学生可以不做完整回答，甚至不回答，但学习后应该能够回答。可以是教师提，也可由学生提，还可以师生共提。

2. 疏通性问题

主要基于不易读准和难以理解的字、词、句、段等学习障碍，提出问题，疏通课文。

如统编版小学语文教材五年级下册《鸟的天堂》结尾说:"那鸟的天堂的确是'鸟的天堂'啊!"问题:前一个"鸟的天堂"和后一个"鸟的天堂",有什么不同?

3. 探究性问题

如苏霍姆林斯基所说:"在人的心灵深处,有一种根深蒂固的需要,希望是个发现者、研究者、探索者。"那么,探究性问题就是满足这种需要的火炬,它能照亮学生探索与发现的道路。这类问题是引导学生深入理解、品味、感悟和运用语言文字的思维火炬,问题的代表性词语是"为什么"。

4. 总结性问题

这些问题往往在学生理解课文的基础上,要求其对全文的内容、主题思想或艺术特色进行概括,对学生的综合分析和概括能力要求较高,难度较大,宜放在后面出现。

这种分类方法可以与教学进程结合起来,在不同的阶段采用不同的问题,帮助学生步步为营,稳扎稳打地学习课文。

(三)依据课堂中师生间信息交流的形式分类[①]

美国的查尔斯·C·狄诺凡根据课堂中师生间信息交流的形式,把提问分成五类。

1. 特指式提问

这是对某个特定的学生直接发问。这种提问可以使学生集中注意力,便于检查个别学生的学习效果。

2. 泛指式提问

目的是引起全班同学的思考或讨论。如:"小蝌蚪找到了妈妈,跳上荷叶靠在妈妈怀里,你们想想看,小蝌蚪会对妈妈说些什么呀?"当一个泛指性问题提出后,教师应期望学生有多种答案。

3. 重复式提问

在某个学生提出一个问题后,教师重复这个问题,让别的学生来回答。可以突出教学的重点和难点,调动学生质疑和解疑的积极性。

4. 反话式提问

即当提出的问题得不到学生的正确回答时,教师针对错误提出反问,让学生认识到自己回答中的错误,使他们在重新思考中逐步得出正确的结论。例如,对"祖国"这个词,著名特级教师斯霞是这样引导学生理解的。

师:"祖国"是什么意思呢?什么叫"祖国"?

生:祖国就是南京。(好多学生笑了,知道祖国不是南京)

师:不要笑,祖国是南京吗?南京是我们祖国的一个城市,像北京、上海一样。大家

[①] 李冲锋.教学技能应用指导[M].上海:华东师范大学出版社,2007:87—88.

再想想，什么叫"祖国"？

生：祖国就是一个国家的意思。

师：噢！祖国就是一个国家的意思，对吗？

生：不对。（答声中也有说对的）

师：美国是一个国家，日本也是一个国家，我们能说美国、日本是我们的祖国吗？

生：不能！

师：那么什么是"祖国"呢？谁能再说一说？

生：祖国就是我们自己的国家。

师：讲得对，祖国就是我们自己的国家。我们的爷爷、奶奶、爸爸、妈妈，祖祖辈辈生长的这个国家叫"祖国"。那么，我们的祖国叫什么名称呢？

生：我们的祖国叫"中华人民共和国"。

5. 自答式提问

教师先提出问题，但并不期望学生回答，让学生思索一下，然后自己作答。如："老班长摸了摸嘴，好像回味似的说：'吃过了。我一起锅就吃，比你们还先吃呢。'他真的吃过了吗？——请同学们接着看课文。"这种提问常常用来实现教学内容之间的顺利过渡。

三、课堂提问的原则

（一）科学性原则

科学性原则是指课堂提问要适应具体的语文教学目标、教学对象的年龄特点及其认知水平和教学内容的特点，符合语文教与学的规律。

（二）启发性原则

启发性原则是问题教学的精髓所在。语文课堂上的问题应是针对学生的"愤"（心求通而未得）和"悱"（口欲言而未能）的状态而精心设计的。好的语文课堂提问应该富有启发性，应把重心集中于如何引导学生学会理解和运用祖国的语言文字，如何感受、领悟祖国语言文字的魅力的过程中，而非指向繁琐的语文训练。

启发性原则的另一要求是老师的问题能在启发学生思考的基础上，引发出新的问题，从而将思维的火焰蔓延向学生内心深处。

（三）开放性原则

开放性原则首先是指问题的开放性，即这类问题的答案不是唯一的，而是具有多个恰当的答案，会激发开放性的回应，这类问题主要涉及分析、综合与评价层次的问题；其次是指鼓励学生将自己的思考、情感和价值观等主动融入作品，发表自己独特的感受，使解读呈现多元化的态势。因此，课堂提问要考虑其是否具有开放性，是否能予以学生独立的思考空间；是否具有多维性，能否引导学生多角度、多层次地分析和解决问题。

（四）创造性原则

科学性、启发性、开放性是创造性提问的前提条件。尤其是能引起逆向思维和发散思维的问题，最能调动学生多向的联想、再造的表象、创造性的想象等，激发积极的情感与态度，并通过分析、比较、综合，进入创新性的境地。

（五）适度性原则

现象参照

问题太多、太小、太碎、太密，加上支离破碎的繁琐的分析，致使课堂外紧内松，学生的思维呈散化状态，这就是我们常看到的表面上热热闹闹、实际上松松垮垮的课堂教学现象。这样的课堂必然会造成学生思维的疲惫，影响课堂的有效推进。例如，统编版小学语文教材三年级上册《掌声》的教学中，有教师就连续抛出五个这样的问题：为什么低下头？她在想什么？"犹豫"是什么意思？她犹豫什么？从"慢吞吞、眼圈红红的"能看出小英的心情怎样？回答老师的问题，代替了学生的自主解读，学生的思维空间被大大压缩了，回答中规中矩，缺乏个性，或是跟着教师的引导达成教师希望的理解，也就在所难免了。本该富有思维火花的自我探索过程，就这样随着热热闹闹的问答悄悄流失掉了。之所以如此，皆因问题过多、过碎、过密且分散，致使思维张力缺失。因此，可强化问题的整合，将琐碎的问题聚焦到一两个主问题上来。例如，特级教师王崧舟执教统编版小学语文教材三年级下册《荷花》时，就以三个问题对学生进行引导：①哪些同学看过荷花？请你用一个词来形容自己看过的荷花。②同学们是这样看荷花的，作者又是怎样看荷花的呢？你是从哪儿体会到这一点的。③作者是这样看荷花的，又是怎样写荷花的呢？

提问的适度性原则包括问题的难易要适度、问题的数量要适量、问答时间长短要合适。问题的难易度受教学内容和个体差异的制约，问题过易或过难，都会使学生产生厌烦或抑制心理，"要把知识的果实放在让学生跳一跳才能够得着的位置"。问题数量适量，指恰到好处地掌握提问的频率，问题的设置应疏密相间，留给学生充分思考的时间和空间。问答时间长短合适，指教师在课堂提问中要把握住两个时间的"度"：第一个是教师提出一个问题后，要留给学生足够的时间去思考；第二个是指学生回答完问题后，不要立即评价，要留出学生回味的时间。心理学研究表明，延迟评价能提升学生思维的广阔性和深刻性，过早评价，无论是肯定还是否定，都会抑制学生的灵感和创造性。

四、好的课堂提问的要求

叶圣陶先生说，好的提问"必令学生运其才智，勤其练习，领悟之源广形，纯熟之功弥深"。要做到这一点，教师"宜揣摩何处为学生所不易领会，即于其处提出"，要根据教学内容和教学目的，围绕本堂课的知识点精心设计提问。日本教育界在20世纪80年代初曾用两年时间专门开展"什么是好的提问"的讨论。结果显示，好的提问应具备以下特点：① 表现教师对教材的深入研究；② 与学生的智力和知识发展水平相适应；③ 能激发学习的欲望；④ 有助于实现教学过程中的各项具体目标；⑤ 富有启发性，并能使学生自省[①]。

从学习心理的角度看，好的提问应该使学生处于以下几种心理状态：① 有解决问题的思路和方法，但没有答案；② 有一部分答案，但不完整；③ 虽一时不能回答，但有回答的自信心[②]。

因此，好的课堂提问至少应具备以下三个特点。

（一）应紧扣教学目标，适合教学重点的需要

问题是达成教学目标的主要手段，课堂提问需聚焦在教学目标和教学重点上，切忌旁逸斜出，以致耗时、低效。

（二）难易适度，切合学生的实际发展水平

奥苏贝尔在他的著作《教育心理学》扉页上写道："如果我不得不把全部教育心理学还原为一条原理的话，我将会说，影响学习的最重要因素是学生已经知道了什么，根据学生原有的知识状况进行教学。"也就是说，问题的设置需基于学生的原点，并在"现实发展区"与"最近发展区"的区间内进行，才能恰当把握住问题的难易程度。

教育测量中"难度"的概念为提问提供了数量根据。难度 $H=1-\dfrac{P}{W}$，其中，P 是通过人数，W 为参加测验的学生总数。难度 H 应在 0—1 之间。若难度为0，全体学生都能回答，这个问题就完全没有提出的必要；若难度为1或接近于1，几乎没有学生能通过，也不是好的问题。课堂提问的难度一般应在0.3—0.8之间，使大多数学生通过努力都能回答出来。

（三）应力求语言文字训练和人文内涵理解的统一

工具性与人文性的统一是语文课程的基本特点，这就要求课堂提问要力求语言文字训练和人文内涵理解相统一。

[①] 小羊，明金林.日本的课堂提问[J].语文教学研究，1985（02）：50.
[②] 朱作仁.小学语文教学法原理[M].上海：华东师范大学出版社，1988：180.

> **案例揣摩**
>
> 揣摩语文特级教师徐善俊执教的《黄鹤楼送孟浩然之广陵》教学片段,看看其是如何践行以上三个要求的。
>
> 师:通过读书,这首诗的意思大家懂了吗?谁说第一句?
> 生:老朋友辞别了西边的黄鹤楼。
> 师:第二句怎样理解?
> 生:三月,烟雾迷蒙,繁花似锦……
> 师:徐老师还有不懂的想问——为什么用"下扬州"而不用"到扬州"?
> 生:船顺江而下,速度很快。
> 师:用"到"显得船很慢,还是用"下"好,我明白了。
> 师:我还有个问题不太明白:第三句里为什么用"孤帆"?从"孤帆"能看出李白怎样的心情?
> 生:看出李白和孟浩然的感情非常深。
> 师:书上是"依依惜别的深情"。你们把徐老师都给教会了。一个"孤"字充分表达了李白对孟浩然的依依惜别之情。
> 师:我又有不明白的了,李白为什么对孟浩然的感情这么深?

技能概观

《学记》里说:"善问者如攻坚木,先其易者,后其节目,及其久也,相说以解。不善问者反此。"给我们的启发就是:提问时应像砍伐硬木一样,先从易砍的地方砍起,再砍木材的关节;繁难的问题,须化整为零,引领学生顺着作者思维的"藤",摸住问题的"瓜"。反之,简单的问题,则化零为整,一问立骨,避免问题过大、过空、过难、过碎。

要形成良好的提问技能,首先应弄清好的课堂提问的内外部条件。内部条件如:对问题的概念、价值等的认识,产生问题的意识和问题解决的动机,对教材和学生的把握和驾驭程度,等等。外部条件如:教师提出问题的水平,授以一定的提问策略,鼓励和教会学生发现问题与提出问题,要注意提问的恰切,等等。

> **各抒己见**
>
> 要让课堂提问进入一个好的境地,并不只是抽象地认识到其内在和外在的制约条件,或像在实践中学习些具体的策略那么简单。我们认为,如果说"如何提问"是显性技能的话,那么"提问什么""为何提问""何处提问"则是更为重要的隐性技能,应引起关注。你如何看待这一问题?

一、重视对两个前提问题的思考

（一）"提问什么"

它所涉及的是要完成小学语文课堂教学目标，应解决哪些问题以及如何围绕这些问题选择和组织教学内容。因此，"提问什么"由于关注教学内容的选择和组织，便具有了课程建构层面的意义和价值。

由于语文课程教学内容的特殊性，在课堂教学前认真考虑和审慎思考"提问什么"，对于语文课程精选教学内容、优化教学过程具有突出的意义和价值[1]。

（二）"为何提问"

"为何提问"是为"提问什么"找到合理的课程依据，使提出的问题更符合语文课程对语文教学的要求。它所涉及的是为语文课程确立符合课程理念的教学目标、依据这些目标设置问题以及检验所设计的问题是否合理的问题。用"为何提问"的课程观点检视教学目标的确定和教学内容的选择，可以使课堂教学中的提问有着明确的课程指引和正确的内容支撑，有利于克服教学中那种"满堂问"和"不知所问"的不良倾向[2]。

二、课堂提问的技能

（一）设问技能

基于教学内容的特点和学生对内容的学习来看，良好的问题常出现在哪？苏霍姆林斯基对此曾有过经典总结："在备课的时候，你要从这样的角度对教材进行深思熟虑：找出因果联系正好在那里挂钩的、初看起来不易觉察的那些交接点，因为正是在这些地方会出现疑问。"[3]就是说，教师在备课时，要找出那些乍看起来不易觉察的"交接点"，即各种因果联系、时间联系、机能联系交叉集结的地方，因为疑问正是从这些联系中产生的，而疑问本身就是一种激发求知愿望的刺激物[4]。

1. 精心选择问点

问点是提问的切入点。好的问点能起到"提领而顿，百毛皆顺"和"牵一发而动全身"的效果。小学语文教材中可以设问的地方很多，这些问点有一定的规律可循，可总结为"五点十处"。"五点"即重点、难点、疑点、兴趣点、思维点，"十处"即关键处、空

---

[1] 黄强军，李雪桃.新课程语文课堂提问的策略和方法[J].语文教学之友，2008（01）：14—16.
[2] 黄强军，李雪桃.新课程语文课堂提问的策略和方法[J].语文教学之友，2008（01）：14—16.
[3] B·A·苏霍姆林斯基.给教师的建议[M].杜殿坤，译.北京：教育科学出版社，2004：24，145.
[4] B·A·苏霍姆林斯基.给教师的建议[M].杜殿坤，译.北京：教育科学出版社，2004：24，145.

白处、疑难处、模糊处、含蓄处、矛盾处、变化处、重复处、对比处、延伸处。当然，教学目标不同，教材内容有异，这些"点""处"也会不同。可一旦找准了切入点，就可避免随意提问现象的发生，为有效提问提供了保证。下面仅就常见问点展开阐述。

（1）切入关键处

小学语文教材中的关键处主要指不易理解，或对理解课文内容、体会思想感情、学习语言文字运用有着重要作用的字、词、句、段，尤其是那些关键词、中心句、重点段。抓住关键处设问，可提挈全文，一"问"立骨。

以特级教师徐善俊教学统编版小学语文教材五年级上册《将相和》的精彩提问片段为例。

师：请大家找出比"理直气壮"更勇敢的词。

生："撞"。

师：这里为什么用"撞"，而不用"磕""碰"。

生："撞"的力量是很大的。

生：这说明蔺相如已把生死置之度外，用"撞"更能表现出蔺相如的勇敢。

师：那么蔺相如是真撞，还是假撞？

教师扣住一个关键词"撞"，可谓一石激起千层浪，盘活了一个面。

再如，统编版小学语文教材二年级下册《画杨桃》的教学设计，就可从关键处入手。教学起始，可从最后一个自然段"老师的教诲让我终生难忘"切入提问：课文讲述了一件什么事？作者为何发出这样的感慨？引导学生整体把握大意。在精读环节，再引导学生找出描写老师神情变化的两个关键词——"严肃""和颜悦色"，快速疏通第1自然段后，引发质疑："我"不过是老老实实地把看到的杨桃准确地画了下来，是什么事让老师的神情变得严肃了呢？学习第2—11自然段。之后，再问：为何后来又变得和颜悦色了呢？学习第12—16自然段。最后，对第17自然段的理解就水到渠成了。这样，通过抓一个关键段、两个关键词就把通篇的教学思路理清了。

不仅如此，长此以往，还可让学生学会如何抓住关键处，进而提出高质量的问题。

（2）切入空白处

"凡诗文妙处，全在于空。譬如一室内，人之所游焉息焉者，皆空处也。"（清·袁枚《随园诗话》）。这"空"，正是"不著一字，尽得风流"的空白。空白处是指文章中对某些内容故意不写，或写得简略，给读者留下了无限想象空间和思考余地的地方。针对空白处巧妙设问易激发学生的想象与思考，并通过积极补白帮助学生形成自己的独特解读。

下面是语文特级教师孙双金在设计李白《赠汪伦》时的感想。

这首诗教过的人太多了，好像大多在字面上疏通诗意之后就让学生背诵一下了之。我在反复吟诵这首诗的过程中，产生了一系列问题：李白和汪伦相识仅仅由于汪伦的一封书信，相聚的时间也不会很长，李白怎么会吟出"桃花潭水深千尺，不及汪伦送我情"这样情深意切的诗句呢？尤其是"忽闻"这两字特别值得玩味。按情理，李白告别汪伦，汪伦理应在家就已送别李白,为什么要等到李白离开汪伦家,走出村庄,来到桃花潭边,坐上小船要离岸时,才突然听到岸上汪伦踏歌相送的声音呢?汪伦之前到哪儿去了呢?既然汪伦盛情相邀李白来家作客,怎么可能不去家门口送别李白,让李白孤身一人离开呢?既然李白和汪伦已成为好友知己,李白怎么会不辞而别呢?是李白故意为之,还是汪伦故意为之……这首诗歌中可想象的空间太大了,值得推敲。于是我在备课时就设计了这么一个问题:"汪伦为什么早不送,迟不送,偏偏等到李白坐上小船才赶来踏歌相送呢?请大家展开合理想象,看看哪位同学的想象最合理、最丰富?"在课堂教学实践中,这一环节特别出彩,课堂上精彩纷呈,博得阵阵掌声。为什么教学能出彩,归功于对"忽闻"二字的咀嚼和推敲。

另外,延伸处也是一种空白,一般在文章结尾处留白,它是文章延长伸展的地方。在延伸点上设问也可以培养学生的创新思维能力。例如,统编版小学语文教材二年级上册寓言故事《坐井观天》最后一个自然段"小鸟也笑了,说:'朋友,你是弄错了。不信,你跳出井来看一看吧。'"那么,青蛙有没有跳出井呢?如果青蛙跳出井口,又看到了什么呢?这些问题,可以让学生通过想象回答,从而进一步理解寓意。

(3)切入矛盾处

矛盾处指课文中那些看似矛盾或是让学生产生矛盾心理的地方。学生容易在这些地方产生疑问,如果因势利导,扣住矛盾处设问,层层深入,不仅可以帮助学生揭开矛盾,还能训练学生的高阶思维。

例如,统编版小学语文教材二年级下册《羿射九日》中说,十个太阳一齐跑出来,炙烤着大地。接着第3自然段写:"禾苗被晒枯了,土地被烤焦了,江河里的水被蒸干了,连地上的沙石好像都要被熔化了。"第4自然段却写:"他翻过九十九座高山,蹚过九十九条大河,来到东海边。"有小学生就问啦:"老师,不是江河里的水被蒸干了吗?哪来的九十九条大河?"这是课文中看似矛盾的地方。

再如,统编版小学语文教材四年级下册《清平乐·村居》中的"最喜小儿亡赖,溪头卧剥莲蓬"。这里的"喜"是谁喜?是辛弃疾,还是小儿?我们看一段江苏语文特级教师薛法根执教的课堂实录。

师:词中"最喜小儿亡赖",是谁"喜"?
生:小儿。
师:因何而喜?
生:无所事事。
生:卧剥莲蓬。
师:小孩子最高兴的是什么?
生:玩耍。
师:如果让小儿锄豆,高兴吗?
生:不高兴。

师：如果让小儿织鸡笼，高兴吗？

生：不高兴。

师：所以小孩子应该干什么？

生：玩。

师：大孩子最高兴的是什么？

生：（纷纷地）玩耍、锄草、编织鸡笼、帮家里干活……

师：劳动最光荣，劳动最高兴！老人呢？

生：看到儿女成群最高兴。

生：安度晚年最高兴。

师：所有人都是"喜"的，那写这首词的词人呢？

生：也是"喜"的。

师：哦？

生：因为词中所有人都是"喜"的，所以他也是"喜"的。

生：词人就是写这首词的作者，包括在所有人中，所以他也是"喜"的。

生：因为这个词人心中有"喜"，所以他看翁媪、大儿、中儿、小儿也是"喜"的。

师：嗯，有喜悦之心，才有可喜之人。有点道理。

生：他为能看到乡村这种场景而喜。

师：词人到底"喜不喜"？是"真喜"，还是"假喜"呢？刚才那位同学说辛弃疾就应该作诗写词。那么辛弃疾是不是一个专业的词人？（出示）

辛弃疾（1140—1207），南宋词人，字幼安，号稼轩，历城（今山东济南）人。出生时，山东已为金兵所占。21岁参加抗金义军，不久归南宋。历任湖北、江西、湖南、福建、浙东安抚使等职。任职期间，采取积极措施，招集流亡，训练军队，奖励耕战，打击贪污豪强，注意安定民生。一生坚决主张抗金。在《九议》等奏疏中，具体分析当时的政治军事形势，对夸大金兵力量、鼓吹妥协投降的谬论，做了有力的驳斥；要求加强作战准备，鼓励士气，以恢复中原。他所提出的抗金建议，均未被采纳，并遭到主和派的打击，曾长期落职闲居在江西上饶一带。

师：请同学们自己看一看、读一读。辛弃疾是本该作诗填词的吗？（生自读）

师：能看出来吗？

生：其实辛弃疾并不是很成功，他内心并不是很快乐的，他的背景是不好的。（众笑）

师：有什么背景？

生：他生活的环境不好。他的家乡山东被侵占了，所以他逃离山东后，非常不开心，总想帮助南宋去报仇。

师：这叫收复失地，保家卫国。

生：辛弃疾提出抗金建议，但最后没有被采纳，还受到主和派的打击，所以他心情不好。

师：就问一个问题，这个人是不是本应写词的？

生：不是。他本来是一个带兵打仗的将军。

师：一个抗金的将领！他应该在什么地方？

生：他应该在战场，在战斗的前线。

师：应该是在保家卫国。

生：我觉得他应该在军营里。

师：但是他现在在哪里？乡村，无事可干。就像这首词中的小儿，无所事事。小儿无事可干很高兴，但是辛弃疾无事可干，他不是"喜"，而是——

生：（齐）忧。

生：悲。

生：愁。

师：是愁，是悲啊！同学们，他人是"喜"，而作者却是"愁"的。

薛老师扣住"喜"这个词眼，通过对比，追问"词人到底'喜不喜'？是'真喜'，还是'假喜'呢？"这就把学生引向了词人的矛盾心理，引向了词的深处。是啊，小儿无事可干，当然是"喜"；可词人应在抗金战场，收复失地，现在却无事可干，表面看似闲适，内心实则悲愁。这就是以"喜"衬"愁"。

（4）切入反复处

反复处就是在课文里重复出现的内容。词、句甚至段落在文章中反复说一次、两次甚至多次，以强调某种特殊的感情。这些地方往往勾连着作者的情感，巧妙设问，可引导学生快速领悟到课文的内涵。

例如，在统编版小学语文教材四年级下册《小英雄雨来》一文中有这样两个片段。

女老师斜着身子，用手指点着黑板上的字，念着：

"我们是中国人，

我们爱自己的祖国。"

大家就随着女老师的手指，齐声轻轻地念起来：

"我们——是——中国人，

我们——爱——自己的——祖国。"

……

雨来半天才喘过气来，脑袋里像有一窝蜂，嗡嗡地叫。他两眼直冒金星，鼻子里流着血。一滴一滴的血滴下来，溅在课本那几行字上：

"我们是中国人，

我们爱自己的祖国。"

两行句子，在课文中反复出现了三次，虽然每次出现的上下文语境不一样。抓住这个重复设问"为什么两行句子反复出现？"也就直接引领学生抓住了课文的情感内涵。

问点的选择要注意三点：① 问点要能突出重点。在教学重点处设疑，不但紧扣教学目标，还指向教学重点的落实，使教学呈现简约高效的态势。② 问点要能突破难点。有意识地抓住难点设问，有利于突破难点，扫除障碍，提高学习效力。③ 问点要有思维价值。如果所设的问题过于简单，仅停留在简单的是非选择上，学生的思维能力很难提高[①]。因此，精心选择有思维价值的问点，有助于点燃学生的思维火花。

2. 连点成面，环环相扣

整体性提问的设计，要围绕教学目标，紧扣教材内容，将问题聚焦到能"牵一发而动全身"的关键点上，以利于突破重点、攻克难点；同时，问题之间还应环环相扣，逐层推进，构成一个指向明确、思路清晰、联系紧密的"问题链"。

3. 具备良好的问题表述结构

有效的问题具有良好的结构，一般由三个要素构成：① 引导性词干，如"……是什么""为什么……""怎么样……"；例如，统编版小学语文教材五年级上册《白鹭》课后练习第一题：朗读课文。说说你从哪些地方感受到"白鹭是一首精巧的诗"。这个问题的引导性词干就属于"是什么"，一定不能回答成"为什么"（原因）或"怎么样"（方式）。② 特定的认知操作的词语，如回忆、描述、叙述、概述、比较、对照、分析、综合、总结、评价、推测、想象；例如，统编版小学语文教材五年级下册《景阳冈》课后练习第三题：用自己的话详细讲述武松打虎的部分，可以加上适当的语气、表情和动作，就属于"描述"这一行为，而不是"分析""比较"等。③ 问题提出的内外情境，即问题在提出或表述时应从课文的内在情境或外在方法层面给出一些提示，使学生获得一些解决问题的线索；还以上述《景阳冈》一题为例，"加上适当的语气、表情和动作"，就为学生"描述"这一行为提供了具体的方法。三个要素放在一起，教师就可以设计出有效的初始问题。

在有效提问表述中，提问语言中的动词尤为重要，能够为学生提供如何思考内容的信息。教师在提问时若没有准确地使用相关的动词，就是忽略了要向学生详细说明回答这个问题的认知操作，就会给学生带来极大的困惑，使他们分不清到底给出哪种信息才能真正符合教师提问的意图。布卢姆的认知领域目标分类理论将认知操作分为6种水平：① 记忆，考查学生对已学过的材料是否达到了有效保持，所涉及的认知操作在提问中的表现为说出、写出、复述、标注出等；② 领会，考查学生是否理解所学材料的意义，所涉及的认知操作在提问中的表现为概述、解析、比较、推断、分类等；③ 运用，考查学生能否将学习所得运用于新的情境，所涉及的认知操作在提问中的表现为计算、示范、解答、修改等；④ 分析，考查学生对材料内容和结构的理解，所涉及的认知操作在提问中的表现为：

[①] 郭根福.试论小学语文课堂提问的基本策略［J］.语文教学通讯，2008（10）：4—8.

证明、分析、找原因、定结论等；⑤ 综合，考查学生能否把已学的材料和所得的经验组合成新的整体，所涉及的认知操作在提问中的表现为：归纳、设计、创造、组织等；⑥ 评价，考查学生能否评定所学材料的合理性，所涉及的认知操作在提问中的表现为：评价、判断、有价值等[①]。因此，有效提问不仅要注意提问的内容，而且更要重视学生为了获得和加工内容所必需的认知操作。

（二）发问技能

精心设问后，还要通盘考虑提问的主次与先后，做到每一次发问都有的放矢。

1. 掌握发问时机

问题常常是课堂教学的发动机，在恰切时机的发问，可使学生思维活跃，豁然开朗，可使课堂柳暗花明，充满活力。适宜的发问时机主要体现在三处：一是学生注意力集中，需利用问题导出学习任务时；二是学生处于"愤""悱"状态时；三是学生思绪找不到突破口时。

2. 运用发问方法

马卡连柯认为："教育学是最辩证的、最灵活的一种科学，也是最复杂、最多样化的一种艺术。"提问作为教育的一种常见的、重要的手段，也应是灵活而多样的。以下是几种常见的提问方法。

① 单问与套问。单问指提出单个的问题；套问也称"连环问"，即紧扣教学重点、难点，依次提出若干个存在内在联系的系列化问题。

② 重问与轻问。具体而言，对于教学重点要集中火力重问；对一些非关键性内容轻问即可，不必细究。

③ 正问与反问，又称"顺问"与"逆问"。前者直接问"为什么"；后者则从相反的方面提出假设，从矛盾的对立面设问，且利用矛盾，激发逆向思维。

④ 直问与曲问。直问并非平淡无味、一览无余地问，而是开门见山、直截了当地提出问题，有助于提高学生的注意力，引导其积极地分析、解决问题；曲问就是从侧面或反面间接地提出问题，有助于学生澄清杂念、疏通思路，达到曲径通幽之效。

⑤ 一问与追问。前者指一问一答即可明确问题所在；后者则是一问再问，直到学生充分理解。以下是一位教师在《落花生》中的备课体悟。

文中有这么一句话："那晚上天色不太好，父亲也来了，实在很难得。"好多老师在备课时不大注意这句话，而我在备课时对这句话反复把玩，觉得意味无穷：父亲回家十分难得的，一年大约回有限的几次，为什么今天回来了呢？天色不太好，父亲为什么还坚持回家呢？父亲回家仅仅是吃新花生吗？父亲工作繁忙，在百忙之中回家不仅仅是吃新花生，那一

[①] 转引自赵丽霞.教师课堂提问中的有效问题设计探讨[J].天津市教科院学报，2007（06）：36—37.

定还有比吃花生更重要的事，那是什么呢？就是借花生教育子女做落花生那样，虽然不好看但是对社会有用的人。你看，抓住这一重点句反复追问，文章的主旨不就浮出水面了吗？

发问时，注意掌握以下几个发问技巧。

（1）由直而曲

如果教学中直问居多，则稍显呆板，少变化；但若辅以曲问，绕道迂回，旁敲侧击，则有曲径通幽之妙。正如钱梦龙感言："要让学生'多思'，老师怎么启发也至关重要。例如，提问同样一个问题，就有'直问'和'曲问'的区别。'直问'者，死问也，问得过于老实，直来直去，启发性不强；'曲问'者，活问也，问题多拐个弯，学生要多动一下脑筋才能作答，因而较能活跃学生的思维。我爱'曲问'，力避'直问'。"因此，由直而曲，曲直相辅，会使问答效果倍增。

例如，两位老师在教学《将相和》"完璧归赵"内容时，对相同的问点采取了不同的问法。第一位教师问："蔺相如是采用什么办法智胜秦王，实现完璧归赵的？从中可以看出蔺相如是一个怎样的人？"第二位教师问："蔺相如是真的要将和氏璧撞在柱子上，还是故意吓唬吓唬秦王？为什么？"前者是直问，问题明确，答案可以从文中找到。后者是曲问，答案不仅不能直接从文中找到，而且问题中又包含着许多诱答因素，让学生围绕真撞还是假撞进行多向思考。这样的曲问，不仅可以拓展学生的思维空间，而且可以加强学生的思维力度。

（2）正反相成

正问能够锻炼学生的正向思维，但不利于学生的逆向思考。正问和反问结合，则可促使学生利用事物之间相反相成的矛盾关系回答问题，从问题对立面出发加深认识。

例如，执教《草船借箭》时，为使学生更深入地理解诸葛亮的神机妙算，可先正问后反问："借箭成功了，说明了什么？假如诸葛亮借箭不成功，有可能产生哪些情况？"这样，学生就能进行顺向思考与逆向思考。不但在比较中全面而深入地认识了诸葛亮的神机妙算，还受到了辩证思维方法的训练。

（3）变聚为散

"聚"指聚合思维，即教师提出的问题趋向封闭性，师生的问答往往朝着一个方向前进，形成既定的答案。"散"指发散思维，即教师提出的问题趋向开放性，师生的问答应朝着不同的方向扩散，不拘泥于一个途径、一种方法，而是求得多种合乎条件的答案。在语文课堂上，两种思维都是需要的，但应多倡导发散式发问。

例如，杭州市拱宸桥小学语文教师邵宏锋对统编版小学语文教材四年级上册《为中华之崛起而读书》第二课时的发问教学。上课伊始，先引导学生用铿锵有力的声音齐读课题，然后问："在课文中，有一个词语和题目当中'中华崛起'的意思正好相反。这个词语，请大家找一找，行吗？"这是一个聚合式发问，意在通过对比，先让学生在字里行间具体感受"中华不振"。接下来是发散式发问："在课文当中，你从哪些地方读出了'中华不振'这个词语的意思?把它划下来,挑自己感受最深的一些地方,来读给大家听!"可谓一问立骨,指向了本节课的教学重点。这一环节结束后,又相机进行了追问:"谁又敢怎么样呢?同学们,读着这样的话,目睹着这样的事情,你的头脑里是不是有很多的问题想问?"这是意在激活儿童的发散式提问。就这样,基于问题,层层推进。最终,让学生深入理解了周恩来为何会在修身课上这样铿锵有力地回答了魏校长的提问。

（4）巧设悬念

所谓"悬念",是指人们欣赏文学作品时产生的一种心理活动,即关切故事的发展和人物命运的紧张心理,其效果是引起读者对矛盾的关注、思考、推测和求证。设计悬念的目的是引发学生的好奇心,对教学内容产生强烈的期待,带着好奇心去主动思考和想象。发问时抓住小学生的好奇心,制造悬念,极能调动学生思维的主动性。

例如,教学统编版小学语文教材五年级下册的《军神》,可先让学生读读开头1—2自然段,再读读最后三个自然段,然后发问:为什么年轻人一开始不告诉沃克医生自己的真名字?沃克医生怎么知道年轻人用的是假名字?手术后,年轻人又为何把自己的真名字告诉沃克医生了呢?三个问题贯通故事情节,引发悬念,足可吸引学生从人物动作、语言、神态的细节描写中或是故事发生的背景中去探究问题的答案。这就比问为什么沃克医生称刘伯承为军神更能激发学生的探究欲。

再如,湖北语文特级教师董琼执教的统编版小学语文教材六年级上册《草原》的教学片段。

师：谁愿意把自己感受最深的句子读给大家听?

生：我喜欢这句话,我来读一读:"在天底下,一碧千里,而并不茫茫。"

师：（板书：一碧千里,而并不茫茫）你读得太好了。你能不能给大家说一说"一碧千里"在你脑海中是一幅怎样的画面?

生：在我眼前是绿色,远一点的是绿色,再远一点的也还是绿色!草原非常辽阔,放眼望去,草原如同一张巨幅的绿色绒毯,一直铺到天地相接的地方。

师：我们都要像他这样读书,一边读一边想象画面。"茫茫"是什么意思?

生：视线模糊不清。

师：还记得这首诗吗?"敕勒川,阴山下,天似穹庐,笼盖四野。天苍苍,野茫茫,风吹草低见牛羊。"同是写草原,为什么一个说"天苍苍,野茫茫",老舍先生却说"一碧千里,而并不茫茫"呢?好,先不着急回答,看看能不能在接下来读书的过程中有新的发现。来,接着读你喜欢的句子!

（三）候答技能

候答技能主要表现在两个方面：一是教师在提出问题后,要等待足够长的时间,不要马上重复问题或指定别的同学来回答,目的是给学生一定的思考时间;二是在学生回答问题后，教师也应该等待足够的时间，再对学生的回答做出评价或进行追问，这样可以使学生有一定的时间来斟酌、补充或修改答案。

美国的一份报告建议：对于低难度的问题，应该把候答时间至少增加到3—4秒；对于高认知水平的问题，应增加到15秒[①]。研究表明，教师在进行课堂提问时，如果只给学生一两秒的时间去思考问题，并在学生还没有想好时就重复问题或请另外的学生回答，其结果是使学生对回答问题失去了信心，从而达不到训练学生思维能力的目的。相反，如果教师使用了等待这种技巧，学生在答问中就会发生一些重大的变化：① 学生会做出更长的回答，他们回答问题的语句数量会随着回答问题时间的增加而有所增加；② 会有更多的学生自愿回答问题，一些不善发言的学生回答问题的次数也会增加；③ 学生的回答会更具有分析性、创造性和评价性，并且学生还会出示更多的论据，在提出论据之前或之后也都会对推理过程进行说明；④ 学生回答不出问题的现象有所减少；⑤ 学生在课堂教学中的成就感明显增强等。

因此，建议教师：① 依据问题的情况，留给学生足够的思考时间；② 在没有给予学生足够的线索或时间帮助他们思考之前，避免使用"想一想"的指令[②]；③ 促使学生在等候过程中逐渐养成良好的思维习惯。

（四）叫答技能

叫答，即教师示意学生回答，其中叫答方式和叫答范围会影响学生的回答。

叫答方式一般分随机叫答和有规则叫答。研究表明，按一定形式依次请学生回答的叫答方式比随机叫答的效果好，因为前者可以减轻学生的焦虑水平，利于集中注意力[③]。

有关研究还显示，叫答范围越广，教学效果越好，这一点已为实践所证明。因此，课堂提问时要坚持全面发展与因材施教相结合的原则。叫答时要考虑问题的覆盖面，充分调动各类学生思考的积极性。然而，同一班级中的学生毕竟存在差异，这就要求教师在设计问题时要根据问题的难易程度和学生的能力差异来综合考虑。基础性的问题尽量叫学习成绩需要进一步提高的学生回答，一般的问题主要留给中间层次的学生，难度较大的问题则主要由学习成绩中等以上的学生回答。

另外，对于一些难度较大的问题在按顺序叫答时，可根据从后进生到中等生再到优等生的顺序进行。有的教师急于求成，特别是在上公开课时，一旦遇到难度大的问题时就习惯性地找成绩好的学生，结果导致多数学生被排除在问题之外。

（五）理答技能

理答就是教师对学生回答问题后的反应和处理，是课堂提问的重要组成部分。理答既

---

① [美]加里·D·鲍里奇.有效教学方法[M].易东平,译.南京：江苏教育出版社,2002：228.
② 张丽.试论有效课堂提问的技巧[J].上海教育科研,2003（12）：25—28.
③ 崔允漷.有效教学[M].上海：华东师范大学出版社,2009：158.

是一种教学行为,也是一种评价行为。从理答的语言形式角度可分为言语理答和非言语理答,其中非言语理答主要是运用表情或肢体语言进行的理答,如拍拍学生的肩、竖竖大拇指、点点头、赞许的眼神、吃惊的表情等。从教师的反应程度的角度可分为有反应理答和无反应理答(也称为"不理的理答")。这些形式往往是交织在一起运用的。

1. 理答时存在的误区

就当前的语文教学实践看,教师在理答时常存在以下几个误区。

① 廉价地肯定。当学生回答完一个问题,甚至并不正确时,教师也会予以表扬,如"你真聪明""回答得不错"等,让学生感到成功得太容易。

② 简单地否定。学生的回答可能会五花八门,如不是教师所期待的答案,有的教师会轻易地否定学生的回答。

③ 不置可否。对于学生的回答,教师没有给予明确、适当的评价,有时含糊其辞,让学生不知所从。

④ 错误理答。因学生的独特见解与成人的理解常存在矛盾,就可能让教师产生错误处理的行为,不自觉地扼杀了学生的个性化见解。

2. 理答的常见策略

(1)激励性理答

激励性理答分两种情况:一种是学生对教师(或学生)所提问题回答正确时,教师应及时运用多种鼓励的形式予以肯定;另一种是回答不理想时,教师应先肯定其优点,然后指出或引导其自己认识到不足。

以语文特级教师孙双金执教的统编版小学语文教材五年级上册《落花生》的教学片段为例。

师:现在孙老师在黑板上也写上一个名字,你从这个名字中想到什么?看名字叫什么?

(板书:落华生)

生:(齐)落华生。

师:再读一遍。

生:(齐)落华生

师:你看到这个名字有什么想法?孙老师最喜欢举手的人,来,请你!

生:说明这个人很喜欢吃花生!

师:这是他的想法,其他同学想的都跟他一样吗?我想不大可能,要讲自己的想法。

生:我觉得"落华生"这个名字很像"落花生",也许这个人想学习花生那种朝气蓬勃的生命力。

师:像"落花生",想学花生朝气蓬勃的生命力,这是第二种想法,跟他的想法又有点不同。你呢?大胆说,没关系,说错了表扬!

生:"落华生"呢,原因肯定是这个"落花生"对他很有影响的,所以他才会把名字叫作"落华生"。

师：还有不同的想法吗？

生：我觉得这个人取"落华生"这个名字，他一定和"落花生"结下了不解之缘！

师：好，这个词用得好。同学们真聪明，从"落华生"自然地想到"落花生"！

（板书：将"华"改为"花"）

师：是呀，他为什么起名叫"落华生"？他的真名叫什么呢？你知道吗？

生：落华生他的真名叫许地山。

（板书：许地山）

师：真聪明！落华生是他自己给自己取的名字，他的真名叫许地山。是他爸爸妈妈给他起的名字，那他为什么给自己取这个名字呢？今天我们学习《落花生》这篇由许地山写的文章。我想学完之后，这个问题就自然而然地得到解答了，请大家把书打开，自由朗读这篇文章。

（2）发展性理答

在学生回答不出、回答不完整或回答不确切的情况下，再次组织问题，进行理答。

第一，追问。当学生就某一问题做出回答后，为了引领学生进一步思考，教师往往针对所提问题和学生的回答情况再三提问，从而把对问题的思考引向深入。

依然以语文特级教师孙双金执教的统编版小学语文教材五年级上册《落花生》的教学片段为例。

生2：我的问题是第3自然段：那晚上天色不大好，可是父亲也来了，实在很难得。为什么父亲来了，还很难得？应该是常常来。

师：现在大问题来了，有了不得的进步了。我把这句话展示出来，一起来读一读。

（投影出示，生齐读）

师：就这句话，起码要提三个问题。你把第一个问题再说一遍。

生2：为什么父亲也来了是很难得的？

师：对呀，父亲跟我们在一起是很平常的事，为什么很难得？第二个问题呢？看谁聪明？

生3：为什么天色不好，父亲还要来呢？

师：了不起，了不起！第三个问题呢？

生4：就是说晚上有什么天色好不好的？

师：你们说晚上天色有没有好和坏？

生：（齐）有。

师：明朗的月亮挂在天空，月明星稀，那样的天色好不好？

生：（齐）好。

师：灰蒙蒙、阴沉沉的，一颗星星都看不到，这样的天空好不好？

生：（齐）不好。

师：这是什么天？没……

生：（齐）没有月亮的天。

师：没有月夜的天，灰蒙蒙的、阴沉沉的，天色不好。你有没有什么问题？争取难倒孙老师！

生5：为什么父亲偏偏在这次收获节来？

师：有四个了，还有吗？

生6：为什么说实在很难得？

师：你再说一遍。

（生重复）

师：把"实在"去掉了，试试看，意思相同吗？

生：（齐）相同。

师：大家就抓住这个词来体味。

生7：一家总是在一起的，那么父亲怎么会分开来住的？

师：我觉得这个问题也很自然，你们猜猜看！

生8：他父亲可能在单位上。

生9：也有可能是做抗日工作的。

师：还有可能父亲工作单位离家很远，是不是？

生：（齐）是。

师：刚才就一个句子提出了六七个问题，这是什么能力？这就是创新能力，对于一个句子从不同的角度去思考。我把你们的问题再重复一下。

（师重复说）

师：孙老师再提问一个问题，父亲来和我们过收获节，就是来吃花生吗？

生：（齐）不是。

师：看这句话，我们读书的时候，不能轻易地把它放过，你一放过就把非常了不得的问题给放掉了。我们高年级的同学读书时，要边读边思考，抓住一点就抓住不放，多追问几个问题。

第二，转问。转问一般是在追问无效时，或为了问题得到更多学生的讨论而使用的。课堂上一般会用"谁还有补充？""有谁能帮忙回答这个问题？""对这句话谁还有别的理解？"等，将问题转向别的学生，使问题得到更好的讨论和解决。

第三，变问。当学生对教师所提问题回答不出来时，原因可能是问题难度大，也可能是学生不明白老师的问题。这时，教师可变换角度，或化大为小，或化难为易，或化虚为实，指导学生明确地进行思考，从而获得问题的答案。

以江苏仪征张集小学语文教师王天锋执教的统编版小学语文教材二年级下册《村居》的教学片段为例。

师："杨柳亲切地拂扫大堤是一种多么惬意的意境呀！它与'醉春烟'有什么关系呢？"

（学生哑然）

师："春烟"的意思懂吗？

生：不懂。

师：那我们扬州的"烟花三月"指什么意思呢？

生：在三月进行的招商引资活动。

师：为什么活动要在三月进行呢，可以放在秋天吗？

生：在春天，客人可以观赏许多扬州的景点，如瘦西湖、大明寺、个园等。（师插：因为春天扬州的景物是一年最……）

生：春天扬州的景物是一年最美的时候，所以"烟花三月"要在春天进行。

师："烟花"就是代指春天美丽的景物。谁能看出沉醉在烟花三月中的有哪些景物呢？

生：沉醉其中的有白塔、五亭桥、各种花草树木。

师：那么《村居》里醉在春烟中的是什么呢？

生：是那长长的杨柳。

生：是诗人身边的桃树和小草。

师：这么美丽的景色，沉醉其中的仅仅是这些植物吗？

生：还有欣赏它的诗人。

师：对，景物自醉人也醉。

第四，反问。反问就是当学生的答问不够确切时，不匆忙加以否定，而是以答语为假定，趁势反问，启发学生从假定出发，调动推理思维，使学生自觉悟出正确答案。如前文斯霞老师对"祖国"一词教学的例子。

（3）诊断性理答

诊断性理答指教师对学生的回答给予肯定或否定的评价。教师在理答中有明确的判断，这是诊断性理答的显著特征。一般可分为简单肯定、简单否定、简单重复、意义重复、提升式肯定、引导式否定、纠正式否定等。其中，意义重复、引导式否定、提升式肯定属于积极的理答[①]。

第一，意义重复理答。即教师重复学生的回答，把模糊在学生回答中的关键词通过重复点出来，赋予这些重复内容以丰富的语调，使模糊的内容变清晰。这些重复，不是简单机械的重复，它往往能抓取要点，因势利导，是一种有意义的重复。以《慈母情深》的教学片段为例。

教师愁眉紧锁，面色凝重，请学生再读一读这句话，把目光聚焦到"塞"字上，请学生体会体会，母亲的这一"塞"，究竟是怎样的一个"塞"，学生回答是"迅速地塞"，教师紧接着语速加快，重复说一遍，并让学生把"迅速"加进去，读这个句子。学生按要求读一遍之后，老师加快语速、加重语调重复："是的，这是迅速的一塞！这还是怎样的一塞？"学生略带迟疑，有的说："这还是期待的一塞。"教师趁势带着激昂的语调说："充满期待的一塞！把它加进去读！"接着是同样的重复，教师又引导出"慈爱的一塞"。最后总

---

① 项阳.小学教师理答行为研究——以五位特级教师的课堂教学为例[J].江苏教育研究，2008（16）：23—27.

结:"是啊!这是充满期待的一塞!这是紧紧的一塞!这是充满慈爱的一塞!这是迅速、毫不犹豫的一塞!来,请把这种感觉读进去!"

这一理答,看似重复,却在"不动声色"地推动课堂进展,一个地位卑微但人格高大的母亲的形象清晰地站在大家面前,课堂进入了一个新的境界。这样的重复理答,往往能叩开学生的心门,引领他们走向文本深处。

第二,引导式否定理答。当学生的回答出现错误时,教师及时指出其错误并引导其更正。以特级教师靳家彦执教的统编版小学语文教材五年级下册《跳水》的教学片段为例。

师:这一部分写猴子怎样逗孩子,用了一系列什么?

生:动作。

师:请把这一系列动作划出来。我请一位同学说。这样说:"猴子跳到孩子面前"的"跳","把帽子摘下来"的"摘","戴在头上"的"戴",就这样说。

生:"猴子跳到孩子面前"的"跳","把他的帽子摘下来"的"摘","戴在自己头上"的"戴","很快爬上桅杆"的"爬","坐在桅杆横木上"的"坐"……

师:他说得全不全,还有吗?

生:还有"喊"。

师:对吗?老师让找的是猴子逗孩子的词,"喊"是孩子的动作,对吗?

生:不对。

师:谁错了?

生:我错了。

师:从明白老师问话的角度看,你错得还很有价值,应该受到表扬。

第三,提升式肯定理答。当学生的回答不够完整或不够全面时,教师在学生回答的基础上,继续引导,直到补充完善的方法。

以下是特级教师于永正执教的统编版小学语文教材五年级上册《圆明园的毁灭》的教学片段。

师:请告诉我,为什么英法联军毁了一座圆明园,就激起我们那么大的恨,那么大的怒?读课文第2—4自然段,用一句话回答问题,边读边做记号。要会读书,会读书的人能把三段话读成一句。如果你发现了请做记号。这三个自然段写了什么?

(教师指导)

师:一边读,一边思考,"读书切忌在慌忙,潜于功夫兴味长",要静心、专心读书。

(教师指导)

师:为什么英法联军毁了一座圆明园,就激起我们那么大的恨?

生:因为它是当时世界上最大的博物馆、艺术馆。

师:书读了一半。

生:因为圆明园不但建筑宏伟,而且收藏着最珍贵的历史文物。(板书:不但 而且)

师：看黑板，这就是第2—4自然段告诉我们的。它不但建筑宏伟，而且是最大的博物馆、艺术馆，收藏着最珍贵的历史文物。所以它毁灭了，使每一个中国人痛心，使每一个中国人都会对英法联军、对当时腐败无能的清政府感到痛恨，读一读，告诉我，课文哪几个部分写的是圆明园建筑宏伟？谁来读？请你读。

（4）再组织理答

再组织是教师理答的一种特殊形式，指在理答的最后阶段，教师对学生的回答重新组织或概括，以给学生一个更加准确、清晰、完整的答案。它包括归纳答案和重新组织两种形式。

依然以特级教师于永正执教的统编版小学语文教材五年级上册《圆明园的毁灭》的教学片段为例。

师：默读完的同学请朗读课文，要读得正确流利，能读出自己的感受更好。自己试一试。（教师指导）

师：把书放下。读了两遍课文，现在我发现每位同学脸上的表情与刚才（上课前）完全不一样了，咱们把读了这篇课文后的内心情感统统写在自己的脸上了。现在我问大家，你读了这篇课文，你心里是什么滋味？

生：我觉得英法联军是无耻的强盗！

生：我痛恨英法联军！

师：<u>一个心里认为英法联军无耻，一个感到痛恨。</u>

生：我觉得英法联军简直毫无人性！

生：圆明园的毁灭反映的是当时清政府的腐败无能！

生：对于圆明园的毁灭我很难过，因为这是中国历史上的耻辱！

师：<u>他读出了难过、痛心、恨。</u>（板书：恨）注意"恨"这个字的写法，竖心，先两边后中间。这位同学说了，他一恨英法联军，二恨腐败无能的清政府。同学们，你读到课文哪一段最恨？

请你来做

以下是某位教师课堂的理答行为，请根据上面的论述进行评价。

学生回答情况	理答方式
回答较理想	表扬并示意坐下　3次 直接示意坐下　5次
回答不理想	启发该同学回答　2次 请其他同学回答直至答对　5次 老师自己说出答案　7次
有学生插嘴	直接忽视 讥讽"你聪明啊！"

要点提示

一、问题是针对什么教学目的和内容

即要明确提问的内容和意图，主要是思考以下四个问题：问题要解决什么教学任务？要对什么内容提问？这样表述是否有利于解决问题？问题的解决能达到所定的什么目标？这是首先要考虑的。在教学中，我们常见到这样的现象：教师提出一个问题，学生却摸不着头脑，要么教师再反复解释问题的意图，要么学生答非所问，这除了问题表述不清的原因之外，主要还是问题的意图不明所致。

所以，教师提问时心中应明了教学目标和内容，使问题从不同的维度指向共同的教学目标，形成体系，凝成合力，避免松散和随意。

二、问题是针对哪类层次的学生提的

即要关注学生的差异，强调提问的针对性。哪些提问是需要全班学生都能够思考解决的？哪些提问是绝大多数学生能够思考解决的？哪些提问是小部分学生能够思考解决的？哪些提问是每个学生都能够思考，但解决程度可以不一样的？这就要顾及学生的整体水平、层次差异、个性特点，根据学生的共性和差异设计不同层次和一定比例的问题，以满足全体学生的不同需要。问题分配的不公平或缺乏针对性往往会造成课堂教学的失衡、混乱，极大地影响课堂教学效率。

要完成这个任务，需从学生学习的角度出发提问，明确不同层次学生的基础如何？学习的差异在哪里？针对不同的差异，如何设计问题以适应这些学生的学习。

三、问题设计成什么样子

问题是研读的线索，每个问题都可以看成是研读思维过程的一个环节、一个梯级。问题设计应该统筹全局，具有明确的方向性、整体性和系统性。这个问题体系中应该有一个或几个核心问题，并据此延展开来，使提问逐步形成系统性。

一方面，这类问题能主导文本研读、对话的大方向，提纲挈领地引导学生纵览全局，感悟全篇，最大限度地调动尽可能多的学生来参与思考、讨论、探究，一"问"立骨。另一方面，围绕这类主问题构建体系，可使问题之间环环相扣、梯度分明，构成一个指向明确、思路清晰、具有内在联系的"问题链"，不仅有助于引导学生克服畏难情绪，更能训练其思维的严密性和逻辑性。

总之，只有整体考虑教学内容、教学目标、教学对象、教学环境等的相互关系，在它们的关系中设计和取舍问题，才有可能提出适合教学的问题。教学中，教师要善于把"带着问题走向学生"转变为"带着学生走向问题"，要突出学生的质疑，并通过教师的追问发挥点拨作用，引导学生自己解决自己的问题，从而提高课堂的教学效率。

学与做　技巧提炼与实训

- 就自己的课堂提问经验和本章内容，总结出你所认为比较有效的课堂提问技能。

（　　　　　　　　　　　　　　　　　　　　　　　　　　　　　　）

- 下面是特级教师靳家彦执教的统编版小学语文教材三年级下册《陶罐和铁罐》的教学片段，请你一边读一边把师生提出的问题划下来，想想每个问题的发问时机以及它们之间的关系，并说说靳老师理答的合理性体现在哪里。

先请同学们自己朗读课文，遇到生字词查字典解决，把课文正确、流利地读下来。（学生练习读课文，一会儿读书，一会儿查字典，一会儿交头接耳议论，一会儿发出笑声）

师：可以了吗？请交流一下，你喜欢谁，不喜欢谁，理由是什么。

生：我喜欢陶罐，因为它谦虚；不喜欢铁罐，因为它骄傲。我的根据是课文写"骄傲的铁罐看不起陶罐"，还常常奚落它。陶罐则不是这样，它不但说话很谦虚，而且不和铁罐一般见识，避免矛盾激化，不和它争吵。（理解"奚落"一词的含义）

生：陶罐不但谦虚，也很善良、真诚。你看，当人们刚把陶罐从土里掘出来，它立刻就说："我的兄弟铁罐就在我旁边，请你们把它掘出来吧，它一定闷得够受了。"陶罐不计前嫌，豁达大度，我喜欢它。（师肯定并赞扬生）

生：陶罐敢说真话，我喜欢它这一点。它说："我们生来就是给人们盛东西的，并不是来互相碰撞的。说到盛东西，我不见得比你差。"从这可以看出陶罐并不"懦弱"。（师指导学生掌握"懦弱"一词的音、形、义，纠正学生把"懦"读为"儒"的错误，请他带领全班读句子）

生：我不喜欢铁罐，它不仅骄傲，还很武断。它对陶罐说："你等着吧，要不了几天，你就会破成碎片，我却永远在这里，什么也不怕。"事实上，后来粉身碎骨的不是陶罐，而是铁罐被完全氧化了。看问题不能绝对。

师：你的发言说明你领悟了语言的内涵。

生：老师，我想通过朗读表达我的感悟，可以吗？

师：太好了，请问你想读哪部分。

（生有感情地朗读课文片段）

> "何必这样说呢？"陶罐说，"我们还是和睦相处吧，有什么可吵的呢！"
>
> "和你在一起，我感到羞耻，你算什么东西！"铁罐说，"我们走着瞧吧，总有一天，我要把你碰成碎片！"

（师生互动，共读对话，时而生读，时而师读，时而分角色读，时而议读，把这一段读得声情并茂，兴趣盎然，听课老师掌声不断，笑声频频）

生：老师，我觉得第一句"何必这样说呢？"标点用得不对。这一句既不是疑问句，也不是反问句，读起来觉得是不赞成对方的话，不必这样说的意思，不含问意，我建议修改一下，把问号改成感叹号或句号都可以，而且这一段感叹号用得也太多了，干脆用句号吧！

师：大家觉得怎样？

（生七嘴八舌、议论纷纷）

生：我同意这位同学的意见，这句话用问号是不对的，你越读越觉得它不对。

师：同学们一旦把书读进去，就会有许多不同的感受，这是真正用心在读书，就这样读。（教师没有当裁判，引导学生自主探究）

师：《陶罐和铁罐》这则寓言故事，多像一场两幕的小话剧。你们自愿结合，组成创作小组，演出这个故事，能做到吗？

生：（兴高采烈）能！

- 请自选一篇课文，运用提问的相关技能设计问题，并说一说课堂提问教学的思路。

第八章
课堂朗读技能

想与说　什么是朗读的密码

▶ 你有没有这样的心结：为什么我们那么重视朗读，学生的朗读却总是老样子呢？我们老师懂课文，又懂一些技巧，同时还会很虚心、很努力地向他人学习，可为何总感到自己在朗读教学上力不从心呢？针对上面的问题，试着提炼一些关键词句，写在下面的方框中。

```


```

▶ 于永正老师说："范读是我的'绝活'！有的课文我能读得让学生眉飞色舞！有的课文我能读得让学生潸然泪下。"那么，问题来了，于老师凭什么这么自信，仅仅是因为课前读的遍数多？仅仅是因为感情的投入？还是有别的什么秘诀呢？

```


```

▶ 何捷老师在教童话时，问学生能不能把讲故事的感觉读出来？故事是这种感觉，那诗歌呢？散文呢？小说呢？文言文呢？记叙文呢？说明文呢？朗读它们的感觉肯定与故事是不一样的。那么，我们应该怎样把统编版小学语文教材中不同文体的选文读出文体感或者说感情基调呢？具体到每篇课文，不同的内容又会有不同语调的差异，这里面有什么读法可循吗？

四 读与评　　备课十读的启示

▶ 下面是一位老师的备课——十读课文，读完后根据要求做出你的评价。

拿到统编版小学语文教材四年级上册《蟋蟀的住宅》这篇课文，我读了十遍。

前两遍我站在普通读者的立场，读这篇19世纪法国著名昆虫学家法布尔的观察随笔，感受到文章结构的紧凑鲜明、语言的生动形象、描写的细致入微，感受到蟋蟀的住宅的确是"伟大的工程"，感受到蟋蟀这一小昆虫对生活的无限热爱，还感受到作者通过拟人手法传达出的对蟋蟀的无限喜爱之情。可以说，这篇文章就是一首人类对小昆虫、小生命的赞美诗。

第三、第四遍，我站在学生的立场读，读后产生了一些疑问：学生对蟋蟀熟悉吗？他们理解什么叫"随遇而安"吗？学生能从拟人写法中感受到什么呢？这么一个"最多不过九寸深、一指宽"的洞穴怎么谈得上伟大呢？因为孩子们，尤其是男孩子们总是喜欢拿着木棍在地上挖坑挖洞，挖这么小的一个洞穴对他们来说简直不费吹灰之力。

第五、第六遍，我站在教师的立场读，找了我和学生在阅读之后共通的一些感受和疑惑：作者为什么说蟋蟀住宅"真可以算是伟大的工程了"？作者是怎样用拟人的手法来表现这一伟大工程的？

这之后的四遍，我在阅读中积极地思考：怎样构建一个大家都感兴趣的话题，怎样组织一个和谐的、绿色的、对话的课堂。

● 这位老师备课时为何分别站在普通读者、学生与教师的不同立场来朗读？你觉得这样的朗读备课的合理性体现在哪里？

- "十读课文"这种方式对你自己的备课有什么启发?

讲与议　朗读的痼疾与技巧

理论总述

请你反思

在古诗教学的时候,经常会听到老师这样说:"谁来把这首诗朗诵一遍?"你觉得这种说法恰当吗?为什么?

一、课堂朗读的意涵

(一)朗读

现代的"读",已不再是古代读书人的专利,而已成为大众学习的常用手段。加一个"朗"字,称为"朗读",强调清楚、响亮地"把文章念出来,是将诉诸视觉的文字转化为有声的语言"。几种器官的关系是"眼(看到文字)—口(读出声音)—耳(听到声音)—脑(理解文字的意义)"[①]。作为语文课程视域中的朗读,则从不同视角,被细化成了多种方法。指向教学过程的"读",我们将之称为"三披三入",即披文入情读、披情入文读、披入情文读;指向教学主体的读,如自由读、指名读、范读、对读、齐读等;指向教学内容的读,如添文引读、逻辑引读、问题引读、手势引读、伴随动作读、带着表情读等;指向教学方式的读,如赛读、推荐读、邀请读、分角色读等;指向朗读要求的读,可分为正确朗读、流利朗读和感情朗读;指向不同类型文本的读,根据课程标准要求,儿歌、儿童诗、浅近古诗、优秀诗文(这里的"文",主要指文言文和除了古诗之外的其他小韵文)要求诵读,其他则是朗读。

[①] 朱作仁.小学语文教学心理学导论[M].上海:上海教育出版社,2001:158.

可见，在语文课程视域里，诵读和感情朗读均属朗读法中的一种。只是诵读更为强调言辞的语调、节奏和韵律，在乎"得其文辞"；感情朗读则偏重以声传情、声随情变，它与叶圣陶先生所说的"美读"——把作者的情感在读的时候传达出来[①]——内涵一致。

（二）感情朗读与感情朗读的教学要求

指导学生把课文读正确、读流利这是比较简单的，是家长指导孩子朗读时也能做到的，而指导的难点也即朗读的重心是引领学生读出不同类型课文、不同内容课文中所蕴含的感情。课程标准中既没有说什么是感情朗读，也没有给出感情朗读的具体标准，教师只能根据教学经验，在实践中摸索总结。

从学理上看，感情朗读是指在语文教学过程中，学生在理解文意和正确、流利朗读的基础上，通过耳的反馈和监控，熟练地进行以声传情的一种教学手段。与普通朗读相比，在感情朗读的过程中，几种感官关系发生了变化："眼（看到文字）—脑（理解文字的意义）—口（读出声音）—耳（听到声音，进行矫正）"，"这时候耳的主要作用是反馈和监控"[②]，它是目视、心唯、口诵、耳控等生理活动与感知、理解、思维、想象、情感、态度等心理活动协调统一的过程。从实际操作层面看，就是把准感情变动，气随情动，声随情变，即为感情朗读。

依据内涵阐释和课程标准中的"教学建议""评价建议"，我们认为感情朗读有两个层次的教学要求。

第一个层次，能拿捏准文本里的情感。即朗读时的情感、态度要与隐含在文本里的情感、态度相吻合，不缺，不错，不过；运用恰当的语气、语调并辅以体态语，熟练地读出文本中的感情。以统编版小学语文教材六年级上册《七律·长征》为例。

红军不怕远征难，万水千山只等闲。
五岭逶迤腾细浪，乌蒙磅礴走泥丸。
金沙水拍云崖暖，大渡桥横铁索寒。
更喜岷山千里雪，三军过后尽开颜。

朗读示范
《七律·长征》

这首七律是毛泽东主席在长征结束时写成的，全诗八行四联。概述了长征艰难而蓬勃的历程，赞颂了红军的革命英雄主义和乐观主义精神。首联高屋建瓴，气势豪迈，总领全诗；"不怕"一词下笔千钧，以坚定的语气表达了红军面对长征千难万险的英勇无惧；"等闲"与"不怕"呼应，表达出红军从容不迫的自豪感。"万水千山"以静写动，展现出一幅波澜壮阔的长征总览图。颔联先承接"千山"；"逶迤"和"磅礴"先扬，极言山势雄险；"细浪"和"泥丸"后抑，以比喻言其渺小，一扬一抑间尽显红军的豪迈与乐观之情；"腾""走"又使千山随着红军动起来，可谓想象超拔，用语新奇，境界阔大。颈联

---

① 叶圣陶.叶圣陶教育文集[M].北京：人民教育出版社，1994：231.
② 朱作仁.小学语文教学心理学导论[M].上海：上海教育出版社，2001：158.

承接"万水";一"暖"一"寒",既写天气,又写心理,渡过金沙江后的喜悦之情,勇夺泸定桥的惊心动魄之感,呈强烈比照;一"拍"一"横",以动写静,极具气势。尾联却"喜"由心生,因为翻越"千里雪"便胜利在望了;以"尽开颜"收尾,写出红军翻过雪山后的欢腾喜悦之态,也预示了长征的彻底胜利。全诗笔力雄健,气势磅礴,格调高昂;大处雄浑,节奏强烈,小处精细,抑扬顿挫。这种傲视山川的夺人气魄,非一代伟人而不能有,这就是毛泽东诗词的魅力所在。

那么,怎样读出这篇课文的停顿与用韵?怎样定准课文的感情基调?怎样读出细腻的情感变化?怎样辅以恰当的表情与动作诵读?做到这些,是为感情朗读的第一个层次。

第二个层次,这种"以声传情"有感染力,能打动人。要达到这种艺术层次,就必须把这种情怀渗透在字里行间,并通过关键处细腻地传达出来。如读《七律·长征》首联时昂扬激越的节奏,对"不怕""万水千山""只等闲"用气与拖腔的处理;对颔联、颈联关键处的语调对比处理;对尾联的情感变化的处理。整首诗对亮示节拍的节奏处理,对延长韵脚的用韵处理,对三个收尾字的收束处理等,都能让本诗的诵读更能打动人。

你看,感情朗读要求高,且专业,这才是老师与家长不一样的地方!这个层次的要求,也就是叶圣陶所说的要"按照国语的语音,在抑扬顿挫表情传神方面多多用功夫,使听者移情动容"[1]。当然,要能读出感情、以情感人,必须练好两门功夫:一是把准动情处,这是解的功夫;二是三批三入读,这是读的功夫。

二、课堂朗读的价值

综观世界语文教学三大模式(以英国为代表的西方古典模式、以美国为代表的西方现代模式、以日本为代表的东西方混合模式)的发展来看,"怎样认识文学熏陶与语言实际运用之间的关系,成为各国语文教改中的一个带有普遍性的问题"[2]。我国的语文究竟应成为"以'实用'为基本目标的'语文',还是以'审美'为基本目标的'语文'"?2022年版课标给出了清晰回答,即既要重视语用,也要重视审美。基于这一背景,朗读教学,特别是感情朗读教学不可或缺,这是因为:① 对基于"以'实用'为基本目标的语文"来说,感情朗读教学的过程就是语言文字运用的过程。② 对基于"以'审美'为基本目标的语文"来说,要让学生"受到情感熏陶""享受审美乐趣",感情朗读是最直接、最经济的审美手段。③ 对基于"'实用''审美'等目标协调配置的语文"来说,感情朗读教学又是一种"审美的语文运用"[3]。审视当前的语文教学,其价值突出体现在以下

---

[1] 叶圣陶. 叶圣陶教育文集[M]. 北京:人民教育出版社,1994:231.
[2] 倪文锦. 西方国家语文教育发展的三种模式[J]. 全球教育展望,2001(04):49—55.
[3] 巢宗祺. 关于语文课程性质、基本理念和设计思路的对话[J]. 语文建设,2012(05):4—11.

四个方面。

第一，感情朗读本身便是独特、重要的语文本体性教学内容[①]，感情朗读教学是获得感情朗读这一语文技能的直接途径。

第二，感情朗读过程"是由视觉分析器、言语运动分析器和听觉分析器共同参与的活动"[②]，是在理解的基础上，进一步运用三种分析器再现意义、塑造形象、表达情感的过程，也是通过三种分析器之间的协调，建立言语视觉、言语动觉与言语思维深度联系的过程。因此，通过感情朗读教学，不仅能进一步促进学生的感受能力、理解能力、欣赏能力和评价能力的提升，也有助于学生口头表达能力的进一步发展。

第三，感情朗读教学的触角最能触及到语言文字的秘妙处、情感态度的细微处，引导学生品尝到语文味，对提升其语文审美、激发其语文学习的内驱力具有无法替代的作用，这也是在语文课堂中倡导"以读带讲"，批评"以讲代读"的根本原因所在。

第四，在感情朗读教学阶段，听觉分析器的监控和反馈功能表现突出，依靠它能进一步稳定学生的阅读注意力。正如乌申斯基所说：注意是一座门，凡是从外界进入心灵的东西都要通过它。听觉的监控和反馈更容易让声音承载的形象、意义、情感进入注意之门，使学生沉浸其中，其阅读注意力，尤其是听读、朗读注意力会不断得以强化。

三、课堂朗读的"三腔三调"问题

（一）拖腔拖调

即学生拉着腔调的唱读，齐读时表现得尤为明显。具体表现为：一是拖音，每一个字或大部分字的音，都会拖到一定的长度；二是拖调，朗读时将语调拉在固定的发声位置上，没有明显的变化。一字一拖，语调相似，加上学生的声音高而尖，再"蓬蓬勃勃"地读来，貌似书声琅琅，却是一种有口无心的假朗读。这种现象极为普遍，在低年级中尤其突出。

（二）拿腔拿调

"拿"就是"端"。就像新闻播报有"播音腔"一样，仿佛课文朗读也应该有"课文腔"，不管读哪种类型的课文，不管什么语境里的文字，朗读腔调都相似；发声位置端到嗓子眼，拿着声调，不肯放下、不肯放松、不肯变化，给人一种装腔作势之感，这也是一

[①] 上海师范大学吴忠豪教授指出："语文课程长期难以摆脱效率不高的怪圈，其主要原因是本体性与非本体性教学内容的错位。"所谓"语文本体性教学内容"，即体现学科本质特征的教学内容，如语文知识、语文策略（方法）和语文技能；另一类是非本体性教学内容，即语文课程与基础教育各门课程共同承担的教学内容，如情感、态度、审美、价值观教育任务。

[②] 陈黎明，林化君. 汉语应用语言学［M］. 青岛：青岛海洋大学出版社，2002：189.

种假朗读。

（三）走腔走调

主要表现为：对不同基调课文的朗读跑调，对不同表达方式语言的朗读跑调，对特殊语境中语句的朗读跑调。形式上是朗读的问题，本质上却是理解的问题。例如，统编版小学语文教材五年级下册《军神》一文，沃克医生在给青年刘伯承做完眼睛手术后，由衷地说担心他会晕过去，刘伯承却说自己一直在数他的刀数。"沃克医生惊呆了，大声嚷道：'你是一个真正的男子汉，一块会说话的钢板！你堪称军神！'"此句是本文的核心句，有老师在范读和引导孩子朗读时，几乎是激情澎湃地喊着读的，因为提示语中是有个"嚷"字，语言也简短有力，还用两个"！"来强化感情。但其实在这一语境中，刘伯承刚做完手术，身体极其虚弱，一个有职业修养的医生，怎么可能用这种语调与病人讲话呢？

=== 技能概观 ===

一、朗读的内部技巧

关于语文教学中的朗读，我们在十几年大量理论研究和实践检验基础上，提出了行之有效的"童向朗读"[1]概念，它是儿童学习语文的一种感情朗读的理念和方法。本章内容主要围绕这一理念和方法展开。

从技巧角度看，童向朗读首先涉及的是内部技巧。具体说来，主要是从拿捏准文本情感的需要生发的，包括如何把握住文中所传达的"喜、怒、哀、乐、欲、恶、惧"等情感内涵，如何把握住语言表达链条中反映出的"并列、承接、递进、总分、转折、假设、因果、条件、主次"等逻辑感受，以及如何通过朗读者的语气、语调体现出与听者的交流、呼应意识。三个方面交织在一起所传达出的就是童向朗读之"神"。

（一）文体感：定准感情基调，不跑调

感情基调指感情朗读时的基本语调，不同的文体应该有不同的语调，不同的课文语调也应该有所不同。感情基调定准了，就能抓住课文的神气，就有了撬动童向朗读的支点。

1. 四大基调

被称为"近现代吟诵第一人"的唐文治，注重用不同的吟诵方式来体会和表现不同文体文章的神气，是为"唐调"。受其启发，借鉴朱广贤"二门八类"[2]的分类方法，在长期实践的基础上，我们逐渐提炼出了朗读的"四大基调"——诵读调、讲读调、美读调与说

---

[1] 王宗海.童向朗读：用朗读教语文［M］.上海：复旦大学出版社，2021：11.
[2] 朱广贤在其《写作学概论》中把所有文章分为两门，即文学作品门和实用文章门，前者又分为诗歌类、小说类、戏剧类和散文类四类，后者分为记叙类、说明类、议论类和应用类四类。

读调。

基于此，我们对统编版小学语文教材中的选文做了大致归类。具体而言，古体诗、近体诗、词、现代诗、儿童诗、儿歌与文言文选文属于诵读调范畴，不管是因形式特殊，如分行排列，讲求平仄、用韵，还是语言特殊，如文言文强调朗读的节奏或韵律。2011年版课标要求"诵读儿歌、儿童诗和浅近的古诗"，"诵读优秀诗文"，我们就称这类课文的朗读基调为"诵读调"。童话故事、寓言故事、神话故事、民间故事、历史人物等故事类选文，因故事性强及其口耳相传的特点，得读出讲故事的感觉，是为"讲读调"。抒情散文与叙事散文，文质兼美，教学中要求"美美地读"，故称"美读调"。记叙文、现代小说选文，不管是真实的还是虚构的，都根植于生活，要像在生活中说话那样读，就叫"说话调"；而古典小说选文，因节选自文人整理、创作的古典名著，语言带有说话人或说书人讲故事底本的用语特点，故称为"说书调"；说明文、说理文，不管是介绍事物特征还是事物道理，都重在一个"明"字，可谓"说明调"。说话调、说书调、说明调，都建立在"说"的基础上，统称"说读调"。具体如表8-1所示。

表8-1 朗读四大基调及其选文类型

四大基调		二门八类	课 文 类 型
诵读调		文学文·诗歌类	古体诗、近体诗、词、现代诗、儿童诗、儿歌、文言文选文
讲读调		文学文·故事类	童话故事、寓言故事、神话故事、民间故事、历史人物等故事类选文
美读调		文学文·散文类	抒情散文、叙事散文选文
说读调	说话调	实用文·记叙类	记叙文选文
		文学文·小说类	现代小说选文
	说书调	文学文·小说类	古典小说选文
	说明调	实用文·说明类	说明文选文
		实用文·议论类	说理文选文

2. 一小基调

"每一篇课文都有它的感情基调"，那么该如何把握具体课文的感情基调呢？相对于"四大基调"，我们又提出"一小基调"。基本方法是："感情基调=感情+节奏"。其中，"感情"指文本的情感态度与价值观；"节奏"即语调中高与低、强与弱、快与慢的对比，按咬字轻重和语速快慢的关系，分四种：咬字轻、语速快为轻快节奏；咬字重、语速慢为沉稳节奏；咬字轻、语速慢为舒缓节奏；咬字重、语速快则为强疾节奏，即轻、重、缓、急。例如，统编版小学语文教材六年级下册古诗词诵读中《春夜喜雨》借春夜落雨之景，抒发了杜甫的喜悦之情，轻咬文字方可表现出诗人的轻松、喜悦；可是对一个忧国忧民、年近五十的诗人来说，这种暂时安定、长期孤愁中的突来之喜，也是深沉的、舒缓的，而不是轻曼的、跳跃的，故语速要缓慢而非轻快。因此，《春夜喜雨》的诵读基调就是一种饱含喜悦之情的舒缓腔调。这是一篇课文只有一个感情基调的例子。还有的课文会随着情感或景物的变化，呈现几个基调。例如，**统编版小学语文教材二年级下册《雷雨》**描述了雷雨前、雷雨中、雷雨后的景象：雷雨前沉闷压抑；雷雨中电闪雷鸣、大雨滂沱，朗读起来自然会咬字重、语速慢，以传达压抑、惊叹之感；雷雨后则清新扑面、彩虹亮丽、蛙鸣阵阵，语调自然转为咬字轻、语速快，体现轻松愉悦之情，这就出现了两种基调。

朗读示范
《雷雨》

> **名师经验**
>
> 以下是特级教师薛法根执教的统编版小学语文教材四年级下册《清平乐·村居》的教学片段。
>
> 师：这是一个朴素的、淡雅的、宁静的、和平的、温馨的、悠闲的村居。是的，作者眼中所见的就是这样一个村居。所以他用的词调是"清平乐"，"清平乐"就是祈求天下太平的一个词调。下面请你体会一下，再来读一读，看能不能把这样一个"村居"读出来。（生自由读）
>
> 师：谁来读出一幅其乐融融、朴素宁静的村居图？（生读）
>
> 师：你读得特别响亮，好像"满江红"，气势昂扬！但这是"清平乐"啊，想象一下，是一个什么样的词调啊？
>
> 生：（纷纷地）柔和的、祥和的；比较缓慢，比较轻的；平和的、宁静的感觉；柔美的，起伏不是很大……
>
> 师：对，要有这样一个基调。再读！（生读）
>
> 师：嗯，有那么一点味道了。（生再读）

（二）对象感：定准情感基点，不飘忽

声音是可以带有感情的，但带的是谁的感情，在何种语境下的感情，就是情感基点，也就是感情基础的问题了。说得形象一点，就是你是站在谁的情感立场上开始你的朗读的。抓住了情感基点，也就找到了感情朗读的突破口，无从下口或力不从心之感就不再那么强烈了。

1."朗读时，我是谁？"

这是朗读时首先要问自己的问题。"我"是课文里的叙述者，是作者，还是哪一个或哪一些角色？童向朗读的声音是有根的声音，它扎根于气息、扎根于角色、扎根于语境。因此，不管是教师还是学生，我们强调都带着两个问题读——"朗读时，我是谁？""我在读给谁听？"锁定了对象，声音就有了根基，气息、声音与情感的变化就一下子找到了发

出的依据,就不再是模模糊糊、飘飘忽忽、恍恍惚惚的无根朗读。

2. "我如何确定,我是谁?"

"更难的是读人物的对话。说话人的身份、思想感情、性格特征乃至性别、年龄等因素,我都要考虑到。要做到'读谁像谁'。我觉得,朗读好了,备课就成功一大半了。"[①]

(1) 把握课文,厘清角色

先整体透视课文,从三个角度来梳理角色。一是表达者是谁?也就是说,这篇课文是从谁的视角来表述的。这个表述者,有的是作者,有的是隐含的作者;这个作者有的是一位,有的是几位,还有的是一个集体。二是角色与主旨是什么关系?根据角色与主旨的关系来确定主人公是谁?还有哪些角色,它们之间的关系是什么?例如,统编版小学语文教材一年级下册《狐狸和乌鸦》一文的主人公是乌鸦,因为课文是寓言,主要从乌鸦身上来讲道理。三是角色是什么样的?包括其性别、年龄、身份、性格、情感等。

(2) 定位角色,移情体会

第一,化角色,角色化。就是确定了语境中自己的朗读角色后,按角色来移情体会,指向角色的身份、情感与生活经验,从而确定朗读的语气、语调,以该角色的口吻进行朗读。人物的差异、语境的变化,共同让声音里的情感和语调不断变化,语言的节奏就活在声音里了。

第二,化行为,行为化。角色行为的不同,会导致情感的差异与变化,因此还应聚焦关键人物的关键行为。语境不同、语句不同,角色行为就可能不同。例如,角色是在叙述、在抒情、在议论、在说明,还是在默思?是在想象、在对话,还是在自言自语?通过朗读,可以让这种特定语境中的行为生动地展示出来。

小试牛刀

以统编版小学语文教材五年级上册的《小岛》的教学片段为例。明确朗读时你是谁?如何读出不同角色的口吻?

大家都很吃惊。秘书马上问队长:"晚上岛上吃什么?"

将军白了他一眼:"吃什么?战士们吃什么我就吃什么。"

他问身边的队长:"欢迎不欢迎?"

队长心里很矛盾,说:"欢迎是欢迎,可您的……"

将军又问围过来的战士们:"你们欢迎吗?"

"欢迎!"

---

① 于永正.在备"功夫"上下工夫[J].小学语文教师,2015(06):1.

（三）视像感：定准具体感受，不虚无

细细体会

"蓝蓝的天上白云飘，白云下面马儿跑。"当你朗读这句歌词时，脑海里会浮现出什么画面？随着画面变化，你的声音有无变化？是不是读到"蓝蓝的天上白云飘"，声音就随着高起来；读到"白云下面马儿跑"时，声音又低下来？你是否体会到声音高低的变化可以表现内心视像的变化？

我们常要求学生边读边想象画面，其实质就是把文字转化成画面，以帮助学生直观感受。具体说来，即让文字通过眼与耳共同刺激大脑，从而把左脑里的文字，在右脑里转成形象（汉字是左右脑文字），通过这种方式，抽象的文字就具体可感了，这就是学生理解文字的密码。

1. 时间感视像

朗读统编版小学语文教材三年级下册《花钟》片段，尤其是加点的文字，体会一下你能否在内心看到时间的形象？

鲜花朵朵，争奇斗艳，芬芳迷人。要是我们留心观察，就会发现，一天之内，不同的花开放的时间是不同的。凌晨四点，牵牛花吹起了紫色的小喇叭；五点左右，艳丽的蔷薇绽开了笑脸；七点，睡莲从梦中醒来；中午十二点左右，午时花开花了；下午三点，万寿菊欣然怒放；下午五点，紫茉莉苏醒过来；月光花在七点左右舒展开自己的花瓣；夜来香在晚上八点开花；昙花却在九点左右含笑一现……

朗读示范
《花钟》片段

文中由早到晚的时间点，就是学生生活经验里的一个个时间节点，每个节点就像一个由低往高放的花架，每个花架上放一盆开着的花。这个视像，让学生画出来，就是思维导图；说出来，就是对"一天之内，不同的花开放的时间是不同的"这个总括句的具体展开。当然，这个内心视像，在学生那里更加多姿多彩。

那些以时间为线索或顺序的课文，更要善于运用时间感视像来形象把握。

2. 空间感视像

朗读统编版小学语文教材六年级上册《草原》片段，尤其是加点的文字，体会一下你能否在内心里看到空间的形象？

这次，我看到了草原。那里的天比别处的更可爱，空气是那么清鲜，天空是那么明朗，使我总想高歌一曲，表示我满心的愉快。在天底下，一碧千里，而并不茫茫。四面都有小丘，平地是绿的，小丘也是绿的。羊群一会儿上了小丘，一会儿又下来，走在哪里都像给无边的绿毯绣上了白色的大花。那些小丘的线条是那么柔美，就像只用绿色渲染，不用墨线勾勒的中国画那样，到处翠色欲流，轻轻流入云际。

这么美的渲染，会让学生感到眼花缭乱、应接不暇。乍一读来，会产生什么都想抓却又什么都抓不住的焦虑感。如果顺着观察顺序，形成一个空间视像，这些景物一下子就捋顺了，再顺着这个视像把景物融进去，就又清晰、又活泼、又美丽了。

那些以空间为线索或说明顺序的课文，也要善于以空间视像引领学生来整体把握。

当然，时间感与空间感经常需要交织在一起把握。

3. 形象感视像

（1）色彩感视像

色彩感视像即文字的色彩感所唤起的视觉形象，这类文字在小学语文教材中比比皆是。例如，**统编版小学语文教材三年级下册《燕子》片段**。

朗读示范
《燕子》

二三月的春日里，轻风微微地吹拂着，如毛的细雨由天上洒落着，千条万条的柔柳，红的白的黄的花，青的草，绿的叶，都像赶集似的聚拢来，形成了烂漫无比的春天。这时候，那些小燕子，那么伶俐可爱的小燕子，也由南方飞来，加入了这个光彩夺目的图画中，为春光平添了许多生趣。

翠的柳，红的白的黄的花，青的草，绿的叶，乌黑的小燕子，再蒙上一层细雨，五彩缤纷且发亮，这就是脑海里烂漫无比的春天的色彩。

（2）视听感视像

视听感视像就是课文里写视觉或听觉的文字在学生的脑海里所唤起的视觉形象。例如，**统编版小学语文教材四年级上册《观潮》第4自然段**。

朗读示范
《观潮》

那条白线很快地向我们移来，逐渐拉长，变粗，横贯江面。再近些，只见白浪翻滚，形成一堵两丈多高的水墙。浪潮越来越近，犹如千万匹白色战马齐头并进，浩浩荡荡地飞奔而来；那声音如同山崩地裂，好像大地都被震得颤动起来。

写的是作者的所见、所听、所感，体会特级教师窦桂梅执教的教学片段，揣摩她是如何扣住视听感视像，以读带讲的。

师：还有谁来说说你喜欢的句子？

生：我喜欢"浪潮越来越近，犹如千万匹白色战马齐头并进，浩浩荡荡地飞奔而来；那声音如同山崩地裂，好像大地都被震得颤动起来"。这句写出了浪潮的样子。（出示句子）

师：不仅写了它的样子，还描绘了它的声音。喜欢这句的同学请举手！（生举手）

师：再加上我一个，我也特别喜欢。多么精彩的语句呀！不过要读好它还真不容易。你们在下边准备一下，待会儿我们来比赛，看谁能把这种气势读出来。（指名读）

师：你为何把"山崩地裂"读得那么重呢？

生：因为这体现了潮声很大。

师：声如山崩地裂，形如白色战马。还有哪位同学也想读？（指名读）

师：让我们一起感受这壮观的景象吧！（生齐读）

师：你们入情入境的朗读让我仿佛（播放画面）看见了这白浪翻滚飞奔而来的情景，

听见了这千军万马奔腾的声音（播放声音）。那一浪推一浪的样子，让你想到了什么？

（3）运动感视像

运动感视像就是连续性的动作在学生内心所唤起的连续性的视觉形象。例如，统编版小学语文教材五年级下册《跳水》里描写"猴子逗孩子"一连串动作的一段。

船长的儿子才十一二岁，他也笑得很开心。猴子忽然跳到他面前，摘下他的帽子戴在自己的头上，很快地爬上了桅杆。水手们又大笑起来，只有那个孩子哭笑不得，眼巴巴地望着猴子坐在桅杆的第一根横木上，摘下帽子来用牙齿咬，用爪子撕，好像故意逗他生气，孩子吓唬它，朝着它大喊大叫。猴子不但不理，还撕得更凶了。

以下是特级教师靳家彦执教的《跳水》的教学片段。

师：这一部分写猴子怎样逗孩子，用了一系列什么？

生：动作。

师：请把这一系列动作划出来。我请一位同学说。这样说："猴子跳到孩子面前"的"跳"，"把帽子摘下来"的"摘"，"戴在头上"的"戴"，就这样说。

生："猴子跳到孩子面前"的"跳"，"把他的帽子摘下来"的"摘"，"戴在自己头上"的"戴"，"很快爬上桅杆"的"爬"，"坐在桅杆横木上"的"坐"……

师：他说得全不全，还有吗？

生：还有"喊"。

师：对吗？老师让找的是猴子逗孩子的词，"喊"是孩子的动作，对吗？

生：不对。

师：谁错了？

生：我错了。

师：从明白老师问话的角度看，你错得还很有价值，应该受到表扬。

师：现在请同学们齐读这一段。（生齐读）

师：你们理解了吗？

生：理解了。

师：不一定，究竟猴子是怎么逗孩子的，你们还没看见。<u>读书一定要读到像你们亲眼看见了一样，才算真正理解了</u>。为帮助你们理解，我放一段录像。我们天津紧靠渤海湾，我租了一艘外国轮船，让一个外国小孩当船长的儿子，让外国人当水手，从动物园借了一只大猴子，拍了猴子逗孩子的经过，想看不想看？

生：想看。

师：真想看假想看？谁想看？举手！（齐举手）

师：闭上眼睛，我做一下准备工作，眼前有一张大屏幕。

师：（声情并茂地范读课文第2自然段）睁眼，看见了没有？

生：看见了。

师：看见了什么？我没放录像，你们看见什么了？实际上你们不是在看，而是在干什么？

生：想象。

师：太重要了。读书时一定要想象，就像在自己面前表现出来一样，这样读就读懂了，读活了，读理解了。你们说这种读书方法好不好？

生：好。

靳家彦老师先引领学生锁定猴子逗孩子的动词，然后朗读想象，唤起运动感视像，让学生自己看见画面，"才算真正理解了"。

（四）代入感：定准三步情动，不走神

"然则志足而言文，情信而辞巧，乃含章之玉牒，秉文之金科矣。"[①] 文章因志足而作，言辞也因情信而巧妙，这可谓是作文的金科玉律。因此，阅读教学要把"重情趣"放在第一位，通过朗读把学生带进课文中来，带入到语文课堂里来，引起情感共鸣，避免人与文分离，避免人与课分离。

第一步，把握住感情变动，这是关键一步。清代桐城派学者刘大櫆在《论文偶记》中说："神气者，文之最精处也；音节者，文之稍粗处也；字句者，文之最粗处也。"课文里的"神气"，就是编者要传达给孩子的情感态度与价值观，只有把握住了情感变动，才能让孩子神气活现。因此，童向朗读就是要引领学生扣住字句，感受情感的节奏、脉络与变化，从而体味情感的细腻与丰富。例如，**统编版小学语文教材一年级下册《一个接一个》**。

朗读示范
《一个接一个》

月夜，正玩着踩影子，
就听大人叫着："快回家睡觉！"
唉，我好想再多玩一会儿啊。
不过，回家睡着了，
倒可以做各种各样的梦呢！

如果没有大人叫，在大人看来无聊透顶的踩影子，小孩子能玩一个晚上。大人带着"！"的叫喊，让孩子失望，但也不强烈、不纠结，因为第三行后用的是"。"第四行一个转折，孩子的心态马上发生了变化，做各种各样的梦更好玩呢！因为诗行的最后是"！"寥寥五行，小孩子"开心—失望—开心"的心情地图清清楚楚地呈现出来。何其透明，何其纯真。

下面我们看一位教师的设计片段[②]。

过渡：如果这个时候大人喊你睡觉，你心情会怎样呢？

---

① 刘勰.文心雕龙［M］.济南：齐鲁书社，1995：104.
②《一个接一个》教学设计之二［EB/OL］.（2010-01-20）［2021-09-14］.http://www.lbx777.com/yw02/ygjyg/jxsj02.htm.

① 引导学生结合自己的生活实际来谈感受。

② 小结：是啊，文中的小朋友和你们的想法一样。相机出示："唉，我好想再多玩一会儿啊。"

③ 指导学生感情朗读："唉，我好想再多玩一会儿啊。"应重读"唉""好想""再"，为何用"。"而不用"！"，读出失望、扫兴的心情，但不要那么强烈。

在感情朗读环节，该教师的设计细腻，除引领学生重读三个关键词外，还敏感地扣住了标点符号的细节，体会"我"的感情变化。

第二步，气随情动。也就是说，要以气托声，使气息随着感情变化而进行强弱变化，以彰显情感。这往往是最容易被忽略的一步。依然以《一个接一个》第一节的诵读为例，大人的叫喊，该怎么体现，气息要强些，才能与孩子的开心形成反差；然后，深叹一口气，用相对较弱的气息读出"唉，我好想再多玩一会儿啊"，表达失望之情；接下来，孩子的心态立马发生了变化，气息比读第一行时还要强一些，以表达出做梦更好玩的开心之情。

第三步，声随情变。情变则气变，气变声则变，变得恰到好处，才是技巧。

扣住情感，以气托声，以声传情，三位一体，才是真正的感情朗读。

二、朗读的外部技巧

外部技巧，主要是从如何有效传达出这种情感的需要生发来的，包括重音、停顿、节奏、语势四种，其融为一体显示的是童向朗读之"形"。声音，无形不立。一次抑扬顿挫的朗读，必然隐含着一定的外部技巧，不管朗读的人是否意识到。

（一）重音

"重音的特点表现在扩大音域和延续时间上，同时增加强度，所以听起来特别清晰完足，即使在耳语时也可以听清楚重音在哪儿。"① "扩大音域"要靠提高"音高"，"增加强度"就是强化"音强"，"延续时间"即利用"拖腔"技巧增加音长。我们摸索出两个行之有效的办法：一种是"音高+拖音"，一种是"音强+拖音"。

小试牛刀

统编版小学语文教材六年级下册《学弈》："其一人专心致志，惟弈秋之为听；一人虽听之，一心以为有鸿鹄将至，思援弓缴而射之。"重音应该标在哪？为什么？请你标出来，读出来。

---

① 黄伯荣，廖序东.现代汉语[M].北京：高等教育出版社，1991：138.

1. 语法重音

根据语法特点而重读的音，叫"语法重音"。一般来说，"宾语＞谓语＞主语"，这是第一个特点。第二个特点是与主语、谓语、宾语相比，附加成分的定语、状语、补语一般为重音。例如："20世纪是一个呼风唤雨的世纪。"在没有具体语境的情况下，"呼风唤雨"自然要重读。

2. 逻辑重音

"为了突出句中的主要思想或强调句中的特殊感情而重读的，叫'逻辑重音'"[①]，也叫"逻辑强调音"。以统编版小学语文教材二年级上册《坐井观天》片段为例。

青蛙坐在井里。小鸟飞来，落在井沿上。

青蛙问小鸟："你从哪儿来呀？"

小鸟回答说："我从天上来，飞了一百多里，口渴了，下来找点儿水喝。"

青蛙说："朋友，别说大话了！天不过井口那么大，还用飞那么远吗？"

这是一篇寓言故事，意在讽刺青蛙的目光狭小，见识浅薄。为了突出故事发生的地点，第1自然段"井里""井沿"应重读。第2、第3自然段一问一答的重音在"哪儿"与"天上"；为了紧扣主题，应突出天的大，以及为了与第4自然段照应，"一百多里"要重读。第4自然段重读"大话""井口""那么远"，也是因为它们关乎主旨。逻辑重音的落脚点，就是要看哪些词或词组在关乎主题思想的逻辑上更重要。

3. 修辞重音

"我们用语言交流思想、传达信息，不仅要表达得准确无误，清楚明白，还应该力求做到生动形象、妥切鲜明，尽可能给人以深刻的印象和语言艺术的美感……在表达内容、语境确定的前提下，如何积极调动语言因素，配合非语言因素，以最恰切完美的语言加工形式去获得最佳的表达效果，这就是修辞。"[②]也就是说，基于主旨，对那些采用修辞的词或短语给予的强调，就是修辞重音。例如，统编版小学语文教材一年级下册《端午粽》片段，重读加点词，体会其效果。

粽子是用青青的箬竹叶包的，里面裹着白白的糯米，中间有一颗红红的枣。外婆一掀锅盖，煮熟的粽子就飘出一股清香来。剥开粽叶，咬一口粽子，真是又黏又甜。

预习或初读阶段，如果让学生划划自己觉得要重读的词，一定跑不开这些词，因为正是它们激活了学生的思维。

4. 感情重音

"感情重音"指为表达某一种特定情感，对某些词或短语加以强调的音。感情重音的处理，最能触及到文字的隐秘神经。例如，统编版小学语文教材三年级上册《卖火柴的小女孩》片段。

[①] 黄伯荣，廖序东.现代汉语［M］.北京：高等教育出版社，1991：138.
[②] 黄伯荣，廖序东.现代汉语［M］.北京：高等教育出版社，1991：207.

她在墙上又擦着了一根火柴。这一回,火柴把周围全照亮了。奶奶出现在亮光里,是那么温和,那么慈爱。"奶奶!"小女孩叫起来,"啊!请把我带走吧!我知道,火柴一灭,您就会不见的,像那暖和的火炉,喷香的烤鹅,美丽的圣诞树一个样,就会不见的!"

朗读示范
《卖火柴的小女孩》片段

两次"就会不见的",一次比一次强烈地表达了小女孩对奶奶能给予的温和、慈爱的向往,哪怕奶奶在另一个世界里。从情感上进行重读处理,就能借着声音把小女孩在这个世界里借着最后一丝光明的最后一次呼喊,充分地释放出来,也为小女孩被冻死做好了最后一次蓄势。

它山之石

以下是窦桂梅老师在执教统编版小学语文教材五年级下册《祖父的园子》时演绎的精彩重读,请思考她是怎样用活重音的。

师:做这五件事之前,还有这句话,我们一起对读一番:
师:祖——父戴一顶大草帽。(师用浑厚的声音强调"祖父")
生:我——就戴一顶小草帽。(生用清脆的声音强调"我")
师:祖父戴——一顶大草帽。(师重音强调"戴")
生:我就戴——一顶小草帽。(生重音强调"戴")
师:祖父戴一顶大——(师重音强调"大")
生:我就戴一顶小——(生压低声音强调"小")
师:哈哈,太好玩了。你们互相对读这五件事。
生1:祖父——栽花。(师强调"祖父")
生2:我——就栽花。(生强调"我")
生1:祖父拔——草。(师重音强调"拔")
生2:我就拔——草。(生重音强调"拔")
师:想怎么朗读就怎么朗读!(生特别积极,纷纷跃跃欲试)
生1:祖父戴一顶大草帽——(强调"草帽")
生2:我戴一顶小草帽——(也强调"草帽")
生1:祖父——栽花。(强调"祖父")
生2:我——就栽花。(强调"我")
生1:祖父拔——草。(强调"拔")
生2:我就拔——草。(强调"拔")
生1:祖——父——种——菜——(慢条斯理)
生2:我——就——种——菜——(一板一眼)
生1:祖父铲地。(语气特快)
生2:我也铲地。(语气也特快)
师:哈哈,就这样朗读着,朗读着,你感受到了一个怎样的萧红?

（二）停顿

一位大演说家讲过："要使你的话说得含蓄，要使你的沉默是雄辩的。"沉默如何是雄辩的？那就是恰切的停顿。也就是要正确处理语调中连与断的对比，给紧密相连的言语以必要间歇的技巧。如果说，节奏是语言的生命，那么，停顿就是节奏的生命，要想语言的节奏活起来，非处理好停顿不可，它是四大外部技巧中最为关键的技巧。常见的停顿有四种：结构停顿、强调停顿、心理停顿与生理停顿。

朗读示范
《清平乐·村居》
片段

统编版小学语文教材四年级下册《清平乐·村居》上阙可以说是一段相当奇妙的文字，一共四行，居然包含了四言、五言、六言、七言诗句，那么该如何停顿？

茅檐/低小，

溪上/青青草。

醉里/吴音/相媚好，

白发/谁家/翁媪？

一般说来，四言读为"22"拍，如统编版小学语文教材六年级下册《采薇（节选）》"昔我/往矣，杨柳/依依。今我/来思，雨雪/霏霏"；教材未选六言诗，但本词上阙有六言，下阙全是六言，停顿是"222"拍；五言读"23"拍即可；七言读"223"拍。另外，如果分行排列，还要注意行顿。

1. 结构停顿

按文本的层次结构、语法结构进行准确、适当的停顿，清晰地显现文本的层次结构与思想脉络，叫"结构停顿"。一个长句子，中间没有标点，为把语意讲清楚或调节气息，也需要停顿；另外，在标点处、节拍处、诗行间、分段处等有明显停顿标志的地方，都要做停顿处理。

2. 强调停顿

在结构停顿基础上，为了强调或加深某一句话、某一个词的意义，在其前面，给予一定的间歇以引起注意与重视，叫"强调停顿"。例如，统编版小学语文教材三年级上册《灰雀》中"列宁自言自语地说：'多好的灰雀呀，可惜再也飞不回来了。'"为表达列宁的遗憾，也为提醒小男孩，可突出"再也飞不回来了"，除了重读外，还有个好办法就是强调停顿，具体来说，"再"前面做个间歇，就可以突出它了。

趁热打铁

统编版小学语文教材二年级下册《揠苗助长》里的句子："他的儿子不明白是怎么回事，第二天跑到田里看，禾苗都枯死了。"若要强调"都枯死了"该怎么读？

3. 心理停顿

出于心理上、情感上的需要所产生的停顿，就是心理停顿。不受结构停顿限制，可在结构停顿上延长时间，也可以在结构停顿不允许的地方停顿，但必须有心理或情感的依据。

统编版小学语文教材选文中的停顿主要有两种情况，一是有停顿痕迹的。这样的例子在对话中不少，如《灰雀》中"男孩说：'没……我没看见。'"《小马过河》中"小马低下了头，说：'没……没想过。'"《我们家的男子汉》里"他脸色有点儿紧张，勇敢地开口了：'同志，买，买，买，……'他忘了他要买什么东西了。"朗读时，不能丢掉省略号，也不能随意处理，可以将省略号前面的一个字进行拖腔处理，即造成心理停顿的效果。

二是没有停顿痕迹的，这就需要根据语境灵活处理了，但必须有理有据。如统编版小学语文教材二年级下册《揠苗助长》片段。

古时候有个人，他巴望自己田里的禾苗长得快些，天天到田边去看。可是，<u>一天，两天，三天</u>，禾苗好像一点儿也没有长高。他在田边焦急地转来转去，自言自语地说："我得想个办法帮它们长。"

可以在"两""三"前进行必要间歇，来体现心理时间的漫长，从而表达出这个人内心的焦急。

4. 生理停顿

在处理人物生理虚弱或无力状况时，所进行的停顿，叫"生理停顿"。与心理停顿类似，也有两种情况。一种是有停顿痕迹的，例如统编版小学语文教材六年级下册《金色的鱼钩》片段。

当我俯下身子，把鱼汤送到老班长嘴边的时候，老班长已经奄奄一息了。他微微地睁开眼睛，看见我端着的鱼汤，头一句话就说："小梁，别浪费东西了。我……我不行啦。你们吃吧！还有二十多里路，吃完了，一定要走出草地去！"

这是老班长快要牺牲时的话语，省略号表示气息虚弱而造成的停顿，朗读时用虚弱气息在第一个"我"后拖腔处理即可。类似内容也不少，再如统编版小学语文教材五年级上册《牛郎织女（二）》片段，自己读一读试试看。

一天，牛郎去喂牛，那头衰老的牛又说话了，眼眶里满是眼泪，说："我快不行了，不能帮你们下地干活……我死以后，你把我的皮留着。碰见什么紧急事，你就披上我的……"老牛没说完就死了。

另一种是没有停顿痕迹的，也需要基于语境巧妙处理。例如，统编版小学语文教材二年级下册《揠苗助长》片段。

他回到家里，一边喘气一边说："今天可把我累坏了！力气总算没白费，禾苗都长高了一大截。"

既然提示语说是一边喘气一边说，也为了表现这个人的劳累，并形象地体现出与结果的反差，以更好地突出主题，就可以巧妙地进行生理停顿的处理。可以边喘气，边在

"可""没""一"前做必要间歇,当然,最好是鼓励学生根据自己的理解,灵活处理。

最后需要注意的是,停顿还有四种形态:① 徐停。声断气不断,意念、情绪连绵不断。如:"道一声/珍重,道一声/珍重,那一声声珍重里/有蜜甜的/忧愁。"② 急停。迅速地收起声音,使语流出现极短的顿挫。如:"举起你的双手吧,新中国/是我们的。"③ 强停。屏住呼吸、中断气流、一字一顿。如:"用美丽的雪花写下:相/信/未/来。"④ 长停。停顿节拍相对拖长,造成一种足步空谷、足音缭绕之感。如:"空山新雨后,/天气晚来秋。"

(三)节奏

朗读示范《麻雀》片段

> **朗读体会**
>
> 朗读统编版小学语文教材四年级上册《麻雀》第4自然段,体会第一句与第二句节奏的变化。
>
> 猎狗慢慢地走近小麻雀,嗅了嗅,张开大嘴,露出锋利的牙齿。突然,一只老麻雀从一棵树上飞下来,像一块石头似的落在猎狗面前。它挓挲起全身的羽毛,绝望地尖叫着。

苏联戏剧家古里耶夫在解释什么是节奏时说:"任何一种运动为了完成它自己的使命,都必须有规则、有秩序。运动中这种秩序,也就是节奏。"朗读也是一种有秩序的声音运动,朗读中的节奏是指正确处理好语调中快与慢、强与弱的对比,以使言语更准确、更鲜明、更富乐感、更富形象感、更凸显情感。一般分为:轻快节奏、沉稳节奏、舒缓节奏、强疾节奏,为便于记忆我们将之概括为"轻重缓急"。

1. 轻快节奏——咬字轻,语速快

气息弱,声清不着力;语速较快,有些跳跃感。常描绘一些欢快、轻松、诙谐和幽默的生活图景。例如,统编版小学语文教材一年级上册《小小的船》。

弯弯的月儿小小的船,

小小的船儿两头尖。

我在小小的船里坐,

只看见闪闪的星星蓝蓝的天。

儿歌音韵和谐,节奏明快,表现了儿童的奇特想象与欢快心情,可试着用轻快的节奏诵读体会一番,也只有轻快的节奏才与之匹配,否则就会跑调。

2. 沉稳节奏——咬字重,语速慢

朗读示范《"诺曼底号"遇难记》片段

它恰恰与轻快节奏相反,气息强,声清且有力;语速较缓,稳当沉重。常用在感情色彩偏暗,或受压抑,正在努力控制的情形下;也常用来描绘庄重、肃穆、悲痛、沉重、悲壮等场景气氛。例如,统编版小学语文教材四年级下册《"诺曼底号"遇难记》片段。

哈尔威船长一个手势也没有做,一句话也没有说,犹如铁铸,纹丝不动,随着轮船一

起沉入了深渊。人们透过阴惨惨的雾气，凝视着这尊黑色的雕像徐徐沉进大海。

文字描写的就是哈尔威船长与"诺曼底号"一起沉入海底前的肃穆、沉重而又悲壮的场景，朗读时应该用沉稳的节奏，如果换成轻快的节奏，这种悲剧氛围就变成滑稽剧了，美感也会消失。

3. 舒缓节奏——咬字轻，语速慢

气息弱，声清不着力；语速是缓慢的，稳定的。常用来表现舒展的情怀或描绘静谧、优美的境况。试着用这种方式朗读统编版小学语文教材四年级上册《秋晚的江上》。

朗读示范
《秋晚的江上》

归巢的鸟儿，
尽管是倦了，
还驮着斜阳回去。

双翅一翻，
把斜阳掉在江上；
头白的芦苇，
也妆成一瞬的红颜了。

这是一首"以境胜"的短诗，清江、归鸟、斜阳、芦苇四个意象随诗行缓缓跳跃，交相辉映。"倦飞""驮着""一翻""掉在""妆成"，一连串的动作把意象交融在一起，形成了一幅流动的画卷。它可能是一个故事，诗里的六要素完完整整，不过主人公可能是归鸟，也可能是诗人；它也可能是一幅画，动静结合，有声有色；或者，它也许就是诗人的刹那的感动，诗里有景有情。这些空间里，诗人的情感无处不在，无拘无束。而这一切只有一种节奏贯穿始终，那就是舒缓。

4. 强疾节奏——咬字重，语速快

与舒缓节奏相反，这种节奏气息强，声清且有力；语速飞快，但一点不乱。一般表现较为激动并难以控制的心情，或表现紧张急迫的情景。试着朗读统编版小学语文教材四年级下册的《黄继光》片段，看着自己的内心视像："他用尽全身的力气，更加顽强地向前爬，还有二十米，十米……近了，更近了。"这句话肯定不能读快了，要慢；心情紧张，要重，所以是用沉稳节奏来读。接下来，镜头变了："啊！黄继光突然站起来了！在暴风雨一样的子弹中站起来了！"一个高大的形象赫然屹立在我们面前，激赏、激动，咬字重，语速快，随着三次"！"声音仿佛与黄继光一起站在敌人的枪口前，这就是强疾节奏的力量。

节奏是语言的生命，"轻重缓急"四种节奏，有时是独奏，有时则是融合在一起合奏。但无论如何要记住它的口诀："快而不乱，慢而不断，强而不浊，弱而不薄。"

（四）语势

我们通常称字调为"声调"；称句调为"语调"，即语句的高低升降。句调是贯穿整

个句子的,只是在句末音节上表现得特别明显。2011年版课标中第一学段要求"在阅读中体会句号、问号、感叹号所表达的不同语气",其实也是语势的问题。语势就是如何通过语调中的抑扬对比、高低升降,使情感连绵起伏、富于变化。不过除了句有句调,段也有段调,篇也有篇调,教学中通常以句子的语势为指导重点,但也不能忽略了段与篇的语势,正所谓"文似观山不喜平",如此我们才能更好地感受到课文的情感与气韵。**朗读统编版小学语文教材二年级下册《千人糕》,感受一下句势、段势与篇势。**

朗读示范
《千人糕》

一天,爸爸对孩子说:"今天我们来吃千人糕吧。"

"爸爸,什么是千人糕?"孩子好奇地问。

"需要很多很多人才能做成的糕。"爸爸回答。

孩子想:这糕要很多很多人才能做成,一定特别大,也许比桌子还大吧?

爸爸端来一块糕,那糕看上去跟平时吃的糕没什么两样。难道它的味道很特别吗?孩子急忙尝了尝,笑了:"这就是平常吃过的米糕嘛!您给我买过。"

爸爸说:"是的,就是平常吃的米糕。你知道这糕是怎么做成的吗?"

孩子说:"是把大米磨成粉做的,还加了糖。"

爸爸说:"是啊,大米是用农民种的稻子加工出来的。农民种稻子需要种子、农具、肥料、水……"

爸爸接着说:"糖呢,是用甘蔗汁、甜菜汁熬出来的。甘蔗、甜菜也要有人种。熬糖的时候,要有工具,还得有火……就算米糕做好了,还得要人包装、送货、销售,这些又需要很多人的劳动。"

爸爸拿起面前的糕,说:"你看,一块平平常常的糕,经过很多很多人的劳动,才能摆在我们面前。

孩子听了爸爸的话,仔细想了想,说:"爸爸,这糕的确应该叫'千人糕'啊!"

1. 平行语势

平行语势即平调,语调抑扬变化不明显,较平直。一般表示庄重、严肃、平淡的语气,叙述或说明的句子多用平调。《千人糕》第1自然段就是平行语势。"一天,爸爸对孩子说:'今天我们来吃千人糕吧。'"尽管整体平行,朗读时可稍作高低变化处理,读"一天"时起调低一点,"爸爸对孩子说"声调再高点,读到"今天我们来吃千人糕吧"时再高一点(也可再低一点),读出逐渐"高一点——高一点——高一点"或"低一点——高一点——低一点"的变化。

2. 上行语势

上行语势即升调或高升调,由低到高,逐渐上扬的语势。一般用来表达疑问、惊异、喜悦、兴奋、号召、鼓动、设问、反问、呼唤的语气,句子开头低,句尾明显升高。《千人糕》第2自然段的第一句话就是上行语势:"爸爸,什么是千人糕?"这种语势最能启发学生思考,所以要善于看着学生的眼睛,采用上行语势,让学生跟着声音来思考。

3. 下行语势

下行语势即降调，语句呈由高到低、逐渐下抑的一种语势。表现为：句子开头高，句尾明显降低。一般是半降调，加重语气时必须要用全降调。多用来表达赞叹、祝愿、沉重、气愤的心情。《千人糕》中"孩子急忙尝了尝，笑了：'这就是平常吃过的米糕嘛！您给我买过。'"第一句就得读降调，半降调即可。

4. 曲行语势

曲行语势即曲调或曲折调。语句中抑扬变化较多，较为曲折。一般用来表达讽刺、含蓄或烦恼、轻薄、厌恶、怀疑、意外等语气。以下是统编版小学语文教材一年级下册《狐狸和乌鸦》的段落语势，请跟着语势曲线读一读。

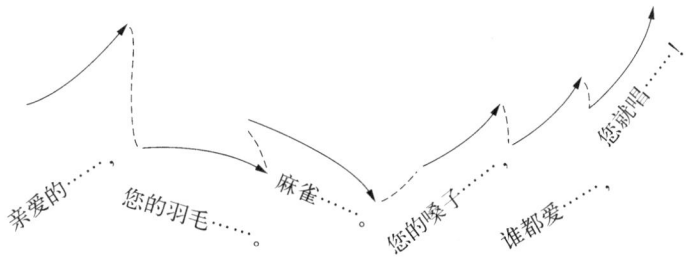

狐狸又摇摇尾巴说："亲爱的乌鸦，您的羽毛真漂亮，麻雀比起您来，可就差多了。您的嗓子真好，谁都爱听您唱歌，您就唱几句吧！"

———— **要点提示** ————

一、经由实操，内化知识

"技巧性是朗读的重要支柱，技巧性排除了朗读的简单'念'字现象，是文字、视觉、思维、情感、气息、声音等多维一体的相互联结与融合。"[1] 因此，帮助教师逐步掌握系统的感情朗读技巧性知识，是突围的关键一步。除了上文介绍的内部技巧知识与外部技巧知识外，还可掌握一些实用性强的特殊技巧，包括气息类的如偷吸、反取、喷口、深叹、缓托等，声调类的如虚声、颤音、拖腔、笑言、泣语、模拟等，以使感情朗读锦上添花，更具感染力。

掌握这些知识非一日之功，需注意三个结合。

第一，内部技巧与外部技巧结合。前者属于语文教师的"内功"，只有坚持不懈才能奏效；后者的实用性强，一抓就灵，但需反复抓，抓反复。教师每一次朗读都应有意识地将二者进行结合，在整体运用中逐步内化多种内部和外部技巧。

---

[1] 张颂.朗读学［M］.北京：中国传媒大学出版社，2009：27.

第二，课外朗读与课内指导结合。只有课外反复朗读、揣摩体味，才能将内外技巧融会贯通，才能为课内指导提供方法保障；反过来，课内指导的成功与不足处又成了课外反思、提升的支点。

第三，专家指导与自我训练相结合。尤其是共同体中具有教学研究经历的朗读专家们的针对性指导，无疑能对教师自外而内地提升感情朗读水平起到直接的助推作用，在此基础上的自我训练就会明确、有效得多，更利于教师尽快构建起系统的感情朗读的实践性知识。

二、忖度揣摩，设计转换

第一步，整体把握文体样式和文本内涵，拿捏字里行间的情感，定准情感基调。

第二步，区分文本中不同的表达方式，依据不同言语特点朗读忖度。表达方式的不同带来了言语特点的变化，朗读语调也应随之变化，非如此，则必然将感情朗读导入泛化境地。叙述性言语把不同的叙述顺序朗读清楚即可，说明性言语、议论性言语则要读明白说了什么景、物、理，朗读时应语调平实，不宜融入太多感情。而对描写性言语和抒情性言语则应强调感情朗读。描写性言语分写人物的、写环境的、写场面的。写人物外貌的要读出人物特点，如见其形；写人物动作的要读出动感，如睹其神；写人物语言的要声口毕肖，如闻其声；写人物心理的要能深入浅出，如触其心。写环境的语调整体上应与其所烘托、渲染内容的情感态度相一致。具体而言，描写社会环境的要读得浓淡结合，描写自然景物的要读出情景交融。描写场面的要读得形神兼备。抒情性言语则要读出所抒发的情感。由于多种表达方式往往结合在一起，因此，揣摩朗读时要注意不同语调之间的自然过渡与转换。

第三步，扣住关键词句，朗读玩味。有了对文体样式、课文内涵和表达方式的整体把握，便可从容地扣住关键词句朗读玩味，忖度如何引导学生读出隐含在语句细微处、秘密处的情感，从而更深入地理解课文内涵、感受语言文字的魅力。

第四步，转换设计，预设教学。有了以上切己体察、密咏恬吟，教师就可以将自己体会出来的方法经由教学设计转化成学生可以回答的问题、可以进行的对话、可以模仿的方法和可以操作的程序，完成有针对性的教学预设。

三、有效引导，运用迁移

小学生在朗读语气语调、方式方法、动作表情等方面的不足，主要是外部技巧掌握的问题，感情朗读的外部技巧作为一种动作技能，其形成"不外乎如下几个方面：一是习得支配肌肉动作的规则，二是进行练习，三是在过程中获得反馈"[1]。施教过程中，教师应基于自己的揣摩和设计进行针对性的指导，尤其要把朗读方法融入课文内容和学生的生活经验里，转化成学生课堂中自然而然的学习活动。在学生反复、不断地练习和教师巧妙地因

---

[1] 王小明，等.语文学习与教学设计[M].上海：上海教育出版社，2004：114.

势利导、反馈矫正中，逐步内化感情朗读技巧。对学生不易朗读好的地方，教师可直接边示范边陈述朗读规则。例如，引导学生读出统编版小学语文教材五年级上册《四季之美》第1自然段"春天最美是黎明。东方一点儿一点儿泛着鱼肚色的天空，染上微微的红晕，飘着红紫红紫的彩云"的动态美，在教学中，可基于问题"你是从哪里体会到春天黎明的美的？"让学生就第二句边圈划关键词，边朗读体会，边想象画面。当学生提到"一点儿一点儿"时，教师可以追问："这个词能不能去掉？"当学生说出"泛着""染上""飘着"三个动词时，可以让学生进一步思考："三个词能不能调换顺序？"两个问题一搭桥，学生在自读自说的基础上，自然就体会到了"天空"和"彩云"颜色的变化过程。这时，教师再引导学生边想画面边朗读，因为是"一点儿一点儿"，语速随之慢下来，再加上已有过关键词圈划体味，感情里自然也就有了喜爱之情。对于学生读不到位的地方，如"一点儿一点儿"读快了，两个"，"处的停顿不够，教师可以反复示范。

朗读示范
《四季之美》

另外，教师还应善于将自己和专家合作研究获得提升的经验，转换成提高学生朗读水平的作业，沟通课内外，让学生在一次次的感情朗读实践中，逐渐提升自己的感情朗读水平，并使学生享受到每一次成功朗读所带来的愉悦感和成就感。

学与做　　技巧提炼与实训

- 请结合自己的朗读教学经验和本章内容，总结出你所认为的比较有效的课堂朗读技能。

- 下面是特级教师窦桂梅执教的统编版小学语文教材五年级下册《祖父的园子》的教学片段，请说说窦老师朗读教学的合理性体现在哪里？

> 我家有一个大花园，这花园里蜜蜂、蝴蝶、蜻蜓、蚂蚱，样样都有。蝴蝶有白蝴蝶、黄蝴蝶。这种蝴蝶小，不太好看。好看的是大红蝴蝶，满身带着金粉。蜻蜓是金的，蚂蚱是绿的。蜜蜂则嗡嗡地飞着，满身绒毛，落到一朵花上，胖乎乎，圆滚滚，就像一个小毛球似的不动了。

师：除了种类的"样样都有"，还有什么也"样样都有"？继续朗读这段给我们听。
（生朗读）

师：（把表示颜色的词刷红）想想这白、这黄、这金、这绿，如何在你的声音中感受颜色的不同？

生：（朗读）蝴蝶有"白蝴蝶、黄蝴蝶……"（把色彩读得轻浅一些，黄比白稍微重一点儿）

生："好看的是大红蝴蝶，满身带着金粉。"（对比前面，"金粉"最突出）

师：是啊。那白，一定是轻轻浅浅的；那红，一定是艳丽浓重的……

生："蜻蜓是金的，蚂蚱是绿的。"（突出"金"和"绿"）

（生连起来再次朗读）

师：这真是，红的红，绿的绿，明晃晃的，新鲜漂亮！那真叫"要什么颜色——"。

生：就有什么颜色。

- 请自选一篇课文，运用课堂朗读的相关技能进行设计，并与同学说说自己的教学思路。

第九章
课堂调控技能

想与说　　课堂为什么要调控

▶ 当你第一次登上讲台时，总会出现进度快了或慢了、牵着学生走或被学生牵着走、突发事件不知如何处理等问题。你觉得出现这些问题的原因是什么？你认为如何才能使教学比较顺利地进行？

▶ 课堂管理和课堂调控是不是一回事？如果不是，它们不同在何处？请查阅相关的资料，把二者的不同点概述在下面的方框中。

▶ 分析一段课堂教学影像或教学文字实录，说说教师是如何进行课堂调控的。思考调控往往在什么情况下容易发生。

四 读与评　　对话名师课例

▶ 下面是特级教师支玉恒执教的统编版小学语文教材三年级下册《陶罐和铁罐》的教学片段。

师：我们继续上课。读了这则寓言，你们悟出了什么道理？

生：人应该谦虚谨慎，不应该骄傲自满。

生：不要只看自己的长处，用自己的长处去比别人的短处。人都有长处，也都有短处。

生：人们应该学习陶罐的胸怀，不应像铁罐那样自以为天下无敌。

生：这则寓言通过一个有趣的小故事，说明了一个深刻的道理，这就是不要以己之长，比人之短，要多看别人的长处。

生：长处弄不好倒成了短处，铁罐结实但容易氧化；短处弄好了也能变成长处，陶罐埋在土里多少年也氧化不了。

师：你们体会出的道理，就是这篇寓言的寓意，"寓"是寄托的意思。

生：老师，我提出一个问题请同学们讨论讨论可以吗？

师：什么问题呀，说出来我们听听。

生：铁罐就没有优点吗？铁罐坚固不易破碎这一点不值得陶罐学习吗？陶罐就没有缺点吗？陶罐虽然比铁罐光洁、朴素、美观，但它很容易破碎，这一点铁罐说得并不错。只是铁罐的态度太骄傲了，所以大家不喜欢它。

师：大家讨论一下，铁罐和陶罐各有什么优点和缺点，可以各抒己见，别被课文限制住，放飞思路，大胆发言。

（生议论归纳，教师板书）

铁罐优点：坚固　缺点：丑陋
陶罐优点：美观　缺点：易碎

师：我们共同改写这则寓言，赞扬铁罐，批评陶罐，赋予它们相反的性格，题目就叫"铁罐与陶罐"。

（生边议边改，集体创作大意如下）

陶罐很骄傲，看不起铁罐，常常奚落它。"铁罐子，你敢和我比美吗？丑陋的东西，就知道你不敢！"铁罐回答："人们用我们盛东西，不是让我们比美……"

一天，突然发生了大地震，陶罐摔得粉碎，而铁罐却安然无恙。

师：这样课文中的语言就融入了你的语言仓库，就变成你能运用的活的语言了。

师：请同学们根据自己的认识创作一则寓言，先想好要告诉别人一个什么道理，然后创作一个寓言故事，说明这个道理，给人以启迪和教益。

（生各自开始创编，大约写了15分钟）

师：请停笔。介绍一下你创作的寓言题目。

生："大海和小溪"。

生："手机与BP机"。

生："墨水和钢笔"。

生："鲜花和绿叶"。

生："鹦鹉和老鼠的故事"。

生："兵马俑和航天飞船"。

生："大树和小草"。

生："石头和棉花的对话"。

生："黑猫和白猫"。

……

师：请这位同学读一读他创作的寓言故事《黑猫和白猫》。

生：邻居家的老奶奶养了两只猫：一只是黑猫，一只是白猫。骄傲的白猫看不起黑猫，常常奚落它："你敢和我比一比谁长得白吗？"白猫昂着头，喵喵地说。黑猫和蔼地回答："不敢，主人养我们不是让我们比黑白的呀！"白猫愤怒地大吼一声："喵呜，住嘴！你这黑不溜秋的东西，快到墙角躲着去吧！"黑猫不再说什么，悄悄躲到墙角去了。天黑了，一只偷粮的小老鼠鬼鬼祟祟地溜出来，一眼就看见了那只大白猫，老鼠"嗖"的一下蹿到了墙角。万万没想到，隐藏在暗处的大黑猫一下子就把它捉住了，小老鼠还真纳闷，我怎么就没注意到大黑猫呢？

师：故事讲完了吗？

生：讲完了。

师：我给你一点提示，你可以继续把这个故事编下去。过了几天，老奶奶决定把其中一只猫送给别人……

生：（接下去编）白猫想："凭我的美丽洁白，主人一定舍不得让我走，对！一定把黑猫送给别人。"结果呢？大出白猫所料，主人把白猫送给了别人。临别时，白猫问老奶奶："我这么洁白，为什么不留我呢？"老奶奶笑着告诉它："我不管是白猫还是黑猫，能捉到老鼠的才是好猫！"（全场大笑，热烈鼓掌）

师：篇末是神来之笔，妙不可言。

生：老师，我读读我写的这篇可以吗？

师：可以，题目是什么？

生:"梅花和雪花"。

生:在美丽的小花园里,种着几株梅花。梅花不畏严寒,静静地开放,飘过阵阵幽香。下雪了,晶莹的雪花飘飘洒洒,那么洁白,那么可爱。梅花看了看,傲慢地问雪花:"你有我香吗?"雪花也不服气,讥笑梅花:"等到你变得像我一样洁白再和我说话吧!"这时,走过来一只大狗熊……

师:停!这么美妙的意境怎么出来个大狗熊呢?建议改成"这时,一位诗人踏雪寻梅而来……"

生:这时,一位诗人路过这里,听到他们的对话,停了下来,对梅花说:"你有雪花白吗?"梅花说:"不如她白。"诗人又对雪花说:"你有梅花香吗?"雪花说:"没有她香。"诗人说:"不要用自己的长处去耻笑别人。"

师:结尾不太好,我建议你用这首诗结尾,你看好不好?

师:(板书)梅雪争春未肯降,骚人阁笔费评章。梅须逊雪三分白,雪却输梅一段香。

- 请结合案例说说,教学中哪个地方出现了"意外",支老师是如何调控的?

- 你认为支老师的课堂教学调控有哪些值得赞赏和借鉴的地方?

- 如果碰到这种情况,你会如何进行调控?为什么?

讲与议　　调控的价值与技巧

=== 理论总述 ===

课堂教学的生成性、开放性和因此产生的不可预见性等特点，使课堂经常处于失衡的状态，这就需要教师不断调控多种相互作用的课堂元素，使其按一定的规律和步骤有序进行，共同构成动态的、平衡的课堂教学系统。

请你反思

为什么有些教师的课没有见到调控的痕迹，但上起来却很顺利，感觉很顺畅，而有些教师的课堂却让人感到不自然？

一、课堂调控的意涵

课堂调控指在课堂教学过程中，教师为了取得自己预想的最佳效果，依据教学生成中学生的信息反馈而采取的一系列有意识、有目的的调节和控制活动。课堂调控是教师对课堂的因势利导，是对课堂的驾驭技巧和驾驭艺术的直接反映，也是教师专业水平高低的集中体现。

"对课堂教学的调节控制能力是教师必备的三项能力（设计能力、调控能力、评估能力）中最难把握的，因而它也最能体现教师的教学艺术水准。"[①]因缺乏课堂教学经验，对师范生和新手教师来说，课堂调控技巧是个难点，需要在教学实践中不断把握各种调控的具体技巧，反复揣摩训练，先各个击破，再综合运用。

二、课堂调控的价值

传统的语文课堂侧重学生知识和技能的培养，而现代课堂则强调小学生语文素养的养成。这就要求教师不仅仅要关注学生知识和技能的获得，还要关注活动中知识和技能获得的过程与方法，及其情感态度与价值观的形成和发展。这强化了调控的必要性，加大了调控的复杂程度和难度，需要真正以学生的学为中心，因势利导。不仅要约束、控制有碍学习的不良行为，还要引导学生进行积极的学习活动，优化学习效果。

（一）课堂调控是教学预设与生成相得益彰的重要手段

"预设"与"生成"是对立统一的矛盾体。就对立而言，课前细致的预设容易导致"剧本化"的行动，使本该动态生成的教学变成机械执行教案的过程；就统一而言，"预设"与

[①] 钱加清.论语文课堂教学的调控艺术［J］.甘肃教育学院学报（社会科学版），2001（01）：78—80.

"生成"又是相互依存的，没有预设的生成往往是盲目的生成，而没有生成的预设又往往是无效的预设，两者是你中有我、我中有你的关系。因此，处理好"预设"与"生成"的关系是优化课堂教学效果的关键所在，而课堂调控能够实现预设与生成之间的协调统一。

（二）课堂调控是顺利实施教学，实现语文教学目标的重要手段

心理学研究表明：教学过程中信息及时调控与反馈，一方面能激励学生的求知欲，另一方面能针对教学过程中存在的问题及时补漏或改进，使教学顺利进行，从而实现语文教学目标。

（三）课堂调控是优化语文课堂教学的重要保证

在语文课堂教学过程中，教师通过调控课堂教学的氛围、节奏、行为、情感、突发事件等，促使课堂在正常的轨道上顺利展开，进而为优化语文课堂教学提供了重要保障。

另外，师范生在课堂教学实践中常常陷于牵着学生走或被学生牵着走的局面，预设与生成之间的落差大，这主要是课堂调控能力不足所致。因此，不断提高自己的调控技巧，培养有效的课堂调控能力，对师范生顺利完成自己的教学、提高试讲的成功率也具有重要作用。

技能概观

一、课堂氛围调控技能

2022年版课标在设计语文学习任务时非常强调要"具有情境性、实践性、综合性"，在"教学建议"里明确提出要"创设真实而富有意义的学习情境，凸显语文学习的实践性"，语文学习的课堂氛围就是非常重要的学习情境。课堂教学氛围是笼罩于课堂物理时空中的一种气场，是课堂教与学能够有效进行、师生能够顺畅交流的润滑剂。这种气场"从其心理机制上看，它是一种心理氛围，主要指在课堂教学中形成的一种情绪、情感状态，包括师生的心境、精神、体验、情绪波动以及对待教与学的态度等"[①]。如果把课堂教学和其他调控比作"人体"，教学氛围则如这个"人体"呈现出来的"人形"，集中体现着课堂教学和调控带给人的整体感受和印象。

一方面，正是课堂氛围的这种整体性、模糊性和抽象性特点，使得调控时往往是"运用之妙，存乎一心"，要进行理性分析和抽象概括，也确非易事。另一方面，师范生和新手教师缺乏课堂权威性，加之课堂氛围的调控经验不足，容易使教学陷于松散、混乱或失控状态，影响教学效果。因此，认识和学会课堂氛围的调控，十分必要。

构成教学氛围的要素有教师、学生、教学内容、教学方法和教学环境等。因此，有效地把握各个要素，调整各个要素之间的关系，使师生和谐交往、学生积极主动地学习是调

---

① 宋文雅.《新课程标准》下的语文课堂氛围[J].教书育人，2004（12）：21.

控课堂氛围的关键。

（一）转轴拨弦——定准教材内容的情感基调，营造与其一致的情感氛围

教学内容起着定向作用，决定着教学氛围的性质和基调。我国的语文教学主要以阅读教学为取向，编入小学语文教科书的课文主要有童话、寓言、故事、散文、诗歌、小说等文学作品。不论是格调清新的美文，还是引人入胜的故事，不论是呼之欲出的人物形象，还是沁人心脾的优美意境，无不包蕴着作者的情思。而不同的语体风格、相异的情感内涵都传达出不同的情感基调。因此，由不同的教学内容基调入手，调适出恰当的课堂基调，是语文课堂氛围调控的关键一步。

1. 教师教学口语风格应与教材内容的情感基调吻合

调查发现，或有条理、或亲切、或风趣、或生动、或优美的口头言语，适中的语速和起伏变化的语调是课堂气氛调控的"催化剂"，能起到渲染气氛、稳定情绪和集中注意力的作用。当这种口语风格与教材内容的情感基调一致时，则更能使整个课堂笼罩在同一情感氛围中。

优秀的语文教师既能保持自己的言语风格，又善于依据文本的情感基调调适自己的口语风格，使语气、语调甚至伴随动作都与之保持一致。教学寓言故事的口吻常常带有劝诫、讽刺意味；教学童话故事要用讲的方式，语气语调要能传达出虚拟中的真实，引导学生进入一种美好的境地；教学美文要会"口吐莲花"，散发出或优美或壮美的气质；教学诗歌要用或清新、或沉郁、或豪迈、或悲壮的语气，语势随着内容的变化或平、或扬、或直、或曲；教学说明文要清晰鲜明、简练准确而不拖泥带水，从而营造出与文本基调一致的口语风格，将学生轻易带入课文塑造的情境中去。另外，追求与内容格调密切联系的衣着、姿态、表情、眼神、手势等，还可能产生"此时无声胜有声"的调控之效。

要做到这些，首先要对以上阐释的道理有清醒的认识，其次要能准确把握文本的基调，最后就是要掌握教学口语的丰富技巧。

2. 基于内容基调，把准朗读情感，塑造书声琅琅的氛围

朗读是"声音"与"情意"的相互转换。对朗读者来说，朗读是把文本抽象的、无声的"情意"转化成具象的、有声的"声音"，用自己的声音来再现或表现文本的情意；对聆听者来说，朗读则更容易加深对文本的理解和建构自我的意义。因此，有感情地朗读不但是传达作者情感、表达个体评价、涵泳言语意味的最佳手段，还能使课堂沉浸在书声琅琅的氛围中，也容易将学生的学习情绪调适到与文本情感相互交融的状态。例如，原苏教版六年级上册《安塞腰鼓》第6自然段的内容。

一锤起来就发狠了，忘情了，没命了！百十个斜背响鼓的后生，如百十块被强震不断激起的石头，狂舞在你的面前。骤雨一样，是急促的鼓点；旋风一样，是飞扬的流苏；乱蛙一样，是蹦跳的脚步；火花一样，是闪射的瞳仁；斗虎一样，是强健的风姿。黄土高原

上,爆出一场多么壮阔、多么豪放、多么火烈的舞蹈哇——安塞腰鼓!

此段课文是由静转动、描写安塞腰鼓的重点段落,也是教学的重点和难点。形式上长短句结合、整散句结合、常式句与变式句结合,又巧用比喻、对偶、排比、反复等修辞。多种句式、手法交织在一起,使整段文字的语调整齐中富于变化、和谐中饱含激情。内容呈现出激越高亢又沉稳和谐的基调,指导学生朗读时应从短句中读出腰鼓节奏的铿锵有力,从整句和反复的修辞中读出和谐的韵律,从变式句和比喻句中读出腰鼓形象的鲜明、生动,从两个感叹句中读出语气的深沉。由此,蕴含在字里行间的作者对安塞腰鼓的浓烈情感,便通过有感情的朗读形象地表现出来,也使课堂氛围沉浸在浓浓的黄土高原的文化风情里,激发了学生的情感和学习情绪。

(二)变中求稳——灵活运用多种方式方法,使课堂始终处于良好氛围当中

课堂的生成需要教师有良好的应激状态,方法的选择和组合是这种状态的具体体现,适切的方法又是打造和维持良好课堂氛围的保障。

1. 相机创设情境,转变不利气氛

当学生听课情绪不佳或产生畏难情绪时,教师有意识地创设具体而生动的教学情境,吸引学生的注意力,诱发学生的内驱力,激起探索未知的欲望,使学生心情舒畅、精神饱满,从而渐入佳境。实际教学中的情境创设是不拘一格的,可设置疑问、可举生活中的例子,也可讲故事等,这些都有助于适时消除消极的课堂气氛,促使课堂教学顺利展开。

2. 变化教学节奏,调适学生的学习状态

始终保持一种教学节奏,在心理上称为"单调刺激物",容易造成枯燥、涣散的教学气氛,而张弛有度、疏密有致、快慢适中的对话有利于调适学生的学习节奏,调动学生的学习热情。

3. 灵活运用多种方法,使学生保持良好的学习情绪

教师应有意识地根据教学内容的难易程度和学生的学习心理、生理等的变化,灵活选择方式、方法,使学生尽量保持愉悦并充满活力。例如,对于教学重点,可以采用激疑诱导的方式,讲练结合,灵活反馈,不断将学生的学习导向一个富有挑战性的境地,在思考与练习中不断满足学生的成就感;对于教学难点,教师可借助直观的手段,使之深入浅出,满足学生的求知欲。

(三)和谐共振——处理好教师、学生、教科书编者和文本之间的关系,置课堂于水乳交融的氛围中

和谐的具体表现就是安全、平等、民主,语文教学尤其如此。课文内涵的多元化、个性化解读的差异,使语文教学过程中的对话常处于不平衡的激荡状态中。和谐氛围能保证这种激荡的碰撞迸出智慧的火花,使语文课堂处于一个共赢的状态中,而这种共赢的状态

又会反过来促使课堂氛围更加和谐。

1. 营造好对话式教学的课堂

学生有表达自己观点的权利，也有不接受别人观点的权利，教师应利用自己天然的优势，通过争鸣与共鸣，使对话驶入和谐的境地，给课堂创造平等、民主、友好的氛围。

2. 定位好对话中的不同角色

课堂应是不同角色之间在对话过程中形成的和谐共同体，要塑造和谐氛围，首先需要定位好不同的角色。教师要着力扮演好组织者、引导者和示范者的角色，因学而教。小学生是语文学习的主体，如何有效地学是课堂对话的中心。教科书编者是教材编写的主体，其对教材内容的编选和编排体现着他们对语文课程内容和教学内容的理解，是隐性的对话者。教材内容只是语文教学的主要素材，教学中只能用它教语文，而不是教教材。

3. 处理好不同角色之间的关系

学生、教师、教科书编者应以教材内容为凭借形成平等的对话关系。学生作为不完善的发展主体应该有自己的话语权，师生之间、生生之间可以不同意彼此的观点，学生个体表达的权利必须被尊重。教师要利用自己在对话中的角色优势，引导学生认识到每个人的不同以及寻求别人帮助对个人成长的意义，同时要用友好的方式给予别人真诚的帮助，形成一个学习利益共同体，使课堂氛围变得平等、民主、友好而又智慧。

以下是一位实习教师执教原苏教版低年级课文《三袋麦子》时的情景。

教师问："小猪、小牛、小猴，你们最喜欢谁，为什么？"这位实习教师预想的学生的第一个回答应是喜欢小猴子，可第一个学生的回答却是喜欢小猪，也在情理之中，因为小猪爱吃。教师和其他同学听到这个回答都笑了，该教师幽默地说："看你胖胖的可爱的样子，就知道喜欢小猪。"回答问题的同学也挠着头有点不好意思地笑了，课堂上充满了欢快的气氛，其他同学也都热情地举起小手。这时，教师恢复了理性的追问："你能说说理由吗？"学生回答："因为小猪心灵手巧啊，将麦子做成了各种各样的面食。"独特、不随波逐流又有理有据的回答，赢得了一片掌声，其他学生鼓完掌赶忙又举起自己的手，有的甚至半站起了身子。有的说喜欢小牛，因为小牛省吃俭用会过日子。当然，多数同学还是喜欢小猴子的创造性劳动。在理智和情感的碰撞中，最后有的学生居然说："我建议让他们三个开个大酒店，小猴当经理，小猪当厨师，小牛当会计，各自发挥所长。"至此产生了一种水到渠成的智慧，完全出乎意料。

课上到这种程度是这位实习教师完全没有想到的。这位学生问我的看法，看着他很享受的样子，我突然想到一句话：老师若知道什么时候该除去学生身上的绑绳，他们就会爆发出惊人的能量，而学生给予课堂的精彩也将会远远超出教师的预设。

见仁见智

结合以上案例的描述，谈谈这位教师是如何调控课堂氛围的？

言语在教师课堂调控中有着不言自明的意义，尤其是生动优美、逻辑清晰的语言表达。从表达效果而言，辅以非言语因素的有声言语要比单纯的有声言语表达效果更好，甚至有些时候"无声胜有声"。有人说，有魅力的语文教师，往讲台上一站就是语文，此言不谬。当教师的衣着、姿态、表情、目光、手势等融入教学中时，就变成了课堂的一部分，对教学言语能起到重要的辅助作用，同时对课堂氛围的调控还能达到"此处无声胜有声"的效果。讲台是公共场域，教师讲求仪表举止，既是对学生的一种尊重，又能传达出亲切感、尊严感和美感，容易使课堂形成一种水乳交融的和谐氛围。

二、课堂节奏调控技能

爱因斯坦说过，世界上最有力量的就是节奏。课堂教学追求的是多种元素在智慧共生中的和谐共鸣，节奏仿佛是教学在时间链条行进中的"筋节"，是课堂前进和转折中的内在调控力量，是调控技巧的艺术表达。

"筋"有韧劲，耐咀嚼，要长则长，想短便短，可粗可细，能快能慢；"节"是联结、转变的枢纽。就小学语文课堂教学来说，课堂节奏仿佛人体的肌肉和关节，教师要针对不同的目标、不同的内容、不同的学生、不同的时间、不同的环节、不同的情境之需，来掌控课堂行进的速度和方向，拿捏力度和高度的变化。从而促使教学顺畅行进、自然转换，使其呈现出疏密有致、张弛有度、轻重适宜、缓急相间、劲道有味的美感。

> **各抒己见**
>
> 在教学中我们常看到这样一种现象：教师的问题还没有问完，有些学生就已经把手高高地举起来了。甚至还有一种"举手秀"，就是手一直举着不放。可当教师把这些举手的学生叫起来回答问题时，有的又答非所问。我经常在语文教学论课上让师范生观摩于永正老师的课堂教学。一名师范生对我说，起初看不习惯，感觉太慢，可看久了便有种说不出的舒服，于老师总是不急于让学生举手回答问题，甚至经常将学生举起来的手按下去，并不断地重复：好好想想，好好想想再举手。而且还会不断地重复问题、提示思路等。而且这名师范生感到于老师说话的节奏、提问的时机与小学生思维的节奏特别一致。总之，有一种说不出的好。对这位师范生的话，你有何看法？

要发挥课堂"筋节"的内在调控力量，也就是要有效进行小学语文课堂教学节奏的调控，关键要处理好三组关系，即教学信息输出的疏密度与教学对象接受心理之间的关系、教师口头言语节奏变化与不同性质教学内容之间的关系、教学方式的间隔变换与学生心理节律之间的关系。

（一）教学信息输出的疏密度与教学对象接受心理之间的关系

众所周知，衡量语文教学有效性的指标之一就是教学效率，用公式可表达为：

$$教学效率 = \frac{知识 + 能力 + 非智力因素}{学习时间 + 心理负担}$$

从公式可以看出，教学效率的高低与学生的心理负担大小直接相关，成反比关系，也就是说，在其他因素不变的条件下，心理负担越重，教学效率越低。反之，则越高。教学对象心理负担的轻重主要取决于教师对教学信息输出的疏密度与教学对象接受心理关系的处理。一般说来，教学信息输出的疏密节奏既影响教学对象的接受心理，又受制于教学对象的接受心理。疏，可使人放松；密，则让人紧张。疏而不密，易松懈、走神；密而不疏，则易紧张、疲劳。只有节奏疏密相间，才符合学生张弛结合的心理需求。因此，在教学行进和转折过程中，教师要善于把握学生接受心理的变化，合理布局教学内容，疏密相间，错落有致，以调适好二者的关系，从而减轻学生的心理负担，提高课堂教学效率。

1. 依据教学信息的性质，进行输出分配，突出学习"波峰"，使信息输出与接受呈现"峰谷"相间状态

语文教学主体信息的输出主要体现在对教学重难点的处理过程中。如果整体审视课堂，那些重难点密集的时段，也是学生接受心理紧张的时期，如同一个个峰点；反之，则出现一个个谷点。如果将它们连接起来，就会发现课堂的节奏是呈波状前进的；而信息输出的密疏波状线与学生接受心理的张弛波状线是一致的。因此，在课堂规划和实施过程中，要注意在每一课时内将主体信息合理分配于不同的时段和环节当中，力图使那些集教学重难点于一体的内容凸显出一个个学习的"波峰"，其他内容则相机疏散在"峰谷"之间，使学生的接受心理亦呈张弛相间的"峰谷状态"。例如，语文特级教师靳家彦执教原苏教版语文教材四年级上册《珍珠鸟》第一课时的过程。

初读环节，围绕理解性朗读这个教学重点，提出了13个问题，一开始的9个问题主要在于引导学生理解好、朗读好，学生学得较为轻松；当读到课文第7自然段"看着这可爱的小家伙，我不由自主地发出了一声呼唤：信赖，不就能创造出美好的境界吗？"时，相机提出该环节最重要的问题——"把这个段落放到全文当中去读，就会发现，不仅仅是作者喜爱珍珠鸟，还有深层意思，是什么意思？为什么这样理解呢？'信赖'是什么意思呢？"三个环环相扣、指向教学重难点的问题，让课堂进入第一个"波峰"期，靳老师没有急于处理，而是有意识地控制住节奏，相机抛出："此时不讲，读课文看一看，这个小珍珠鸟，怎么就信赖我了呢？"教学自然地进入到细读环节，在学生自读的基础上，教师通过16个小问题牵线搭桥，引导学生边读边做细部的探究，将对这一重点问题的思考，分散在了对局部问题的分析当中，变大为小，化难为易，并在该环节的最后重提这一问题，学生的回答也就水到渠成了。当课堂进入熟读环节，教师再一次提出全文最重要、最难理解的一个问题："信赖能创造美好的世界，它是指什么？"一石激起千层浪，高峰又起，并且达到峰值。这样的节奏调控使课堂教学既循序渐进，又疏密有致，符合学生学习的心理节奏。

2. 结合学生某课时中不同时段的心理接受状态变化，安排教学环节，调整教学信息输出的疏密变化

一般说来，40分钟里，前15—20分钟学生的精力充沛、注意力集中，易于接受教学信息；中间5—10分钟可作为缓冲、过渡时段；后10—15分钟由于学生精力恢复，注意力重新集中，又可作为易于接受信息的时段。教师在安排语文课堂教学结构和设计教学环节时，应考虑到这一客观实际，合理安排好教学信息输出的疏密配置。

尤其是小学语文阅读教学第一课时的前15—20分钟，还较为普遍地存在着教学信息输出稀疏、重难点内容少、节奏慢的问题，要着力变革。实际上，这一时段是小学生学习一篇新课文新鲜感最为强烈、最易接受教学信息的时机。设计和实施课堂教学时，应依据语文教学规律和小学生心理接受特点，加大教学主体信息输出的密集程度，尝试把课文的初读疏通和教学重点的精读感悟合而为一，同步推进。这不但能满足小学生此时段的心理接受需要，又可为本课时剩余的环节或其他课时稀释重难点，分担压力，还有利于加快课堂推进的节奏。语文特级教师薄俊生教学《掌声》第一课时前20分钟时，对课文1—3自然段的处理是这方面的典型案例。薄老师请三个学生朗读前三自然段，并让同学们边听朗读边寻找、体味表现小英演讲前动作的词，然后抓住这些动词前的修饰词设计成训练题目，比如针对"小英总是默默地坐在教室的一角"，薄老师让大家从第5自然段找出"忧郁"一词，引导小学生体验小英的特殊心理。如此铺垫，对第4自然段"把握两次掌声的内涵"这个教学重点的分析便水到渠成，效果极佳；同时也减轻了第二课时的教学压力。

另外，还要强调的是在教学重难点密度较大时，进度宜缓，空间放大，使每一个学生都能按照自己的节奏，去充分地理解、感悟、表达。如《珍珠鸟》课例中，初读环节出现第一个波峰时，靳老师并不急于让学生回答或进入下一个环节，而是通过反复的朗读、体味让每一个学生都能理解它。但舒缓并非松弛，还要能紧紧拽住学生的注意力，让其集中于思考的焦点上，以体现一个"张"字。对于那些非重点的内容，密度也较小时，可点到为止或一笔带过，节奏宜快，帮助学生带出一个面便适可而止，毋要拖沓，彰显一个"弛"字。

（二）教师口头言语节奏变化与不同性质教学内容之间的关系

苏霍姆林斯基曾说："教师讲话带有审美色彩，这是一把最精致的钥匙。它不仅开发情绪的记忆，而且深入到大脑最隐蔽的角落。"在这方面，语文教学比其他任何学科的教学表现得都更为突出。好的教学语言一方面来自对内容准确、简洁、生动的表达，另一方面来自言语节奏的变化，即教学言语速度的疾徐快慢、言语力度的强弱变化。现代生理学研究表明，人在一种单调的声音刺激下，大脑皮质会很快进入抑制状态，而抑扬顿挫、具有

节奏感的教学语言能有效地打破这种催眠刺激。

教师口头言语节奏，即口头言语速度的快慢疾徐、口头言语高度的高低变化、口头言语力度的强弱起伏、口头言语态势的上下曲直，是课堂教学节奏最为直接的外显形式。

言语节奏的细微变化与不同性质的内容之间关系密切。

1. 教学口头言语节奏的变化取决于不同性质教学内容的内在要求

这就是说，教学内容的不同决定了教学口头言语节奏的不同，教学口头言语节奏的变化应首先考虑到教学内容性质的差异。

（1）言语节奏的变化需顺承教学内容难易程度的差异

在面对难度较大或重要的教学内容时，口头言语应速度缓、力度强、高低度对比明显，使言语节奏尽量与学生的思维节奏吻合，让教学节奏由小溪般的畅流转入到池塘似的稳重，从而敦促课堂节奏慢下来、稳起来。现实教学中常见到这样的现象（尤其是公开课上）：当一个较有思维含量的问题发出后，有些学生迅即把手高高举起，甚至一直举着不放，老师也往往不给多数同学足够的思考时间，便把举手的学生叫起来回答，应答当然多是浅尝辄止，理答也多显仓促、粗糙。另有教师遇到类似情况不急于让学生举手，还经常将学生举起来的手按下去，并压住节奏不断重复：好好想想，好好想想再举手，还会不断地重复问题、提示思路、渗透解决问题的方法等，目的就是给学生充分的自学时间和自学方法层面的引导，为更好地学习这一内容蓄势。这时教师说话的节奏、候答的时间与小学生思维的节奏和谐统一，极易产生共鸣。例如，南京致远外国语小学李雪老师在教学老舍先生的《猫》时，引导学生自读了1—3自然段"猫的性格实在有些古怪"后，相机抛出问题：为什么说"猫的性格实在有些古怪"？请大家再快速读课文1—3自然段，找找划划哪些方面体现了猫的性格古怪？然后，精读第1自然段，通过抓词语（"说它……吧，可是……""任凭……也……""非……不可""无论……也……"），明了"表现手法"，引领学生说读体味、移情想象，共同感受猫性格古怪的特点。李老师沉稳的言语节奏，使学生很快地沉潜于字里行间，细细品味老舍先生语言文字的魅力，感受字里行间蕴含着的"人爱猫，猫亲人"的美好情趣。

如果教学的是浅近易懂的内容，口头言语速度应快、力度轻，高低度对比可小些，让教师的言语节奏带动学生的思维快速畅游，使课堂的节奏快起来、活起来。再如上例《猫》接下来的教学，有了第1自然段的重锤敲击，引领学生明了课文的描写方法，第2—3自然段与第1自然段结构相似，便可让学生体会。这时李老师言语节奏加快，也不过多引导，仅抓了"蹭、印、几朵小梅花""丰富多腔地叫唤，长短不同、粗细各异，变化多端"等，带领学生稍作体会，便一带而过，进入另一个重点和难点的学习当中——"作者是怎样描写猫的古怪性格的？"

（2）言语节奏的变化应与课文描绘内容的情感基调相吻合

一般说来，课文描绘内容的基调是欢快、诙谐和幽默的，则言语节奏应轻快，即速度较快，声清不着力，有时有些跳跃感；课文描绘内容基调庄重、肃穆、悲痛、沉重，感情色彩偏暗的，言语节奏便会变得沉稳，即语速较缓，声音强而着力；课文描绘内容基调较为抒情或异常幽静的，言语节奏又会变得舒缓，即语速是缓慢的，声清不着力；如果课文内容表现的是较为激动并难以控制的心情，或表现紧张急迫的情景，则教学言语节奏就会变得强疾，即语速较快，音强而有力。

总之，快慢交替、急缓相间的节奏能渲染出与课文内容相吻合的基调，容易激起相应的感情，优化学生接受的效果。

2. 口头言语节奏变化又促成不同性质内容的有效传递

教师言语节奏顺应学生思维节奏的同时，也会促使学生顺应教师对不同内容节奏的处理，使课堂在互相调适中前行，以推动差异化内容的有效传递。

例如，薄俊生在教学《掌声》第一课时前20分钟时，由课文第5自然段切入，只抓了一个"忧"字读音和一个标点——本段末的省略号，然后抛出一个问题搭桥，自然过渡到课文前三个自然段的学习中，言语节奏轻快。对此重点内容的学习，教师没有平均用力，而是抓住描写小英动作的词"坐""低""站"及相应的修饰词"默默""立刻""慢吞吞"来咀嚼，言语节奏沉稳，其余内容则一带而过，言语节奏也呈强疾态势。教学内容处理得轻重适宜，行进速度缓急相间。

（三）教学方式的间隔变换与学生心理节律之间的关系

小学语文课堂教学方法多种多样，如讲授法、批注法、对话法、发现法、归纳法、讲读法、讲练法、导学法、讨论法等。其中，对话法、批注法、发现法、讲练法、讨论法等，因为需要师生付出较多时间和精力，教学节奏缓慢、舒松；讲授法、归纳法、讲读法、导学法等主要由教师一人完成，没有太多互动，教学节奏则相对快速、急促。围绕教学目标和教学内容而选择的教学方式往往交替使用、间隔变换，教学节奏随之变化，这不仅使教学内容变得深入浅出、活泼易懂，也顺应了小学生不断变化的心理节律；反过来，小学生心理节律过慢或过快会导致其学习过于松弛或紧迫，也会敦促教师变换教学方法，以便调适节奏，使课堂教学尽量处于一种春风化雨、疏密和谐的状态之中。

我们听一些语文教师上课的时候，常感觉到气场舒服又温馨，仪态温厚又不乏敏锐，学生时而处于"丰富的安静"中，时而又呈现"活泼的丰富"情态，不知不觉中一堂课结束了，而听课者还未回过神来。细细玩味，会发现这样的教师无一不是节奏调控的高手，尤其是将教学方法变化的节奏和学生的心理变化节律调适得水乳交融，才使课堂教学进入一种审美的艺术状态中。

如果说中学语文课堂教学可侧重教学内容的话，那么，小学则相反。因为虽然小学语文教学内容简单，但孩子也简单，而把简单的内容教给简单的孩子就成了难事。如此说来，在小学语文课堂上，处理好教学方法的变换和小学生这个不完善个体的心理变化的关系，对于有效实施教学内容、达成教学目标，就显得特别重要了。

我曾听过一位教师第一次尝试用批注式阅读进行教学，选取的是原苏教版五年级上册"文包诗"课文《黄鹤楼送别》。教师先引导学生朗读《黄鹤楼送孟浩然之广陵》解诗意，再朗读寻诗眼——"辞"，而后默读课文，围绕怎么"辞"的，找出文眼"依依惜别"。这一环节，思路清晰简洁，朗读、默读间隔变化，学生自学与教师引导相辅相成，课堂教学节奏轻快明畅，学生学得轻松、愉快。接下来，教师因势利导，提出本课时的重点问题：李白与孟浩然是如何依依惜别的，课文是在哪些地方体现的？要求学生默读第2—4自然段，并进行批注。这个转折运用了新的教学方法，把默读、静思、批注等集于学生个体身上，教学推进得慢了，着力重了，由原先的轻快、愉悦，变得沉稳、紧张起来，学生的心理节奏随之加快，变得紧张且具压迫感。要指出的是，若此时教学任务紧迫再加上新方法使用不熟，极易造成学生心理节奏的失控，教师应适当调控。一是时间要放得充分。二是对批注点和方法要加以指引。三是对学生的应答要进行有效处理，并渗透批注方法。如果对此关注不足，该环节的教学就会显得仓促且混乱：一者学生批注不到点上，二者学生的批注即便闪现出了一些灵性，如"我觉得第3自然段围绕6个'您'写出了李白对孟浩然的敬仰之情"，教师也没有抓住，一带而过。结果是：想快，快不起来，又不敢慢；想深，深不下去，又不甘心教师包办。最后不得已匆匆忙忙、混混乱乱结束了这一环节的教学，节奏完全给打乱了。如果教师指导学生抓住第2自然段"藏"字批注，体会在第2—4自然段的描写中作者是如何藏情的；再指导学生抓住"敬仰"批注，感受作者为何会"依依惜别"；然后教师相机引导，渗透方法，结果可能是另一番境地。由上例可见，在处理二者关系的过程中，教师对节奏的控制和引导是成功的关键。

当然，和谐的节奏调控，不仅仅体现在对以上三组关系的处理当中，它应是课堂上多种元素、多种关系的和谐统一。

新课改强调每个学生整体素养的形成，这就要求教师不仅要关注学生知识和能力的获得，还要关注学生知识、能力获得的过程与方法，以及情感态度与价值观的形成和发展。这些也加大了课堂调控的复杂程度和难度，特别对于节奏调控来讲，因其更倾向于"运用之妙，存乎一心"的艺术性表达，使多数教师，尤其是新手教师把握起来比较困难，这就更需要在厘清三组关系的基础上，依据教学行进和转折中的信息反馈，因势利导，采取一系列有意识和有目的的调节与控制活动，使课堂教学的节奏朝着自己预想的最佳效果前行。

三、偶发事件的调控技能

偶发事件又称为"突发事件""意外事件"，是指在课堂教学过程中突发的意外情况。偶发事件是有效预设和有效生成的矛盾在纠合中产生的一个个节点，这些节点像课堂上的一块块未经发现和打磨的璞玉，包孕着无限可能的教育价值。从教学事件性质的角度，可分为两种情况：一是认知范围内的偶发事件，如有位实习教师教古诗《枫桥夜泊》"夜半钟声到客船"一句时，一位学生突然举手问：半夜里为什么会敲钟啊，不影响人睡觉吗？结果，这位实习教师一时不置可否。二是非认知范围内的偶发事件，如上课时有一个学生总是报告其他同学不认真听讲。

偶发事件的调控是指教师面对意外发生的情况，敏感地洞悉学生的变化，迅速做出反应，及时采取恰当措施，给予巧妙的处理。主要有三个环节：一是要注意关注和迅速判断出所发生事件是否属于偶发事件；二是迅速衡量处理与不处理的利弊关系；三是思考怎样处理才能凸显更高的教育教学价值。

（一）要注意关注和迅速判断出所发生事件是否属于偶发事件

不是所有自己意料之外的事件都可算作偶发事件，我们在这里研究的偶发事件起码应该满足以下五个条件。

① 必须是在精心的预设和关注生成的基础上产生的事件；
② 是在教师个人意料之外的；
③ 这个事件应该是关系到课堂上每一个人的；
④ 这个事件应该是可叙述或描述的；
⑤ 其中应隐含着可开发的教育教学价值。

> **请你判断**
>
> 　　下面是一位实习生遇到的课堂偶发事件，请结合上述五个条件，尝试判断这个事件属不属于偶发事件，为什么？如果属于，又是哪种类型？
> 　　一位实习生在执教统编版小学语文教材五年级上册的《枫桥夜泊》时，问学生读懂了什么，还有什么没读懂的。一个学生站起来问："老师，诗中说'夜半钟声到客船'，半夜里怎么还敲钟呢？"其实，不仅是这位小同学，就是大文豪欧阳修也曾在《六一诗话》中说："唐人有云：'姑苏台下寒山寺，半夜钟声到客船。'说者亦云：句则佳矣，其如三更不是打钟时。"[①]这位实习生之前没有做足功课，一时语塞，不知怎么回答好。

（二）迅速衡量处理与否的利弊关系

课堂教学是在时间链条上按教师预想的思路有计划、有步骤地行进的，偶发事件则是教学路上的岔口，如果不处理，就有可能导致教师不顾学生的现实问题，忽略学生的实际需求；如果处理，可能会打断原来的思路，耗一部分时间在上面。这就需要教师在最短的

---

① 施蛰存.唐诗百话[M].上海：上海人民出版社，2019：436.

时间内做出利弊的权衡。

这里要注意两点：一是先要考虑这个事件与主要教学内容或教学秩序的关系有多大，是处理还是不处理，如果处理应处理到什么程度，是轻描淡写地处理，还是浓墨重彩地关注。二是要思考这个事件和谁有关系，如果是和大多数学生都有关系，就应认真对待，如果仅仅与极少数人有关，就应慎重了。

（三）思考怎样处理才能凸显更高的教育教学价值

1. 对认知范围内的偶发事件的处理

① 对症下药。面对偶发事件时应临危不乱、沉着冷静，迅速思考、判断。抓住问题的症结所在，采取针对性措施，尽快解决。不可节外生枝，旁逸斜出，过多地扰乱既定的教学计划。

② 因势利导。一些与教学内容相关程度高的突发事件，可沿着学生的思维轨迹加以引导。要摸准学生是怎么想的，为什么这样想。通过这种方式，不仅可以迅速解决学生的问题，还可以巧妙地把问题纳入现场生成的轨道，使教学顺畅进行，甚至有时还会收到意料不到的效果。

③ 见仁见智。对于一些开放性问题，不必求同，鼓励存异，但教师应明确表达自己的观点。对于一些出人意料的回答，教师不可轻率处理，要给予学生解释的时间，对于其中的合理成分，应予以鼓励。

请你来做

许多年前，我们带着一批语文骨干教师到某小学听课。上课的是一位经验丰富的教师，课文是原苏教版的《苹果里的五角星》。当她问到谁愿意上来横切苹果时，课堂气氛达到了高潮，下面自然是小手如林。该教师微笑着请上一位男生，横切后，发现苹果里是四角星，他稍微一愣，又拿出一个苹果，切完还是四角星，此时这位教师显得有点尴尬了。最后，他拿出了准备的最后一个苹果，切开后竟是六角星！五角星没有藏在苹果里！惊讶之余，这位经验丰富的教师，可能因为紧张，竟然说出了实习教师才可能会说的话：同学们，只要我们坚持不懈，总会切出五角星的。然后，接着上后面的内容。

这是一个典型的突发事件，显然这位教师对突发事件处理得极不妥当，为什么这么说？应怎样处理更为妥当，为什么？

---

2. 对非认知范围内的偶发事件的处理

① 风趣幽默。诸多非认知范围内的偶发事件如果都去认真处理，显然不现实；如果不处理，会影响教学进程；如果处理得生硬，又不利于和谐课堂氛围的打造。苏联教育家

斯维特洛夫说过："教育家最主要的，也是第一位的助手是幽默。"因此，可以借助"幽默"这个好助手，来处理这类突发事件，以化腐朽为神奇，化干戈为玉帛。这要求教师具有睿智的判断力和宽容放松的心态。例如，在一次语文课堂教学进行中，由于校外附近某个工程施工，传来刺耳的机器'咚咚'声，瞬间，全班学生的学习状态开始改变，学生不由自主地把头伸向窗外去寻找声源，甚至有的学生情绪开始烦躁，把耳朵捂了起来，注意力被打散。教师面对这种情况，却十分镇定地说："看来同学们不仅掌握了我们这节课学习的知识点，还都懂得这些知识潜在的含义了，连外面的大楼都替你们宣告了，替你们说'懂懂懂'了，既然这样的话，那么哪位同学可以把咱们这节课学习的知识点总结一下啊？"学生立刻都笑了，都心领神会地把注意力转移到课堂学习上来[1]。

② 暗示纠正。借助暗示，教师可以不用故意耗费时间与精力，不必大声呵斥，就可化不良课堂行为于无声中。有四种有效方法可资借鉴：第一，空白暗示法，即教师突然停止讲课，引起学生的注意，往往能收到此时无声胜有声的效果；第二，体态语暗示法，即不要停止讲课，而是用眼神、手势对学生进行暗示，使其按教师的暗示自觉地调整注意对象；第三，语音暗示法，即通过改变讲课的音调、音量使学生感到意外，以吸引学生的注意力；第四，迫近暗示法，即教师向学生慢慢走近，对他们产生一种"威胁"，使其自觉地调整学习状态[2]。

③ 借机转移。不去直接处理，而是基于教学内容，相机转变教学方法，转移学生的注意力。

④ 认真对待。主要针对一些不得不处理或比较有教育价值的突发事件。处理得好，对师生关系的和谐、对学生情感态度与价值观的影响、对教学的深入等都有不可估量的价值。

请你来做

一位实习教师正在执教《掌声》一课时，一位学生突然呕吐起来，她周围学生纷纷掩鼻躲闪开，打断了正常的教学秩序。如果你是这位实习教师，会怎样处理？

要点提示

一、要有敏锐的判断力

要进行调控，必须首先判断出哪些地方需要进行调控，这是前提。判断力的形成除了依靠理性认知外，还需要在调控的实践中不断地训练、反思与总结。

---

[1] 李晓艳.探索小学高年级语文课堂教学突发事件科学处理方法[J].学周刊，2015（10）：46.
[2] 丁文贵.组织学生高度参与的几种课堂调控方法[J].教学与管理，2004（15）：35.

二、要把握好调控的原则和分寸

事后算账，则徒劳无益；太过或不足可能会违背调控的初衷；如不能随机应变，还有可能将自己陷入骑虎难下的境地。因此，课堂调控要及时、适度、灵活，才能发挥调控的作用。

三、要善于把握调控的时机，因势利导

调控的时机在于把握住学生的"势"，"导"则要朝着有利于教学目标的方向。抓不住"势"，就无法对症下药，还有可能错误引导。因势利导要以教学目标为导向，以预设为基础，以生成为凭借，借力打力，才能机智地将教学导向理想的境地。

教师除了要加强自身教学的调控能力外，还要逐渐给学生渗透自我调控的意识与策略。

为了落实教学目标，为了使学生在最佳状态下学习，实习教师和新手教师要积极学习调控策略，积累调控经验，反思调控的细节，逐渐练就"任凭风浪起，稳坐钓鱼船"的课堂驾驭气度。

学与做　　技巧提炼与实训

- 结合自己的课堂调控经验和本章内容，总结出你所认为的比较有效的课堂调控技能。

- 下面是实习教师储志莉就原苏教版课文《司马迁发愤写史记》第二课时设计的一些课堂氛围的调控策略，读后谈谈你的看法，并学习该实习教师的总结思路，针对自己上过的一堂较为成功的语文课进行反思、总结，说说自己是如何进行课堂调控的，如何改进会更好。

我首先以一幅图片导入，让同学们观察图片，整体感知，点出"发愤"，从而让同学们对于司马迁发愤写《史记》中的"发愤"有一些感性的认识和了解，奠定课堂轻松的教学气氛。

在具体学习课文的第3自然段时，我首先引导学生思考司马迁的"飞来横祸"是什么，并用文中的话来回答。当学生说到"司马迁因为替一位将军辩护，得罪了汉武帝，入狱受了酷刑"时，我相机用课件出示相关历史资料，指名一位同学朗读资料并配上班得瑞的轻音乐

《初雪》，在音乐的熏陶下，学生的注意力被吸引了，目光都聚焦在大屏幕上，炯炯有神，期待着进一步的学习，此时，我也在音乐声中有感情地朗诵这样一段话："同学们，酷刑这种惨无人道、灭绝人性的刑罚，使一个原本顶天立地的血性男儿在人前人后再也抬不起头来，这对于一个从小生长在黄河岸边、听着英雄故事长大、血液里流淌着自强自尊的信念、胸怀大志、有着建功立业理想的男儿来说，怎能不感到万般屈辱呢！更何况这种屈辱本不该降临到他的头上。他含冤入狱，受了酷刑。"以这种方式进一步激发学生的情感，让学生对文本内容产生共鸣，这样做，一方面集中了学生的注意力，另一方面通过教师的情感，激发了学生的情感和深入理解的求知欲望，从而为接下来的进一步的阅读教学奠定了情感基础。在此基础上引导：所以他——悲愤交加，你从文中哪些字词中能够看出这种悲愤交加？——血溅墙头，了此残生。学生很快就能走进文本，找到答案，这时候，我通过引导学生进行各种方式的朗读、默读，让学生走进文本，走近司马迁。从同学们的眼神中可以了解到，他们对于司马迁、对于司马迁发愤写《史记》有了自己的理解和感受。

当课堂进行到25分钟后，学生们似乎累了，积极性也不如前半节课那么高了。这时候，我主要采用奖励性措施，即哪一个小组举手的同学多，就给该小组加两分（班上同学被分成四个小组，组名分别是甜蜜橙子、清脆苹果、甜甜草莓、可口黄梨，一个月后进行总结，得分最高的组员可以得到一张课外题免写卡，可以免写一天的课外习题作业），运用此种方法后，学生的积极性又一次被调动起来，从而为我教学课文的最后一个自然段奠定了坚实的基础。当有个别学生开小差时，我用眼神暗示他，没有效果后就走到其身边轻轻拍拍他的肩膀，提醒他注意听讲。但是，有一名坐在第一排靠墙位置的男生，课堂上总是不注意听讲，我多次提醒他，但一点效果也没有，最后我只好让他站起来，随后又在适当的时候向他提问了一个较简单的问题，把回答的机会留给他，回答正确了就让他坐下来继续上课。我个人感觉，这样的措施对于一个经常走神的学生来说，比起单纯的提醒效果要好得多。

那一节课上，有一名男同学身体不舒服，一直趴在桌上，同桌说他想吐，我立即让他的同桌陪他一同前去洗手间，并带上一叠抽纸，我带着班上其他同学接着上课。当生病的学生回来后，我询问了他的身体状况，得知没什么大碍后就让他趴在桌上休息一会，并且表扬了他的同桌，趁机教育班上同学要相互关心、相互帮助。然后接着上课。在整个课堂教学中，同学们很积极，举手发言非常踊跃，师生间的配合也比较好。整堂课基本能够顺畅地按照教案进行下来，教学目标也基本能够达成。

第十章
课堂激励技能

🎓 **想与说**　怎样看待激励

▼ 德国教育家第斯多惠说:"教学的艺术不在于传授本领,而在于激励、唤醒和鼓舞。"你怎样看待激励在教学中的作用?

▼ 陶行知先生曾说:"你的教鞭下有瓦特,你的冷眼里有牛顿,你的讥笑中有爱迪生。"① 请谈谈你对这句话的看法。

▼ 请分析或回想自己上过的一堂小学语文课,说说教师在教学中的哪些环节对学生进行了激励,是如何激励的,效果如何?

---

① 陶行知.陶行知全集[M].成都:四川教育出版社,1991:3.

四 读与评　　故事里的激励启示

珀金斯是美国一个臭名昭著的诈骗犯。在他很小的时候，有一次妈妈买了两个苹果，一个大一个小。妈妈先问弟弟要哪个，弟弟说要大的。妈妈听了，瞪了他一眼，责备他说要做一个有礼貌的人，要学会把好东西让给别人，不要总是想着自己。小珀金斯也想吃那个大苹果，但他从妈妈对弟弟的责备中明白了妈妈希望她的孩子懂谦让，如果自己选择小的苹果，妈妈就会喜欢他，把大的苹果给他吃。于是，当妈妈问他选择哪个苹果时，他说："妈妈，大的给弟弟吧。"果然，妈妈把大苹果奖给了小珀金斯。"这是我第一次学撒谎！"珀金斯回忆说，"它使我明白欺骗往往是达到目的的捷径。"后来，珀金斯又学会了打架、偷、抢，为了得到想要得到的东西，不择手段，最后不得不由监狱来代替妈妈对他进行教育。

美国前总统艾森豪威尔也曾给人讲过一个关于苹果的故事。小时候的一天，妈妈拿出了一篮子苹果，红红绿绿，大小不同，孩子们都想得到那个最大最红的苹果。妈妈拿着那个最好的苹果对孩子们说："门外的那一片草坪已经很久没有修剪整理了，你们每人负责修理一块草坪，谁完成得最好就吃那个最大最红的苹果。"小艾森豪威尔非常想吃那个最大最红的苹果，所以干得特别认真。最后妈妈宣布那个最大最红的苹果属于他。艾森豪威尔回忆说："这件事几乎影响了我整个人生，你只有比别人干得出色，才能得到更多。"

- 请评价这两则故事，并思考故事中的道理对小学语文课堂教学中激励策略的实施有何启示。

▶ 我曾带着实习生听了一位老师上的《棉花姑娘》，该堂课上得如行云流水，可有一个评价的环节，我总觉得哪里不对。

老师让四位学生上讲台，各读一部分课文，让下面的同学当小评委。谁读得好、评得好就奖给一张棉花字卡。等四位同学依次读完，小评委们开始按照"我觉得某某读得好，因为……"的方式进行评价。评完一个，老师就奖励给被夸奖的和评价的同学各一张棉花字卡，然后让该同学回到座位上。最后，只剩下了一位小姑娘，因为一句话读得不流利，被小评委直接提了出来，她一个人面对大家站着，半低着头，眼睛里有泪光在闪。老师走过来搂住她的肩，面向全班学生说："我们再给她一次机会读好这句话，好不好？"终于，她在所有人的期待中读好了这句话，老师也奖给了她一张棉花字卡。

- 这位老师在朗读评价环节运用了激励手段，你认为哪些地方运用得较为合理？哪些地方处理不妥，为什么？怎么做会更好？

讲与议　激励的认识与运用

理论总述

一、课堂激励的意涵

"众所周知，在教学中，应激发学生的学习兴趣，使其形成强大的、持久的学习动力，从而以极高的热情进行学习，并积极引导他们向某一方面发展。这是挖掘学生潜能、提高教学质量、加速人才培养的关键。我们把这一要求称为'教学激励性原则'。"[1]亚当斯的公平理论，海登、琼斯等人的归因理论等，虽对激励所采取的措施不同，但大都认为激励是指引导和推动人朝着一定方向和水平从事某种活动，并在工作中持续努力，形成动力的过程。激励理论最早被应用于企业管理、人事管理和国家决策当中。有调查表明，如果构建有效的激励机制，工作绩效就会比不采取激励高出3—4倍。这是调动员工积极性、提高工作效率和保证生产质量的有效策略。正因如此，激励机制被许多企业家称为是提高管理质量的关键，并逐步渗透到各行各业当中。课堂教学也是由各种元素和关系构成的特殊单位，有鲜活的个体，有情感和需求，有教学目标导向，有学习任务和要求，以追求课堂教与学的效益为旨归。因而，在课堂教学中教师应吸取激励理论的合理因素，努力创建高效的教学激励机制，使之也能成为提高课堂教学质量的法宝。

激励是激发人的主观能动性，以挖掘人的内在潜能，促使人在学业或事业上取得成就的一种过程和手段。课堂激励是指教师在教学过程中依循激励的一般原理，根据课堂教学任务的要求和学生的特点，采取多种教学措施与手段，持续激发学生的学习兴趣、动机和

---

[1] 杜德栎.教学激励性原则探析[J].教育探索，2004（03）：51—53.

情感以及产生学习动力的过程及手段。

教学激励要求教师以激发学生的主体性为出发点，多方考虑学生的各种需要及其内在潜力，把促进人的全面发展与终生幸福作为教学激励的基本动力与最终目标。这是教学对学生人性的回归，是现代教学论的立足点[①]。由此可见，作为教学激励最重要的一环，课堂教学激励的本质在于"以学生为本，关乎人性，激发学生学习动机，使其形成强大不息的学习动力，从而获得全面发展与终生幸福"。

二、课堂激励的类型及主要特点

（一）课堂激励的类型

1. 从激励来源的角度可分为外在激励和内在激励

前者是在外界刺激作用之下产生的，这些刺激源包括教师、学习伙伴、教学内容、学习方法及教学环境等，主要是教师的激励；后者则是源于学生自身的、发自内心的内在刺激。

2. 从激励手段运用的角度可分为物质激励、精神激励、物质与精神相结合的激励

物质激励，即利用物质作为激励手段，上例《棉花姑娘》教学中，谁读得好、评得好就奖给棉花字卡，是物质激励；再如上例中，有一个学生朗读得很好，老师说要奖励他再读一段，属于精神激励；还是这篇课文，学习小组比赛朗读，读得好的小组成员除了发一张棉花字卡外，还在黑板上给该小组画一朵大棉花，则归属物质与精神相结合的激励。

一般说来，应提倡精神激励。但离开具体的教学情境，不能孤立地说哪种激励好、哪种激励差，甚至认为物质激励要不得，这就是对激励的认识简单化了。

（二）课堂激励的主要特点

1. 人性化

课堂激励是以学生的主体性为出发点，多方考虑学生的各种需要，最大限度地激发学生的潜能。因此，激励必须以学生的需要为起点，以学生的发展为目的。

2. 高效率

激励原初的追求就是为了获得高绩效，因此，对课堂教学高效性的维持和保障是激励存在的根本依据。

3. 及时性

及时性是激励取得良好效果的保证，也就是说，只有在课堂教学中抓住有利时机，

[①] 杜德栎.教学激励与新课程[J].教育理论与实践，2005（06）：41—43.

及时反馈，才能取得更好的激励效果。这既是激励过程中体现出来的特点，又是激励应用的要求。

三、课堂激励的价值

（一）有利于发挥教师的主导作用，组织和引导学生积极进行语文学习，使学生真正成为语文学习的主体

一方面，小学生因知识、经验的局限，易造成学习障碍，引发学习厌倦，导致学习效率低、成绩差等问题；教师的激励仿佛催化剂，利于引导学生面对困难、解决困难、获得成就感，从而激发学生源源不断的学习动力。另一方面，学生又是学习任务的承担者，每一个学生都是独立的人，只有个体的自觉性得到激发，才能让语文学习真实地发生。因此，教师必须尊重学生的主体地位，通过适当激励调动每个学生的主观能动性，使学生真正成为语文学习的主体。

（二）有助于语文课堂教学效率的提升

美国哈佛大学教授威廉·詹姆斯曾提出一个公式：工作绩效＝能力×动机激发。这就是说，在一个人能力不变的情况下，工作成绩的高低取决于动机激励的程度。研究表明：一个人在没有受到激励的情况下，他的能力只能发挥20%—30%；反之，如果受到正确而充分的激励，就能发挥到80%—90%，甚至更多。如果把语文课堂效率视为工作绩效，那么很显然，有效激励能够大大提高学生的学习效率。

（三）有助于组织课堂秩序，使语文教学有序且高效地行进

有效激励可以顺应儿童的天性，克服儿童"不服从的烈性"。不但能让课堂有序有效，还能让学生不断觉察到自尊心、找到自信心、处理好与教师的关系。

尤其对实习教师来说，由于没有足够的权威，又缺乏熟练技能，其所面临的困难不在于教什么，而在于怎样有序地、高效地去教。因此，对师范生来说，要想教学得心应手，就得先学会和学生相处，学会有效地激励学生。

（四）有助于语文教学内容与激励手段的互相转化与相辅相成

语文课文，内涵丰富，其对激发学生的需要、兴趣、期待、情感比其他学科更具优势。那些承载着激励内涵的文字或形象，本身就是一种激励手段，如统编版小学语文教材四年级上册的《为中华之崛起而读书》，单单题目就告诉了学生读书的最终目的是什么，更别说少年周恩来的形象给学生的榜样激励作用了。而课堂激励就是这些课文内容与激励手段相互转化的融合剂。

四、课堂激励的误区

（一）把激励等同于表扬

激励不等同于表扬，表扬和批评都是激励的一种手段，关键在于这个手段是否是以学生为本的，能否激发其学习语文的主动性。当教师批评一个学生时，其他学生会认为与自己无关，而当教师表扬一两个学生时，其他学生就会觉得和自己有关系了，这就是表扬的力量。因此，应以鼓励、表扬等激励手段为主。但不敢批评也不是激励的真谛，因为批评有时也会产生特殊的激励效果，只不过要讲情境、讲对象、讲方法罢了。要注意有一道底线不能逾越，那就是不能伤害到学生的自尊心。当然，如能把批评与表扬有机融合在一起，既让学生接受，还能帮助学生提高认识，那是再理想不过的激励方式了。

（二）激励偏离了主导价值观

2022年版课标强调多元化解读、独特感受，提倡教师要赏识学生、尊重学生的感受，这给了学生更大的、更自由的理解与表达空间。但是与此同时，学生的认识很可能会以"独特"的名义，偏离社会主义核心价值观。例如，学习《邱少云》一课时，有学生发表了自己的"独特"见解："人的生命是何等的宝贵，邱少云在完全可以保住生命的情况下，却活活被烧死，死得可惜，死得不值，我觉得他这是犯傻。"授课教师居然大加赞许："你真了不起，有了自己的理解和感受！"[①] 这种所谓的"激励"，实则偏离了当前的主导价值观，不但是一种"伪激励"，而且是一种无原则的放任。

（三）激励手段简单

在日常教学中，对激励手段的简单化运用主要表现在三个方面：一是激励手段单一，小学语文常用的激励手段有目标激励、语言激励、奖惩激励、情感激励、榜样激励等，而实际上最常用的无非就是语言激励或奖惩激励，且往往流于简单与呆板的形式。二是注重教师的激励，忽略学生间和学生自我的激励。三是偏重精神激励，缺乏精神与物质有效结合的激励方式。

（四）激励语单调

类似于"真好！""你真棒！""真了不起！""老师要表扬你们！"这些激励语是必要的，但如果教师过多使用这类激励语，就缺乏真诚了。山西省教研室武振江曾总结出十二种课堂教学中的形式主义，其中第十一条就是"对于学生的答问，不分是非，漠然置之，或者不实事求是

---

① 王群.尊重，但不能盲从[J].小学语文教师，2004（01）：169—170.

地进行鼓励,'真好!''真棒!''好极了!'不绝于口,学生听多了,觉得淡而无味"①。

我们在听课时经常看到这样的情形,学生听到老师表扬"你真棒"时,像喝了果汁,心里甜滋滋的,有的面带笑容,有的手舞足蹈……可是,在这样一节语文课上却出现了这一幕:授课教师频频表扬学生"你真棒",开始10分钟,确实起到了调动积极性的作用,学生兴致很高。但是,没过多久,学生的激情便渐渐消失了。针对这一现象,部分学生反映道,老师平时上课表扬他们时总是说一句"你真棒",听多了,便觉得没意思了。这番话值得我们思考:有的教师为了讲好一节课,充分利用小学生爱听"好话"的心理特点,一味地表扬。殊不知这种浮泛空洞的表扬语使用频率过高,学生反而感到没意思,因而会出现前"热"后"冷"的现象②。其根本原因在于教师的评价缺乏真诚的赞赏和热情的鼓励。

技能概观

要采取有针对性的激励策略,先要了解激励的过程③。

第一阶段,"激励源—激励原则与方式—奋进"。激励源遵循激励原则,采取适当的激励方式,使受教育者自觉将教育目标转化为个人目标。

第二阶段,"奋进—绩效"。该阶段是受教育者把奋进意识转化为奋进行为,并产生一定绩效的过程。

第三阶段,"绩效—奖惩—目标—激励源"。这是对绩效进行评价反馈的过程。对绩效进行评价并给予奖惩,同时,还要看绩效是否达到了教育者的培养目标和要求,然后反馈给激励源。

理想的激励模式是受激励者经过努力后所达到的绩效正好符合教育者预先设置的目标。若没达到,教育者则需寻找合适的激励方式,再一次进行激励。

一、目标激励技能

课堂教学目标既是教学的起点,又是归宿,目标的达成度是检验课堂教学效果最重要的指标。因此,采取恰当的激励方式,促使学生自觉地将课堂目标转化为个人目标是目标激励的第一步。

能否有效发挥目标的激励功能取决于两点:一是教学目标的实现给学生个体带来价值的大小;二是目标实现可能性的大小。

① 教学目标设立应基于学生的学习需求。唯其如此,才能激发学生的学习动机和兴趣,并转化为完成目标的动力。

---

① 武振江.小学语文教学改革的理论与实践[M].北京:人民教育出版社,1997:59.
② 钟雄华."你真棒"偶想[J].小学语文教师,2003(11):16—17.
③ 赵佩漩,吴锡改.论教育的激励操作[J].科协论坛(下半月),2007(08):158—159.

② 教学目标设立难度要适切，符合每位学生的预期。目标低于或高于学习预期，都无法产生有效的激励作用。因此，教师应努力使学生找到个人的"最近发展区"，将个人学习目标调整到适宜的预期状态，这是目标能引起激励的关键。

③ 教学目标设立要注意层次和阶段。目标要有层次性，以指向不同水平的学生，从而对每一位学生都起到激励作用。目标还要有阶段性，使学生在实现某一阶段性目标后就获得一次积极强化，在循序渐进中不断获得成功的体验，从而增强学生向更高目标进取的信心。

总之，教师要为目标的实现创造条件，引导和帮助学生将教学目标转化为自己的学习目标，并引导学生努力达成。

二、语言激励技能

马卡连柯说过："同样的教学方法，因为语言不同就可以相差二十倍。"课堂语言是教师的强大武器，而语言表达的艺术则更多地体现在语言激励的过程当中。

激励语是一种评价语言，但不是所有的评价语言都能起到激励作用，只有那些能发挥激励作用的评价语言才算是课堂激励语。课堂评价语有不同的层次：一般层次，是肯定或否定性的语句，如"回答得对""不对"等，它能评判学生的学习活动；较高层次，是引导性的语句，引导学生对课上问题进行学习和探究；最高层次，是激励性的语句，对学生表现出的深入的研究热情和科学精神予以鼓励，它引导的是学生脱离课堂后的自主探究和学习[①]。

（一）激励语要强调针对性

学生有年级的差异、层次的差异、个体的差异，激励的意图往往通过语言表达出来，因此，必然要有一定的针对性。

对于低年级的学生，教师简单的认可就可以起到激励作用。随着学生年级的升高、心智的成熟，真诚的表扬或批评，能揭示学生观点的独特性与合理性所在的描述性评语，成了课堂激励语的重点。

给不同基础、不同个性的学生以不同的评价，让每个学生都感到教师的激励和自己有关系。要考虑到评价对象的不同需求，对学习能力不同的学生的评价侧重点应有所不同：启迪优等生、欣赏中等生、激励学困生。学生的个性没有好坏之分，关键看教师怎么从不同的视角、不同的层面予以评价，要力求促进每个学生全面发展，使每个学生都能从评价中获得激励，获得进步的动力，达到扬长避短的目的。

---

① 王水丽.一个不容忽视的课堂细节——课堂"OK"式评价语[J].江苏教育学院学报（社会科学版），2008（01）：26—28.

> **请你参考**
>
> 在《夜宿山寺》的教学中，有一学生把"不敢高声语，恐惊天上人"读得响亮高亢，另一学生却读得低沉轻缓。
>
> 师：（对生1）你能说说，为什么你把这句读得这么响亮吗？
>
> 生1：因为作者登上这样高的楼，心里一定感到特别骄傲和自豪，所以读的时候声音必须高一些，才能把作者内心的感情表达出来。
>
> 师：你体会到了作者当时的心情，说得很有道理。
>
> 师：（对生2）那么你能说一说，为什么你把这一句读得这么低沉吗？
>
> 生2：因为连高声说话都担心惊动了天上的人，所以读的时候必须把声音压低，才能把诗里要表达的感情表达出来。
>
> 师：你是从诗的感情来考虑的，说得也非常有道理。同学们能从不同角度想问题，而且有充足的理由来说明自己的观点，这是你们的一大进步，老师很欣慰。下面请大家按自己的理解来朗诵这句诗。

评价时还要注意两点：一是激励语中尽可能融入课文中的语言。二是尽可能结合学生的语言进行激励。例如，一位教师在执教统编版小学语文教材三年级下册《燕子》时问："为什么作者只写燕子的羽毛、翅膀、尾巴而不写其他部分呢？"有个学生说："写羽毛、翅膀、尾巴有意思。"教师于是激励该生道："对，既然抓住燕子的羽毛、翅膀、尾巴来写有意思，那你们平时写麻雀、花猫、金鱼等动物时也应抓住它们有意思的部分来写，好吗？"其实，教师运用学生的语言来评价学生，本身就具有激励意味。

（二）以肯定语为主，巧用否定语

美国作家巴德·舒尔伯格写过一篇《"精彩极了"和"糟糕透了"》的文章，文章中说巴德写完第一首诗后得到母亲"精彩极了"和父亲"糟糕透了"两个截然不同的评价，小巴德就在这两个极端的评价中不断地平衡自己，最终成为了一名著名作家。

课文内容的丰富内涵、多元化的解读视角、个性化的表达方式、教师的不同旨趣等，给教师的激励提供了较大的弹性空间。总体说来，语言激励应以肯定为主，尤其是在低年级的课堂上，教师要带着放大镜去看学生的优点，只要学生主观上努力了，就要多些"精彩极了"之类的评价；对学生的不足之处，也要客观、诚恳地指出来，点出进步的方向，要巧用否定语，尽量避免"糟糕透了"一类的表达。有的专家主张使用"三明治"策略，即在否定时应像"三明治"一样，将否定艺术化地夹在好评中间，以更好地发挥语言激励的价值。例如，有的学生读得实在不够流利，评价时可先肯定其朗读时的努力，再指出不流利的地方，给予其改正提高的机会，并及时加以肯定性的反馈。

（三）善于利于语言的美感、幽默感和必要的沉默，增强语言激励效果

教师优美、机智、幽默的语言甚至必要的沉默都是带着力量的，将这些融入激励语言里，无疑会增强激励的效果。

以幽默激励语为例，特级教师于永正老师在教《我爱故乡的杨梅》时，请一个学生朗读课文，让其他学生边听边想象。学生声情并茂的朗读仿佛把大家带入了果实累累的果园。于老师幽默地说："陆晓荣听得最投入。我发现他在边看边听的过程中，使劲咽了两次口水。"回过味来的同学会心地笑起来。于老师接着说："课文中描写的事物，肯定在他的头脑中变成了一幅鲜明生动的画面。我断定，他仿佛看到了那红得几乎发黑的杨梅，仿佛看到了作者大吃杨梅的情景，仿佛看到了那诱人的杨梅果正摇摇摆摆地朝他走来，于是才不由得流出了'哈喇子'……"学生们都哈哈大笑起来。于老师接着说："如果读文章能像陆晓荣这样，在脑子里'过电影'，把文字还原成画面，那就证明你读进去了，就证明你读懂了。老实说，刚才我都流口水了，只不过没让大家发现罢了。"同学们笑得更厉害了。

在愉悦的笑声里，学生不知不觉地掌握了一个重要的朗读方法——"边读边想象，把抽象的文字还原为生动的画面"。

（四）发挥辅助言语的激励作用

美国传播学家雷蒙德·罗斯说："你是否认识到，你所传播的信息中只有35%是语言的。当你面对面同某个人讲话时，他可以从你的言语之外的其他形式中接受到65%的信息——如你的音调、手势，甚至你站立的姿势和衣着打扮。"他说出了辅助言语的传播力量。辅助言语可以丰富听觉通道，辅以视觉、触觉渠道，让学生充分感受来自教师的言语激励。视觉方面的辅助言语，诸如手势语、表情语、身姿语和符号语（例如，在黑板上画一颗五星、用多媒体点出一个笑脸）；触觉方面的辅助言语，如弯腰搂肩、轻拍、轻抚、轻抱等都能让师生间"心有灵犀一点通"。

三、情感激励技能

情感就仿佛是语文课堂的"血液"，"没有情感，就不可能有对真理的追求。儿童的认知活动、道德活动、审美活动等都维系于情感的驱动"[①]。现代心理学研究证明：情感不只是人对客观事物是否满足自己的需要而产生的态度体验，而且会对人类行为的动力施以直接影响。在教学过程中，教师可从以下方面运用该策略。

首先，要注意挖掘教材中情感激励的素材，通过披文入情，产生共鸣，让学生在情感熏陶中不断获得激励。

---

① 王智秋.小学教育专业人才培养模式的研究与探索［J］.教育研究，2007，28（05）：25—30.

其次，要通过饱含深情的期望激励学生。"期望效应"是教师对学生有效激励的重要心理线索。"小学教师特别需要用目光、笑容、肤触及各种体态语言向儿童传递爱的信息，使小学生建立对学校及老师的依恋、信任关系。"[①]一句亲切的话语、一次赞赏的颔首、一次会心的微笑、一个鼓励的眼神、一个尊重的手势，会让老师的一言一行犹如一场春雨，滋润着学生的心田，激励他们敞开思维的大门，插上想象的翅膀，去探索成长的奥秘。

最后，用学习伙伴之间的良好情感互相推动、互相激励。孩子最容易打动孩子，孩子也最容易推动孩子，教师要善于利用学生之间的情感互动，让他们相互温暖、相互鼓励，并引导他们积极调整自身的行为。

四、榜样激励技能

美国心理学家班杜拉的观察学习论认为，学习有直接强化和间接强化之分，前者即是对学习者做出的行为反应当场予以正向或负向的刺激反馈，后者即学习者在社会交往中，通过对榜样人物的示范行为进行观察而无需予以直接强化的学习，这种学习又称为"替代性学习"。学生对身边的榜样及其先进事迹会有一种崇拜心理与模仿取向，如果榜样的某种行为得到激励，就会使学生的模仿行为得以强化。因此，如何通过激励榜样的言行来激励学生，就成了课堂激励的一项重要举措。

（一）谁是榜样

研究证明，榜样越具有代表性、典型性，与模仿者越相似，被模仿的可能性就越大。因此，那些代表了能够促进学生语文素养提升的教师、小学生或课文中的人物形象，都可以成为榜样。

（二）如何发挥榜样的激励作用

其一，发挥榜样的示范作用，以激发学生的学习动力。具体而言，巧妙利用同学榜样，激励其他语文学习伙伴；善于挖掘课文中的形象榜样，激发学生；教师榜样应以身垂范，如春风细雨般浸润学生。其二，通过对榜样的言行进行激励，引导其他学生更好地学习语文。另外，更要注意学生的自我纵向比较，引导学生以自己的今天为榜样，以未来为憧憬，促使自己进一步发展。

> **请你参考**
>
> 有学者谈到这样两种教育理念。一种是：无论是在家庭教育还是学校教育中，表扬与批评都是教育者惯用的教育手段，家长和教师喜欢采用横向比较法，如利用小红花、

[①] 朱小蔓.中国教师新百科（小学教育卷）[M].北京：中国大百科全书出版社，2002：374.

> 小红旗等方式鼓励孩子竞争，看谁表现好。当纠正孩子不良行为时，常常采用表扬其他孩子、以其他孩子作为榜样的方式来进行对比式评价。另一种教育理念则是尽量避免对孩子进行对比式评价，他们只注重学生自身纵向发展，而避免对学生进行横向的相互比较。通过纵向发展过程的展示，来评价孩子并激励孩子进一步的发展。横向比较的可能结果之一是越比越气馁，越比越觉得不如人。因为山外有山人外有人，你干得再好总还可以找到比你更好的人。与关注横向比较相对应，持这种理念的教师及家长的比较着眼点是现在，是当下，是此时此刻，因而孩子常常因为比不过人家而感到惭愧、怨恨。而关注纵向比较的教师及家长比较的着眼点则是未来，并将现在与一个孩子未来的发展紧密结合起来。他们所秉持的理念是：今天未能实现目标是暂时的，但未来一定会比今天好，所以往往能够给孩子更多的憧憬和激励，而不是忧虑和自责。

五、奖惩激励技能

按照激励第三阶段"绩效—奖惩—目标—激励源"的发展过程来看，奖惩是对绩效进行评价反馈的一种手段，这种手段的使用主要看绩效多大程度上达到了教育者预期的培养目标，并通过奖惩促使受教育者依据目标追求绩效。语文学习中的奖惩激励是在语文学习过程中或学习后，让学生知道自己的学习结果，并将这个结果与目标比照，以此做出精神或物质层面的奖励或惩罚的评价。

① 奖惩情况主要以是否完成了语文教学目标为依据，按照制定的奖惩标准进行评价。这特别要求语文教学目标的针对性、可评价性以及评价机制的合理性。如学习某篇课文，根据实际定出大致目标，各学习小组或个人再根据各自实际定出目标，教师引导大家定出奖惩标准，以评促学。

② 奖惩激励还应与学生的学习过程相一致，将过程性激励与终结性激励相结合。

③ 尊重学生差异，强调奖惩的针对性。尤其对那些所谓的"后进生"，要善于发掘其"闪光点"，抓住点滴进步予以奖励激励。

④ 灵活运用各种奖惩手段，使其真正发挥激励作用。奖励和惩罚不能滥用，必须坚持实事求是、客观公正的态度，严格按照奖惩标准实施，这样才能奏效。

一方面，多用奖励、表扬，少用惩罚、批评。当教师以欣赏的目光表现出对学生的高期望时，他们会从内心迸发出一种积极向上的愿望。反之，则会产生抵触心理。

另一方面，多用精神奖惩，少用物质奖惩。美国心理学家威廉·詹姆斯说："人性中最深切的禀质，是被人赏识的渴望。"哪怕是一种静默的期许、一次热烈的掌声、一朵粉笔开出的小花，都可能比物质奖励更容易触动学生的内心。这就像著名的德西效应：当一个人正对活动充满兴趣时，给他提供外部的物质奖励，反而会降低这项活动对其的吸引力。

六、评价激励技能

2022年版课标对语文教学评价明确提出应包括"过程性评价和终结性评价。过程性评价贯串语文学习全过程，终结性评价包括学业水平考试和过程性评价的综合结果"。教师对学生的学习成效给予适当的评价，会激发学生持续学习的愿望和动力。

（一）选定契机

要不要评价？为什么要此时评价？此时不评价是不是更好？也就是说，要考虑好评价契机的问题。

1. 当学生缺乏信心时

当学生缺乏信心时，要通过评价鼓励学生积极发言，诸如："谁来说说题目的意思，说错了也不要紧"；"这首诗的意思是什么，谁来猜一猜，猜对了表扬，猜错了也表扬，表扬你的勇气"；"老师最喜欢举手的同学，举手的同学是最自信的同学"；等等。

2. 当学生迷茫时

当学生迷茫时，应通过评价激发学生进一步思考，诸如："还有不同的吗？展示你的不同，展示你的精彩"；"真好，你们真有一双发现的眼睛，又找到了一处，还有没有？再找出来就比较难了。你还能找到吗？一双双发现的眼睛，靠的是会思考的大脑"；等等。

3. 当学生取得成功时

当学生取得成功时，可通过评价指出成功之处，诸如："读得好，好在声音响亮，这是自信的表现"；"你有一双火眼金睛，把藏在背后的东西也读出来了"；"写得精彩，读得振奋，老师听得也振奋"；等等。

4. 当学生答错时

当学生答错时，要善于从错误中指出闪光点，诸如："真好，她不仅读出了她喜欢的这一段，而且讲出了喜欢的原因。读得真好，只是有一个字音读得不准"；"这位同学有一种强烈的生命意识，这很好，关键是邱少云是不是不珍惜自己的生命呢？他是为了什么才把最宝贵的生命献出来的呢"；等等。

要注意的是，在学生阅读动机被充分激发、进入自我或与他人之间的良性互动时，要减少教师的评价。这是因为当评价已经达到激励效果时，就不能用评价干扰学生的思考和表达了。

（二）恰当评价

1. 依据不同情况，采取不同评价

（1）智力类型不一，评价对象应有所侧重

多元智力理论认为，人的智力是由言语—语言智力、逻辑—数理智力、视觉—空间关系智力、音乐—节奏智力、身体—运动智力、人际交往智力、自我反省智力、自然观察者智力等多种智力构成的。多种智力在每个人身上以不同方式、不同程度组合存在，使得每

个人的智力都各具特色。因此，教师要关注每个学生的独特之处，多角度地寻找他们的闪光点进行评价。

（2）针对不同情形，灵活评价

一是内容不同，评价就不同。例如，统编版小学语文教材六年级上册《只有一个地球》的教学片段。

师：因为时间有限，我们把提问的次数控制为6次。谁有问题？

生：为什么地球可爱，又容易破碎呢？地球这么结实，怎么会"碎"呢？

师：问得好。答案百分百在书上。

生：人类无穷无尽地破坏，地球还能活多久？

师：这是一个大问题，非常有研究价值。这个问题跟第一个问题有着密切联系。

生：地球的矿产资源到底是怎样形成的？

师：这是一个相当不错的问题。可惜书上没有答案，我们利用课外时间来研究吧，好吗？

生：为什么说地球是人类的母亲？

师：这个问题上节课我们还讨论过呢。可能这位同学认为研究得不够深入，需要进一步研究。行！

生：那些人凭什么破坏地球？地球是我们大家的。

师：凭什么？好一个义正辞严的"凭什么"！好一个充满愤慨的"凭什么"！好，还有最后一次提问的机会。

生：我们应该怎样精心地保护地球、保护人类的母亲？

师：这是一个了不起的问题！一个我们最为关心的问题！一个亟待解决的问题！这个问题，其实已经把前面的问题都包含进去了。

二是内容相同，理解或表达有异，评价就不同。例如，《菩萨蛮·大柏地》的教学片段。

师：现在老师再给你们10分钟时间，请大家用不同的方式来表现你对这首词真的理解了。（大约10分钟后）

生：我以"菩萨蛮·赞松原"为题赋词一首，以此表示对词牌的理解。

师：你能用诗词的语言来表现对诗词的理解，而且赞美了自己的家乡，我们体会到了你对家乡的热爱，真了不起！

生：我根据词的内容作了一幅画。画的内容是：雨过天晴，彩虹横跨天空，关山苍翠，墙壁弹痕累累，毛泽东置身于画面之中。

师：你对词的内容理解得很深刻，而且画得很好，可以看出你有很强的想象力和高超的绘画水平，太棒了！

生：我为这首词谱了一首曲子，现在就给大家演唱一遍。（唱完后，师生为他热烈鼓掌）

师：原来你有这么好的音乐天赋，校园艺术节的时候可得好好露一手！

生：虽然我用什么方式都表现得不太好，但是我想给大家朗诵一下这首词。

师：以前他上课从不主动发言，今天很主动，说明他进步了，大家表扬他！

三是内容相同，学生相同，情境有异，评价就不同。如于永正老师在教学《全神贯注》一课时，一位学生读课文，一连读了几遍也未读正确，该学生急了，无所适从。于老师没有做肯定或是否定的评价，而是亲切地鼓励他："记住，第三遍读错了，还有第四遍、第五遍，不要慌，老师相信你一定能读好！"于老师热情的鼓励让他有了信心，第七遍，他终于将一段课文读通顺了。结束时，这位学生写下的心得是："只要全神贯注地朗读课文，一定能成功。"这让听课的师生都非常感动。

2. 多种评价方式相结合

（1）教师的评价与学生的自我评价、相互评价相结合

自评是学生依据一定的评价标准，对自身做出分析和判断，从而进行自我调节，积极主动地寻求自我发展的一种评价方式。它是师评和互评的基础，又是评价教学的归宿。在课堂教学中，可通过自评，将师评和生评有机融合。

（2）个人的评价和小组的评价相结合

小组学习是一种重要的学习方式，在小组学习中，应注重将个人评价和小组的评价结合起来。例如，训练学生的提问能力，可以小组的形式进行，当小组代表将问题提出来，说清是谁提的，得到大家的肯定后，可在黑板上画一颗星，哪个小组的星最多，该小组就是本节课的学习之星。得到学习之星的小组再给表现好的同学加星。

3. 加强形成性评价中的激励

北京师范大学刘锡庆教授指出，语文课"从本质上看无疑是'立人'之课，它具有强烈的人文精神"。在"立人"过程中，形成性评价无疑起着不可或缺的作用。例如，教学统编版小学语文教材五年级上册《珍珠鸟》，一位女生在朗读"一会儿把灯绳撞得来回晃动"一句时，把"灯绳"读成了"灯线"，一连三次都在这儿卡了壳。老师让她停下来，摸了摸她的头说："你很勇敢，敢于暴露自己的缺点；你更有毅力，读错了再读，一直努力着！相信你一定能自己读对它！"于是，这位女生再次鼓起勇气大声朗读一遍，完全正确！全班响起了热烈的掌声，她长长地舒了一口气！接着，老师又让她完整地朗读了一遍这个段落，全班又一次爆发出热烈的掌声！

另外，激励性评价中的表扬除口头表扬外，还可依据年级特点探索多种形式。例如，中低年级可采用竖拇指、盖图章、画小红旗、贴小五星等直观形式，并引导学生与家长分享这份肯定，就可以把家长也引到评价机制中来了。

================ 要点提示 ================

一、创设安全的语文学习氛围

所谓"安全"，就是不挑剔、不批评学生大胆的或独特的想法，让他们自由地表达

自己的见解，获得安全感，强化进取心，正像马斯洛说的，"在安全的环境里，人们首先想到的是进取；而在威胁的环境里，人们首先想到的是防御"。一线老师询问心理学家，怎样才能激励孩子学习，专家给出的答案是：让他们的学习有安全感，即使学习失败了也不用怕。

二、激发学生的学习动机

激发学生的学习动机是教学激励的出发点与动力源。它不仅为学习提供直接的动力，而且影响着学习的方向和进程。学习动机由学习需要和学习期待组成，前者是激发学习动机的内驱力，后者则是激发学习动机的外在诱因。因此，要引导学生对自己的学业成功或失败进行积极归因，适当开展学习竞赛活动，树立学习榜样，从而激发起学生的学习需要与学习期待。

三、注意激励的及时性和灵活性

心理学研究表明：及时激励的有效度为80%，滞后激励的有效度仅为20%，因此，激励应及时。但激励也不能过于频繁，否则会降低激励效果。另外，每个学生都是独立的、有差异的个体，激励手段的运用要灵活、有针对性，不能整齐划一。

四、注意培养学生的自我激励能力

苏霍姆林斯基指出："我十分坚信，能激发出自我教育的教育，才是真正的教育。"提高学生的自我激励能力，引导其挖掘自身潜能，才是语文课堂教学激励的真正旨归。

因此，教师要通过巧妙的激励实践，引导学生逐步掌握自我激励的方法，不断地通过语文学习的成功体验来激发"内感报酬"[①]，促使自我激励逐渐取代他人的激励。

学与做　　技巧提炼与实训

- 请结合自己的课堂激励经验和本章内容，总结出你所认为的比较有效的课堂激励技能。

---

① 根据心理学的研究显示，人们在进行自己喜欢的活动时，内心会自然而然地产生一种愉悦的感觉，这种感觉就被称为"内感报酬"，内感报酬具有很正向的自我激励意义。

- 高明的激励性评价，绝不是简单机械地用"好"来敷衍的，它蕴含着教师对学生自尊心的爱护、自信心的培养，流露着教师真挚的爱生之情，犹如春风细雨，滋润着学生的心田。让我们先领略一下著名特级教师于漪老师的一个教学片段，读后谈谈自己的体会。

一个女生问："'万万'是多少？"同学们听了哄堂大笑。于老师说："'万万'是亿，看来大家都明白了，但想想作者为什么用'万万'而不用'亿'呢？"一个学生说："'万万'听起来响亮，感觉好像比'亿'多。"于老师微笑着点点头并补充道："使用叠词，读来朗朗上口，增强了语言表现力。"于老师又问："同学们，这一知识是怎么得来的？"学生的目光一齐投向那个女生，她的胆怯羞愧一扫而光。

女生的问题确实简单，以致同学们都哄堂大笑，但于老师没有笑，并明确告知了"万万是亿"。紧接着，于老师巧妙地将学生的注意力转移到对文章语言的品味上，对那个回答问题的学生，于老师用微笑与点头的表情语进行了激励；更为巧妙的是，于老师又问"这一知识是怎么得来的"，意在引起学生的自我反思：当别人提出一个问题，哪怕是一个看似简单的问题时，不要忙着发笑，而是要听听别人是从什么角度提的，看看能否引发自己的进一步思考。在于老师的启发下，学生的哄笑转变成了赞赏，同学们一起投来的目光照亮了那位女生的自信心，让她感受到了发现问题、提出问题的自信。

于无声处听惊雷，于老师在评价语上未着一字，却效果斐然，其高超的激励艺术委实让人叹为观止！

- 下面是师范生刘敏在教师招聘面试中上完《水上飞机》（原苏教版课文）一课后，在课堂教学激励方面所做的总结与反思。请学习该同学的思路，结合自己上过的一堂较为成功的语文课，说说自己是如何进行课堂激励的，如何改进会更好。

《水上飞机》课堂教学中的激励

《水上飞机》这篇课文，是我参加教师招聘考试时上的课，讲的是课文的第一课时。因为是新老师上课，班上又多了好几位评委，所以感觉学生也很紧张，一个个抱臂坐正，没有一点声响。离上课还有五分钟，我在讲台上默背教案，感到课堂气氛太沉闷了，觉得自己应做点什么。于是，我放下手中的教案，微笑着说："同学们不要太紧张，可以放松一下，还没有上课呢。"（我带头在讲台上舒展了一下身体）过了一会儿，我看大家都活跃了起来，就接着说："同学们，很高兴来我们班上课。其实啊，本来老师有点紧张，不过看见很多的同学微笑着（我用双手的食指指着自己两边上扬的嘴角）望着老师，老师觉得轻松多了。希望这节课在全班同学的支持下，可以进行得很顺利，好不好？谢谢同学们的支持。"（我对同学们轻轻地鞠躬）在这样的开场白中，开始了我的面试课。

我让学生用课文中"究竟"一词造句，这是一个不算难的问题，但只有寥寥几人举手,而且他们目光不敢直视我。我想,不急,他们需要思考的时间,便说:"同学们,想到什么就说什么,说不好的也要表扬,因为这是敢于尝试的表现。我们再等等,看还有谁愿意发言。"这时,班上真的有更多的同学举手了。我想,是因为他们不怕犯错误了,知道老师不会因为自己说不好而责怪他们了,才激发了他们发言的积极性吧。在让学生朗读课文片段的时候,有一个女生的声音小,但很甜美。她可能也知道自己的声音小,读完后有点胆怯地看了我一眼。我就说:"谢谢你的朗读,读得准确又流利,声音也很甜美,不过音量有点小,有些同学没听清楚,你能再为我们朗读一次吗?"她点点头,提高音量读了起来。

这些经历让我体会到:教师的及时激励,确实能够增强学生的学习积极性,激励孩子们更勇于尝试,更勇于表现。

遗憾的是,我觉得自己的激励语还显得生硬、刻意。学生一定能敏锐地觉察到,我有时说的话,只是为说而说,而非真正地发自内心地鼓励他们。印象最深刻的是,一个学生朗读完课文后,我就直接讲下面的内容,讲了两个字后,突然意识到应该对他说些什么,于是插了一句表扬:"这位同学朗读得真好。"(语速很快)但说完,我就后悔了,觉得自己太过刻意,这很可能会降低这位学生学习的积极性。这种细节的处理与体察,对新手教师来说,十分宝贵。

造成这个问题的原因,我认为有三点:第一,新手教师对于课堂教学没有足够的经验,缺乏必要的激励技巧。这是要靠不断的教学来积累经验的,短时间内难以解决。第二,新手教师在上课时,过多地顾及教案,没有花更多的时间去关注学生、去倾听学生的话语、去观察学生的表现,所以不能对学生做出及时的激励。第三,新手教师缺乏对于教学理念的深入理解,如关于课堂中如何激励学生,只是粗浅地理解,未有深入的体会。这就需要新手教师不断积累课堂经验,激活教学理念。

我想,作为一名新教师,一个善意的微笑、一个真诚的点头、一个亲切的目光,也许比一些"漂亮的话语"更为温暖,更能打动学生的心,更能让学生感受到老师对他们的信任与鼓励。

- 请任选一篇课文进行教学设计,尤其要注意如何在教学中进行有效激励,上完课后再反思有没有达到自己的预想效果,如有不足,反思问题所在。

请你参考

小学语文课堂教学评价激励语50句

1. 倾听是分享成功的好方法,看××同学正在分享着大家的快乐,我相信他已经有了很多收获!

2. 他听得可认真了,会听的孩子是会学习的孩子!

3. ××同学听得真认真,第一个举起了小手!

4. 你听得真认真,这可是尊重他人的表现呀!

5. 你倾听得真仔细,耳朵真灵,这么细微的地方你都注意到了!

6. 你们专注听讲的表情,使我快乐,给我鼓励。

7. 你们的眼神告诉我,你们还是没有明白,想不想让我再讲一遍?

8. 会"听"也是会学习的表现。我希望大家认真听好我下面要说的一段话。

9. 你讲得很有道理,如果你能把语速放慢一点,其他同学听得就更清楚了!

10. 你的表达特别清楚,让大家一听就懂!

11. 别急,再想想,你一定会说好!

12. 老师发现你不仅听得仔细,说得也很好!

13. 你很有创见,这非常可贵,请再响亮地说一遍!

14. 虽然你说得不完全正确,但我还是要感谢你的勇气。

15. 知道你心里已经明白,但嘴上说不出,我把你的意思转述出来,然后再请你学说一遍。

16. 说,是用嘴来写,无论是一句话,还是一段话,首先要说清楚,想好了再说,把自己要说的话在心里整理一下就能说清楚。

17. 说话,是与别人交流,所以要注意仪态,身要正,不扭动,眼要正视对方。对!就是这样!人在小时候容易纠正不良习惯,经常注意哦。

18. 我想××同学一定在思考,我们再给他一点时间,好吗?

19. 开动你的小脑筋去想,说错了也没关系,老师喜欢肯动脑筋的同学!

20. 读,是我们学习语文最基本的方法之一。古人说,读书时应该做到"眼到,口到,心到"。我看,你们今天达到了这个要求。

21. 大家自由读书的这段时间里,教室里只听见琅琅书声,大家专注的神情让我感受到什么是"求知若渴",我很感动。

22. 经过这么一读,这一段文字的意思就明白了,不需要再说明什么了。

23. 听你们的朗读是一种享受,你们不但读出了声,而且读出了情,很感谢同学们。

24. 默读,要讲究速度。现在请大家在十分钟内看完这段文字,并请思考……

25."读书百遍，其义自见"，请各位再把这部分内容多读几遍，弄懂它的意思。

26."学贵有疑"，问题是思考的产物，你们的问题提得很好，很有质量，是善于思考的结果。

27.你们的问题很有价值，看来大家读书时是有用心思考的。

28.今天我们的提问已大大地超出了课文的范围，反映了我们学习的积极性和强烈的求知欲。

29.有些问题我们可先问自己，自己有能力解决的，就不必向别人提出，让我们试试看，刚才新提出的问题，哪些是自己有答案的？

30.有一个问题，是我要请教大家的，谁能帮我解决？

31.我从同学们的提问中，看到的是思维的火花，非常灿烂，与其说是我在教你们，不如说是你们在教我，你们的学习能力一直在提高。

32.同学们养成了良好的学习习惯，作业本很干净，书写也端正。我很高兴，感谢大家。这些同学的作业字迹端正，行款整齐，很少有错别字，文句通顺，进步很大。

33.优秀的作文是全班的财富，应该让大家来共享，请大家出出主意，如何使这些财富充分地发挥作用，让每一位同学得益，特别请这些财富的创造者出出主意。

34.用自己的笔写自己心里的话，这一点很重要。我们班××同学做得比较好，他的作文虽然也有缺点，却给人一种真诚的感受。

35."有纳才能吐"，有积累才能够表达。我们有些同学作文中的词语是丰富的，看得出他们课外有较大的阅读量。

36.××同学从生活中找写作材料的本领很大，即使一件不起眼的小事，他也能留心观察，作为原始材料积累起来，他的写作材料总是那么新鲜、独到。

37.第×组的××同学可真棒！为自己这组争得了一颗闪亮的星星呢！

38.你看，很多小朋友把心里那个胆小鬼打倒了，都举起手来了呢！

39.你们瞧，××同学可是大家学习的好榜样！看看他是怎么做的！

40.第×组的同学个个眼睛睁得大大的、亮亮的，我感受到了你们的认真，注意力特别集中！

41.不知是什么力量使你改变这么大，从上课爱吵爱闹到学会静静思考，学会暗暗努力，真为你高兴！

42.尊重（欣赏）别人，你会得到更多人的尊重（欣赏）！

43.连这些都知道，真不愧是班级小博士！

44.你的眼睛真亮，发现这么多问题！

45. 多么好的想法啊,你真是一个爱思考的孩子!
46. 猜测是科学发现的前奏,你们已经迈出了精彩的一步!
47. 瞧瞧谁是火眼金睛,发现得最多、最快?
48. 你的思维很独特,能具体说说自己的想法吗?
49. 这么好的想法,为什么不大声地、自信地表达出来呢?
50. 你有自己的独特想法,真了不起!

第十一章
课堂板书技能

想与说　板书能被替代吗

▶ 有人认为,黑板这种传统教学媒体会逐渐被现代媒体取代,粉笔板书的作用也就随之弱化,甚至逐渐消失了,你同意这种观点吗?

▶ 板书技能是师范生必备的技能之一,你认为它的重要性体现在哪里?

▶ 师范生在就业试讲过程中,面试单位往往会提前一段时间——通常是一小时——给出指定课文。对此,有的教语文教学论的老师就指导师范生先设计出给定课文的板书,然后依据板书反复默课,因为板书就是一份"微型教案",能勾勒出课时内容的要点和结构。你不妨试着做一做,再谈谈自己的体会。

四 读与评　　板书还是不板书

▶ 下面是在一线从教多年的周振芳老师对课堂板书的看法。

教师的板书不是无情物，而是传达着一定的感情或思想。写得大而重，说明较为重要，写得快而轻，一般是带过。许多老师喜欢课前板书，尤其是上公开课，大黑板、小黑板、卡片一大串，连课文题目也课前预先写好，课上基本不动粉笔。课前板书可以节省教学时间，但也有不足，我认为当堂板书利大于弊，值得提倡。当堂板书较为直观，慷慨激昂时重而捷，悠闲平静时慢而轻。字的大小、板书的快慢以及字体都流露出教师的情感、意图，学生可以通过教师的板书了解情感，把握轻重。另外，当堂板书也较为自由，教师可以根据教学的进程，增删板书内容，调整板书结构。所有这些都是课前板书难以达到的。当堂板书又是一堂写字示范课。小学生善于模仿教师的板书，教师的板书从笔势、笔顺到字形、字体都潜移默化地影响着学生。长此以往，写有一手好字的教师，其学生的字也不差。当堂板书给学生留有思考时间。课前板书一下子出示，学生读板书的时间又不是很多，学生（尤其是学习较为困难的学生）思维难以跟上，往往会忽略重要内容。而当堂板书，老师写，学生看，师生配合密切，学生有时间思考，起到了板书应有的作用。从这个意义上讲，课堂板书并没有浪费课堂时间。所以，教师应练好粉笔字，尽量当堂板书。

- 你认同周老师对课堂板书的看法吗，为什么？

- 你认为应如何处理好课前板书与当堂板书的关系？

▶ 下面是一篇教育随笔，平静的叙述中蕴藏了很多的不平静。

友人小池，大学毕业后一直在家乡小学任教，因课上得出色，又擅长书法、写作，在县城小有名气。前不久，他竟也心血来潮，风尘仆仆来省城应聘，本以为如囊中取物，可事与愿违，竟以落聘告终。更使他始料不及的是，那位校长告诉他："其他都无懈可击，就是讲课之中竟然没有板书，这怎么行！"我听了友人的叙说，笑了笑。又问友人："你原先有板书安排吗？"友人说："本来在教案上也曾有我精心设计的板书，可是，那堂课上，学生反应极好，思维活跃，我是因势利导，没按原教学设计进行，板书也忘了。""你觉得这堂课上有板书的必要吗？"我追问。友人回答："在当时的情况下，对教学而言，并没有板书的必要，而且，我也喜欢上那种'风行水上，自然成纹'的语文课，总不能为板书而板书嘛！"

- 你认同那位校长的说法吗？

- 你怎样理解小池老师说的"不能为板书而板书"？

- 比较两则案例，谈谈在新课标、新教学的背景下，应如何看待板书？课后可根据你的发言提纲，查阅相关资料进一步丰富对这一问题的看法，这也是一个值得研究的课题。

讲与议　板书的价值与技能

理论总述

一、板书的意涵

板书是指在课堂教学过程中，为了配合教师的教学口语，强化教学效果，在黑板上以文字、符号、线条、图形、表格等向学生呈现的教学信息或传递教学信息的一种活动方式。它既是一种静态的教学信息的总称，又是一种动态的信息呈现方式。板书包括板书和板画两种形式。写在黑板上的文字叫板书，描画在黑板上的符号、线条、图形、表格和简笔画等则是板画。两种形式应结合运用，根据教学对象、教学目标、教学内容等的不同而有所偏重。小学语文的板书以汉字书写为主，常辅以线条、贴卡、贴画、表格、简笔画等。

板书追求凝练、形象、完整、多样。好的板书仿佛是映照教学内容的"镜子"、展示课文内容的"屏幕"、引人入胜的"导游图"、开启学生思路的"钥匙"、读写结合的"津梁"等，不可或缺。因此，板书技能是教师的一项必备技能。

二、板书的价值

学习指津

好的板书有何价值？这个问题想得越是具体，就越有可能转化为具体的板书行为，使自己的板书设计有正确的路向。实际上，学习某项技能的价值，不是非要记住什么理论，而是基于已有的经验，去反共识。有些需要多次反复，有些还需还原到具体情境里，建构出自己的新认识。

板书的价值主要存在于它的基本功能里——辅助完成教学任务。小学语文教学板书具有以下四个方面的价值。

① 能彰显文脉，凸显教学重难点，深化学生的理解与记忆。板书会辅助呈现出文章脉络中的关键点，利于学生理解课文内容；板书是对教学内容的提炼，通过板书的视觉刺激学生能更好地领会学习重难点。

② 易唤起学生注意，引发思考，启迪对话，助力优化语文课堂教学。

③ 粉笔板书的示范功能，无可替代。这一点对小学语文教学尤为重要。教师在黑板上的一笔一画都会成为小学生模仿的对象；小学生看教师范写，头脑中形成的是教师写字的动态表象，而不只是字怎样写，这是多媒体永远无法取代的。

> **各抒己见**
>
> 　　有老师说，让小学生写好字也简单，只要你写得好，他就会跟着好。有人赞成：打铁还需自身硬，身教胜于言教；有人反对：这是把写字教学简单化了。你怎么看？

　　④ 规范的板书过程、良好的板书形态，既是教师态度、行为、习惯等的身教与言教过程，也是一种审美过程，潜移默化地规范着学生、熏陶着学生。

　　一位语文特级教师说过：这媒体、那媒体，都比不上人这个"活"的媒体。你熟悉这样一个场景吗？老师站在讲台上，对着学生们说：书写有三看，一看有几笔，二看住哪里，三看每一笔。伸出你的小手，我们一起来写写这个字吧！而这不是点课件、用PPT范字所能替代得了的。

三、板书设计的原则与课堂板书的要求

　　刘国正先生曾说："板书是一种教学艺术，既要醒目，又要悦目，对教学起画龙点睛的作用。"要起到点睛作用，需遵循以下原则与要求。

（一）板书设计的原则

1. 计划性原则

　　课前备课时，对于板书的内容、出现的顺序、布排的位置、书写与讲述结合的方式等，都要周密考虑，切忌随心所欲。就此原则看，"读与评"案例中那位校长说的"其他都无懈可击，就是讲课之中竟然没有板书，这怎么行"也不是没有道理，何况，小学语文的课堂板书又尤其重要。

2. 针对性原则

　　板书设计既要针对各年级学生的认知水平与接受能力，又要针对教材特点和教学要求，使板书有的放矢。

3. 条理性原则

　　板书设计要展示教学内容的逻辑顺序、结构层次，让学生对教学重难点有清晰、完整的认识。

4. 概括性原则

　　板书设计应具有高度概括性，紧扣教材，遴选关键，做到精练恰当。

5. 灵活性原则

　　板书往往是师生对话的结果，课中的板书可能与课前设计不一致，教师应随机应变、机动灵活，切忌墨守成规。

6. 艺术性原则

板书内容的完善之美、语言的精练之美、构图的造型之美、字体的俊秀之美等，都能给学生以美的熏陶。

（二）课堂板书的要求

课堂板书要求简洁完整、直观形象、具有美感、富有启发性和趣味性。除此之外，小学语文课堂板书还要强调以下四点。

1. 强调板书的规范化与示范性

2022年版课标对小学阶段的写字有硬性的要求：第一学段，"掌握汉字的基本笔画和常用的偏旁部首，能按基本的笔顺规则用硬笔写字，注意间架结构，初步感受汉字的形体美。努力养成良好的写字习惯，写字姿势正确，书写规范、端正、整洁"。第二学段，"写字姿势正确，养成良好的书写习惯。能用硬笔熟练地书写正楷字，做到规范、端正、整洁。用毛笔临摹正楷字帖，感受汉字的书写特点和形体美。第三学段，"写字姿势正确，有良好的书写习惯。硬笔书写楷书，行款整齐，力求美观，有一定的速度。能用毛笔书写楷书，在书写中体会汉字的优美"。因小学语文教学的特殊性和小学生的向师性、模仿性等特点，教师就自然而然地成了学生学写字的榜样，这就要求教师板书时尽量不写多余的字，写则一笔一画，做到规范、端正、整洁、美观、速度合理。

> **案例回放**
>
> 在一次小学语文教师招聘中，一位应聘者在试讲时刚写完第一个字，旁边的一个评委便小声嘟囔：一看写字就知道不是小学教育专业的。原来应聘者写的是行书。事后其他评委问那位应聘者，果然如此。

2. 板书语言既要言简意赅，又需灵活多样

"言简意赅"要求板书语言的简练、规范、科学。教师要善于围绕教学重点，抓住关键词句，提炼实质性内容，把教学内容由多变少。灵活多样要求板书语言新异、独特、活泼，有变化，不千篇一律。这一要求既是理解教学内容的需要，又是因为教师要给学生书写汉字做的示范。

3. 板书设计应重点突出，层次分明

板书设计应围绕教学目标，突出教学重点内容，要让学生摸到教学内容之"瓜"，板书的结构层次自然是教学内容之"藤"，能够引领学生"顺藤摸瓜"是对语文板书的基本要求。

4. 板书呈现要机动灵活，合理布排

课堂既要有预设阶段的提前勾画，又要有生成阶段的机动灵活。如主板书和副板书位置的确定，板书内容呈现的时机和顺序，板书字号大小、字体颜色的变化，板书、板画的

不同设置，写与空、擦与留的处理，等等。

技能概观

> **请你思考**
>
> 板书什么？板书在哪里？以何种形式板书？如何板书？其中第一个和最后一个问题既是重点又是难点。

一、板书设计技能

板书设计是课堂板书的基础，指课堂板面书写的设想和计划。它主要依据教学目标、教学内容和学生情况的内在联系，在课前精心构思，课上依据预设和生成的情况有计划地完成。成功的板书设计，要求教师首先要熟悉常见的板书设计类型，然后根据具体的内容和学生的心理特点设计合理的板书。

（一）熟悉板书设计的常见类型

> **教学感言**
>
> 常有师范生疑惑地问："老师，要板书什么呢？"是啊，看似简单的问题，仔细一想还真挺复杂。

1. 按照板书功能的差异，分为主板书和副板书

主板书也叫"中心板书"或"基本板书"。侧重表征语文课堂教学目标与教学内容关系的重点、难点和关键点，表现教学主体内容的基本事实、情感和思想，反映教学内容的结构或学习方法。它是课堂板书的主体框架，一般保留于课堂教学的全过程。

副板书又叫"附属板书"或"辅助板书"。主要用来提示字音、字形和词义，补充知识，呈现练习，拓展内容，等等。副板书是对主板书的补充或说明，主要根据课堂的生成情形随机呈现，一般随教学进程随写随擦或择要保留。

2. 按照板书内容类型的差异，分为综合内容板书和单一内容板书

综合内容板书也叫"综合板书"，是比较全面、系统地反映课文内容、结构、写法等各个方面（至少包括两个方面以上）的教学要点的板书。

单一内容板书，又称"单一板书"，主要从一个侧面反映课文某方面的特点。如以体现课文内容要点为主的内容板书、以呈现课文结构特点为主的结构板书、以表现课文写作方法为主的写法板书，都是单一型板书。单一型板书还可细分为若干层级和种类，如内容板书可分为侧重情节、侧重景物、侧重人物的板书，而侧重人物的板书还可再细分为侧重肖像、侧重语言、侧重行动、侧重心理等方面的板书。

板书内容类型的选择主要受制于教学目标和教学内容的关系，一般说来，内容板书应突出某一方面的内容又兼及其他内容。

3. 按照板书形式的差异，分为提纲式板书、图解式板书、表格式板书和综合式板书

（1）提纲式板书

提纲式板书是教师提纲挈领地设计和呈现板书内容的一种板书形式。教师往往先写出一级提纲，然后逐级呈现，边分析边书写。这种板书形式纲显目彰、简明扼要、重点突出，利于学生分析问题和解决问题，是最为常用的一种板书形式。例如，统编版小学语文教材三年级上册《美丽的小兴安岭》一文的提纲式板书。

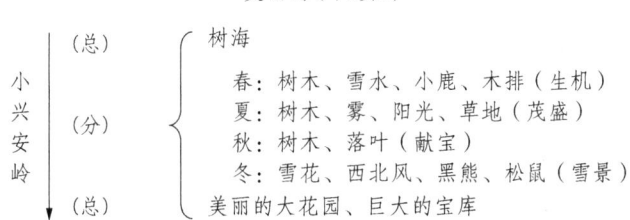

图 11-1 《美丽的小兴安岭》提纲式板书

板书抓住各段所描写的景物及特点进行设计，清晰地概括了课文的主要内容。既可帮助学生整体把握全文，又可让"借助关键语句理解一段话的意思"的语文要素落地。

（2）图解式板书

图解式板书是用文字、线条、箭头、贴图、简笔画等形象地设计和呈现板书内容的一种板书形式。它能直观地展示教学内容，揭示内容之间的联系，便于理解和记忆，图解式板书可增强板书的直观性、简洁性与新颖性。例如，统编版小学语文教材五年级上册《落花生》一文的图解式板书。

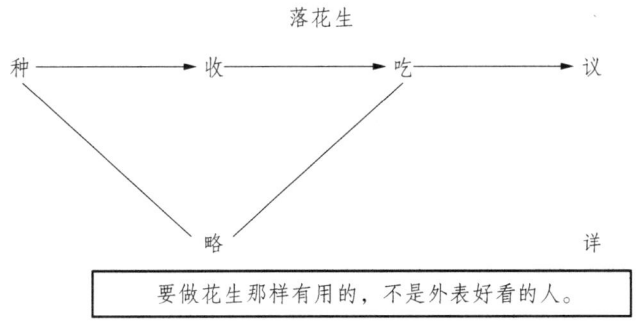

图 11-2 《落花生》图解式板书

这则板书简明扼要，不但呈现了解决课后"说说课文围绕'落花生'写了哪些内容"这一问题的要点，还揭示了课后"父亲想借花生告诉'我们'什么道理"这一问题的答案，同时还说明了行文的详略关系。再如，统编版小学语文教材一年级上册《雪地里的小画家》的图解式板书。

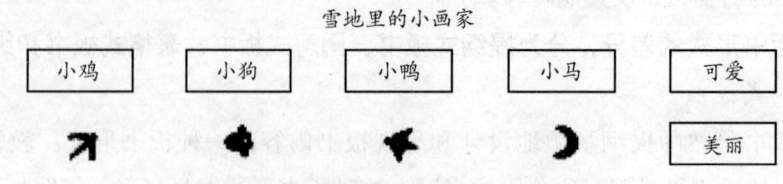

图11-3 《雪地里的小画家》图解式板书

板书中分别用了四幅简笔画，不仅能帮助小学生直观理解"小鸡画竹叶，小狗画梅花""小鸭画枫叶，小马画月牙"的意思，还有助于学生形象记忆儿歌内容。

（3）表格式板书

表格式板书是根据教学内容可以明显区分的特点，运用文字、表格等形象地设计和呈现板书内容的一种板书形式。对于教学内容复杂、异同区分较明显的教学内容，可采用此类方式设计，易于学生明确知识的联系，进而辨别异同，归纳概括。例如，统编版小学语文教材四年级上册《为中华之崛起而读书》一文的表格式板书。

表11-1 《为中华之崛起而读书》表格式板书
概括事件主要内容

事　件	时　间	地　点	主要人物（主要事件）
第一件事	新学年开始了	修身课上	魏校长（问） 周恩来（答）
第二件事	十二岁那年	奉天	伯父（告诉） 周恩来（疑惑不解）
第三件事	一个星期天	被外国人占据的地方	中国妇女（受欺负） 周恩来（看见、体会）

《为中华之崛起而读书》一文所在单元的语文要素是"关注主要人物和事件，学习把握文章的主要内容"。如何把握这类写多件事的课文的大意是个难点，也是本文的学习重点。指导思路一般分三步：第一步，先理清写了几件事；第二步，再概述每件事写了什么；第三步，最后连起来说说课文的主要内容。关键在于第二步，在这一环节就可通过表格式板书来区分和呈现要点。不但能让概述的要点一目了然，还明示了概括这类课文的方法，这个难点也就轻松地解决了。

（4）综合式板书

综合式板书是依据教学需要，综合各种板书形式有效地设计和呈现板书内容的一种板书形式。例如，统编版小学语文教材一年级下册的口语交际课《打电话》的板书，就综合运用了文字、线条、简笔画来设计。

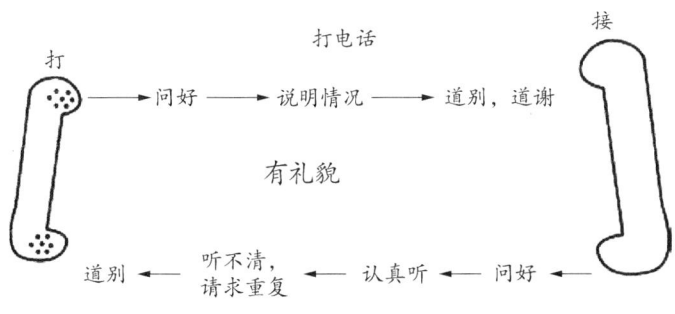

图 11-4 《打电话》综合式板书

另外,从书写主体的角度,还可分为教师板书、学生板书、师生共同板书。

(二)遵循板书设计的一般步骤

板书设计的一般步骤是:明确目标;抓住重点,提炼词句;确定类型,划分步骤;留出余地。

1. 明确目标

明确目标即要清楚板书应围绕何种教学任务而设计。

2. 抓住重点,提炼词句

(1)依凭教材,明晰重点

教师先要从语文教材内容的特点出发,明确教学内容的重点是什么,学生学习这些课文的不同点在哪里。如此才能精准地把握板书的重点内容。

其一,小学语文教材内容丰富多样,题材、体裁不同,结构不同,板书设计就会存在差异。

从题材角度看,课文或重在展示故事情节的意思和意义,或重在突出人物形象的精神品质,或重在包孕作者的情感,或重在传达一种理趣。内容的不同又决定着表达形式的差异,板书设计时应理清教材内容的重点,将其作为板书的主体内容,切忌面面俱到。

从体裁的角度看,如:叙事类课文的板书要注意体现记叙要素、叙述线索和情感脉络;说明性课文的板书要注意体现一个"明"字——说明的是什么事物,说明了这个事物的什么特征,说明这个事物的目的,其中,事物的特征是重点,板书要注意突出这个事物的特征与其他事物的区别是什么,作者是怎样说明这个事物的特征的;说理性课文要注意体现观点、论据和论证的关系。

从结构的角度看,课文的结构如并列式、递进式、总分式常常就是板书的主体结构。

其二,语文教材内容的特点不一样,学生学习起来有所不同,板书设计的侧重点也就有差异。如:一读就懂的课文、基本能读懂的课文、不易读懂的课文,板书设计应有所不同;学生缺乏相关知识的课文、学生缺乏感性知识的课文、与学生的思想情感相距甚远的课文,各自板书的重点是什么;适合朗读或不适合朗读的课文、适合学习写作方法的课文或片段、适合学习阅读方法的课文或片段，其板书设计的重点又分别在哪里。这些都要精心构思。

（2）提炼词句，设计板书的常见方法

其一，从课文内容入手，提炼词句，拎出要点。这是设计板书最为常见的做法，它可以揭示课文内容的内在联系，利于学生理解和记忆。方法的要义还是要抓住不同内容的特征和关键点。如原苏教版课文《美丽的丹顶鹤》是一篇说明文，构思板书时要注意课文是从哪几个方面来介绍、描写丹顶鹤的美丽的。从课文内容看，第2自然段描写了丹顶鹤的外形美，"丹顶鹤"一词能突出要点；第3自然段描写了丹顶鹤的姿态美，"逗人喜爱"一词可以概括，还描写了丹顶鹤的称号美，从"仙鹤"一词中可以体味；第4自然段描写了丹顶鹤的生活美，可从"无忧无虑"一词中窥见。从课文中提炼出的四个关键词，体现了丹顶鹤的四种美，教师可引领学生迅速把握课文的脉络，帮助他们记忆和体味课文内容。由此，本文的板书可做如下设计。

美丽的丹顶鹤
↓↑
丹顶鹤（外形美）
逗人喜爱（姿态美）
"仙鹤"（称号美）
无忧无虑（生活美）

图11-5 《美丽的丹顶鹤》板书设计

其二，从课文结构着手，提炼词句，理清文脉。文章的层次结构是作者写作思路的表现形式，设计板书时可按照作者叙述、议论或说明的顺序理清层次，提炼关键词句。如说明性文本——写景状物类课文、说明文、说理文等——就要注意抓住这类课文的结构进行设计。例如，统编版小学语文教材三年级上册《富饶的西沙群岛》第4自然段的板书设计。

四 { 总写：鱼成群结队地穿来穿去
    分写：有的……有的……有的……有的……
    总写：多得数不清

图11-6 《富饶的西沙群岛》第4自然段板书设计

抓住该段"总—分—总"的写作方法，让学生自由朗读课文第4自然段，弄清该段主要写了什么，根据学生的归纳，写出该段的要点，可以让学生根据板书复述这一段的内容，这样背诵起来也就容易多了。同时在教学这一自然段时，还可以适当地指导"总—分—总"这一写作方法，让学生能灵活运用到平时的写作中去，活学活用。

再如，叙事性作品可按事件发展顺序梳理课文脉络，设计出板书。统编版小学语文教材五年级下册《跳水》一文，可按故事的发展设计如下板书，使课文内容一目了然。

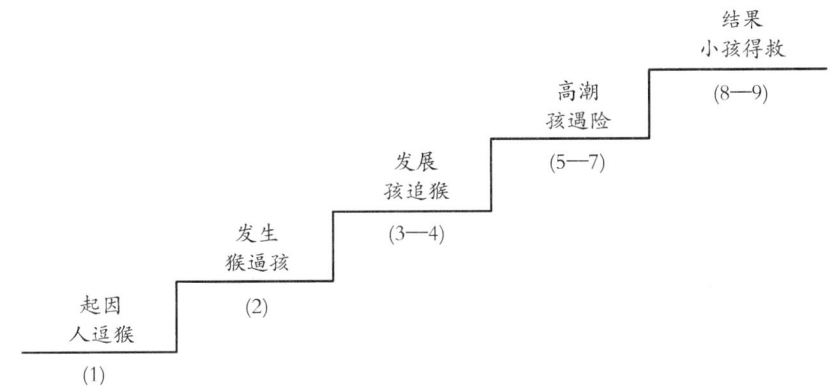

图 11-7 《跳水》板书设计

其三，善于抓住重点段落，提炼词句，以点带面。文章的核心在重点段，重点段里的重点词语起着突出文意、揭示中心的作用。因此，有些板书设计可以直接从重点段入手，抓关键词语，从而把握全篇，落实语文要素。如统编版小学语文教材三年级下册《赵州桥》一课，语文要素是"了解课文是怎样围绕一个意思把一段话写清楚的"。基于该要素的落实，课文第2—3自然段自然是教学的重点段。第2自然段的"意思"集中在"雄伟""坚固"两个关键词上；"怎么写清楚的"可分别从对"桥身""大桥洞""小桥洞"的介绍中明了。表达第3自然段"意思"的关键词是"美观"，用"有的……有的……还有的"的句式和摹状貌的说明方法，生动地介绍了栏板上的精美图案。由此，本文的板书可做如下设计。

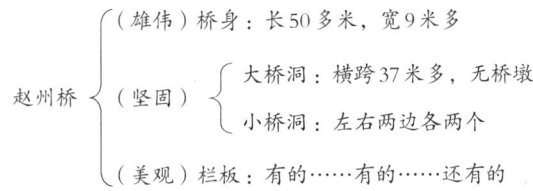

图 11-8 《赵州桥》板书设计

其四，善于抓住"题眼""文眼"，提炼词句，统领全篇。有些课文中某一个或某几个关键词足以统领全文，沟通文脉，我们将之称为"文眼"。例如，原苏教版《装满昆虫的衣袋》一课，可拎出"着迷""迷恋""痴迷"三个词来确立板书的主体框架，从三个层次反映法布尔对昆虫的喜爱和执着：幼儿时代的"着迷"，少儿时代的"迷恋"，终生对昆虫的"痴迷"。由此入手，不但能使学生体会到人物性格的特点，且能较容易地把握课文内容和写作特点。

3. 确定类型，划分步骤

分析哪种类型的板书更适合学生学习，选定好板书类型，再根据课程进行情况划分步骤。

4. 留出余地

留出余地即不要设计得太满、太呆板，要给教学生成中的变化留出空间。

总之，板书设计要讲求目的性和针对性的统一、概括性和条理性的统一、周密性和灵活性的统一。先要全面深入地吃透课文，理出文章内容的各种逻辑关系，站在课文立意的高度提炼内容要点。对与中心或目标关系不紧密的要割舍，对繁杂零乱的要化零为整，不断上升概括高度，逐渐剔出一个骨架性的结构。然后，可根据需要再横向分析课文的写作手法、艺术特色、表达方法等，理出各项要书写的文字，最后设计出板书。

二、板书书写技能

一方面，粉笔板书要做到规范、整洁、美观并有一定的速度，书写时要注意每一个字下笔的力度、书写的速度和字与字之间的密度，还要注意字体的大小、颜色、位置等的铺排。另一方面，小学语文课堂上大致有三类不同内容的板书：示范字的书写、主板书的书写、副板书的书写，三者在具体要求上稍有差异。

（一）粉笔字的书写

粉笔属硬笔，无弹性，写出的字笔画细瘦、结构疏朗、遒劲有力。握笔用三指法，拇指和中指掐住粉笔，食指紧压，粉笔后端伸向手腕。运笔要有提按意识，食指是力量的集中点，笔画可粗可细、可浓可淡，靠用笔的提按和轻重来控制。运笔过程中，提按结合，适时转笔，笔画粗细才容易均匀。因粉笔无锋，笔头被挡住，书写全凭手感。书写时要特别注重间架结构、字间距和比例，并留有余地，讲求端正、紧凑、匀称、美观，以求整体美感。

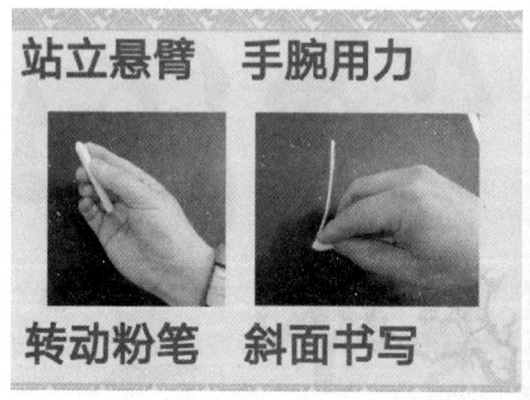

图11-9　粉笔字的书写

（二）不同内容板书的书写

1. 示范字的书写

示范字的书写是小学语文教师最基本的技能之一，有些师范生在就业时，因为写得一手漂亮的粉笔字，为自己的面试加了不少分。尤其是第一学段，识字与写字是教学重点，并要求教师在课堂上范写生字。教师应在课前画好田字格，范字时应边介绍书写规则边示范，或先利用多媒体介绍汉字的书写规则，再示范，对重点笔画或关键笔画可用彩色粉笔标注。这类字的板书相比其他，字体应稍大、用力重、线条粗、书写速度慢。

2. 主板书和副板书的书写

主板书可以比示范字的书写快一些，副板书可以比主板书的字写得再快一些或小一些，但仍应写楷体字，具体来说，应注意以下方面。

① 粉笔字书写的大小、粗细、快慢、疏密要适当，黑板的四边要留出一定的空间。具体视教室面积、最后排学生与黑板的距离、室内光线等情况而定，以让全体学生都能看清楚、感觉舒服、美观为原则。

② 善于运用彩色粉笔，突出重点，以起到画龙点睛之效。但要适度，不可让学生有眼花缭乱之感，分散其注意力。

③ 板书时要让学生看清楚写的每一个字。这就要按教师身高调适好板书的高度，手要在自己的头部以上，以让学生看清每一个字的书写为宜。

④ 注意板书整体安排，应与黑板平行。教学中最为常见的现象就是"一行白鹭上青天"，造成板书内容整体倾斜，不够美观，这同时也会影响学生的观察。最好的方法是以黑板边框为参照，写好第一行，此后每行均以前一行为标准进行定位。另一办法是在临上课前，用粉笔在黑板上等距离地轻点几点，以自己大体看清为宜。

⑤ 要注意整洁。写错了不要用手指或手掌去擦，要用黑板擦，轻擦轻放，既利于师生的身体健康，又利于培养学生写字整洁的习惯。同时，合理设计板书，科学利用黑板，还会减少擦黑板的次数。

另外，还要注意保持教师的仪态，尽量不踮脚或下蹲来写板书（有时由于黑板位置、教师身高等因素，为了保证学生观看质量，可考虑踮脚或下蹲姿势，但也要注意此时的仪态），保持自然、舒展的姿态，这也有利于教师手指、手腕的运用。

> **请你评价**
>
> 吴怀林老师对于永正老师教学统编版小学语文教材六年级上册《月光曲》时蹲着板书，感触颇深：每次板书，特别是指导学生书写生字时，都是把身子蹲得很低很低，大腿与小腿之间几乎弯成了九十度，那样子似乎不太雅观，有些听课的老师都为此窃笑。可我却认为：于老师这样做是为了让每个学生，特别是个矮的学生，看清老师是怎样板书的，尤其是看清每一个生字的笔画顺序、间架结构、书写要领等，是真正地理解学生、关爱学生！以前我上课板书时总有学生嚷着："老师挡住了。"听课回来，也试着蹲下来板书，可没过一会儿，便感到两腿酸痛，书写吃力。看来，蹲着板书看似简单，其实并非易事，可年逾花甲的于老师自始至终都这样做了，这着实让我叹服不已！叹服的是于老师"蹲着板书"所透露的"对学生有情，对学生有爱"的教育思想。

三、板书呈现技能

> **现象分析**
>
> 师范生写的教案往往只呈现一个整体板书。那么，局部板书具体在哪个教学环节随机呈现，又如何标注出来呢？在板书过程中，也有师范生常常漏掉或忘记板书。为什么会出现这些问题？是怎么造成的？

板书呈现是把预设的板书内容在教学过程中逐步展现出来的过程。如何随机呈现才能使教学与板书相辅相成，是教学中的一个难点。

（一）先胸有成书

课前要构思好板书的轮廓、布局，对于什么时候写、先写什么、后写什么、用什么来写、写在黑板的什么位置、怎么写等问题，要成竹在胸。唯其如此，才能在教学中有效呈现板书。

（二）应合理布局

1. 规划好主副板书的位置

位置不同辅助效果会有差异。一般说来，主板书应写在黑板的醒目位置，副板书可写在主板书的两侧或一侧。如果还与其他教学工具如投影、幕布、挂图、贴纸、小黑板等结合使用，整体布局上更应合理规划。

2. 重视主板书内容的布局

先定好课题位置，以课题中心为点的下垂线应是主体板书的轴心，这样安排可体现出上下、左右的层次及对应关系。板书时可利用字体大小、颜色变化、空间多少等突出课题和主要内容，并依据需要用相应线条随机勾连。

（三）要随机呈现

关注板书内容呈现的随机性，使教学与板书有效融合。要处理好教与写的关系，一般有三种，即先教后写、边教边写、先写后教，要着重在边教边写上；处理好写与擦的关系，小学语文教学的正副板书一般都不擦，如果副板书内容太多，可做擦除处理；要处理好书写和贴图、贴卡的关系，为节省书写时间或让板书更为形象生动，常常采用写贴结合的方式，但应以写为主。

===== **要点提示** =====

一、强调课堂板书的基础性和重要性

板书的书写和呈现是师范生的基本功，在模拟试讲或实际教学中是不可或缺的。不但如此，板书还是课堂教学形态的浓缩，精心设计板书的过程就是精心设计教学的过程。另外，依据板书还可以在脑海中还原出课堂教学的形态，这是师范生默课训练的重要方法。

二、强化板书的动态性和生成性

一是要让课堂板书变成流动的画卷，尽量不要提前呈现出板书内容，或在多媒体上一次性呈现，应在教与学的过程中随机呈现；一些板书内容，尤其是副板书内容还要擦写结合。

二是既要以课前的板书设计为基础，又应随机应变，在师生对话中提炼板书内容，多把学生说出的或课文中的语句写在黑板上，而非生硬地导出自己预设好的板书。

三是提倡师生共同板书。学生是语文学习的主体，也应成为板书的主体之一。教师可把一部分板书内容让给学生写，实现教学相长。

三、加强板书的简洁性和形象性

一方面，小学语文的汉字书写强调示范性与规范性，多写会占用过多时间；师范生的粉笔字毕竟不够成熟，时间分配能力也不够，加上课堂调控力欠缺，如果板书设计得过于复杂，会影响教学进度；而且多则漏，尤其是面试时，写多了还容易暴露书写缺陷。另一方面，生动形象的板书可以弥补师范生教学的单调与枯燥；板书与板贴、贴画、线条、简笔画相结合，也更为活泼，利于吸引学生的注意力。

质言之，课堂板书应"书之有用、书之有据、书之有度、书之有条、书之有时、书之有择"。

🔲 学与做　　技巧提炼与实训

- 结合自己的板书设计经验和本章内容，总结出你认同的板书设计技能。

• 下面是实习教师严悦设计的原苏教版《我应该感到自豪才对》一课的板书及其修改的心得体会，请学习她的设计思路，并以统编版童话课文为例进行板书设计。

本文是一篇科学童话，讲述小骆驼因为小红马嘲笑他难看而感到委屈，后来跟妈妈到沙漠旅行，明白了驼峰、脚掌、睫毛在沙漠里的特殊用处的故事。

教学中，要体现小骆驼"自豪—委屈—自豪"的心理变化过程以及转变原因。板书设计既要反映这三层转变，也要体现出转变原因。因此，本课板书不仅要体现出课文脉络，也要让学生更加清楚课文主题。下面介绍一下随着对文本解读的不断深入，我对本课板书"设计—修改—定稿"的历程。以下是第一稿。

14. 我应该感到自豪才对

委屈 —— 自豪

（外表难看） （用途巨大）

我听过几节公开课，板书设计也和这个大同小异。我在备课时意识到，如果板书只停留在这个层面上的话，学生的思维水平将得不到提升，思维能力也得不到锻炼，差不多还停滞在没有上过课的水平。因为对三年级学生而言，读几遍课文也就知道了课文所传达的思想，这样的板书不但不能带给学生更深刻的或是更新的思考，而且还容易让学生对教学内容感到乏味。以下是第二稿。

14. 我应该感到自豪才对

自豪——委屈——自豪

脚掌又大又厚　　防止陷进沙子里

有两个肉疙瘩　　贮存养料

有两层睫毛　　　阻挡风沙

这一稿我做了两处修改，首先是具体指明了小骆驼外表难看的原因，以及他后来又感到自豪的原因。这样清楚地写明更能帮助学生理解课文。还有一处是第一个"自豪"的增加。在解读文本的时候，我关注到一个词，就是"委屈"。一开始，我把"委屈"和"自卑"等同了起来。翻阅了字典才知道，受了委屈并不一定就立马感到自卑，"委屈"的意思是：受了不应有的指责或待遇，而心里难过。从这一点出发，我感到文本的遣词造句确实是准确的，原因是：小骆驼受了小红马的嘲笑，说他外表难看，可小骆驼原本是怎么想的？他觉得自己是一头漂亮的小骆驼，还经常在小溪边照"镜子"呢。对于小红马的嘲笑，他一时接受不了，而且感到很疑惑，要不然，就不会找骆驼妈妈诉说了。所以，小骆驼感到委屈，不仅仅是因为小红马嘲笑自己难看，还因为他本来是对自己的外表感到满意的、自豪的。所以，他的心理就有了三层变化，从自豪到委屈再到自豪。但两个"自豪"

的内涵是不一样的,这样,就有了本课板书设计的第三稿。

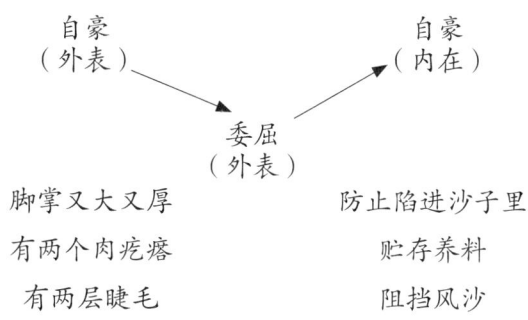

脚掌又大又厚　　　　防止陷进沙子里

有两个肉疙瘩　　　　贮存养料

有两层睫毛　　　　　阻挡风沙

我意识到,小骆驼一开始的自豪和受了委屈,其实都是因为自己的外表。这和第二个"自豪"是有本质区别的,第二个"自豪"是小骆驼真正地认识到了自己脚掌、驼峰、睫毛在沙漠中的用处,这就是课题"我应该感到自豪才对"中"自豪"的真正含义,也是小骆驼内心真正确定的信念。

作为一名即将步入小学语文教师岗位的师范生,反复思考、精心设计每篇课文的板书,是备好课与上好课的秘诀之一。正是在不断改变板书设计的过程中,我不断地改变了对教学对象、教学内容与教学方法的认识,也让我的教学思路一步步成熟起来。

由于这节课的板书字数多,写的时候一定会占用较多时间,这就对我们的书写质量提出了更高的要求,所以,不间断的粉笔字训练是一位语文教师一生都应坚持的基本功。

● 优秀的板书应是实、精、活、美的和谐统一,请参照下面板书评价的标准,对自己某堂课的板书设计进行反思和修正。

自问一:你的板书有下列问题吗?

① 板书多而杂,不能高度概括,不能做到一目了然、突出重点;

② 目的不明确,条理不清晰,不能和讲课内容相结合;

③ 缺少周密计划,或不知随机应变,或不能灵活多样,呆板生硬;

④ 书写速度慢,不工整,不规范,有时信手涂抹,布局紊乱;

⑤ 有时怕板书,过分简单,一节课下来黑板上仍空空如也。

自问二:下面的要求你能做到吗?

① 你板书时字迹工整,笔画正确吗?

② 你的书写速度影响到教学进程的顺利推进了吗?

③ 你对板书的前后顺序心中有数吗?

④ 你板书的行列齐整吗?

⑤ 你在备课时是否也同时进行了板书设计?

⑥ 在板书时你的身体是侧对着学生并与学生进行交流的吗?

⑦ 你板书时的课堂秩序好吗?

⑧ 你板书时习惯用彩色粉笔并使用得当吗?

⑨ 你让学生上黑板板演时在黑板上所留空间位置适当吗?

⑩ 你经常用手擦黑板吗?

- 自测：按照下面的评价表，你的这次课堂板书能得多少分?

评价要点	评价内容	评价等级				得分
		A	B	C	D	
1	目的明确，教学重难点突出	30	25	20	15	
2	内容凝练，呈现灵活	30	25	20	15	
3	结构合理，书写规范	20	15	10	5	
4	富有新意，新颖美观	10	8	6	4	
5	与其他教学媒体有机结合	10	8	6	4	
满分（100）						

第十二章
多媒体运用技能

想与说　　多媒体是把"双刃剑"

▶ 毋庸置疑,多媒体教学辅助手段给小学语文教学提供了重要的技术保障,大大延伸了语文课堂,使教学更具张力。你觉得多媒体技术具备哪些利于语文教学的功能?怎样运用才能优化小学语文教学?

▶ 现代教育技术的发展,对"粉笔+黑板"的传统教学媒体造成了冲击,你认为应如何处理现代教学媒体和传统教学媒体的关系?

▶ 结合自己在小学语文教学中运用多媒体的实例,说说运用过程中的合理与不足处,并想想缘由。

四 读与评　　比较与审思

▶ 下面是两位教师对统编版小学语文教材五年级下册的《田忌赛马》的教学设计，他们采用了两种不同的教学思路。

第一位教师的设计是：

1. 自由读课文，思考：三场赛马的经过是怎样的？它们有什么不同？
2. 学生读完课文后，教师出示用Flash制作的三场赛马过程的多媒体课件，要求学生认真观察。
3. 看完课件后，全班交流课后思考题："孙膑为什么要让田忌这样安排马的出场顺序？"

第二位教师的设计是：

1. 请大家认真默读课文，思考三场赛马的经过是怎样的，有什么不同？
2. 读完以后，每个同学试着把准备好的马的卡片在桌上摆一摆。摆完后，在小组内交流自己的想法。
3. 全班交流课后思考题："孙膑为什么要让田忌这样安排马的出场顺序？"
4. 小组内试着再摆一摆，同时思考：田忌要想战胜齐威王还有哪些对阵顺序？摆完后全班交流一下。

● 第一位教师的设计用到了Flash多媒体课件，第二位则没有，比较两则设计，你认为多媒体技术的运用是促进了还是制约了本环节的教学，为什么？

▶ 下面是两位教师对统编版小学语文教材二年级上册的古诗《敕勒歌》中"天似穹庐，笼盖四野"一句的教学。

第一位教师在引导学生理解诗句"天似穹庐，笼盖四野"时，先是呈现了制作精美的PPT课件：莽莽苍苍的蓝天，一望无际的大草原，寥若晨星般的蒙古包。接着引导学生先疏通"穹庐"的理解障碍，教师指着蒙古包说，这就是"穹庐"，因为形状似天，所以我们把游牧民族居住的毡帐就叫作"穹庐"。然后让学生齐读诗句。

第二位教师在上这句诗的时候，先让学生边想象边诵读，想象着极目远望，天野相接，无比壮阔的画面，带着学生一起读出辽阔壮丽的空间感。在引导学生理解"穹庐"时，该教师并未让学生看插图，也没有制作PPT，而是通过手势导读，边读边用手势划出"穹庐"的形状，诵读结束才让学生说说插图中帐篷的圆顶和天有何相似，再引导学生做着手势诵读："天似穹庐，笼盖四野。"

- 你认为哪种上法更好，为什么？

讲与议　　多媒体的影响与运用

理论总述

纵观媒体在教学中的运用历史，可分四个阶段：一是"黑板+粉笔"时代，二是光学媒体时代，三是视听媒体时代，四是计算机多媒体时代。早在20世纪80年代就出现了多媒体教学，当时是采用多种电子媒体，如幻灯、投影、录音、录像等综合运用于课堂教学，又称"多媒体组合教学"或"电化教学"，缺点是媒体之间相互独立，不能兼容，制作与使用繁琐。20世纪90年代起，多媒体计算机逐步发展起来。现在，计算机辅助的多媒体技术已发展成熟，并广泛运用于小学语文课堂，影响巨大。2022年版课标也明确提出，"充分利用网络平台和信息技术工具，支持学生开展自主、合作、探究性学习，为学生的个性化、创造性学习提供条件"。科学地运用多媒体技术，能有效地优化小学语文课堂教学。

一、多媒体教学的意涵

媒体（medium）原有两重含义，一是指存储信息的实体，如磁盘、磁带、光盘、半导体存储器等，中文译作"媒质"；二是指传递信息的载体，如数字、文字、声音、图像等，中文译作"媒介"。"多媒体"源自英文"multimedia"，即将多种媒质与媒介结合在一起，形成一个能实现多种功能的有机整体。多媒体技术则是以计算机为中心，把语音处理技术、图像处理技术、视听技术集成在一起的信息处理技术。通过计算机对文本、图像和声音等多媒体信息进行交互式综合处理，建立逻辑连接，集成为一个系统。它有两个显著特点：其一是综合性，它综合了计算机、电视机、录像机、录音机、音响、游戏机、传真机等的性能；其二是交互性，它可以形成人与人及机器间的互动的操作环境和生动逼真的场景，人们可以通过操作改变某些音频或视频元素的特征，从而控制多媒体的运用。

多媒体教学，又称作"计算机辅助教学"（computer assisted instruction，简称CAI），是一种以多媒体技术为辅助手段，借助预先制作的多媒体教学软件来开展的教学活动或进程。

多媒体教学有三个突出特点：一是集成性，图文声像并茂，能突破视觉限制，多角度地调动学生的兴趣、情绪和注意力；二是动态性，有利于突破传统教学中静态平面的教学模式，建立动态立体的课堂教学；三是超文本性，信息容量大，有利于节约时间，提高课堂效力。

二、多媒体运用对小学语文教学的影响

（一）正面影响

2011年版课标要求"积极尝试运用新技术和多种媒体学习语文"。2022年版课标要求"认识信息技术对学生阅读和表达交流等带来的深刻影响，把握信息技术与语文教学深度融合的趋势，充分发挥信息技术在语文教学变革中的价值和功能"。毋庸置疑，多媒体技术极大地拓展了语文教学的时间和空间，为辅助教学带来了无可替代的优势。

1. 创设情境，激发兴趣

发挥多媒体教学图文声像一体化的集约性特点，调动多种感官，创设真实情境，化静为动，有利于激发学生的学习兴趣，调整注意力，辅助突破语文教学的重难点。

（1）提供良好的学习诱因，激发学习动机

现代教育心理学认为："产生学习动机的基础是学习需要，而从学习需要转化为学习动机，还需要学习诱因。"[1]多媒体辅助就是一个良好的学习诱因，其交互性强，操作界面生动多变，可以多角度、全方位地调动小学生的感观，激发学习动机。

（2）调动多种感官，增强学习效果

加拿大学者马歇尔·麦克卢汉认为，"媒体是人体的延伸"，"不同媒体作用于人体的不同器官，能使其得到不同的延伸，发挥更大的作用"。实验心理学家赤瑞特拉关于人类获取信息途径的实验证实：人类获取的信息83%来自视觉，11%来自听觉，还有3.5%来自嗅觉，1.5%来自触觉，1%来自味觉。他的另一个关于知识保持的实验结果是：人们一般能记住自己阅读内容的10%，听到内容的20%，听到和看到内容的50%，在交流过程中自己所说内容的70%。也就是说，如果既能听到又能看到，知识的理解和保持将大大优于以听为主的传统教学的效果。多媒体辅助语文教学可使小学生的眼耳鼻舌手各感官得到综合刺激，拓展语文学习信息通道，强化知识的获取与保持，增强对课文内容的理解与感悟。

---

[1] 张大均. 教育心理学[M]. 北京：人民教育出版社，2004：81.

（3）创设真实情境，辅助突破教学重难点

多媒体教学可打破时空限制，"视通万里，思接千载"，多角度、全方位、多层面地展示事理，使假设成事实，化抽象为具体，让被动变主动，从而有效地辅助学生突破学习难点，掌握学习重点。

统编教材选材广泛，但小学生因受知识视野、生活时代、成长经历、想象能力等因素的制约，对一些内容难以理解，教师可利用多媒体将教学所涉及的知识、事物、现象与过程具体地呈现出来，通过还原语境、介绍背景、创设情境等方式，做到动静结合、图文并茂、声情兼备，以切近学生的生活经验，唤起他们的情感共鸣，帮助他们理解教学，以更有效地落实教学重难点。

2. 增加内容，提高效率

多媒体教学的超文本性，利于扩充课堂容量，加大信息输出密度，节约教学时间，提高课堂效率。

语文课堂效率的一个解释层面就是单位时间内获得的语文信息。"粉笔+课本"的课堂显然难以满足信息社会对语文能力的诉求。多媒体则可利用技术优势，超越平面文本的局限，构建立体化的超文本阅读与表达方式。首先，合理的图文声像结合，突破了"黑板+课文"的信息呈现媒介的局限，利于信息的扩充和流动，减少了教师口头表述和呈现内容的时间；其次，多媒体技术的超级链接功能，拓宽了信息渠道，更利于弥补小学生经验和知识的不足，节约了熟悉学习对象的时间，优化了师生的对话效果。

3. 拓宽空间，多元互动

多媒体教学的动态性、交互性特点，利于突破传统语文教学平面化、封闭化的局限，建立多元、立体、开放的语文课堂。

多媒体的动态性使课堂变得丰富、立体，更利于建立起多元的对话空间，丰富语文课堂的教学模式；其交互性又可拓展、延伸语文课堂教学的时间和空间，沟通课内外，使语文学习变得立体化。

另外，多媒体教学课件以及其他资源均可共享，教师之间可以更方便地交流、探讨，既充分利用了多种优质资源，又减轻了教师的备课压力。

（二）负面影响

1. 强化了感官，削弱了想象力

多媒体图、文、声、像一体化的特点，满足了小学生的多种感官需求，但也可能会限制学生的想象和情感体验。

想象造型和情感体验是提升语文素养的重要途径。多媒体技术的集约性特点在拥有直观性优势的同时可能会抑制学生的想象与体验，稍有不慎，就有可能为语文教学带来负面作用。

小学语文教学重视引导学生扣住关键语句感知、理解、体味，并在不断的运用中让语文要素逐步落地。这就需要小学生不断地借助想象或体验，将文字转化成形象、场景与意境。如果利用多媒体的图、文、声、像先一步将这些呈现出来，不但会形成先入为主的印象，还会抑制学生的感受力、联想力、想象力与思考力，语言文字的魅力也会随之消散。

2. 增强了知识记忆，弱化了实践体验

多媒体的超文本性，利于语文知识的获取，但也可能导致语感训练的缺失，淡化语文教学的味道。

语感是一种近乎直觉的语言运用能力，其养成路径只能是语文实践。毫无疑问，就获取知识而言，多媒体具有无可比拟的优越性；但多媒体之于语言犹如MV之于音乐，在形象化展示的同时，也将语言作用于学生心理的多样性取缔了，将语言特有的质感、密度和深度都解构了。过分依赖多媒体，就会淡化语感训练，偏离语文教学的重心。现如今课件制作软件越来越完善，素材越来越多，许多与教学内容不吻合的插图、动画、音乐充斥着课堂，刺激了学生的无意注意，干扰了学生对语言文字的运用，喧宾夺主，得不偿失。

3. 重视了"物"，忽视了"人"

多媒体是人的延伸，多媒体用得越多，人的主体性就会越弱，不利于"人"这个最好的"活媒体"的发展，以至陷于舍本逐末的境地。

语文特级教师高林生曾打过一个比方："孩子躺在妈妈怀里睡觉和搂着妈妈的照片睡觉的感觉是根本不同的。"语文学习的主体是人，终极目的也是为了人的发展。不能将人利用工具发展自己，变为利用工具替代自己。

4. 亲密了人机对话，疏远了人人交流

语文教学的过程是教师与学生依凭教材进行对话的过程，也是一个心灵沟通和交往的过程。如果太沉溺于呆板的、冷漠的人机对话，就会影响师生交流。

师生的交流是双向互动的，既有知识传授的反馈，又有情感的交流；人机交流则是单向的、非能动的，不能过多替代人与人的交流。多媒体教育技术功能强大，图片可以直观呈现课文内容，录音播放可以取代教师的范读，动态影像可以取代学生的想象。这些，只要轻轻点击鼠标，都可轻而易举地完成。只是如此一来，教师的主导作用会被逐渐弱化。试想，语文课堂上如果少了教师的激情、谆谆的诱导、赏识的目光、鼓励的话语，必然会导致师生感情疏远。因此，人机对话不能取代师生情感的交流，多媒体无论功能多强大都无法取代教师的朗读、写字示范，更无法取代教师的人格魅力对学生的感染熏陶。

总之，多媒体作为一种教学辅助手段，其优势是目前为止其他教学手段无法比拟的。多媒体运用对小学语文课堂教学利弊共存，只有科学、合理地运用，才能扬长避短，兴利除弊。

> **请你来做**
>
> 　　有了以上的利弊分析，你对多媒体运用的正面和负面影响或许会有所认识，请具体分析下面两则案例中多媒体运用的利弊所在，并说一说原因。
>
> 　　案例一：有位教师是这样上统编版小学语文教材二年级上册《黄山奇石》一文的。上课伊始，教师以饱满的热情介绍了黄山秀丽的风光后，就用多媒体课件展示了美轮美奂的图片："仙桃石""猴子观海""仙人指路""金鸡叫天都"，每出现一张老师就会问："这是什么石？""它为什么叫这个名字？"问完一张，教师就引导大家兴高采烈地对话一番，课堂气氛颇为活跃。
>
> 　　案例二：原苏教版《黄果树瀑布》一文中有这样一段描写瀑布的文字："黄果树瀑布虽不如庐山瀑布那样长，但远比它宽得多，所以显得气势非凡，雄伟壮观。瀑布从岩壁上直泻而下，如雷声轰鸣，山谷回应。坐在下面，仿佛置身在一个圆形的乐池里。四周乐声奏鸣，人就像漂浮在一片声浪之中，每个细胞都灌满了活力。我们久久地坐着，任凉丝丝的飞珠扑上火热的脸庞，打湿薄薄的衣衫。聆听着訇然作响的瀑布声，只觉得胸膛在扩展，就像张开的山谷，让瀑布飞流直下，带来大自然无限的生机。"对于黄果树瀑布的景象也许还能想象，然而瀑布訇然的声响及作者的观感，对于没有去过黄果树瀑布的五年级学生来说，感悟起来困难重重。一位教师在教学时，出示了一段剪辑过的黄果树瀑布的影像，那飞流直下生紫烟的壮观场面，那声势浩大绵延不绝的声响，摄人心魄。学生见之，无不惊之叹之，陶醉其中，浑然忘我。看完后，学生激动地交流起感受。一个学生想起了叶圣陶的《瀑布》，脱口而出："黄果树瀑布如烟，如雾，如尘。"第二个学生说："黄果树瀑布溅起的水雾真的比瀑布还高。"第三个学生只是不停地感慨："太美了，我无法用语言来形容！"第四个学生说："这真像一个童话世界，我真想马上到黄果树瀑布去。"第五个学生说："黄果树瀑布不但美，而且很有力量。"

===== 技能概观 =====

一、多媒体认识技能

　　语文课程应注重"现代科技手段的运用"，"应当密切关注当代社会信息化的进程"，目的是"推动语文课程的变革和发展"，"提高学习效率"，使学生"获得现代社会所需要的语文实践能力"。现代化媒体和传统教学手段一样，只不过是教学过程中师生间传播信息的桥梁，是语文教学的一种辅助手段。美国学者克拉克指出："多媒体不能帮助学习，正如用汽车运食物不比马车运食物营养更为丰富。"[①]

---

① 吴洪华.走出初中历史多媒体教学的误区[J].科学教育，2005（06）：52—53.

对媒体技术而言，有先进与落后之分，但对媒体在教学中的运用而言，只有合适与否之别，多媒体的技术性永远无法替代教学的专业性。教师的引导仍对教学效果起决定性作用，其知识水平、沟通能力和个人魅力依然是影响学生学习的主要因素。多媒体辅助语文教学只是为教师组织课堂、点拨对话、表达观点、传授知识提供了更好选择。如果认不清这一点，就会应了武振江指出的"十二种课堂教学形式主义"的第九条："电教手段不为解决教学的重点难点服务，而为显示教具的现代化、多样化，造成使用时间不当，'好钢没用到刀刃上'。结果是用和不用一个样，白白浪费了时间，甚至分散了学生的注意力，还不如不用好。"[1]

一位教师在导入统编版小学语文教材六年级上册《草原》一课时是这样设计的：先播放一段《草原之歌》音乐，要求学生闭上眼睛想象草原景象。在悠扬的乐曲声中，学生们思维活跃，纷纷发言："我看到了蓝天上飘着白云"、"我还看到了白白的羊群"、"还有放牧的姑娘"、"以前我看过电视，草原上有大雕"。为了准确理解课文，教师又安排了一段反映课文内容的影像，学生们仿佛置身于那如诗如画的草原中。当教师真正进入课文教学时，这节课已近尾声。40分钟里，音乐、影像几乎代替了课堂的教与学，"师灌"变成了"电灌"，实质还是一种传统的教学思维。

一方面，教师必须改变传统教学观念，充分发挥多媒体辅助语文教学的优势；另一方面，教师应明确多媒体教学本质上只是一个工具、一种手段，应积极提升自身运用多媒体辅助语文教学的素养。

二、多媒体选择技能

教师在选用多媒体时，需从教学的整个过程出发，思考多媒体与教学目标、教学内容、教学对象诸要素之间的关系，在此基础上确定要不要用多媒体，用什么多媒体，何处、何时使用多媒体，等等，真正发挥多媒体的辅助优势。

一般来说，下列情况下的教学可考虑运用多媒体：一是所学课文内容实有其人、其事、其景、其物，需要作背景材料介绍、补充、拓展和延伸学生才能更好地领略教学的重难点；二是教学内容的重难点较抽象难懂，不易直接感受、理解；三是所学教学内容距离学生的实际较远，不利于学生的体验、感悟，需借助多媒体塑造或还原真实的情境；四是所学内容需要将理解、感悟与练习融为一体才能更好地完成教学任务；五是讨论与交流时，需突破课堂时空的封闭性，拓展支撑材料。如用传统手段或更为经济的方式就能完成的教学任务，则慎用多媒体。

（一）基于认知，恰当选择

任何教学手段的运用都要考虑学生的认知特点，否则就起不到应有的效果。小学中高

---

[1] 武振江.小学语文教学改革的理论与实践[M].北京：人民教育出版社，1997：59.

年级的学生处于由形象思维向抽象思维过渡的时期，多媒体使用应相对慎重，如果盲目滥用，就会适得其反；低年段学生形象思维占优势，可多借助些多媒体，以让内容更为直观、生动，尤其是一些游戏化教学内容。例如，北京医科大学附属小学王光艳老师执教的统编版小学语文教材一年级上册《雨点儿》第二课时教学片段。

师：认真读完课文之后，我们来参加一个闯关游戏。如果你能答对老师的问题，小雨点儿就会从空中飘落下来。准备好了吗？你们看（多媒体呈现Flash动画：上面六个小雨点儿分别代表"半""来""长""更""绿""没"六个字，下面的六个向日葵里分别代表"草""好""有""到""出""空"六个字）小雨点儿带着生字来找朋友啦！它们应该落在哪朵花上组成一个完整的词呢？

生："长出""更好""绿草""没有""来到""半空"。

师：汉字都找到了朋友。你们看（继续呈现Flash动画，边播放画面边解说），小雨点儿飘落，种子生根发芽啦！我们继续来闯关。上节课我们学习了两个多音字——"长""数"，（多媒体呈现含"长""数"的各两个句子）放在句子中，你能选择正确的读音吗？

生：1. 猴子的尾巴长，兔子的尾巴短。2. 我又长大了一岁。1. 今天，我上了数学课。2. 我在数星星。

师：大家选择的字音非常准确，你看小雨点儿再次飘落，小苗在雨点儿中茁壮成长（教师边播放Flash动画，边解说）。我们继续看这幅图（呈现无数雨点儿从云彩飘落的影像），你想到了课文中的哪句话？

生："数不清的雨点儿，从云彩里飘落下来。"

师：就是这句话，雨点儿轻轻地、柔柔地落下来，我们就可以说——飘落。看看这幅图（呈现金黄的梧桐树叶纷纷落下的Flash动画和句子"叶子从（　　）慢慢地（　　）下来"），又有什么从空中飘落下来，你能帮老师把句子补充完整吗？

生：我看到了叶子从树上慢慢地飘落下来。补充完整啦！

师：不仅句子补充完整了，而且"叶子"读得轻轻的，好像让我们看到叶子慢慢落下来的样子。带着这种感觉读读这句话（多媒体呈现）——数不清的雨点儿，从云彩里飘落下来。（生读）

师：我看到了雨点儿慢慢地落了下来。你们瞧（多媒体呈现Flash动画，边播放边解说），小苗长大开出了红红的花，你们再次闯关成功。字词句三关都没难倒大家，相信课文的学习，大家也能有出色的表现。

请你评价

有位教师在教学低年级识字时选用了以下的方法，你觉得如何？

在教学"飞"字时，一位教师用Flash制作了一只在天上展翅高飞的小鸟，小鸟

> 飞着飞着，身体就变成了"𠃋"，只剩下一对翅膀在不停地扇动，这一对翅膀也很快变化为"飞"字的第二笔和第三笔。学生很快就记住了这个字，并且也了解了"飞"字的演变过程。在教学"吃"这个字时，许多学生容易把右边多写一横。一位教师在教授时做了一个幻灯片，把同学多写的那一横变成了尖尖的鱼刺，并强调，鱼虽好吃，但不能被鱼刺卡到喉咙，应该把鱼刺去掉。

（二）因文而异，恰当选择

教学中还应注意题材和体裁的差异而考虑是否运用多媒体。统编教材的题材和体裁都比较丰富，一般说来，讲授诗词、儿歌、说明文、故事时，多媒体用得相对多一些；讲授记叙文、散文、小说、说理文时，多媒体应用得少一些。

有些教师常常是不加区分地乱用多媒体，还美其名曰：为了节省教学时间，给学生留出创造性思考的空间。殊不知，这种做法恰恰堵塞了学生自由创造的空间。因为阅读教学是师生在特定情境中的对话。海德格尔认为："接触阅读材料，首先是一种语言活动"，"语言是存在的家园"，是人存在的领域。阅读文本主要应在理解与品味语言中感知世界，学会语言运用。如果急于把文本变成图像，或者贪图便利，借助图像解释文本，语言文字的魅力就削弱了。图像是一种先于学生审美经验的东西，唤起的是一种没有差别的体验，这就容易把学生引向一种固定的视觉图形，剥夺学生再创造的自由。而真正的获得感却源自学生经历的面向文字的跋涉，缺少了这个过程，也就缺少了淋漓尽致的体验感。所以，要引导学生充分关注文本，不要让多媒体干扰了学生的想象与思考。

（三）注重联系，恰当选择

多媒体的选择还应注意与教学目标、教学内容与教学方法的联系，关注它们之间的相关性。例如，统编版小学语文教材一年级上册《秋天》的导入环节，有位教师选择了用多媒体渐次呈现多幅图片：秋天的大自然、菊花、果实、稻谷、蒲公英、银杏叶、大雁高飞。引导学生边看图边赞叹着说："你们看，大自然是一幅多姿多彩的画卷，菊花飘香，果实成熟，稻谷笑弯了腰。此时，我们走出去可以放飞心情，采一朵白色的蒲公英，捡一片金黄的银杏叶，仰望天空，朵朵白云飘浮在空中，一群大雁飞向了南方，这些画面展现的是哪个季节的景象呢？对了，是秋天。"这是小学阶段的第一篇阅读课文，教师利用优美的画面和学生的生活经验，先激发起学生对秋天的感受，再进入课文情境，生动直观，有利于一年级的学生学习阅读课文。

三、多媒体运用技能

只有依据小学生的认知规律、语文教学规律和教学内容的特点合理运用，才能真正实现多媒体与语文教学的最佳整合。

（一）关注教学课件的视觉效果

教学课件是最常见的教学辅助手段，制作时要关注其视觉效果。① 重要内容可通过字体的大小、色彩的搭配、明暗的变化与动态效果来突出。② 画面应简洁、大方，同一画面色彩不宜超过四种；动画应无停顿、跳跃之感；配音要恰当，且音色优美。③ 文字要少，忌因字数过多干扰学生的认知过程。④ 不同内容部分之间在风格上应保持一致。⑤ 前景和背景颜色要和谐，反差不能太大。

（二）把握切入时机

这里说的"时机"主要指：一是要强化教学重点或突破学习难点时；二是学生对语言文字有了充分的想象、理解、感悟，初步形成了自己的认知表象时；三是学生经历了充分思考，期望获得背景材料的支撑时；四是学生的注意力不够集中或学习疲劳时。教学课件务必用在教学最需要的时间和环节上，要掌握住"火候"，适可而止，达到手段和效果的有机统一。

（三）巧用多媒体

以下是特级教师窦桂梅执教的统编版小学语文教材四年级上册《观潮》的教学片段。

师：现在，让我们走进一年一度的观潮日——农历八月十八，来到最佳观潮地点——海宁市的盐官镇，随着观潮的人群，登上海塘大堤吧！（播放人山人海的画面）

师：（模拟记者采访）请问，你是第一次来这儿观潮吗？就要见到大潮了，你的心情如何？请你带着这种感情读读屏幕上的这句话——"江潮还没有来，海塘大堤上早已人山人海。大家昂首东望，等着，盼着。"

师：你的朗读让我感受到了你急于想观潮的心情，还有哪些同学也想去？

所谓"巧用"，就是多媒体在解决教学重难点时，能达到"四两拨千斤"的效果，它是遵循多媒体在语文教学中的运用规律，充分预设的结果。我们称《观潮》这类课文是"无儿童"的课文，怎样让儿童仿佛置身现场，有身临其境之感，是理解的关键一环。教学伊始，窦老师插入观潮影像，一下子将课文语境变成了教学情境，看似无意，实则巧妙。接着转换师生角色，移情朗读。这就把"无儿童"的课文变成了"有我"的课文，打破了隔膜感。这时的多媒体运用就像一枚"落子"，因为下得巧，一下子激活了"整盘棋"。

请你评价

窦桂梅老师以下教学片段中多媒体的运用又巧在哪呢？

师：谁还想告诉我你喜欢的句子？

> 生：我喜欢"那条白线很快地向我们移来，逐渐拉长，变粗，横贯江面"。
>
> 师：读得不错，这句话让我们感觉到浪潮移动的速度（非常快），气势也（越来越大）。随之，你的心情也会（越来越激动）。
>
> 师：请大家把江面出现白线和白线横贯江面的句子连起来读读，让我感受一下你们这种激动的心情，好吗？
>
> 师：还有喜欢的句子吗？
>
> 生：我喜欢"再近些，只见白浪翻滚，形成一堵两丈多高的水墙"。作者把白浪比作了水墙。
>
> 师：（播放画面）你们看两丈多高有多高？从中你体会到了什么？水墙让你想到了什么？从中你又体会到什么？
>
> 生：浪潮坚不可摧，势不可挡，蕴含着无穷的力量。
>
> 师：让我们一起领略一下大潮力量的风采吧！（播放录像）从画面录像中，你想到了什么？男同学，请你们把男子汉的力量展示出来，美美地读读这句吧！

（四）与传统教学媒体有机结合，优势互补，结合运用

尽管多媒体有着传统教学媒体所欠缺的优势，但也存在使用复杂、备课时间长、抑制学生想象力等劣势。这就需要二者之间优势互补，结合运用。为此，应先厘清两个问题：一是二者各自的优势和劣势是什么？二是针对具体的教学内容，怎样结合才能更好地完成教学任务？例如，在范字教学环节，利用多媒体来呈现生字结构、笔画位置、笔顺规则，比教师口述更为直观生动。但在写字环节，教师还得利用粉笔与黑板来示范，这是多媒体无法替代的。

因此，只有整合运用现代教学媒体与传统教学媒体，找准它们的最佳契合点，才能创造出更佳的教学效果。

要点提示

一、莫让多媒体取代真正的活媒体

人是最好的活媒体。不难想象，电脑打出来的字与教师板书的字、音频里的范读与教师的朗读给人的感觉是不一样的。恰如张光鉴教授在评于永正老师的课时说的："于永正上课时的朗读、板书、板画、表演，还有他常带学生到工厂、农村、部队去参观，到大自然中去感受，运用的是活的多媒体。"我们不反对运用多媒体，"但要因人而异，不能让多媒体代替一切，让教师在课堂上靠边站，让学生不读书，不思考"。

二、莫让多媒体技术取代学生的思考

心理学研究表明，人的右脑控制视觉中枢，左脑控制语言中枢，要把视觉中枢感受到的图形、图像、动画、数据经过复杂的思维过程，再通过语言中枢搜索最精美、最确切的语句表达出来，不是短时间能完成的。它要求我们的语言中枢储存有丰富的语言信息，且有敏捷的反应速度，因此，不是每个人都能迅速地用恰当的语言把看到、听到、感觉到的"意味"表述出来。由此，如果长久地凭借图像、声音等媒介进行阅读，语言中枢将得不到应有的锻炼，结果是语言越来越贫乏，阅读与表达能力越来越衰弱。所以，语文学习不能仅靠看图画、听音乐或泛泛地浏览来完成，还得像乌鸦喝水那样学会"动脑筋"。

> **请你评价**
>
> 说说你赞成哪位教师的做法，为什么？
>
> 一位教师在教统编版小学语文教材一年级上册《乌鸦喝水》时，使用了多媒体动画，演示乌鸦把石子一颗一颗放进瓶里，瓶子里的水渐渐升高的过程。结果许多学生的注意力集中到乌鸦的神态动作上，并且由于制作的原因，动画中瓶子里的水是升得比较快的，学生对"一颗一颗""渐渐"等重点词的理解、体会得并不深。
>
> 另一位教师在同一课的教学中，准备了瓶子、石子做实验，还请同学上台试一试，并提醒学生观察瓶子中的水，看看放进一颗石子能不能很明显地看到水面上升，让学生了解并体会到了乌鸦的耐心，同时对"渐渐升高"有了感性的认识。

三、莫让多媒体的"形象"替代学生的"想象"

原苏教版《台湾的蝴蝶谷》一文中有这样一段文字："蝴蝶谷里的景象非常迷人，有的山谷里只有黄颜色的蝴蝶，在阳光的照耀下，金光灿烂，十分壮观。"读着文字，我们自然会想象：这个山谷里满是黄色的蝴蝶，阳光灿烂的日子里，这么多蝴蝶飞来飞去，忽高忽低，忽快忽慢，充满了生命的活力。它们金色的翅膀在阳光的照耀下，发出神奇的绚丽的光彩，这是多么美的山谷！事实上，学生的想象更加丰富多彩。有一位老师教到这儿时迫不及待地出示了多媒体课件：不是很清晰的画面上出现了一些蝴蝶（数目历历可数），它们起先都栖息在树上，然后陆续飞了起来。单调的画面不仅毫无美感可言，更与课文描写的情景相去甚远。这样的多媒体实属画蛇添足，大大影响乃至破坏了学生阅读的胃口。[①]

语言是抽象的文字组合，需要读者以自己的经验和认识读出形象，读出意义；多媒体则生动得多，有形象的画面，有动听的音乐，不太需要个人的想象，它常会影响到学生对

---

① 谈永康.关于多媒体辅助阅读教学的思考[J].小学语文教师，2003（02）：45—47.

语言文字的个性化感悟，会阻碍学生的体验。因此，在使用多媒体辅助教学时，莫让多媒体的形象替代了学生对语言文字的想象与感悟。

总之，在小学语文课堂教学中，多媒体只是一种辅助教学工具，它再智能化也无法代替教师这个最好的"活媒体"。也许，想要"灌满"学生的头脑一台电脑就够了，但点燃学生的心灵却需要教师的爱。

四 学与做　　技巧提炼与实训

- 结合自己多媒体运用的经验和本章内容，总结出你认为的有效的教学多媒体运用技能。

- 请结合本章的学习，分析下面例子中多媒体运用的合理处。

原苏教版《北大荒的秋天》一文描绘了秋天美丽富饶的北大荒，表达了作者对其热爱赞美之情。文章的第2自然段是全文的重点，作者用优美的语言，细腻地描写了北大荒秋天天空的净美，色彩绮丽的晚霞，如诗如画，令人陶醉。但北大荒的秋天对学生来说是遥远陌生的，对于"一碧如洗""几缕""流云"等词学生不易理解。一位教师在执教时很好地利用了多媒体，引导学生对其进行了品评咀嚼。教师首先让学生结合自己生活中的观察，描述秋天的天空，然后再借助多媒体课件，形象而逼真地再现了"一碧如洗"的天空，从而在视觉上对学生产生一种美的刺激，让学生有一种身临其境之感。特别是"几缕"这个词，教师也是先引导学生思考"几缕"与"几朵"的差异，思考作者为什么说流云是"几缕"，让学生在困惑中去感悟"几缕"的妙处。接着，该教师通过多媒体演示动态的画面，让学生在意境中感悟（天边先出现几朵云，慢慢地，云向两侧拉长，最后变成了几道云丝在飘移）。学生茅塞顿开，露出了会意的微笑。学生在品嚼"几缕"和"流云"这两个词的过程中，既能真切地感受到文字背后所蕴含的画面美，又能深刻地感受到文字本身所蕴含的意蕴美。这样的品评非但不会破坏文章的意境美，反而使模糊的画面清晰起来。接下来，在进行描写流云色彩的语段教学时，该教师先引导学生发现"银灰""橘黄""血红""绛紫"与"五彩斑斓"之间的包含关系，这样"五彩斑斓"这个关键词便在学生的头脑中具体化了，这时留给学生的不是冷冰冰的文字注解，而是伴随着那么多画面一起留存在学生的记忆库中，沉积下来变成一种语感。在此基础上，教师利用多媒体演示动态画面（几缕流云转眼变成一道银灰，一道橘黄，一道血红，一道绛紫……）教师精心制作的课件把学生带入了美的意境中。此刻，学生完全沉浸在五彩斑斓的变幻中，产生了审美的愉悦。该教师把握好时机，让学生自由地谈论阅读欣赏后的感受，将学生的审美愉悦升华为一种美的情感体验，学生的阅读在这种美的情感体验中达到了高潮，并在此定格。

● 下面是统编版小学语文教材一年级上册儿歌《比尾巴》的教学片段，请评价一下多媒体的运用是否合理，为什么？

师：课文中的小动物比尾巴可真热闹，其他小动物也纷纷赶来比尾巴啦！（多媒体呈现小老鼠、小猫咪、小燕子的尾巴）比一比它们的尾巴有什么特点呢？

生：猫的尾巴粗、老鼠的尾巴细、燕子的尾巴像剪刀。

师：可以仿照课文一起来创编小儿歌吗？

生：我来编一编：

谁的尾巴粗？

谁的尾巴细？

谁的尾巴像剪刀？

小猫的尾巴长。

老鼠的尾巴短。

燕子的尾巴像剪刀。

第十三章
课后作业设计与布置技能

想与说　　什么是课后作业

▶ 有些师范生或新手教师不太重视课后作业的设计,作业布置也较为随意,你认为小学语文课后作业的价值体现在哪里?

▶ 结合案例,说说小学语文课内作业与课后作业的异同。

▶ 选择一个课时的课后作业设计,想想本次设计的优点和不足各体现在哪里,为什么?

四 读与评　实习前后的作业比较

▶ 下面是一位师范生在实习前后分别针对原人教版小学语文六年级下册《各具特色的民居》一课设计的两种课后作业。

藏戏虽然简朴，却有着不可抗拒的艺术魅力。和多姿多彩的戏剧艺术一样，许多地方的民居也是特色鲜明。默读下面的课文，说说客家民居、傣家竹楼各有什么特点，课文运用了哪些方法来说明这些特点的。

各具特色的民居

客家民居

在闽西南和粤(yuè)东北的崇山峻岭中，点缀着数以千计的圆形围屋或土楼，这就是被誉为"世界民居奇葩(pā)"的客家民居。

客家人是古代从中原繁盛的地区迁到南方的。他们的居住地大多在偏僻(pì)、边远的山区，为了防备盗匪的骚扰和当地人的排挤，便建造了营垒式住宅，在土中掺(chān)石灰，用糯(nuò)米饭、鸡蛋清夯粘(nián)合剂，以竹片、木条作筋骨，夯(hāng)筑起墙厚1米、高15米以上的土楼。它们大多为三至六层楼，一百至二百多间房屋如橘瓣状排列，布局均匀，宏伟壮观。大部分土楼有两三百年甚至五六百年的历史，经受过无数次地震撼动、风雨侵蚀以及炮火攻击而安然无恙，显示了传统建筑文化的魅力。

客家先民崇尚圆形，认为圆是吉祥、幸福和安宁的象征。土楼围成圆形的房屋均按八卦(guà)①布局排列，卦与卦之间设有防火墙，整齐划一。

客家人在治家、处事、待人、立身等方面，无不体现出明显的文化特征。比如，许多房屋大门上刻着这样的正楷对联："承前祖德勤和俭，启后子孙读与耕"，表现了先辈希望子孙和睦相处、勤俭持家的愿望。楼内房间大小一模一样，他们不分贫富、贵贱，每户人家平等地分到底层至高层各一间房。各层房屋的用途惊人地统一，底层是厨房兼饭堂，二层当贮(zhù)仓，三层以上作卧室，两三百人聚居一楼，秩序井然，毫不混乱。土楼内所保留的民俗文化，让人感受到中华传统文化的深厚久远。

①八卦：我国古代的一套有象征意义的符号，相传为伏羲所造。

傣家竹楼

踏上傣家人居住的土地，你就走进了绿色的世界。远远望去，到处是一丛丛绿绿的凤尾竹和遮天盖地的油棕林。竹林深处不时传来鸡犬之声，那一幢幢竹楼都藏在浓绿的竹林中了。

竹楼是傣族传统的建筑形式。傣族人居住区地处亚热带，气温高，据说竹楼有利于防酷热和湿气，因此，傣族人家至今依然保持着"多起竹楼，傍水而居"的习惯。

傣族村寨多则二三百户，少则一二十家，都由一幢幢别致的竹楼组成。村边有防护林带。每家竹楼四周，都用竹篱围起。篱内种植着各种花木果树，可谓"树满寨，花满园"。竹楼下有较大的空地作院子。每幢竹楼呈正方形，分上下两层。楼上住人，楼下关牲口、堆柴禾。竹楼由20至24根柱子支撑。屋内横梁穿柱，有的横梁上雕刻着花纹。

离地七八尺处铺楼板或竹篾(miè)，将楼房隔为两层。以前屋顶是用茅(máo)草编织的草排或木片覆盖，近年来大都改用瓦顶。

如果你到傣家做客，走进竹篱，登上梯子，便来到屋外的走廊。进门，是一间宽大的堂屋，中间铺着一大块竹席，这是全家人活动的中心，也是招待客人的地方。两侧是用木板或竹篾隔成的卧室，外人是不能入内的。傣家竹楼建筑结构一般比较简单，但十分宽敞，别致美观。室内通风也很好，坐在室内，只觉清风徐来，花果飘香。

建造竹楼，是傣家生活中的一件大事。按照传统习俗，先要选好地方，打好地基，再立柱架梁。一幢竹楼最主要的是中柱。中柱一般是8根。选择中柱是件严肃而隆重的事情。中柱从山上运进村寨时，大家都前去迎接，并泼水祝福。傣族还有个风俗：一家盖房，全村帮忙。新楼落成时，还要举行"架竹楼"仪式。这时候，全寨子的人蜂拥而至，喜气洋洋，像过节一般热闹。同时还要请"赞哈"①唱"贺新房"的曲子，据说这样才能吉祥、平安，家道兴旺。

①赞哈：在傣语中是民间歌手的意思。

资料袋

陕南民居　　北京四合院　　蒙古包　　土家族吊脚楼

【案例一】实习前的课后作业设计

1. 抄写重点词语,并试着解释、造句;
2. 背诵课文;
3. 仿照课文的说明方式,描写你熟悉的一处景观或建筑。

【案例二】实习后的课后作业设计

必 做 作 业

一、字词台阶

(老师的话:大家可以用笔在书上标记,然后摘录并理解意思,有困难的不妨借助工具书或联系上下文写下来)以下是必须摘录的,大家可以补充其他词语或词组。画横线的词必须解释。

闽西南　粤东北　奇葩　偏僻　掺石灰　糯米饭　黏合剂　夯住　八卦
贮藏　竹篾　茅草　风雨侵蚀　安然无恙　和睦相处　勤俭持家　秩序井然
遮天盖地　清风徐来　蜂拥而来　家道兴旺

二、句段推敲

1. 默读课文,自己设计一张图表,并用关键词或短句概括我国各地民居的特点。(老师的话:图表,如知识树等可以帮助我们有效地整理知识,梳理文章的思路,是阅读说明文的好方法。大家不妨试一下)

2. 作者介绍民居特点时运用了哪些说明方法?结合文中语句举例谈谈说明方法,并

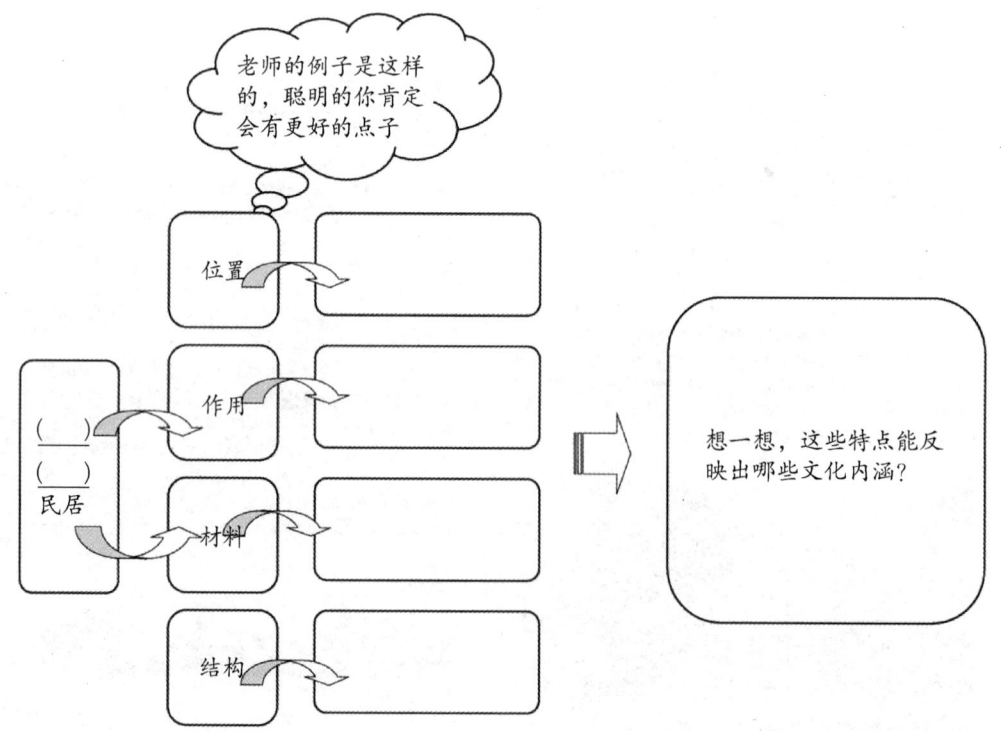

说说这样写的好处。(老师的话:可以在课文中标记有关语句,同时在空白处注上自己的理解)

选 做 作 业

三、链接生活

　　[我思故我在] 参考文中插图,画一画客家民居的俯瞰图。如果四川修筑的是客家民居,地震的时候是不是会减少很多悲剧的发生?是不是可以把客家民居在地震多发地带进行推广?

　　[我做小记者] 有兴趣的同学可以走进我们的老城区,去留心已被人们淡忘的古宅深院,也可以上网查询有关资料或咨询长辈,了解家乡民居。和同学分享自己的成果,有时间的话可以编写一份手抄报或撰写一份调查报告。

作 业 评 价

在整个作业过程中,我对自己感到:(请填色表示满意度:最高5个,最低1个)

☺ ☺ ☺ ☺ ☺

找一位家长和两位同学,说说他们对你的表现感到:

1. _____ ☺ ☺ ☺ ☺ ☺

2. _____ ☺ ☺ ☺ ☺ ☺

3. _____ ☺ ☺ ☺ ☺ ☺

老师对我的表现感到:

☺ ☺ ☺ ☺ ☺

这位师范生实习前的作业布置存在哪些问题?

```
┌─────────────────────────────────────────────────┐
│                                                 │
│                                                 │
│                                                 │
│                                                 │
│                                                 │
│                                                 │
└─────────────────────────────────────────────────┘
```

这位师范生实习后的作业布置发生了哪些变化？为何会有这样的变化？

讲与议　　课后作业的误区与对策

理论总述

一、课后作业的意涵

作业是学生获取知识、形成能力的重要方式，是师生评价、改进教学的重要依据。简单来说，课后作业就是教师课内布置的课后要完成的学习任务。它主要为本节课的巩固与拓展以及下节课的顺利学习服务。

早在《学记》里就有对课后作业的论述："时教必有正业，退息必有居学。不学操缦，不能安弦；不学博依，不能安《诗》。""退息必有居学"既包括广义上的课程或作业，也包括学生对课堂教学的补充和延伸。《学记》认为课后不练习好"缦乐"（民间的小曲小调），课内就完成不了乐教的任务；课后不学好声律，广泛地涉及多方面的文体，课内就不能完成诗教的任务。可见，课后作业是课堂教学的拓展、迁移、运用与巩固。

语文作业分为课内作业和课外作业，二者既有共性，又有区别。课内作业强调语文运用的及时性，但受课内时空的限制；课后作业是课堂教学的延续，拓展了语文实践的时间和空间，不但能巩固知识、熟练技能，还能为新的教学打下基础。尤其是课外作业，对培养学生独立学习、独自思考的能力与习惯有着无可替代的价值。

二、课后作业设计与布置的原则

（一）主体性原则

主体性原则即语文作业设计要走出应试的桎梏，指向每一个学生语文素养的切实提升。

（二）差异性原则

差异性原则即语文作业设计既要面向全体学生，又要针对不同学情进行分层设计，以满足学生的个性化需求。

(三)实践性原则

实践性原则即语文课程应着重培养学生的语文实践能力,课后作业的设计也必须引导学生通过语文实践的方式,实现语文能力的提升。

(四)趣味性原则

作业的完成需要付出一定精力和毅力,对小学生来说,如果作业机械、枯燥,则难以激发其完成作业的动机。因此,作业设计在内容和形式上都应体现出对趣味性的追求。

(五)开放性原则

语文作业应立足课内,沟通课外,引导学生利用丰富的语文课程资源,使课内语文学习与课外语文实践接轨。

三、课后作业设计与布置的误区

小学语文作业设计与布置的探索日趋深入,在追求自主性、实践性、趣味性和创新性的过程中,出现了诸如开放性作业、主体性作业、个性化作业、研究性作业等多种作业形态并进的局面。但囿于种种弊端的牵绊,还存在着重重误区。

(一)设计目标偏离

课后作业设计的目标是为了提升语文素养还是为了语文应试?在"双减"背景下,培养学生语文素养的意识虽得以极大提升,但应试的惯性仍客观存在,如有人批判课改前的作业问题:抄书、写词语、写课课练占了全部作业的50%,预习课文、背书占了44%,其他作业只占6%。当下,语文作业中的应试取向还未根除。

(二)内容与形式滞后

课后作业内容单调、机械的具体表现可用"三多三少"来概述:指向知识与技能的多,指向过程与方法、情感态度与价值观的少;指向语文学科内容的多,指向语文与学科间的联系、语文与生活间的联系的少;书面作业多,口头作业、实践性作业少。作业形式也显生硬、死板,表述不活泼、不走心,读、写、抄、背被冷冰冰地塞进学生的书包。大家所提倡的"听、说、读、写并重,查、画、演、做补充"的局面并未真正形成。

(三)书面作业量大

作家邹静之在《女儿的作业》里描写的"哈达卷"——"每临考试,回家的作业,大多是做卷子。卷子很长,女儿她们称其为'哈达卷',挺准确,像一条长长的哈达,从桌子上拖了下去。她吃完晚饭就俯在上边写，一条'哈达'写完了还有一条"——是对作业量大这一痼疾的形象描述。我们虽有"布置活动性、实践性的小学生家庭作业；小学一、二年级不留书面家庭作业；小学其他年级每天书面家庭作业完成时间平均不超过60分钟"的倡导。可时至今日，小学生作业重复性的抄写多、书写量大、耗时长的状况改观不大。

（四）作业布置随意

由于对课后练习、配套教材的依赖，作业目标的模糊，加上作业设计的精力不足，久而久之，教师就会随意指定一些辅助材料中的作业或临时指定一些常规性作业，还可能会倾向于布置一些简单易改的作业。

（五）作业布置方式单一

作业布置还延续着教师自上而下的布置传统，学生只需做个记录，回家一样一样地完成即可，整齐划一；至于哪些是自己会的，不需要做的，哪些是自己不懂的，需要多做的，则没有得到太多关注。学生被动作业的境地未得以改观。

技能概观

一、作业设计技能

2022年版课标非常重视作业设计，"作业设计是作业评价的关键。教师要以促进学生核心素养发展为出发点和落脚点，精心设计作业，做到用词准确、表达规范、要求明确、难度适宜。要合理安排不同类型作业的比例，增强作业的可选择性"，具体可从以下两个维度进行设计。

（一）基于作业功能的作业分类与设计

根据作业功能，可将其分为四种类型：预习型作业、基础型作业、拓展型作业和创新型作业。

1. 预习型作业

主要是为了下节课的有效学习而进行的课外准备性学习。此类作业像搭在本次课和下次课之间的桥梁，最能体现出学生学习新内容时的自主性，因而备受重视。常见的主要有两种。

（1）自读疏通式

学习新课前，先要学生自主学习，疏通障碍。设计作业时应明确用什么方法来做、如何去做、怎样检测，让学生在预习中学会预习。

（2）再读思考式

一则课文疏通后，就教师布置的思考题进行细读思考或就疑问处进行质疑；二则有了一个课时的学习，要求学生基于所学继续自读思考，为进一步的深入学习做准备。例如，学完统编版小学语文教材三年级上册《掌声》第一课时教师布置了如下作业："本节课我们学习了一个关于掌声的故事，那么，掌声的内涵到底是什么？它对小英和小英的同学意味着什么？这是掌握本文主旨的两个重要的问题，课后要继续读全文，把回答思路整理到作业本上，下节课老师先找同学谈谈自己的看法。"

二年级下学期开始，学生逐渐掌握了三套自学工具：一是学会了汉语拼音，这是自学字音的工具；二是掌握了汉字的笔画、笔顺、偏旁部首、间架结构和构字率较强的独体字，这是分析和记忆字形的工具；三是学会了按音序和部首查字典，这是纠正读音和理解字义的工具。加之，中年级学生的自觉意识开始加强。此类作业也就顺理成章地成了提升中高年级学生自学能力的有效路径。为防止流于形式和加重学生的学业负担，设计时要突出重难点，操作和检查方法要具体，还要有弹性。

2. 基础型作业

小学语文的基础训练立足于字、词、句、段、篇的基础知识，着眼于听、说、读、写、观（察）、习（惯）的基本技能。基础型作业则是为巩固和应用课上所学的基础知识和基本技能而设计的作业，是最为常见的一类作业，基础型作业主要有以下三种。

（1）抄写式

抄写字、词、句、段、篇章是一种积累、规范言语的基本方法。设计时应选择恰当、规定合理，切勿以抄代罚。

（2）背诵式

小学阶段是记忆的黄金期，教科书中规定的背诵作业占了相当的分量，教师在设计和检查相关作业时，一要注意记忆和遗忘规律的运用，二要用小学生喜闻乐见的方式激发其背诵的动机和兴趣，三要常抓不懈。

（3）应用式

基础知识转化为基本技能的最佳途径是应用。教师在设计相关作业时要强调四个方面：一是遵循"一练一得"，切忌"字、词、句、段、篇，听、说、读、写、观、习"面面俱到。二是既应科学又要严格。一方面，科学是指作业内容、作业数量、作业评价都要适合小学生学习语文的规律；另一方面，扎实的基础离不开严格的要求，尤其是基础教育阶段基础性的内容，要求更应从严，不能有半点含糊。三是注意课内训练与课外训练相结合。四是追求趣味性，不要机械地重复。

基础型作业不应是繁琐的、机械的、疲劳轰炸式的"题海战术"，而应是科学的、活化的训练，讲求应时、精当、高效，教师应敏锐地抓住教学重难点来设计。

3. 拓展型作业

此类作业要求立足所学，在新的言语情境中，深化和超越所学。常见的有以下三种形式。

（1）仿写式

任何学习，开始时都离不开模仿，正如皮亚杰指出的，"模仿能产生表象，因而从任何外部动作中分离开来，有利于保持动作的内部轮廓，成为日后形成思维的准备"。因此，教师从外部提供的范文，能使学生在仿写中形成一种"内部轮廓"，为他们以后的作文构思提供材料和模式的参考。例如，教完统编版小学语文教材一年级上册《青蛙写诗》后，有教师这样布置作业："同学们，听了青蛙的诗，小动物们也都想写诗了。小花猫来了，小狗来了，小鸭子也来了，它们会写成什么样的诗呢？它们的诗中会出现什么样的内容呢？请大家发挥想象力，帮帮小动物们吧！"

从仿写内容看，可从四个维度进行设计：一是仿其言，即模仿课文的语言。例如，学完统编版小学语文教材五年级上册《松鼠》一文，教师引导学生对比了同单元的《太阳》与《松鼠》在语言表达和说明方法上的不同后，总结、布置道："同学们在进行本单元习作的时候，你的语言可以像《太阳》一样平实，也可以像《松鼠》一样活泼，还可以像大百科全书一样简洁。不管用怎样的语言方式，一定要注意科学、严谨、清晰、条理，就像叶圣陶先生所言，'说明文以说明白了为成功'。请大家课下搜集有关白鹭的资料，并把散文《白鹭》改写成说明文。"二是仿其格，即模仿课文的格局、格式，可以仿篇章结构，可以仿构段方式，可以仿句式，也可以仿表达顺序。三是仿其意，即模仿课文的立意。例如，统编版小学语文教材五年级上册《落花生》课后的小练笔："花生会让我们想到那些默默无闻做贡献的人。看到下面的事物，你会想到哪些人？选择其中一个，试着写一段话。竹子、梅花、蜜蜂、路灯。"四是仿其法，即模仿课文的写作方法，可以仿表现手法，也可以仿说明方法。

从仿写单位看，可一分为三：句式仿写、片段仿写和全文仿写。句式仿写是基础性训练，片段仿写是发展性训练，全文仿写则是整体性训练。当然，仿写除了作为课后作业外，也可以作为课内练习。

请你分析

以下是原苏教版第七册《第一朵杏花》的一份仿写作业设计，你认为设计得合理吗，为什么？

> "时间像飞箭，转眼又是一年。春风吹绿了柳梢，吹绿了小草，吹皱了河水，吹鼓了杏树的花苞。"

填空，并按要求仿写。

仿写一：（在横线上填入恰当的字）秋风吹____了枫叶，吹____了小草，吹____了天空层层阴云，吹____了片片黄叶，吹____了满园硕果，吹____了农民伯伯的笑脸。

仿写二：（仿照上文自己写一段话）_____。

> **分析参考**
>
> 南京市力学小学黄剑老师对此做出分析：在本次练习设计中，教师将训练目标定为培养学生反复推敲、准确地使用语言文字的意识。从表面上看，教师似乎善于紧扣教材，挖掘了教材中的训练点，其实，教师在钻研教材方面做得是远远不够的。这段文字在课文中起了承上启下的作用，既表现了四季的更替、时间的流逝，又暗示了孩子在竺可桢爷爷的"明年你可要留心点"的叮嘱下，坚持不懈地观察着，也正是这样长期的观察，他才能发现第一朵杏花的开放，才能印证竺爷爷的话："搞科学研究，不能使用'大概''也许'这些字眼，也不能用估计和推断代替观察。"在本次练习设计中，教师仅仅注意到了这段文字的"技术性细节"，而忽略了它作为文本有机构成部分所显现出的整体价值。

著名作家余秋雨在《文化敏感带》一文中写道：文化"会有许多细部，但任何细部都没有权利通过自我张扬来取代和模糊文化的整体力量"，一个民族"如果它的文化敏感带集中在思考层面和创造层面上，那它的复兴已有希望；反之，如果它的文化敏感带集中在匠艺层面和记忆层面上，那它的衰势已无可避免"。教师针对一篇文章进行练习设计何尝不是这样，当我们总想着要从文本中截取一段话来设计作业，要求它既要包括字词句段的训练，又能体现课外拓展，力求面面俱到时，我们的作业设计不免停留在匠艺层面上，甚至出现《第一朵杏花》作业设计中，教师连这段话的作用都没有来得及钻研清楚，就急急忙忙地带领学生为几个字的使用而绞尽脑汁的现象。在培养学生语感时，我们要善于处理"整体鉴赏"与"局部感知"两者之间的关系。那些失掉了重心、割断了文本整体联系的作业设计，忽略了文本作为一个整体存在的价值，是"捡了芝麻，丢了西瓜"。

（2）迁移式

通过课后作业提供多样化的语文实践形式，促使课内学习的知识、方法、技巧进一步迁移、转化为能力与习惯。例如，统编版小学语文教材四年级上册第六单元口语交际：安慰。一位教师引领学生在创设的不同情境中进行讨论、练习、展示、评价，并相机提炼出安慰的交际策略：选择合适的方式进行安慰；借助语调、手势等恰当地表达自己的情感。课上完后，教师布置了两个作业：一是创设新的交际情境，让学生以小组形式课外练习——一位女同学生病了，小组同学到医院去探望，该同学的妈妈恰好也在病房，此情此景，应如何安慰？二是留心观察自己周围的人和事，要能够给予别人恰当的安慰。

（3）情境式

情境式就是依据课文情境，设计相似的作业情境，让学生进行拓展练习。

《赠汪伦》的作业设计

1."李白乘舟将欲行，忽闻岸上踏歌声。"在理解加点词的基础上，想象送别的场面。

2. 你还了解哪些送别诗，填空：孤帆远影碧空尽，_____。劝君更尽一杯酒，_____。莫愁前路无知己，_____。

3. 比较四首诗描绘的送别场面，体会其中的异同。

拓展型作业在设计时要注意三个方面：一是要抓准课内外衔接的点，巧妙突破课堂限制，将语文训练延伸到生活情境中。二是课文是语文生活的窗口，尤其是那些经典选文，要凭借这个窗口，在课内引领学生体悟表达的秘妙，激发阅读愿望，学习自读方法；课后要通过适当的作业，让学生与大师、与经典继续对话。三是拓展练习应讲求"度"，既应加深学生对文本的理解，又需予以必要的"价值引导"，体现工具性与人文性的统一，防止远离文本的过度训练。

4. 创新型作业

创新型作业即通过课后作业让学生自由地、创造性地综合运用所学的言语知识和方法进行语文实践。常见的有以下三种。

（1）综合运用式

综合运用是一种高层次的训练方式，也最能体现出语文综合性、实践性的特点和创造性的一面。设计时要注重听说读写的综合，识字写字、阅读、写话与习作、口语交际不同板块内容的综合，语文学科与其他学科、语文学科内容与生活实践的综合。

（2）探究查询式

此类作业日益受到重视，其原因在于：一是信息技术的发展为探究查询、调研反馈提供了便利条件；二是自主、合作、探究的学习方法变革为此类作业提供了方法支撑；三是此类作业对于培养学生的实践能力与创新精神具有独特优势。统编版小学语文教材某些单元的语文要素就明确提出了探究查询的方式。例如，五年级上册第四单元要求"结合资料，体会课文表达的思想感情"，六年级上册第八单元规定"借助相关资料，理解课文主要内容"。教师在设计相关作业时要本着立足文本、深化文本、超越文本的思路，引导学生利用网络、图书馆、阅览室、博物馆或自身的优势资源，查阅资料，观察思考，调查研究。

请你参考

以下是美国五年级小型课以及课后作业布置的教学片段。

1. 提出问题

艾瑞卡里夫：作为一个阅读者，我意识到在阅读中试着提出问题，并寻找答案，是非常重要的。（板书：保障基金　信托基金）

我阅读时经常遇到这两个术语。我知道它们和财政及股市有关，但从来就不知道它们确切的意思。我想要把这两个词弄清楚，就需要收集更多相关的信息。我采用的策略是：（1）阅读《纽约时报》上的文章，但从中仅仅略知一二。（2）准备去读《纽约时报》的商业专栏，以往我读报时总是跳过那个专栏。（3）向那些从事该行业的朋友询问一些基本常识。（4）问我的兄弟，让他告诉我，要解决这个问题最好阅读哪些杂志。作为阅读者和思考者，我们往往会产生一些疑问。可是在许多情况下这些疑问被我们忽略了。今天我们要抓住一些疑问，深入地思考一下，怎么去着手寻找问题的答案。

2. 个人或同伴合作提出问题

（1）同伴讨论。回想过去一周甚至一个月的生活，写下你们有过并且想更深入去了解的问题，然后选出一个，和你们的同伴计划一下，通过什么策略，比如，阅读些什么书籍或刊物，可以帮助你们获知最终的答案。（5分钟）

（2）全班合作交流。

艾瑞卡里夫：想出方案来解决一直困扰你们的问题，一定很有意思吧！

3. 布置作业

你们能否再思考一下有没有这样的问题，它需要你通过阅读来探究并搜集需要的资料？请大家找一个问题，然后通过阅读去探究、收集需要的资料，明天我们再继续这一话题。

（3）表演操作式

语文教材中不乏可以通过表演、实验、操作来提升学生语文素养的内容，不妨将其设计成表演操作式作业。这类作业深受小学生的热爱，但因费时费力，不宜过多。例如，学过统编版小学语文教材二年级下册《小马过河》后，可设计课本剧表演的作业，让学生自由组合，自由创编剧本，自由排练，最后用小组独特的方式来展示，并通过激励，让每个学生都享受到创造的喜悦、成长的喜悦。

创新型作业在设计时要注意两点：一是要保持语文的综合性。《庄子》里有个寓言，讲的是"儵"和"忽"要在"混沌"的头上给他凿"七窍"。他们每天在他的头上凿一个"窍"，"七窍"凿好了，可是"混沌"也一命呜呼了。"儵""忽"用心良苦，但却不知道"混沌"就是自然的状态，是不该有"七窍"的，硬给他凿，反而害了他。语文学习是整体推进、螺旋上升的过程，如果硬要将语文分解成一个个"知识点"，孤立训练，则无异于在"混沌"的头上凿"七窍"。二是要注意发挥学生的个性。个性化作业更利于激发学生各自的潜能。

（二）基于学生差异的作业分类与设计

基于学生差异，作业可分为三种类型："套餐"型作业、"自助餐"型作业和"自主餐"型作业。

1. "套餐"型作业

针对学生学习层次的不同，可将课后作业进行分层设计，使不同难度层次的作业整套呈现，让每一位学生都能在各自层面上有所选择，有所发展。

设计时可分为三个层次：一是难度较大、综合性较强的作业，留给学有余力的学生；二是难度一般，具有一定综合性的作业，保证大多数学生完成；三是难度较小，综合性弱的作业，适合于学习较困难的学生。整体而言，应以第二个层次的作业为主。

2."自助餐"型作业

"自助餐"型作业，留给不同智能类型的学生，给学生更多的作业自主选择权，以强化作业的自主性与创新性。例如，学习完统编版小学语文教材五年级上册郭沫若的《白鹭》一文，教师可设计如下作业。

课文以真诚的笔触描绘了白鹭的生态特征，赞扬了寻常事物中所蕴含的内在美，进而抒发了对平凡而美好、朴素而高洁的境界的追求和向往之情。如果随着时间的流逝，让这种阅读感悟在记忆中消失，未免太可惜了，我建议大家选择自己喜欢的方式把它留下来。

① 爱记忆的你，不妨背诵课文，将优美的句段深深地印在脑海里，实时回味自己特别喜欢的段落。

② 爱读书的你，不妨去读读郭沫若的其他散文。

③ 爱朗读的你，不妨再一次美美地朗读全文，再一次去领略"白鹭实在是一首诗，一首韵在骨子里的散文诗"的韵味。

④ 爱绘画的你，不妨用线条与色彩画出你心中的白鹭，并用课文中的句子做注解。

⑤ 爱唱歌的你，不妨依据课文内容或你自己的感受，写一首赞美白鹭的歌，唱给大家听。

⑥ 爱朗诵的你，不妨就本文的优美段落或是搜集到的赞美白鹭的诗词，做一次朗诵表演。

⑦ 爱观察的你，不妨走近白鹭，去静静地、细细地观察它，好吗？如果你能和我们分享你的观察笔记，那就太好了。

3."自主餐"型作业

"自主餐"型作业，渗透"我的作业，我做主"的理念。基于教学的重难点，引导学生设计作业的内容、形式、数量和检查方式。学生是此类作业设计的主体，但要以教师的引导为前提。我们来看一位教师的经验：

我每上完一篇课文，"总在规定的作业之外"留给学生一道创意题，让学生根据课文内容自由设计作业，形式不限，自由发挥。如教学《赵州桥》后，学生自行设计的作业五花八门：有收集世界各地各种桥的资料、图片，并整理成小报的；有为赵州桥这一名胜古迹写广告语的；有做拱桥原理的小实验，并写实验体会的；有自己做桥梁工程师，设计更新颖的桥梁，并写成小论文的。为了提高学生的积极性，我每两周进行一次创意作业奖评比，对学生进行肯定和激励。另外，我还每月设计一个主题作业，主题可由教师定，也可学生自定，如母亲节前学生自行设计的"妈妈，我爱您"主题作业。每学期还让学生设计并完成一个与语文有关的小课题研究，如"读三国演义，议风云人物"，教师只充当顾问，有些主题作业可让学生组成合作小组共同商讨、共同研究。实践证明，这种自主性强的个性化作业充分地激发了学生的自信心和积极性,展示了学生的潜能和才干。

二、作业布置技能

作业布置是提高作业质量的关键一环,不可忽视,应注意布置的时机、方式与时间。

(一)做到"三清"

① 说清,即作业目的、作业内容、完成时间、作业方法、检查方式要说清楚,必要时需借助一定的重音、停顿和体态语来布置。

② 听清,即要求学生听清楚作业的每一个字,尤其对低年级的学生而言,这也是一种听力训练。

③ 记清,需要文字记录的,要留出记录时间,切忌仓促、随意。

(二)注重"二结合"

1. 常规布置和随机布置相结合

常规布置一般在每节课结束前几分钟进行,此时布置作业往往能水到渠成。对师范生而言,此环节应预留出充裕的时间,切勿急急匆匆、草草了事。随机布置就是教学进程中,基于教学内容的训练要求,及时提出课后的学习任务。这种布置方式节省时间、意图明确、灵活机动。教师要依据作业内容的特点,把两种方式有机结合起来,提高作业布置效果。

2. 教师布置与学生自定相结合

尝试将教师布置和学生自定结合起来,以激发学生的成就动机。除了教师要改变理念外,还要以灵活的作业设计为前提。布置时可给学生一定的选择权,让学生自己决定做什么样的作业、怎么完成、如何评价等,把外在要求转化成学生的自我规约。

=== 要点提示 ===

一、作业设计要强调"五结合"

一是知识性和趣味性相结合;二是统一性与层次性相结合;三是封闭性与开放性相结合;四是实践性与创新性相结合;五是自主性与他主性相结合。

二、作业设计要突出层次性

一是作业难易度上要注意把握好层次性。二是依据学生学习能力的差异设计不同目标层的作业。例如,作业目标可分为A、B、C三层:A层为基础层,是基础较薄弱的学生应该达到的基本目标;B层为发展层,它既是A层学生的冲刺目标,也是大多数学生的基本目标;C层为挑战层,是为基础扎实的学生设计的,同时也是B层学生的冲刺目标。

三、作业评价要灵活多样

2022年版课标要求"教师要认真批改学生作业，针对学生素养水平和个性特点提出意见，及时反馈和讲评，激发学生的学习热情，保护学生的自尊心，尊重学生的个性差异；要对学生作业进行跟踪评价，梳理学生作业发展变化的轨迹，及时反馈不同阶段作业质量的整体情况"。因此，作业评价的目的是促进学生更好地学习，掌握每个学生的发展轨迹，这就要采取活泼多样的评改方式，以鼓励、赏识为主，及时反馈，多给学生互相评改和呈现、展示的机会。

学与做　　技巧提炼与实训

- 请结合自己的课后作业设计与布置实践和本章所学，总结出你所认为的有效的课后作业设计和布置技能。

- 下面是一位实习教师写的课后作业设计的反思，请基于本章内容，学习该实习教师的反思方式，以自己实习过程中的作业设计与布置为例，写出自己的反思。

一、设计缘起

布置设计要充分考虑学生的年龄特点、个性差异和学业成绩。内容要精选，难易要适中，数量要得当。要融知识巩固、能力提升、趣味激发于一体，充分调动学生的智力因素与非智力因素，让学生在快乐中学习。我在设计作业时贯彻了"六字"方针：议，就是让学生敢于发表自己独到的见解；造，造不同句式或变化词序的句子；改，如把古诗改成记叙文，把记叙文改成画或诗；补，让学生联系上下文补充"空白"；编，教师任选一些词、图片、道具、现实中的动植物，让学生发挥想象，编故事、科幻文；试，鼓励学生大胆尝试，并为他们提供发展动手能力所需要的时间和空间。

二、过程叙述

以我实习时教过的原苏教版五年级下册第三单元两篇课文的作业设计为例。

(一)《司马迁发愤写〈史记〉》作业设计

1. 借助课文和练习中的词语，感受《史记》诞生的艰难。读一读，写一写，并根据这些词复述课文。

名山大川	家学渊源	耳濡目染	刻骨铭心	博大精深
专心致志	飞来横祸	挺身而出	犯颜极谏	不白之冤
悲愤交加	血溅墙头	了此残生	轻于鸿毛	重于泰山
忍辱含垢	克己奉公	奋笔疾书	坚定决心	毕生心血
前无古人	鸿篇巨制	辉煌著作		

【设计理念】整合单元教学资源，通过词语的归类积累，引导学生感受《史记》诞生的艰难，体会司马迁忍辱负重、发愤著书的坚韧精神。此外，这也是理解课文关键词的过程，可帮助学生课下复述课文，巩固本课教学目标。

2. 你读过哪些"史记故事"？把题目写在横线上，与同学交流这些故事。

_____

_____

3. 推荐阅读《史记》中《廉颇蔺相如列传》《李广列传》的节选内容。

【设计理念】本着"亲近母语、领略文化、强化积累"的语文学习思路，引领学生感受汉语言文字的魅力，在原汁原味的《史记》故事中领略司马迁的生花妙笔。

（二）《二泉映月》作业设计

A. 爱写字的你，不妨摘抄本文中的优美词句。

B. 爱画画的你，不妨根据课文意境画一幅优美的《二泉映月图》。

C. 爱朗读的你，不妨有感情地朗读课文，并录下来让我们一起欣赏。

D. 爱探究的你，不妨查阅资料探究阿炳的人生经历，再欣赏乐曲，并谈谈你的感受。

E. 爱写作的你，不妨静心欣赏《二泉映月》，写写你心里的感受。

【设计理念】情趣是乐学的基础，乐学是情趣的目的。我们面对的是一群基础不同、能力不同、兴趣不同的个体，针对每个层面的学生和学生的差异进行分层作业。将作业设计成难易有别的A、B、C、D、E等组别，让学生根据自身的水平和爱好选择适合自己的作业，让大家都能享受到成功的乐趣。以上五项作业设计包含了"写、画、读、查、讲"，要求学生根据自己的兴趣、能力任选两项，让他们有一个宽松的选择，使不同水平的学生都能较好地完成作业。

三、效果反思

这两次风格迥异的作业取得了不同的效果。《司马迁发愤写〈史记〉》作业第一题，学生较为被动，只有少部分学生可根据这些词复述课文。或许是因为这些词语都是教师呈现出来的，学生的主动性没有得到发挥。若是由学生根据课文自己归纳、提出这些词，效果一定会更好。第二、第三题的反馈效果也是一般，首先是教师无法检测，学生遇到这样的作业一般会将其视为无效作业。也许可以换作"分享让你感受最深的史记故事，在练笔本上写出故事的梗概、提纲，讲给其他同学听"。

《二泉映月》的作业形式，让学生雀跃不已。但是喜欢归喜欢，此次作业的效果却令我疑惑，在写、画、读、查、讲中到底能不能达到巩固的目标？或许还是要因人而异。但需要肯定的是，这种自选作业的方式还是广受学生欢迎的。

- 请你任选统编版小学语文教材中的一篇课文，根据本章所介绍的技能，精心设计某一课时的作业，并说说设计缘由和布置方式。

第十四章
模拟授课技能

想与说　模拟授课何以被青睐

▶ 当前,全国教师资格证考试中的面试采用了模拟授课的方式,师范生入职面试也逐渐取消说课,采用模拟授课。请提炼一些关键语句,试着说说模拟授课应怎样进行。

▶ 结合自己的教学体验,想想模拟授课与真实授课有何不同。请在下面的方框中写出几个关键词,并试着说说你的看法。

读与评　一次教师资格证面试

▶ 下面是全国教师资格证考试中的面试题目和一位师范生对面试过程的回忆与反思。
- 面试试题

1. 题目
统编版小学语文教材二年级下册《小毛虫》

2. 内容

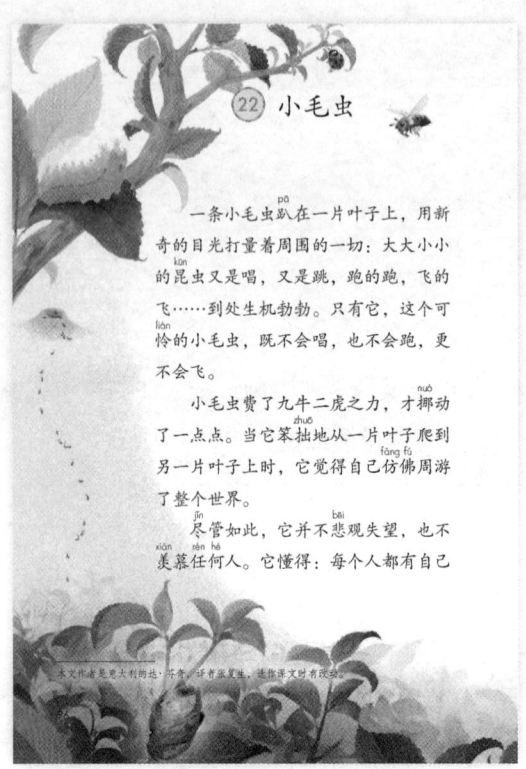

3. 基本要求

（1）试讲时间不超过10分钟；

（2）引导学生学习第7自然段，围绕"轻盈、斑斓"，想象蝴蝶的美丽，感受小毛虫变为蝴蝶后的心情；

（3）引导学生借助课文中的词语，用自己的话讲述故事；

（4）配合教学内容适当板书。

● 面试过程

面试准备只有20分钟，很是紧张。

匆匆读了一遍课文，就开始写教案——教学目标、教学重难点、教学过程、板书设计，写完时，也差不多要上场了。匆匆过了一遍，脑袋昏昏沉沉。

【反思】看来，20分钟的课是不能这么备的！写完教案后，我估算了一下，就是单单把教案上的字快速抄写一遍，也得13分钟，哪还有时间默课。我后来才知道，这个教案不作为打分依据，还要写这么多、这么工整吗？那么，应该如何应对20分钟的备课呢？这是所有参加模拟授课面试或比赛者要思考与应对的第一个问题。

两个规定问题答完，就开始了我的试讲，当时脑子里一片空白，就按照平时训练时的讲课顺序和内容开始试讲了。我先自己读了一遍课文，教了几个生字与多音字的读音，引导理解了"轻盈、斑斓"的意思，还进行了几次激励性的评价，时间差不多已7分钟了。于是，我匆匆忙忙地引导学生说："哪位同学能借助课文中的词语，用自己的话讲讲这个故事？"这时，考官提醒我还剩2分钟，我感觉更紧张了，自己简单地讲述了一下故事，就结束了。

等回过身才发现，第7自然段的板书忘了写，"围绕'轻盈、斑斓'，想象蝴蝶的美丽，感受小毛虫变为蝴蝶后的心情"这个重点也忘了讲。

【反思】现在想来，是因为把课文完整读了一遍，把节奏给打乱了。其实，试讲时没必要这样做，节奏一乱，方寸也乱，教学重点和板书都忘了，这实际上就是没有按面试要求试讲。

- 你觉得这位师范生的面试能过关吗，为什么？

- 你认为这位师范生的自我反思有道理吗？应如何解决其反思的问题？

- 你觉得应该如何围绕该面试题目和基本要求进行备课、试讲？

讲与议　模拟授课的症结与对策

理论总述

请你思考

为什么模拟授课会取代说课成为教研、比赛与教师招聘的"新宠"？相对于说课，它有何独特之处？

一、模拟授课的意涵

模拟授课又称"模拟试讲""无生试讲""虚拟情境教学"，就是教师或未来教师根据特定的教学要求，选取教学内容，精心设计，假设学生在场情况下而实施的一种模拟教学活动。语文模拟授课需要教师把语文学科知识、语文教育理论和语文教育实践有机结合，突出教书育人的语文实践能力。

模拟授课近年来已成为师范生技能训练与比赛、在职教师教研与比赛、师范生考岗面试、教师资格证考试面试等的主要形式。本章所说的模拟授课是针对面试或比赛而言的，授课主体是师范生，授课对象是小学生。

二、模拟授课的特点

相较于常规教学，模拟授课包含两个关键点：一是模拟，二是无生。体现出以下五个特点。

（一）虚拟性

虚拟性是模拟授课的最大特点，学生是虚拟的，情境是虚拟的，教学也是虚拟的。这也正是它便于组织的原因所在。

（二）针对性

要针对试讲要求确定目标与教学内容，要针对教学对象进行设计与教学。可以说，如果忽略了针对性，模拟试讲就是跑了题。

（三）简洁性

因时间有限，模拟授课不允许旁逸斜出，更不允许繁复冗杂，要简洁明了，直奔重点。

（四）完整性

所谓"麻雀虽小，五脏俱全"，尽管只有10分钟或15分钟，尽管只是片段教学，尽管只指向部分目标，但模拟授课的教学过程是完整的，对某教学内容的处理环节也是完整的。

（五）交流性

交流性一是指与不在场的教学对象的交流与对话；二是指与在场的评委与考官的潜在交流，也就是："我这样上行不行？"尤其是作为教研活动的模拟授课，其交流功能更为突出。

三、模拟授课的问题

经历了多年的考官与评委工作，我们总结出师范生模拟授课的十二"点"问题：① 偏离主题，费时一点。考官或评委宣布试讲开始，就直接进入试讲，不必再重复一遍课题，这是无效时间。② 不以秒计，超时一点。10分钟或15分钟应按秒分配，分秒必争。我们常见到，多数情况下师范生会超时，造成讲不完的遗憾，不珍惜时间就是原因之一。③ 缺乏代入，虚了一点。模拟授课的追求，就是越像真的越好。对比下来，我们觉得用虚拟人名，更有代入感，会比诸如"这位同学""靠窗户的同学""小明同学"等要真实得多。④ 距离评委，近了一点。要给自己设定一个学生所在范围，离评委或考官尽量远一些，避免造成自身的紧张，更不能把其当成教学对象。⑤ 不顾文体，模糊特点。文体是语文教学的重要抓手，不能忽略文体，千课一面。⑥ 奔着亮点，不顾重点。有的师范生为了展示自己的素养，会根据自己的喜好、特长来设计与实施教学，不自觉地忽略了重点。⑦ 顾着重点，缺乏亮点。与上种情况相反，完全沉浸在重点里，忽略了自我优势的渗入，显得拘谨刻板。⑧ 面面俱到，讲不透点。就是什么都想讲，什么又都讲不透，蜻蜓点水，浅尝辄止。⑨ 细节处理粗了一点。细节是指向重难点的，也是重要的得分点，既然是细节，就要舍得花时间，处理得深入、细腻，不可粗枝大叶。⑩ 节奏偏快，慌了一点。节奏控制十分关键，要快慢结合，张弛有度，不能因为时间短，就急着赶内容，匆匆忙忙，没有节奏。⑪ 出现硬伤，降低分点。硬伤就是语文的基础知识、基本技能出错，如写错笔顺、读错生字，会给人以不专业之感，从而影响自己的分数。⑫ 只讲不读，刻板了点。没有哪一堂语文常规课会不朗读，但是在模拟授课中，由于执教者可以指示学生来读，所以导致自己自始至终不朗读，会让授课显得单薄、枯燥。

===== 技能概观 =====

一、课例引读

我们先仔细研究统编版小学语文教材二年级上册《妈妈睡了》两个课时的模拟授课稿，然后带着具体感受理解模拟授课技能[①]。

[①] 授课稿是王宗海依据清华大学附属小学清河分校王贺老师的授课影像，结合自己多年模拟试讲指导经验整理的，其中学生的名字均为虚构。

《妈妈睡了》第一课时

一、创设情境,导入新课

同学们,我们来听一首歌(播放《世上只有妈妈好》),随音乐一起唱好吗?这首歌唱的谁呀?对了,是妈妈。是呀,世上只有妈妈好,你们把这首歌唱得这么动情,看来一定很爱自己的妈妈!有一位小朋友在深情地看着自己的妈妈,快来看课文插图(指着大屏幕)。他看到睡着了的妈妈,是什么样的?(板书:《妈妈睡了》)

我们该怎样读这个题目呢?"睡了"应该读得很轻,我们再一起轻声地读读题目。

二、扫除障碍,了解大意

1. 借助拼音,自读全文

同学们,这篇课文一共有四个自然段,请借助拼音读准字音,读通句子,难读的地方多读几遍。

2. 分段朗读,读准字音

请张小明同学朗读第1自然段。小明声音洪亮,读得正确流利。"哄"是后鼻音,再跟老师读两遍——哄,哄。

李思齐,你来读第2自然段。红润的"润"是前鼻音,思齐读得特别准,请思齐带着大家读两遍——润,润。

第3自然段,谁来读?好,周心怡。"等会儿"发现了吗?它的拼音和其他不太一样,这是告诉我们要读出儿化音来，请周心怡带着大家再读两遍——等会儿，等会儿。

第4自然段，啊，这么多同学愿意读，想读的就站起来，一齐读。"头发"的"发"要读轻声，一起来读——头发，头发。谁能给"发"再组组词？王海燕来——fà，理发；fā，发明。听出来了吗？这个字呀，是个多音字！当表示头发的意思时读——fà，头发，理发；当表示显现、显露等其他意思时读——fā，发明。同学们，老师把这个词语送回句子里，再来读读吧，这个句子啊，有点难，我请停顿符号来帮忙，请跟着老师一起读："她乌黑的头发／粘在／微微渗出汗珠的额头上。"

读好了字音才能读好句子，老师把这节课的生字词语都请出来了，请你借助拼音读准它们吧。

hǒng rén	xiān shuì zháo	mèng zhōng	bì jǐn
哄 人	先 睡 着	梦 中	闭 紧
hóng rùn	děng huì er	hū xī	tóu fà
红 润	等 会 儿	呼 吸	头 发
nián zài	hàn zhū	é tóu	shā shā	fá le
粘 在	汗 珠	额 头	沙 沙	乏 了

去掉拼音，还会读吗？听一听杨柳同学读得和你一样吗？

3. 多种方法，识记生字

| 哄 | 先 | 梦 | 闭 | 紧 | 润 | 等 |
| 吸 | 发 | 粘 | 汗 | 额 | 沙 | 乏 |

读准了字音，我们再看这节课的生字条，先自己试着说一说，怎样才能记住这些字呢？我看你手举得高高的，你来说。她说能用"加一加"的方法记识生字：林＋夕——梦（做梦），门＋才——闭（闭眼），我们一边读一边用组词语的方法记住这两个字。

"等""乏"这两个字你能用"组词语"的方法来识记吗？我们一起来：等——等于，乏——乏力。

再看"哄""吸"这两个字都有"口"字旁，"口"字旁的字大多跟嘴巴有关，抓住了形声字"形旁表义"的特点，可以帮助我们更好地识记生字。谁还有别的发现？孙艺轩说，"润""汗""沙"三个字，带"三点水"，多与水有关。孙艺轩特别会发现，"润"是水滋润万物，"汗"是人体皮肤排除的体液，都与水有关，"沙"指非常细小的石粒，和水有什么关系呢？原来古人用"水"加上"少"，表示水少了，沙子就显露出来了，是不是很形象呢？我们来看"额"这个字，右边的"页"，表示跟人的头部有关，一起读读——额头，一边摸着自己的额头一边跟老师读：额——额头。

来看"先"字，是一个表示顺序的词语，反义词是——"后"，那"紧"的反义词呢？"松"。"找反义词"也可以帮助我们识记生字。

再看这个"粘"，在字典中，有两种意思：① 黏的东西互相附着联结在一起。② 用胶水或浆糊等把一种东西胶合在另一种东西上。在课文的这句话里是指第一种意思，大家能再结合课文中的图片自己说说妈妈的头发为什么会粘在额头上吗？——因为妈妈出汗了，头发被汗水粘在了额头上。让我们带着对这个字的理解，再来读读这句话吧！"她乌黑的头发粘在微微渗出汗珠的额头上。"你们看"查字典理解生字"也可以帮助我们识记生字呢！

（教师资格考试面试基本要求中常有生字教学目标，如二年级《绝句》中"引导学生运用多种方法认识'绝、鹂、鸣、行、含、岭、泊'7个生字"之类，上面这段教学对解决这类目标有何帮助？还有哪些常用的识字方法？）

4. 再读课文，了解文意

妈妈睡着了，谁能读准这些词语给妈妈送上柔软的小枕头？（指着PPT）王海若你来读，"先后、头发、闭上、红润、粘在、笑脸"，你真是妈妈的好女儿，请坐。把这些词送回到课文中还能读好吗？

读完了课文，谁能根据课文内容试着填一填？好，大家跟着秦晓同学一起填一填吧。

妈妈睡了，睡梦中的妈妈真美丽，睡梦中的妈妈好温柔，睡梦中的妈妈好累，妈妈真该好好睡一觉。

三、精读课文第1自然段，体会感悟

让我们再次走进课文，去看一看睡梦中的妈妈。请和老师一起朗读课文第1自然段，边读边想，你读懂了什么？靠窗户的那位小朋友，你读懂了什么？哦，真棒，你知道了：妈妈在哄我午睡的时候，自己先睡着了。（板书：睡着）还有吗？谢思嘉。你还知道了，妈妈睡得好熟，好香啊！（板书：好熟，好香）原来妈妈是哄我午睡呀，回忆一下自己的生活经历，妈妈是怎么哄你睡觉的呀？武杰来说，哦，妈妈哄你午睡的时候会给你讲故事，是个故事大王妈妈呢！李小萌，哦，你妈妈会边拍着你，边轻轻地唱歌给你听，多么温馨的回忆呀，难怪"哄"字会带个"口"字旁呢。同学们，让我们想象着妈妈哄自己睡觉时的温馨画面，再来读读这一段吧。

同学们，妈妈明明是在哄我午睡呀，怎么自己先睡着了呢？是的，妈妈太辛苦、太劳累了。这一段要怎么读呢？要轻轻地读，不要吵醒妈妈。好的，就让我们感受着妈妈的辛苦、劳累，自己温柔地朗读、体会吧。

四、三看观字，分类书写

谁能按照结构给生字分分类吗？李雪来说，左右结构的字有"哄、脸、沉"，上下结构的字有"先、窗"，半包围结构的字有"闭、发"。

这节课先来学习左右结构的字。同学们，请按照"一看结构，二看占格，三看关键笔画"的方法，和同桌说一说写好这三个字要注意什么。谁来提醒一下大家？马天舒，你来。"这三个字都是左右结构的字,'口'字旁要写得小一些,'月'字旁和'三点水'都要写得长一些;还要注意'哄'字的关键笔画是第五笔'竖',要压在竖中线上,'脸'的关键笔画是第十笔'撇',要和长横相连,'沉'的关键笔画是第六笔'撇',要穿插到左边'提'的下面。"老师边介绍规则边范写三个字。(板书:哄、脸、沉)

好的,请调整好坐姿——头正、腰直、足安,握笔姿势——拇指食指捏着,三指四指托着,小指里面藏着,笔尖向前斜着,笔杆向后躺着。动笔写一写这三个字吧。

五、回顾总结,布置作业

好了,同学们,我们一起来回顾一下这节课:我们初读了课文;识记了生字新词;通过学习课文第1自然段,知道了妈妈在哄我午睡的时候自己先睡着了,睡得好熟、好香,感受到了妈妈的辛苦和劳累。

课后请你带着感受再读课文,读给你身边的人听。再仔细观察一下家人睡觉的样子,我们下节课一起交流。

好啦,这节课就上到这里,同学们再见。

《妈妈睡了》第二课时

一、复习旧知,导入新课

上节课我们学习了课文第1自然段,知道了妈妈在哄我午睡的时候,自己先睡着了,睡得那么熟、那么香,感受到了妈妈的辛苦和劳累。这节课让我们继续走进课文去看看睡梦中妈妈的样子。

二、精读课文第2—4自然段,体会运用

1.教读课文第2自然段,体会美丽

自读第2自然段,边读边想睡梦中的妈妈是什么样的?李如梦说,你从第一句里知道睡梦中的妈妈的样子,真美丽(板书:真美丽)。陆小雅还有补充吗?真棒,你从明亮的眼睛、弯弯的眉毛,还有红润的脸,看出睡梦中的妈妈很美丽。

妈妈在睡觉呢,眼睛是闭上的,可这里却说妈妈的眼睛是明亮的,这是为什么呢?吴诗雨怎么想的?是的,因为明亮的眼睛才美丽啊!你太喜欢妈妈这双眼睛了,所以呀,就连妈妈眼睛闭上的时候,你想到的也是妈妈眼睛睁开的样子。让我们一起来读一读——明亮的眼睛(出示字卡)。"弯弯的眉毛也在睡觉",你在读这句话的时候会想到什么呢?妈妈不睡觉的时候美吗?又是什么样的呢?我们听听王鑫鑫同学是怎么说的?鑫鑫说,妈妈睡觉时眉毛也是一动不动、安安静静的,就像睡着了一样。要是妈妈不睡觉,她的眉毛有时候就一动一动的,特别可爱。你妈妈的眉毛也是这么可爱吗?让我们想象着妈妈眉毛的样子,再来读一读——弯弯的眉毛(出示字卡)。再来看看妈妈红润的脸,上节课我们学习了生字"润",同学们能组组词吗?妈妈的脸水水的就是——水润,妈妈的脸不仅水润,还红扑扑的呢,就是——红润。一起来读——水润,红润,红润的脸(出示字卡)。明亮的眼睛、弯弯的眉毛、红润的脸,睡梦中的妈妈样子可真美丽,让我们想象着妈妈美丽的样子齐读这一段。

同学们,你能根据这几个词语(真美丽、明亮的眼睛、弯弯的眉毛、红润的脸)讲一讲睡梦中妈妈美丽的样子吗?我们来听听肖潇同学是怎么讲的,她说呀:睡梦中的妈妈真美丽,明亮的眼睛闭上了,弯弯的眉毛也睡着了,就睡在妈妈红润的脸上。

2. 自学课文第3自然段,体会温柔

同学们,刚才我们按照"一读、二说、三讲"的顺序,学习了课文第2自然段。知道了睡梦中妈妈的样子真美丽。下面就请你按照大屏幕上的自学提示,自学课文第3—4自然段。

自学提示

一读,朗读课文。

二说,说说睡梦中的妈妈是什么样子的,你是从哪儿看出来的?

三讲,借助词语,讲讲这段内容。

你从第3自然段第一句话里看出睡梦中妈妈的样子好温柔(板书:好温柔)。你从妈妈微微地笑着,嘴巴、眼角都笑弯了,也感受到了睡梦中的妈妈好温柔。

睡梦中的妈妈好温柔,妈妈微微地笑着呢,同学们,生活中妈妈除了睡觉的时候,还有什么时候也会这么温柔,也会微微地笑着呢?嗯,你是说,妈妈在给你讲故事的时候也是这样呢!难怪课文中说,妈妈微微地笑着,好像在睡梦中妈妈又想好了一个故事,等会儿讲给我听。同学们,回忆一下你的生活,试着说一说,妈妈微微地笑着,还好像是在干什么呢?我看你一脸的微笑,就请你回答,你是说:

妈妈微微地笑着。好像在睡梦中,妈妈又_____……(看到了你帮妈妈做家务,正在表扬你呢)(看到了你吃光了碗里的蔬菜)(在给你梳头发)。同学们的想象真丰富!

同学们,谁能借助大屏幕上的这些词语讲一讲睡梦中妈妈温柔的样子?(好温柔,微微地笑着,嘴巴、眼角都笑弯了,好像……)这个机会我们给房辛辛同学,我们在心里跟她一起说:睡梦中的妈妈好温柔。妈妈微微地笑着,嘴巴、眼角都笑弯了,好像在梦里,妈妈在给我讲一个有趣的故事。

3. 自学课文第4自然段,体会温柔

妈妈的呼吸那么沉,呼吸沉就是呼吸很深、呼吸很慢,这说明妈妈睡得好熟、好香呀!妈妈睡得这么熟、这么香,就连窗外的声音也全听不到,这都是因为睡梦中的妈妈好累(板书:好累)。还从哪里看出妈妈好累?

哦,李小薇从"微微渗出汗珠"和"她干了好多活儿,累了,乏了",也看出妈妈很累。妈妈干了好多活儿,回忆一下你的生活经历,想一想妈妈每天都要干些什么活。嗯!你妈妈每天要上班,做家务,陪弟弟玩,检查你的作业,还要给你们讲故事;你妈妈白天要上班,晚上回家既要辅导你学习还要加班,非常辛苦。妈妈真的要干好多活儿啊,感受着妈妈的辛苦和劳累，再来读一读这段。

同学们，你能借助这些词语（呼吸那么沉、全听不到、渗出汗珠、干了好多活儿）讲一讲这部分吗？——睡梦中的妈妈好累。妈妈的呼吸那么沉，额头上微微渗出汗珠，乌黑的头发粘在了额头上，妈妈睡得好熟、好香。窗外的鸟声和树叶的沙沙声也全听不到。妈妈干了好多活儿，她累坏了，真该好好睡一觉。

三、总结发现，仿说词句

学习了课文第2—4自然段，我们知道了，睡梦中妈妈的样子，你们有什么发现呢？

这一部分课文都是先说了睡梦中妈妈的样子，后面又进行了展开的描写，还用到了"明亮的眼睛""弯弯的眉毛""红润的脸"等词语。那你能照样子，也说几个这样的词语吗？

说一说	明亮的眼睛	弯弯的眉毛	红润的脸
	……的眼睛	……的眉毛	……的脸
睡梦中的妈妈（　　　　　　　　）。			

"水汪汪的眼睛、浓浓的眉毛、红扑扑的脸"，大家说得真好。

上节课的课后，我让同学们观察了睡梦中家人的样子。大家能够回忆一下家人睡觉的样子，也用上这些词语来说一说吗？

"睡梦中的妈妈（真漂亮），水汪汪的眼睛闭上了，红红的嘴巴也睡着了，睡在妈妈红扑扑的脸上。"钱茜茜同学，说出了睡梦中妈妈的样子真漂亮，谁还能试着接着说说，其他家人睡觉时的样子？王倩倩说："睡梦中的爸爸（好开心），他打着呼噜，声音很大，好像在梦里给我唱歌。"刘小慧说："睡梦中的爷爷（好慈祥），爷爷微微地笑着。嘴巴、眼角都笑弯了，好像在给我讲故事。"

同学们都很好地仿照课文说了家人睡觉的样子，用语言表达出了对家人的爱。

四、三看观字，分类书写

学完了课文我们来看生字，在上下结构的字里，我们重点看"窗"字。请你按照我们的观察小提示（三看）来说一说，写好"窗"要注意什么。

"窗"是上下结构，上宽下窄，上边的"穴宝盖"要盖住下面的部分。"窗"字分上下两个部分，上边是"穴宝盖"，下边是烟囱的"囱"，但"囱"字里面的部分不是"夕"，写的时候这笔"点"要出头。请伸出小手指和老师一起书空这个字。教师边介绍规则，边范字（板书：窗）。请同学们调整好坐姿和握笔姿势一起动笔，写一写"窗"字。

接着来看半包围结构的字，这两个字比较简单。按照观察小提示（三看）先来观察，再说说写好它需要注意什么。（板书：闭、发）来看看这位同学写的字，能给她做点评吗？我们来听听薇薇同学的评价——"闭"写得很工整、建议"门字框"要写得宽一些，给中间的"才"留出位置；"发"字，"撇"的起笔，要在竖中线上，写得高一些，"撇"和"捺"要写舒展。

请大家对照着书上的范字，修改练习。

五、回顾总结，布置作业

同学们，我们一起来回顾一下，在《妈妈睡了》这一课中，我们识记了"哄、先、梦"等14个生字，会写了7个生字；还按照一读、二说、三讲的方法，知道了妈妈睡觉的样子；并且仿照课文说了家人睡觉的样子。

课后请你继续练习，说说家人睡觉的样子，预习下一课的口语交际，下节课我们会开展小小手工展活动，请你利用课余时间制作一件手工制作品，下节课一起交流，同学们再见。

二、备课技能

面试或比赛中的试讲有两种方式：一是无PPT课件辅助的试讲，二是有PPT课件辅助的试讲。准备与试讲时间也有差异，例如，全国教师资格证面试中的模拟授课准备时间为20分钟，试讲为10分钟；江苏省师范生技能大赛需要制作PPT课件，准备时间为120分钟，试讲为10分钟；一些区域性的教师招聘面试准备时间一般是60分钟，试讲是15分钟或10分钟。

此类情境下的备课是"急就章"，异于常规备课；教案也不作为打分依据。因此，在备课技巧上存在特殊性。

（一）二看一统

因准备时间短，可利用的教学资源有限，"二看一统"的备课战略十分必要。

所谓"二看"，一看课后练习或试讲要求。统编版小学语文教材的语文要素都融合进了课后练习里，教学基本任务就是处理好课后练习，因此，看课后练习要先于看课文；有试讲要求的，应先看要求再看课文，做到心中有数。二看课文或片段，不管给的是课文还是课外文章，不管是全文还是片段，都应依据课后练习或试讲要求进行有目的、有选择性、相对充分的阅读。

所谓"一统"即统整构思。基于课后练习或试讲要求，结合全篇或片段，先进行整体的、大致的教学构思，再按照时间规定、课后练习、试讲要求，从整体中择定要讲的内容，这是至为关键的一步。此类授课，具有竞争性质，只有具备全息式的备课思维，才能让试讲站在制高点上，忌讳"只见树木，不见森林"。

所谓"台上三分钟，台下十年功"，"二看一统"应快速完成，做到快而不乱。

（二）三基二定

1. 基于试讲要求确定教学重难点

对于要求明确的试讲，如统编版小学语文教材五年级上册《黄鹤楼送孟浩然之广陵》

模拟授课的基本要求：① 试讲时间10分钟；② 引导学生借助注释，边读边想象画面，理解诗意，体会诗歌感情；③ 指导诵读诗歌，积累诗句；④ 配合教学内容适当板书。

在"二看一统"的基础上，先要确定教学重难点，因为10分钟或15分钟主要就是围绕着重难点。依照上例的②、③要求，教学重点会迅速聚焦至"两个方法、三个内容"上，即通过借助注释、边读边想的教学方法，让学生能够理解诗意、体会诗情、背诵诗句；难点是体会诗情。因此，如何引导学生体会诗情，是本次试讲的重中之重，也是主要得分点所在。

2. 基于个人特点择定教学重难点

在确定教学重难点的过程中，要不断地打量自己的特点，扬长避短，取舍重难点，以教出亮点。例如，如果自己善于写字，怎么取舍？自己善于讲故事，怎么取舍？自己善于诵读，怎么取舍？自己善于启发诱导，怎么取舍？

再如，上例《妈妈睡了》，没有具体要求，就让你准备10分钟或15分钟的试讲，你会选择什么内容？当然要考虑能体现低年级教学重点的、能出彩的、能适合自己的内容。毕竟评委或考官看的，不是你讲了什么，而是通过"讲"，你展示出了什么。

3. 基于教学内容确定教学目标

教学目标与教学内容是相互作用、相得益彰的关系。明确了教学内容，尤其是教学内容的重难点，教学目标自然也就清晰了。例如，上例《黄鹤楼送孟浩然之广陵》，当明确了"两个方法、三个内容"，目标也就呼之欲出了。之所以要明确目标，一为避免在规定时间内可能会面面俱到，二为面试或比赛后的答辩可能会问到教学目标及其如何落实的问题做准备。

特别要提醒的是，教学目标、教学重难点，能记在头脑中最好，如怕忘，就写些关键词句在备课纸上即可，没必要写得那么工整、详细，毕竟时间紧迫，还要预留默课时间。

（三）一整三合

1. 环节完整

10分钟也好，15分钟也好，40分钟也罢，不一样的只是时间规定，一样的是对教学的基本要求。其中，首要的是讲求环节完整，导入、新授、结课、作业、板书等板块，一样不能少。每一个板块讲什么？每一个板块的每一个环节讲什么？每一个环节的具体程序讲什么？是必须想清楚的，还要在备课纸上写出关键语句以作备忘。

准备阶段要写、要备的，首先是这个基本思路。脑子里有了完整的构思，才容易脱稿，才不会受制于教案，才有更大的发挥空间。

2. 点面结合、详略结合、疏密结合

在基本思路的引导下，对于关键内容或重要细节的处理，应突出"三结合"，这是得

高分的关键。我们看统编版小学语文教材四年级上册《爬山虎的脚》的模拟教学。基本要求：① 试讲时间10分钟；② 指导学生读懂课文，了解爬山虎叶子的特点，学习作者的观察方法；③ 引导学生背诵课文第2自然段，积累语言；④ 配合教学内容适当板书。在备课时应注意以下方面。

一是点与面的处理，"点"是了解爬山虎叶子的特点，学习观察方法；"面"则是迅速通读全文，厘清爬山虎叶子与脚的因果关系。

二是详与略的处理，模拟授课只有10分钟，当然不能面面俱到，也不能处处展开，详略布局十分必要。读懂课文，要略讲；叶子特点与观察方法，要详讲；背诵积累融合其中，要巧讲。

三是疏密相间要和详略处理结合，详处密，略处疏，不要因为赶时间而让课堂节奏紧锣密鼓。

"三结合"就是教学节奏的直接体现。对于融合着细节的"三结合"的把握，最好是备课于脑与备课于纸相结合，在脑子里要反复推演，在备课纸上可记录部分要点，但不必过细。大家有无这样的感受：写得越详细，就越离不开教案，加上时间短，背不熟，就可能出现读教案的情形。

三、上课技能

（一）灵活导入，巧妙切入

授课初始，是最紧张的时候，这给导入设计带来了诸多特殊要求。一是时间要短，一般在半分钟左右；二是要结合自己的特点，精心设计，以起到缓解紧张情绪的效果；三是要追求导入的灵活、巧妙，先给评委或考官一个好印象。例如，《妈妈睡了》的导入，如果自己擅长唱歌，就可采取这样的设计：自己跟着学生唱出来，既展示了自己的特长，又放松了自己的心态。

（二）聚焦要点，层次推进

这里的"要点"即教学重难点，入点要快，尤其是对有要求的试讲。推进时，应借助准备的板块、环节层层推进，且将点面结合、详略结合、疏密结合渗透在这一过程中。例如，《妈妈睡了》第二课时的教学重点是精读第2—4自然段；教学思路是先扶后放，方法引导，朗读、讲述、仿说结合。第2自然段先带着学生学方法，即"一读"，朗读课文；"二说"，即说说睡梦中的妈妈是什么样子，你是从哪儿看出来的；"三讲"，即借助关键词，讲讲这段内容。第3—4自然段则采用"一读二说三讲"法，先学后教。最后，模仿词语，仿说家人睡觉的样子。由"第2自然段—第3、第4自然段"，由"读—说—讲"，由"读—仿"，由"扶—放"，步步为营，叠加推进，让重难点扎实落地。

（三）搭桥铺路，突出方法

精读教学，就是要"墙内开花"——得法于课内，也就是说，不仅仅在于学了什么，更重要的是怎么学会的。教学方法是语文精读教学的"硬核"。例如，统编版小学语文教材四年级上册《为中华之崛起而读书》教学中的表格（见本书第242页表11-1），就是概括事件主要内容的关键方法。

再如，《妈妈睡了》第一课时，识记14个生字，教师选择了"加一加、组词语、形旁表义、找反义词、查字典理解生字意思"五种方法进行；写字时则运用了"一看结构，二看占格，三看关键笔画"的方法，引导学生自己分析、自己评价。

（四）评价激励，及时反馈

学生不在场，没有实际互动，评价起来就容易略显空洞，缺乏对象感。我们在"课堂调控技能"内容里，选择了50句课堂教学评价激励语供大家参考。除此之外，也可多方吸收类似经验，灵活使用，并及时反馈，以避免模拟授课中评价的缺席或单调现象的出现。

要点提示

一、目中有人

这里的"人"指的是教学对象，模拟授课是对着学生讲的，要给人一种仿佛学生在场的感觉。你的表情、动作、语调，都要仿佛是在与学生对话。尤其要用眼神告诉听者学生在哪？如果是与某个学生对话，眼神还要盯住那个点。目中有人，不但应做到眼里有人，更要让评委感到你的心里也有语文、有学生、有爱心。

二、心中有课

心中有课不是只想着教案是怎么写的，那只是心中有教案，那样的试讲一定是"死"的。要做到心中有课，就是说，心里要装着真实的课堂，要像真的在课堂里上课一样，这样的课才可能上"活"。

有的教师资格证面试考生或师范生没上过语文课，甚至没进过语文课堂，也就无法把语文课上"活"。因此，要多看课、多上课、多想课，不能只是孤立地训练。

三、课中有点

（一）抓一两个重点，盘活一个面

试讲的亮点和得分点都在对重难点的处理上，重难点内容要展得开、稳得住、咬得紧。展得开，就是将重难点落实到具体段落、语句、标点上，并教给学生方法，引导他们自己解决问题，实现语文素养的提升；稳得住，即节奏不能乱，稳扎稳打，步步为营，将重难点落在实处，让学生形成"能带走"的能力；咬得紧，则是不要旁逸斜出，紧扣一两个重难点教学或是把一两个重难点教透，勿要贪多求全。当然，这一两个重难点不是孤立的，应是全息式的，以此带活一个面。

（二）突出一两个亮点，盘活一堂课

亮点，即给人眼前一亮之感的地方，教师要从自己的特点或是特长出发，上出个性与特色，给人留下深刻印象。10分钟或15分钟的课堂中有两个左右的亮点，就可能激活一堂课。

（三）规避一两个缺点，少失点分

这是减法思维，亮点不是人人都能有的，但缺点却是人人都会出现的。这就要求对自己的不足有清晰的把握，上课时要刻意规避。

除此之外，还要关注四个方面：一是关注意识升级。要重视审题意识、课标意识、问题意识与设计意识。二是关注基本功是否扎实。尤其是发音、写字与朗读方面的基本功。三是关注自我反思意识。可从评委视角来反思：我的试讲符合要求吗？亮点在哪里？还有哪些不足？更要不断地反省试讲细节：如何修饰自己的仪表？如何开场和结束？万一紧张头脑里突然一片空白怎么办？上课过程中出现卡壳怎么办？教案中的内容漏上了怎么办？出现了可视的和可听的明显错误怎么办？怎样分配重点与非重点内容的时间？时间马上到了没讲完怎么办？提前讲完了怎么办？四是关注自我训练。除了教师指导、课堂观课、真实上课外，最关键的还是自我训练。有个五步训练法可供参考：第一步，选择一堂名师名课，细究教学设计和教学影像；第二步，运用所学，提炼出10分钟的试讲内容，并将其改造成10分钟或15分钟的教学设计；第三步，自控时间，反复演练，反复调整成型；第四步，录像，自评，完善，再试讲；第五步，请别人评课，再完善，总结出一套思路，再迁移运用。

四 学与做　　技巧提炼与实训

- 结合自己的模拟授课经验和本章内容，总结出你认同的模拟授课技能。

• 参照《妈妈睡了》的授课教案，自己试讲，看看用了多长时间？如果让你从中选择10分钟或15分钟的内容，你会怎么选？选择后试讲一下，给自己一个评价。

• 请依据统编版小学语文教材五年级上册《落花生》的试讲要求，进行试讲。基本要求：① 试讲时间10分钟；② 引导学生了解花生的可贵之处，理解父亲赞美花生的话的深刻含义；③ 学习作者由落花生领悟到做人的道理的写法，初步了解借物喻人的写作手法；④ 配合教学内容适当板书。

• 请根据下面的《小学语文模拟授课技能评测标准》，给自己的试讲打分，并说说打分理由。

小学语文模拟授课技能评测标准

项目	权重	测评要素		评价标准		
				优（10—9）	中（8—6）	差（5—0）
基本素养	35%	仪表仪态	行为举止	1. 教态自然，举止大方，亲和力强，"目中有人"	1. 教态较为自然，举止较为大方，亲和力较强，"目中有人"	1. 教态不够自然，举止不够大方，亲和力不够强，"目中无人"
			仪表服饰	2. 服饰得体，仪表符合教师的职业特点	2. 服饰较为得体，仪表较为符合教师的职业特点	2. 服饰不够得体，仪表不甚符合教师的职业特点

（续表）

项目	权重	测评要素		评价标准		
				优（10—9）	中（8—6）	差（5—0）
基本素养	35%	言语表达	语音语速	1. 教学言语规范，口齿清楚，语速适宜 2. 表达准确、简洁、流畅，抑扬顿挫、感染力强 3. 善于倾听，回应恰当，对象意识明显，适合小学生言语特点且有个性化语言风格	1. 教学言语较为规范，口齿较为清楚，语速较为适宜 2. 表达较为准确、简洁、流畅，有一定的感染力 3. 有一定的倾听意识，回应较为恰当，对象意识较为明显，较适合小学生言语特点且有一定的个性化语言风格	1. 教学言语欠规范，口齿欠清楚，语速不够适宜 2. 表达不够准确、简洁、流畅，缺乏感染力 3. 缺乏倾听意识，回应欠恰当，对象意识不明显，不太适合小学生言语特点且缺乏个性化语言风格
			表达效果			
			沟通交流			
		心理素质	性格特征	1. 开朗乐观，积极上进，自信心强 2. 放松、自然，情绪调节和控制能力强 3. 应变能力强，问题处理妥当、机智	1. 较为开朗乐观，积极上进，自信心较强 2. 有一定的情绪调节和控制能力，较为自然、放松 3. 有一定的应变能力，问题处理较为妥当、机智	1. 自信心较差 2. 情绪调节和控制能力差，不够放松、自然 3. 应变能力差，问题处理欠妥当
			情绪调控			
			应变能力			
教学过程	55%	教学组织		1. 理念先进，面向全体学生，能注意到每一个学生的学习特点和需要 2. 体现语文学科特性，能依据语文教学基本规律进行教学，结构合理，条理清楚，能较好地把握教学节奏 3. 尽管学生不在场，但能体现出驾驭课堂的过程，善于突破课堂局限，体现综合性、开放式的语文教学 4. 能准确传输信息，让学生感到熟悉又新鲜，实现个性化语文学习	1. 理念较为先进，能够面向大多数学生，能注意到多数学生的学习特点和需要 2. 体现语文学科特性，能依据一定的语文教学基本规律进行教学，结构较为合理，条理较为清楚，能够把握教学节奏 3. 能够体现出一定的驾驭课堂的过程，善于突破课堂局限，能够体现一定的综合性、开放式的语文教学 4. 能正确传输信息，让学生感到较为熟悉和新鲜，实现一定程度的个性化语文学习	1. 理念落后，不能面向大多数学生，忽略学生的学习特点和需要 2. 语文学科特性缺乏，不能依据语文教学基本规律教学，结构不合理，逻辑混乱，教学节奏差 3. 不能体现驾驭课堂的过程，语文教学的综合性、开放性差 4. 信息传输差，学习乏味，缺乏学习个性
		教学内容		1. 能依据模拟试讲的要求有效地选择和实施教学内容 2. 内容准确，视野开阔	1. 能依据模拟试讲的要求较好地选择和实施教学内容 2. 内容较为准确，视野较为开阔	1. 不能依据模拟试讲的要求选择和实施教学内容 2. 内容欠准确，视野欠开阔

（续表）

项目	权重	测评要素	评价标准		
			优（10—9）	中（8—6）	差（5—0）
教学过程	55%	教学方法	1. 能依据教学目标、内容、小学生的认知特点和语文教学的规律采取恰当的教学方法 2. 教学方法灵活多样、扎实有效，充分体现以学生为主体的对话特征	1. 能依据教学目标、内容、小学生的认知特点和语文教学的规律采取较为恰当的教学方法 2. 教学方法较为灵活多样、扎实有效，能够体现以学生为主体的对话特征	1. 不能依据教学目标、内容、小学生的认知特点和语文教学的规律采取恰当的教学方法 2. 教学方法不够灵活，缺乏有效性，不能体现以学生为主体的对话特征
		教学手段	1. 板书呈现明确、恰当，有一定的美感 2. 能根据语文教学的需要运用教具、学具和现代教育技术辅助教学，效果好	1. 板书呈现较为明确、恰当 2. 能根据语文教学的需要运用教具、学具和现代教育技术辅助教学，效果较好	1. 板书呈现欠明确、恰当，缺乏美感 2. 不能根据语文教学的需要运用教具、学具和现代教育技术辅助教学，效果差
教学评价	10%	评价学生	1. 能采用恰当的评价方法，及时对学习活动做出反馈 2. 评价时能"目中有人"，针对性强	1. 能采用较为恰当的评价方法，对学习活动做出反馈 2. 评价时能"目中有人"，针对性较强	1. 不能采用恰当的评价方法，学习活动反馈不及时 2. 评价时"目中无人"，针对性差
		评价自己	1. 能自我反思，客观评价自己的教学效果 2. 能够做到"心中有课"，自我反思和评价时能体现课堂教学"实""活""新"的特点 3. 能把握教师组织者、引导者的角色，体现学生是学习主体的理念，从整体上实现教学目标	1. 能自我反思，较为客观地评价自己的教学效果 2. 能够做到"心中有课"，自我反思和评价时能在一定程度上体现课堂教学"实""活""新"的特点 3. 能在一定程度上把握教师组织者、引导者的角色，体现学生是学习主体的理念，从整体上实现教学目标	1. 自我反思差，不能客观地评价自己的教学效果 2. "心中无课"，自我反思和评价时不能在一定程度上体现课堂教学"实""活""新"的特点 3. 不能把握教师组织者、引导者的角色，学生是学习主体的理念体现不明显，不能从整体上实现教学目标

第三篇 小学语文教后反思与评课技能

第十五章
教后反思技能

想与说　关于教后反思之反思

▶ 美国学者波斯纳提出过一个教师成长的公式：教师的成长＝经验＋反思。一个教师写一辈子教案不一定成为名师，但如果写三年的反思，就有可能成为名师。那么，你如何看待教后反思的作用？请提炼自己的观点，并写在下面的方框中。

>

▶ 苏霍姆林斯基说："每一位教师都来写教育日记，写随笔和记录。这些记录是思考及创造的源泉，是无价之宝，是你搞教科研的丰富材料及实践基础。"那么，请结合自己印象较深的一次教学经历，说说应该怎样写教后反思，并将主要观点写在下面的方框内。

>

读与评　名师分享

▶ 窦桂梅是小学语文教育界的名师，她不到三十岁就成了特级教师，在其成长过程中有一点是非常重要的，即"引我走向教学觉醒之路的教学反思——教育写作"[1]。

---

[1] 窦桂梅.写，究竟是为了什么［EB/OL］.（2017-10-07）［2021-10-10］.http://sohu.com/a/196595998_680907.

现在，我围绕"课堂捉虫"已经写下了近百篇的课堂反思，并因此出版了两本随笔《梳理课堂——窦桂梅课堂捉虫手记》《玫瑰与教育》，以及几本专著。有些发表在网站和自己的博客上，引起了较好的反响。这些文字汇集起来，就是一本属于自己的独特的课堂指导参考书。

自己尝到甜头后，我还鼓励老师们一起书写。之所以能够有底气，在众多比我学历高的青年教师面前诲尔谆谆、诱人循循，首先要感谢的就是引我走向教学觉醒之路的教学反思——教育写作。有一次，我没有时间给教师评课，就让他们自己写写教后反思。没想到，两个年轻人的"反思"引发了大家的反思。谁说人不能正确认识自己？正像他们自己感受到的，书写能让自己更切身明白"曾经"是怎么回事。

课堂内涵丰富，教后反思的写作形式就会多种多样。它既可以用平实的语言白描叙写，也可以用诗意的警句吟咏抒怀，有话则多，无话则少，写中有学，学中有思。写，或深邃或宏大，或微小或辽阔，或忧愁或明快，或抒情或议论……

"议"一课易，长"思"难，长"写"更是难上加难。但，为之，则难者亦易矣！难能可贵的是，我们这些小学教师做到了，用文字记录了自己成长中的"酸甜苦辣"——在清醒后的清理与整理中，不断给自己的专业增进精神营养，也因此成就了自己的"美丽容颜"，为自己辛苦的工作增添了生命的亮色。也因而避免了在不知不觉中成为埋于"是与非"的纠缠之中的人……

就是这不拘一格的一系列的书写，令那些"当时只道是寻常"的思想与细节，在头脑中一次次地"昔日重现"；能够保持对自己课堂问题的清醒，对评价者的"距离"，自觉地辨别批判的声音，就可以"跳出课堂本身"，以一个旁观者的身份，审慎看待自己的课堂。

当我们阅读自己心灵的文字花瓣、清点自己记录的精神财富的时候，我们文字里透出的理性是否变得更加敏锐和灵动了？我们的语言是否因更加中肯，而引发教学行为上的忠直？我们的心灵是否因书写便成了"时光的雕刻"，而变得更加正直、勇敢和良善？我们的道德使命是否因不断累积成了"心的长城"，而变得更加清晰和富有力量？

至此，你会感慨，这不仅仅是推敲课堂的过程，不仅仅是承受痛苦的道德选择，也是追求课堂幸福的道德责任。因有了这样的记录，课堂反思便具有了理性的色彩，也就给那些"多元的评价"提供了理性的参照，甚至是道德的限制。

感谢书写带来的对课堂、对自我的"漂洗"，也因此沉淀了面对课堂忧患与艰辛后的澄明，焕发了咀嚼过课堂压力与困厄后的自信，拥有了遭遇课堂失败和痛苦后的踏实——像苏霍姆林斯基那样守住心灵，把困惑变成收获，把收获变成反思，在课堂反思中稳步前行。

看来，小小的笔改变不了世界，却能改变我们的课堂！

窦老师的上述文字讲述了对教学反思的形式之———教育写作——的感悟与收获。读完这段文字，你有怎样的感悟和收获呢？对教后反思又有了怎样的认识呢？

- 请你和同学分享你的看法，可先在下面的方框里写下自己的体悟。

讲与议　　教后反思的层次与技巧

理论总述

波斯纳认为，没有反思的经验是狭隘的经验，至多只能形成肤浅的知识。只有经过反思，教师的经验方能上升到一定的高度，并对后继行为产生影响。教育教学实践是师范生专业成长过程中的重要一环，也是师范生在职前阶段将理论运用于实践并积累经验的过程；而教后反思则是提升经验的重要方式。

一、教后反思的意涵

申继亮等人将反思定义为："教师为了实现有效的教育、教学，在教师教学反思倾向的支持下，对已经发生或正在发生的教育、教学活动以及这些活动背后的理论、假设，进行积极、持续、周密、深入、自我调节性的思考，而且在思考过程中，能够发现、清晰表征所遇到的教育、教学问题，并积极寻求多种方法来解决问题的过程。"[①]张建伟认为"反思是教师以自己的教学活动过程为思考对象，来对自己所做出的行为、决策以及由此所产生的结果进行审视和分析的过程，是一种通过提高参与者的自我觉察水平来促进能力发展的途径。这里所说的反思与通常所说的静坐冥想式的反思不同，它往往不是一个人独处放松，而是一种需要认真思索乃至极大努力的过程，而且常常需要教师合作进行"[②]。

据此，我们认为师范生的教后反思应该具有如下内涵：① 教后反思是对教学实践的审视，教学实践包括外显的教学形态，也包括内隐的教学理念、思维方式和经验习惯。② 教后反思是一种自我审视的倾向，是对行为、决策及结果审视和分析的过程，既包含对"失"的反省，也包含对"得"的归纳，是一个能动的认知加工过程。③ 教后反思的主体是

---

① 申继亮，刘加霞.论教师的教学反思[J].华东师范大学学报（教育科学版），2004，22（03）：44—49.
② 张建伟.反思——改进教师教学行为的新思路[J].北京师范大学学报（社会科学版），1997（04）：56—62.

实施教学实践的"我","在（教学）活动中,'我'把所处的环境和做的事情作为对象予以关注,时时感到'我'在从事教学工作,又时时感到'我'在看着自己工作"[1],也就是说,这时的"我"具有超越性,是以参与者和旁观者的双重姿态对教学活动中的"我"进行审视。④ 教后反思既可以是个人的静思冥想,也可以合作的方式进行,即设定更多的旁观者来参与,这个旁观者可以是观课的师范生、教师或专家,也可以是扮演学生角色的师范生或者小学生,甚至可以是学生时代的自己（也就是回想学生时代的自己的一些感受和想法,或者以学生时代的自己来体验和评价教学时的自己）。⑤ 教后反思是"面向教学"和"面向学习"的结合,无论是对于教师还是师范生,反思都具有双重性,既是对教学活动的审视,同时也是对理论学习的审视;既是对教学的促进,同时也是对自我学习的促进。

二、教后反思的价值

"小学教师应具有教育研究与反思能力,这是高等教育体系中培养的小学教师区别于中等师范培养的小学教师的重要特征,也是小学教师职业能否达到专业化水准的重要标志。"[2]

（一）比照语文教学预设与生成的差异,反思教学的得失,能进一步提升自己的教学水平

在教学设计与实施后,教学事实和教学体验逐一展现出来,如不及时总结,一些教学的细节和细腻的体验就会忘记。尤其是对预设和生成过程中所暴露出的关键问题与成功经验,如不及时地对比分析、归纳提炼、反思升华,那么,这些经历就会止于经验层面,不能有效改进下一步的教学。因此,教后反思是本次教学和下次教学的连接点,是提升自己教学水平的不可或缺的一环。

（二）审视"我们的理论"和"我所理解的理论"的差距,能进一步提升自己的理论水平

"我们的理论",也就是"所倡导的理论";同时,在其应用过程中,会不可避免地打上个人的烙印,就变成了"我所理解的理论",即"所运用的理论"。

由于"新的教学思想开始往往更多是倾向式的观点,缺少具体的操作规程,而旧思想却往往根深蒂固,成为习惯性的做法,这无形中给新思想的采用造成了巨大的障碍"[3]。在教学预设时,教师往往意识不到这种障碍,甚至认为自己就是按照新理念、新思想来进行的,这就容易造成"我们的理论"与"我所理解的理论"之间的客观差异。而经历了教学生成后,二者之间的落差便显现出来。教后反思就成了审视两类语文知识之间差距大小、

---

[1] 夏登高."教学反思"断想[J].小学语文教学,2006(10):21—22.
[2] 王智秋.小学教育专业人才培养模式的研究与探索[J].教育研究,2007,28(05):25—30.
[3] 步进.中学语文教师课堂教学反思的类型[J].中国教育学刊,2009(09):79—81,92.

找出产生差距原因和寻觅缩小差距路径的不可或缺的途径。

（三）直接研究自己的教学实践，能进一步提升自己的科研水平

教后就进行反思，这是最直接的研究行动，也是最常见的实践研究方式。一方面，可以积累一手研究素材；另一方面，教学反思水平和论文写作水平就是在不断地反思与写作过程中得以提升的。

三、教后反思的层次划分

参照范梅南对教学反思水平的划分[①]，以及步进等人对语文教师课堂教学反思类型的划分[②]，小学语文教后反思可分为五个层次。

（一）技术思虑层

集中于教学内容和教学技能，即"教什么"和"怎么教"的考虑上，其目的在于尽快适应鲜活复杂的现实教学情境。

（二）经验衡量层

集中于经验的回顾和总结，去衡量"应该教什么"和"应该用怎样的方法教"的问题，其目的在于优化教学，提高教学质量。

（三）理念观照层

集中于有意识地参照一定的教学理念或凭借一定的教学理论，来观照教学现象及其本质，并进行判断评价，即思考"为什么这样教这些内容"和"为什么运用这种方法来教"的问题，其目的在于教学艺术的形成。

（四）研究诉求层

以一定的理论为基础，通过对教学活动的反思，来探求更为普遍的规律，遵循"理论—实践—反思—创造"的路径，也就是创造一定的理论，其目的在于理论创新。

（五）宏观深入层

教师在反思时能够考虑道德的、伦理的标准，并在广泛的社会、政治、经济背景下来审视这些问题，揭露潜藏于这些问题中的意识形态，以引导改革，也就是将教学与教育放在更广阔的视域内来分析。

---

① 赵昌木.教师在批判性教学反思中成长[J].教育理论与实践，2004（09）：42—45.
② 熊川武.反思性教学[M].上海：华东师范大学出版社，1999：1.

技能概观

一、教后反思的内容确定技能

教后反思内容的确定可采用从局部到整体、从具体到抽象的思路，并在对主要教学元素之间关系的权衡中进行。

（一）教与学行为的反思

要善于从教与学的行为关系中来反思语文课堂教学行为，这是教学反思最为直观的内容。包括教师教学言语与学生倾听的行为，教学任务的提出、处理与学生对教学任务的理解、应对行为，学生的学习反应与教师的组织、调控行为，教学媒体的运用与辅助学生的学习情况；等等。对师范生来说，从对这些行为的反思中去考查其合理性，有助于教学行为的改进。

除了直接对自己教与学的行为进行反思外，教师还可结合自己的教学影像与录音、他人的观课记录、学生的听课笔记等来总结。

（二）教学内容与方法的反思

语文教学内容与教学方法是否契合是教学反思的重要内容。包括：教学内容的选择是否恰当？每一环节的分配是否合理？每一部分所采用的教学方法适切与否？如果不合适，原因是什么？应如何改进？

（三）教学得与失的反思

教学得与失的反思即教学效果的反思，这是教后反思的关键处。主要从两个方面审视：一是从教学目标达成度的视角，整体审视教与学的情况。二是从预设与生成的关系中，寻找契合处和矛盾点。预设与生成的契合处即所谓的"得处"，反之就是"失处"。

对于得的环节，要考虑：教学行为是在什么样的情境下发生的？其背后的教学理念是什么？提供的教学策略是什么？在别的情况下是否可以运用？它给自己的启示是什么？对于失的环节，要考虑：教学中遇到了什么问题？为什么会发生这样的问题？在别的情境中是否会再发生？下次自己将如何处理？它给自己的启示是什么？

> **请你参照**
>
> **1. 成功**
>
> 总结思考：① 怎样有效达到教学目标的；② 如何恰当地处理教学内容的；③ 如何使教学重点突出、难点突破的；④ 哪几个教学环节效率最高，为什么；

⑤怎样调动学生积极性的；⑥怎样进行课堂调控的。

2. 失误

总结思考：①学习目标是否脱离了学生的实际基础；②教学内容的安排是否妥当；③教学重难点的把握是否准确；④教法和学法的选用是否符合学生的身心特点；⑤学生为什么会缺乏积极性；⑥对这些不足可以采取怎样的措施来改进，下次会不会更好。

3. 偶得

总结思考：①课堂上出现了怎样的突发状况，自己是怎样处理的；②面对学生的提问，自己是怎样进行回应的；③学生的价值观发生偏差，自己是如何引导的；④当课堂的生成和预设产生了偏差，自己是如何调整和应对的；⑤在学生和教师互相交流和激发的过程中，产生了哪些富有创造性的想法。

（四）"我们的教学理论"与"我所理解的教学理论"的反思

"我们的教学理论"与"我所理解的教学理论"的反思即对所运用的语文教学理念的反思。就是从整体上转向教学现象背后深层理论的反思，主要用先进的语文教育理论来检视自己所持有观念的合理性和局限性，要敢于对自己运用的教学理念进行质疑，挖掘隐藏在教学行为背后的种种问题。

> **反思示例**
>
> **一个理想的课堂应该听到学生的声音**[①]
>
> 这堂课也许没有我原先预设的那么"精彩"和"完美"，但它是真实的，它体现了学生在课堂中的生命发展。
>
> 这节课结束之后，我想了很多很多。"把学习的主动权还给学生！"这是我们在课改中最响亮的呼声。可扪心自问：我们每个老师都做到了吗？在我们的课堂上还是有很多老师怕听到学生说"不"，怕学生在课堂上节外生枝。平时，很多课堂教学中，教师都是主人，串讲串问，有时学生脱离轨道教师就马上把他们拉回来，生怕浪费一点教学时间，完成不了教学任务；有时又害怕学生造成尴尬的场面，自己下不了台，课堂不再在教师"胸有成竹"的调控之下进行，学生们想提什么问题，会提什么问题，他们的问题老师解决不了怎么办？因此，每次涉及质疑问题，都是"蜻蜓点水"，有时甚至牵着学生走。

[①] 绍兴市小学语文研修网［EB/OL］.（2005-06-1）［2020-10-11］.http://www.sxjky.com/xxyw/ShowArticle.asp?ArticleID=2361.

可今天课堂上的小插曲，反而使我感到教学的轻松，我很庆幸没有掐断这一根根激起全体学生独立思考、积极探究的导火索。是呀，一个理想的课堂应该能听到学生的声音。有问题才能证明学生在思考，有讨论才能证明学生在探究。教师应该从学生的视角去探索他们的思维方式，把学生看成是鲜活的个体，把课堂看成是学生成长的舞台，真正理解学生，为他们构建起无过错的课堂氛围，让每个学生得到理解、尊重和信任，让每个学生都在原有基础上有所提高，让每个学生的个性都能得到张扬。

我这样去做了。同时，又产生了新的困惑：学生，特别是一年级的学生，提的问题五花八门，然而，这就是学生喜欢的、想要探讨的问题和感兴趣的话题，所以他们提问的积极性高涨，思维火花不断闪现。我想，对于这样一种质疑的积极性，对于这样一种主动学习、积极思维的过程，我们要保护，哪怕是一些幼稚、肤浅的问题。但如果要解决这些学生感兴趣的问题，那么我们的语文课无疑成了语文课、科学课、思想品德课……的"大拼盘"，似乎偏离了语文课的意义，语文课中的教学目标自然不会全部落实。面对着这种矛盾，我常常困惑着。在语文课堂中，要不要教学生学会提问？要不要帮学生梳理问题？当学生提的问题与语文知识无关时要不要都给予明确的答复？我曾经看过一篇文章，说的是如何引导学生学会提问。我想，如果学生的问题是教师引导出来的，这些问题是学生真正感兴趣和想要了解的吗？这样的问题有什么意义？难怪我们的很多学生到了高年级越来越不会提问了。在这样的"引导"中，他们慢慢地学会和懂得揣摩老师的想法，提问也常常正中老师的下怀，可却越来越没有了自己的思想和创见。我们教师不能为学生创设、提供主动提问的条件，不能正确对待学生的主动提问，这些都成为阻碍学生问题意识发展的不利因素。

罗杰斯认为，产生创造性意见的外部条件是自由和安全。当我们放开学生的手脚让他们自由地提问，即使他们提出的问题非常古怪、非常幼稚，甚至极度荒诞，如果老师委婉地告诉他，你想的问题没有意义，创新活动就难以进行下去。与其妄下断言，不如延时评价。有时，怪念头就是一颗创造的种子，只有在教师的精心呵护和培育下才会开出智慧之花。我们的语文课堂要重视培养学生的问题意识和批判精神，提高学生在文本和生活中发现问题、解决问题的敏感度。真让学生提问题，让学生提真问题，真帮学生解决问题，这应该是我们语文教学的不懈追求。问题从学生中来，是学生关心的，是他们自己提出的，这样的问题才有吸引力、有挑战性。哪怕在这个过程中课堂教学显得不是那么流畅、精美，哪怕在这个过程中教师因为不会而"卡壳"了，也应该在所不惜。

愿我们的课堂能真正听到学生发自内心的声音，愿我们每一位老师都可以营造充满生命活力的课堂！

课后反思可以观照课堂的方方面面，但是并不要求面面俱到，而是应该具有主题性和综合性，因为教学外观行为、教学内容、教学方法、教学理念、教学效果是密切关联的，把任何一个因素拿出来单独谈是没有意义的，是会发生偏差的。

二、教后反思的实施技能

（一）个人反思

个人反思包括内隐性的反思和外显性的反思。内隐性的反思是一种静默的冥想，一种发生于内心的对话。即教师在脑海中回顾自己的教学经历、教学事件和教学体验，并进行自我审视的过程和行为。这种反思具有及时性和随机性，可随时随地进行。外显性的反思指运用口语或文字将内隐的反思外化，强调表达的清晰、条理、细致和深入。

在个人反思的过程中，教师要关注自我对话的多视角、多层次：可以是"反思的我"和"教学的我"的对话；可以是"学生时的我"和"教师时的我"的对话；可以是"我的教学"与"他的教学"的对话，即在与别人教学的比照中反思；可以是"我这一次的教学"与"我下一次的教学"的对话；可以从学生"学"的立场来审视自己的教学，即如果我是学生会对教学有怎样的期待和评价；也可以从"教"的立场来反思自己的教学：我完成了预定的目标了吗？我对教学内容的选择和处理恰当吗？我采用的教学方法合适吗？我对课堂的调控有效吗？我对媒体的选择和使用慎重吗？等等。要善于在对话中、对比中找出自己的问题和差距，分析成因，学习借鉴他人的成功做法，探求改进的策略。

> **请你参考**
>
> 教后反思的记录方式：
>
> ① 教后记。教后记的常用形式有四种：旁注、点评、总评、串析。旁注就是在教案旁边的空白处写反思，重点是教学的"细节"；点评就是在教案环节的中间处写反思，重点是教学的"片段"；总评就是在课时教案的结尾处写反思，重点是教学的"整体"；串析就是在章节教案的结束处写反思，重点是"归纳"。
>
> ② 教学随笔。随笔（或日记）可以随手笔录，撰写带有体会性、评论性的反思笔记，随意性和情感性比较大，是较受欢迎的反思记录方式。苏霍姆林斯基就曾说过："随笔教给我们思考，教给我们创造。"
>
> ③ 网络媒介。新媒介的兴起为教师提供了新的言论平台，如博客、微信公众号等。其开放性和平等性，可以使教师更平等、更方便地进行交流。
>
> ④ 叙事研究论文。即用叙事的方式来研究自己的教学过程。当然，这种反思形式需要一定的理论基础和较多的精力投入。

（二）同伴互助和专家引领

"生活在一种合作的文化氛围中，开放性的对话和讨论会使每位教师的思想得到启迪，教学行为得以改善，同事的思想和良好的建议成为自己专业发展的重要资源。"[1]而在师范生的学习中，"同事资源"的体现就是同伴互助和专家引领。由于能力和经验的局限，师范生可能处于"当局者迷，旁观者清"的境地，也可能是自己发现了问题却没有能力独自解决，还可能是自己无法发现问题，这就需要同伴或指导教师的帮助。

同伴互助可以采取小组头脑风暴的方式，即先呈现自己对自己教学的反思，然后由己及人，由人推己，以此和其他同伴展开批判式的反思和讨论，以使研讨由个别走向一般，由具体走向抽象，由肤浅走向深入。另外，指导教师的引导是十分必要的，可收到点石成金之效。

（三）从学生角度促进自己的反思

在模拟教学实践中，可以让扮演学生角色的师范生从小学生的角色体验里来对课堂进行分析；在实际教学中，可通过与学生交谈、发放调查问卷、了解学生笔记和分析学生作业的形式来了解学生对自己教学的真实看法，以及时改进教学。

（四）借助现代化的技术手段，辅助自己更好地反思

课堂教学庞杂、细致又稍纵即逝，单单靠自己的记忆或别人的记录有一定的局限性。可借助先进的教育技术帮助自己进行有效反思。如对上课、评课过程进行影像或音频录制，借助网络进行交流或资料传输等。

当然，教后反思也离不开专业理论的学习。深刻理解所学理论，努力提高语文教学理论素养，课后教学反思就会更理性、更深入。同时，若能在理论学习和教学实践不断深化的过程中，结合开展行动研究和教育叙事研究等，教后反思也会更深刻、更持久。

> **请你参考**
>
> 语文特级教师霍懋征重视写课后笔记，她用质朴的语言记录了她的心得[2]。
>
> 有的教师在每篇备课笔记的后面，留有空白，教完一节课或一篇课文后，根据教学实践的效果，写一些心得体会或补充说明等，我认为，这种课后笔记对提高教师的教学水平和教学效果十分重要，因为课后笔记是对教学实践的总结，是教师主观设想见诸客观实践的产物，对提高教师的教学水平有很大的帮助。
>
> 课后笔记主要是分析教学上的得失，总结成功的经验，吸取失败的教训，探索教

---

[1] 林高明.用一生的时间来反思[J].人民教育，2009（Z3）：71—72.
[2] 崔峦，陈先云，斯霞，霍懋征，袁瑢.语文教育思想与实践[M].北京：人民教育出版社，2003：292—293.

学的规律和改进教学的途径。例如，《赶集》一课，描写了人们赶集时的喜悦心情和集市上繁荣的景象，反映了解放后我国农村欣欣向荣的新气象，通过教学这篇课文，主要训练学生确立中心、安排层次的能力。在教学时，我抓住了集市"人多""车多""兴旺"的特点，理清了文章的思路，突出了中心，并且结合写作，指导学生写了《农贸市场一角》，效果还不错。但是，教学中也存在着一些不足之处，相对于学生质疑时提出来的问题，我的教学没能和这篇课文的重点训练项目联系起来，倒是学生的讨论提醒了我。"课文为什么用很多文字写人多呢？"备课时，我只认识到"去集市的人多，说明集市兴旺，吸引人"。经过学生讨论，我进一步认识到"去集市的人多，说明农民的生活水平普遍地提高了"。这样理解更切合课文的中心思想。

另如，还是教学《赶集》这篇课文，有的学生问："作者为什么写'骡子……出生在乡间，跟汽车还有些生分……'？"这个问题，备课时并没有引起我的重视，只准备解释一下"生分"这个词的意思。但是，在教学过程中学生提出了这个问题，并在讨论时说：这里的骡子见到汽车"还有些生分"，说明这里原是个偏僻贫困的地方，连这样偏僻地方的集市也那么繁荣，就更能反映解放后我国农村的巨大变化。学生能够联系课文的中心思想，这么透彻地去理解课文里的每一个细节，对我很有启发。

在《赶集》这篇课文的课后笔记里，我记下了上面讲的两个例子，并写下了自己的体会："今后要依靠学生自己解答疑难，充分发挥学生在讲读课中的作用。这是符合教学规律的，有助于实现教学相长，让学生成为语文学习的主人。"

通过写课后笔记，随时总结经验教训，对教师端正教学思想、改进教学方法、提高教学效率，确实很有帮助。当然，课后笔记也切忌形式主义，不要为写而写，不要牵强附会。但是，只要确有所得，哪怕是一点一滴极细微的收获，也不要让它漏掉。

要点提示

一、遵循四个原则

（一）主动性原则

写教后反思不仅是为了入职考试，也不仅是为了完成教案，而是（准）教师个人专业发展的必由路径之一。因此，主动性是课后反思的应然之选。

（二）及时性原则

许多语文教学事件、教学体验、感悟往往转瞬即逝，延迟反思不但会造成内容失真，还可能带来懈怠感，因此，教后反思要趁热打铁。

（三）行动性原则

行动性原则即要求把反思的结果诉诸行动，也就是"为了行动的反思"，而不是"为了反思的反思"，也只有行动才能验证反思的结果，从而不断提升反思水平。

（四）持久性原则

持久性原则就是要"用一生的时间来反思"[①]，使反思成为自己教学生活的一种惯性。

二、强调三个要求

（一）要真实

教后反思是为了更好地改进自己的教学，总结教学经验，深化教学理论。因而需要实事求是地寻找、记录和看待自己教学中的优缺点。不必应付，不要伪饰，不怕暴露，不惧批评，真实、客观地面对自己的教学，是有效反思的第一要求。

（二）要深入

反思不能沉迷于笼统的表述，不能流于形式，不能陷入低层次的重复，不能"写来写去就是不断重复几点"。要以理论为指导，深入审视自己的课堂，学会挖掘问题背后的原因，揭示现象后面的本质。

（三）要有爱

如果说教学是爱的艺术，那么反思就是对爱的观照。教后反思承载的是教师自己对教学历程中酸甜苦辣的咀嚼品味，是对听说读写中所投射出的智慧和激情的自享，是对语文及语文教学的热爱，是对小学生语文素养发展的关切和责任。

学与做　技巧提炼与实训

- 请结合自己的教后反思经验和本章内容，总结出你所认为的比较有效的教后反思技能。

[①] 孙建龙.她为什么读不好——对一个朗读指导过程的反思［J］.语文教学通讯，2005（01）：43.

● 下面是一位教师对一次课堂教学的反思，请你运用所学知识对他的教后反思进行评价，并与同学交流。

她为什么读不好——对一个朗读指导过程的反思①

学习原北京版教材第三册《王冕学画》一课时，老师先叫学生画出其中描写荷花、荷叶的句子与词语，接下来组织学生以竞赛的形式看谁读得最棒。前两个同学读得都不错，第三个同学是个女生，显然，她的朗读没能得到老师的认同。在老师的指点和鼓励下，这个小女孩又读了一遍，但和前一遍相比仍然没有什么大的变化，小女孩低下了头。老师也显得有些失望，但马上调整了一下自己的情绪，说："没关系，咱们听听其他同学是怎样读出这种喜爱的感情的。"……

下课后，我本来想找到那个小女孩交流一下，但她却一溜烟儿地离开了教室。于是那个"低下了头"的小女孩便始终萦绕在我的脑际，也打开了我思考的空间，我想，她为什么读不好呢？

思考之一：朱熹讲读书需"眼到、口到、心到"，而"三到之中，心到最急"。意思是理解得深，才能读好，没有"意会"，焉能"言传"？而要做到"心到"，则必须进入文本，揣摩词句，这样才能体会出情味，产生出语感；才能激起学生鲜明的"内心视像"，引起内心感受与情感共鸣。在这个基础上，"对荷花的喜爱之情"才有可能通过朗读表达出来，即只有"读进去"，才能再"读出来"。看来，这个小女孩很有可能还没有达到"心到"的境界，教师也正应该在这方面用力才是。跨过了这样一个关键程序，直接由文字到朗读，感情从哪里出来呢？须知，朗读中的"有感情"绝不是对文字本身"一顿一重"的技术处理就能解决的。

思考之二：叶老说过："要求语感的敏锐，不能单从语言、文字上去揣摩，而是应当把生活经验联系到语言、文字上去。"就是说，只有文本内容联系或引发了儿童某一方面的生活经验，才能触动个体心灵并产生独特的感受，朗读才会有味道。我想，这个小女孩之所以读不出"喜爱之情"，原因可能有二：第一，文章没能引起她生活经验的再现，比如，记忆中原本就没有"荷花"这一表象，这在小学二年级，尤其在一些没有长荷花的地方是

---

① 王荣生.听王荣生教授评课[M].上海：华东师范大学出版社，2007：16—26.

极有可能的，这就需要教师借助图片、想象等帮她建立起这样的表象，进而去感受荷花之美，当然也可以借助其他喜爱的事物，将其"迁移"到朗读中来。第二，虽然引发了她的生活经验，但这个经验可能是痛苦的，至少不是美好的，而这个可能的"痛苦经验"又直接影响到了她的审美情趣。面对这么多充满个性的孩子，我想这个可能是不能排除的。就此，我想阐明的是，朗读中的"有感情"不完全是文章本身所要传达的感情，也不是教师所认定的某一种感情，而是一种"真感情"，是文字所引发出的个体的心灵波动。只有认识到了这一点，才有可能在朗读指导过程中充分引发、调动起主体的真实情感体验，才能做到尊重个体的独特心理感受，也才能避免整齐划一乃至矫揉造作。

思考之三："好"与"不好"的标准问题。设想一下，如果这个孩子平时就不善言谈，朗读基础也比较差，那么与自己以前的朗读情况相比，今天有这么多听课的老师在场，她的朗读也许就能称得上是"好"，是"进步"，关键是这"好"与"不好"的标准到底应该从哪些角度去思考。不能不指出的是，面对一篇文章，教师在指导学生进行朗读之前，已经在脑子中有了一个"先在"的标准，即"应该读出这样的感情""这样读才是美的"等。这个"先在"的标准就成了衡量一个同学朗读"好"与"不好"的一道门槛，而这个标准恰恰是从课文本身、从教师的审美感受出发制定出来的，并没有或很少从学生的角度出发去思考。如果我是这个小女孩就一定会比较伤心："我感觉这一次比以前读得好多了，但还是不好。"我也可能会说："我喜欢仙人掌，就是不喜欢荷花，怎么读出喜爱之情？"就此，我想表明的是，朗读指导过程中的评价要考虑到学生个体的因素，而尊重个体的情感体验也并不意味着朗读中"有感情"这一要求就没有了一个大致标准。事实上，每一篇文章都有它的感情基调，朗读还是要立足于文本，读出这感情基调。我只是想强调，我们不能用整齐划一的"模子"自上而下地套在所有学生的身上，而是要给予他们充分的理解和有针对性的审美情感引导。

思考之四：朗读指导的"形"与"神"。朗读自然需要借以一定的技术来准确地传达出内心的感受，这是朗读指导中"形"的问题；但倘若朗读者并没有被文本唤起内心中的情感波动，只靠"轻、重、停、连"等技术行为去支撑整个朗读过程，这种朗读情形及其对孩子日后的影响又会是怎样的呢？在如上这个朗读指导过程中，该老师的着眼之处更多停留在技术层面，欠缺的恰恰是对"神"的问题的关注，这种缺乏情感引导的朗读自然就成了无源之水、无本之木，指导效果甚微。长此以往，朗读就会沦落成为一种充满着矫揉造作"伪情感"的机械模仿。古人道："强哭者，虽悲不哀；强怒者，虽严不威；……"只有"情动于中"才能"形于言"，由此我们应该认识到，朗读指导表面上看起来是一个技术问题，实则在其"神"，也就是说，它首先应该是一种精神与情感的导航。

● 请仿照下面教学反思的写法，选择自己的某个教学片段，写出教学反思。

在教学统编版小学语文教材三年级下册《火烧云》时，我问："天空的云从西边一直烧到东边，红通通的，好像是天空着了火"这句话中的"烧"字改成"红"字，通不通？既然是通的，那作者为什么不用"红"字，而用"烧"字呢？这个问题学生很感兴趣，在我的启发下，同学们你一言我一语地说开了，毛煜民说："句中也有'红通通'一词，用了'红'字就重复了。"周逸伦说："课题是'火烧云'，用'烧'字起点题作用。"郑甜又说："用了'烧'字。它跟'着了火'相互照应。"

　　这个问题的设计目的是培养学生"咬文嚼字"、推敲词语的阅读习惯和阅读能力。语文教学要取得成功，关键在于要为学生营造思维活跃的课堂气氛。其中，教师提出的问题是否难易适度，是否有足够的思考价值，往往起着决定性的作用。这里我所提出的用"烧"和"红"做比较的问题，在课堂实践中证明效果很好。

第十六章
评课技能

🎓 想与说　评课为什么重要

▶ 苏霍姆林斯基说:"对一个有经验的校长来说,他们注意和关心的中心就是课。经验证明,听课和分析课是校长一项极为重要的工作。"当然,苏霍姆林斯基是从校长的角度说这番话的,但对一个未来教师来说,学会分析、品评课堂教学同样也是一项极为重要的工作。为什么这么说?请提炼你的主要观点,并写在下面的方框中。

▶ 请自选一堂课,和同学说说你的分析与评价,想想这样评课的理论依据是什么。

📖 读与评　评课经验之辨

▶ 王荣生教授在其著作《听王荣生教授评课》中,概括了以下几点评课经验。

经验一:追求语文教学的效率

在关于魏书生老师《统筹方法》研习的内容中,王荣生教授指出:魏书生老师对"教学"的认识,表现出了改革家的胆识。可概括为两点:(1)将"管理"扩展为"教学"。其机制，是建立学生自学、自教、自测的管理系统，魏老师将其称作"以法制语文教学系统"；其特点是"不留作业（学生自己完成习题）、不交作业（学生自评）、不写作文（学生写日记等）、不改作文（学生按法制自评互评）、不考试（学生自己出卷）、不批卷（学生按自拟的标准答案互评）"，1995年之后，再加上彻底地"不教课"（学生按教参自教自学）。这是从语文教学的"系统工程"上讲效率。（2）把"教之法"移交给"生之法"。这是在课堂教学中讲效率。主要的法子是让学生"扮演教师的角色"。"20年来，我一直注重引导每一位学生进入教师的角色"，魏老师说，"我经常引导学生进入教师的角色去备课、讲课"，"引导全班学生都进入教师的角色，面对一篇新课文，设计教案，思考自己去讲课"。① 魏老师上课不多，在自己的班里，大致有四种类型：教导学生纳入"法制"轨道的课；"读一类文章的方法"等归类知识"交钥匙"的课；朗读或评述报告文学等课外读物的拓展阅读课；被誉为"魏书生模式"的"六步法"示范课。"示范课"与通常理解的"上课"比较接近，主要供班里学生自教自学时模仿；用于听课教师观摩时，则是展示如何在课堂教学中讲效率。

经验二：关注"美""巧""活""实"

所谓"巧"，欧阳老师提炼了她的经验："巧"是"语文能力训练与知识传授两者关系的最佳结合点；阅读教学中最大信息量的储存点；课堂思维训练的最巧的入手处；课文处理的最关键的突破口"②。如果说，"美"与"巧"主要涉及教师文本研习这一阶段，那么，"活"与"实"则主要体现在教学设计阶段。所谓"活"，也就是课堂教学要"活"，要善于启发学生，而要点在"引而不发，跃如也"。在接受性学习的大背景下，"活"主要落实在善于设疑提问。对此，欧阳老师总结出了宝贵的经验："设疑的切口宜小不宜大，求得以小见大之效果"；"提出的问题宜少不宜多，求得以少胜多的效果"；"设疑宜简不宜繁，求得以简驭繁的效果"；"提问时要问文求道，切忌把思想教育架空"。所谓"实"，也就是教学内容扎实地落实。这包括两个方面：一个是在课堂教学中强化实践能力，有人统计，在欧阳老师上过的某两节课中，先后叫学生勾、画、批、点共12次；另一个是主要的，欧阳老师叫"优化课堂教学结构"，也就是建立"立体交叉的课堂教学结构模式"。关于这一"模式"，我们下文还要分析，这里只说结论：在我看来，所谓"立体交叉"云云，其实就是要求教学的各个环节围绕、指向核心教学内容的核心点，在课堂教学的整个线路上连贯地落实教学内容。

综上所述，欧阳老师所说的"语文教学艺术"，其"美""巧""活""实"等，落点均在教学内容上。"语文教学艺术"的问题，实际上是语文教学内容的问题，是"语文教学艺术"的实质，是合宜的教学内容有效的实现。

---

① 魏书生.学生实用学习法［M］.沈阳：沈阳出版社，2000：53—54.
② 欧阳代娜，等.欧阳代娜中学语文教学艺术初探［M］.济南：山东教育出版社，1997：48.

> **请你参考**
>
> 王荣生教授从语文教学内容的角度提出了一堂语文课的9级累进标准[①]。

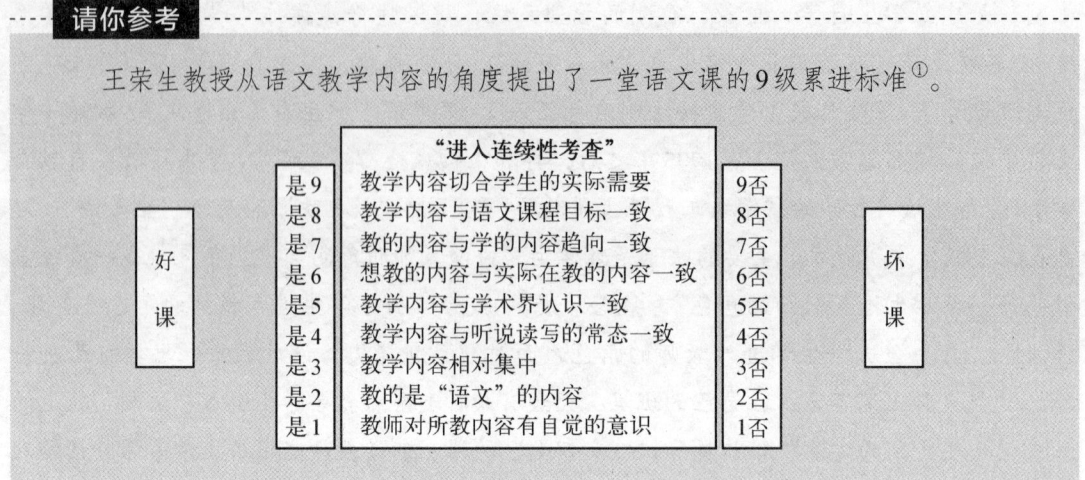

经验三：变"讲课文"为"教读法"

我相信，无论站在哪条线路上的语文教师，对这堂课的研习，都将唤醒这样的意识：在阅读教学中，阐释结论必须来源于合法、合宜的阅读方法。阅读方法有正误优劣之分，因而阐释结论有对错好坏之别。从这个意义上说，《〈梦溪笔谈〉二则》课例就像一面照妖镜，能够照出我们阅读教学中形形色色的对课文胡乱阐释的"妖魔"，以及躲藏在教科书"思考和练习"题里、教参里那些鬼鬼祟祟的"违法乱纪"者。

语识转化为语感的语文实践活动，典型的做法就是"知识短文+课文"。潘凤湘老师的《〈梦溪笔谈〉二则》课例至少使我们看到，语文教学中的这种"训练"，学生的学习并不注定是被动的、僵死的；如果"训练"项目得当、教师教学有方，"把讲课文改为教读书方法"，完全有可能做到潘老师所追求的"学生由被动听讲变为主动钻研"。

经验四：注意教学内容与教学方法的理据

一堂语文课，运用着多种教学方法。为什么要用这些方法呢？一线的语文老师往往茫然不知，或者是因为流行，或者是因为好看，或者是因为"我喜欢"，或者是因为"我就这样"，有不少人甚至还不知道这里还有一个"为什么"的问题。而过去的语文教学研究，包括特级教师创建的教学模式，则把教学方法抽象化，依据什么"原则"、什么"理念"，或者抽掉眼下这一篇课文的这一个具体的教学内容，谈论调动学生积极性、营造学习氛围，而压根忘记了学生的积极性是有方向的、学习的氛围是要讲场合的。离开了"教学内容有效实现"这一基准，七方法八方法、这方法那方法，在我看来，都是乱方法。

黄玉峰是不乱的，正像许多专家型教师一样。黄老师说："对文本有深入理解后，决定采用串讲式。一面读一面讲。一面讲文本，一面结合内心的感受，联系我的经历，把自己放进去，把我们的时代放进去。"先内容，后方法；为内容，定方法。这里的因果关系，

[①] 王荣生，等. 语文教学内容重构[M]. 上海：上海教育出版社，2007：97.

黄老师把握得明明白白。我深有同感，像《世间最美的坟墓》这样的散文，是供人读的，而且只能由对文本有切身感受的人来朗读；教《世间最美的坟墓》这样的散文，是必须讲的，而且只能由对文本有深刻理解的人来串讲。这或许也可以扩大到《世间最美的坟墓》之外的散文，尤其是超越了常人思想极限、突破到常人感官和情感无法抵达之深邃处的散文，尤其是洒脱到极致、行文"全无章法"因而更像散文的散文。散文是作者心灵的抒发，阅读散文是心灵与心灵的碰撞、交感；若不如此，就会把散文仅仅当作一种玩意儿，就会使散文教学失去它不允许失去的精神！

黄玉峰是讲精神的，并且想把他受感染的精神用适当的方法感染于学生，在《世间最美的坟墓》的课里，以及在我所观摩过的《雷雨》研究性学习汇报课里。老师们可能会发现，从与教学内容契合的角度，这堂课几乎每一处都值得说道，比如两次多媒体课件的使用，比如自问自答，比如要学生写"墓志铭"。语文老师如果能经常地研习黄玉峰的《世间最美的坟墓》课例，长进一定会很快。

最后，说一说我对黄老师所提"归真返璞"的意见。"归真"，千真万确；"返璞"，我以为万万不能。黄玉峰老师所说的"返璞"，我理解有两层意思。一层是从教学理念上讲的，也就是我前面提到的"教学方法观"；也可能是从"教学技巧"上说的，指向"教学艺术"。如果是这样，那么"返璞"也就是"归真"，我非常赞同。另外一层意思，可能更接近黄老师的本意，讲的是"教学方法的技术层面"，也就是把"返璞"与这堂课所使用的"串讲"联系在一起，所谓"返璞"就是"返"到古代的"串讲"法。如果是这样"返璞"，那么我非常地不同意。黄老师的《世间最美的坟墓》显然是现代意义的"串讲"，与我国古代私塾乃至语文教育成立之初老先生们串讲古文的"串讲"，不可同日而语。在上面的评议中，我想我揭示出了黄老师这堂课之所以被我、被许多人看作成功课例的缘由：这堂课的成功，不是缘于"串讲"这个方法本身；在教学方法的技术层面，一种方法单凭其方法其实根本就无所谓好坏对错——"每种方法都有其优点和缺点，当一种教学方法被合适的人用于合适的地方并产生合适的效果时，它就有效，反之就无效"。黄老师这堂课之所以成功，是因为他教的是《世间最美的坟墓》这样的散文，是因为——"字里行间"的情绪、"某些词语"字面背后的意思、由字面背后意思所牵连出来的人和事——这样的教学内容，是因为"串讲"在这里恰好能够有效地传递教学内容。换言之，是因为他对教学内容的自觉、对教学方法的自觉，是因为其教学内容的理据、教学方法的理据。从后一层意义上讲，我认为，语文教学必须向前进，而不宜提"返璞"，也无"璞"可"返"。

经验五：体现行云流水般的家常味

先讨论课堂教学的流程。"流程"是课堂教学从起点到终点的过程，大致相当于我在评议欧阳代娜《岳阳楼记》时所说的"一根筋"，即课堂教学的连贯过程。说"流程"，比说"一根筋"更为妥当，因为这反映出了两种不同的"教学观"。"一根筋"的教学观，是"把我对教材的理解教给学生"，表现为课堂的生态，就是"老师牵着学生走"；而"流程"的教学观，则是"根据学生的学情导向这堂课的终点"，表现为课堂的生态，就是"学生随着老师走"。语文课堂教学的流程，走向是"预设"的，关节点是精心设计的，但它不是僵硬的，它依据地势而流动，依据学情而变化，因而具有教学现场的适应性，为教学内容的"生成"留下广阔的空间。课堂教学的流程，可以从几方面看，比如流程的起点、流程的终点、流程的连贯、流程的走向、流程的疏导处等。

- 你是如何理解"美、巧、活、实"四点的含义的？评课时应如何体现？

- 分析上段文字中提出的五点评课经验，评价其合理性体现在哪里，为什么？

- 你认为常态课的评价与公开课的评价方式有何异同？

讲与议　评课的原则与方法

理论总述

一、评课的意涵

评课是指对课堂教学成败得失及其原因做中肯的分析和评估，并且能够从理论与实践的角度做出合理的解释。

评课是促进学生发展、提高和改进课堂教学实践的重要途径，也是教师专业实践的一项核心活动。美国著名教授W·J·波帕姆在《促进教学的课堂评价》中阐述的评课功能较为典型，概括起来有四个：一是促进学校教学质量的提高；二是促进教师专业素质的提高；三是带动学校教科研水平的提高；四是促使学生素质的提高。最终实现八个优化，即：优化教师教育思想与理念、优化教学目标、优化教学内容、优化教学方法与手段、优化教学过程、优化作业设计、优化教学管理和优化教师教学基本功[①]。

小学语文的评课除了关注教学目标的实现情况外，更应以学生的"学"为核心，关注教师的"教"与学生的"学"的过程，从而提高语文教学质量，促进学生语文素养的提升。

评课的形式多种多样，常见的有个别面谈式、小组评议式、现场点评式、专家点评式和自我分析式等。

二、评课的一般要素及要求

（一）教学目标的评析

语文教学目标是"文化自信和语言运用、思维能力、审美创造的综合体现"。体现在一个课时中的目标，是在综合分析各项教学资源的基础上，结合具体教学内容制定的符合小学生年龄特征和认知规律的教学目标，这些目标或明确可测或不露痕迹或潜移默化，不能一蹴而就。从评课角度看，就是在整个课堂教学的过程中，衡量这些目标的定位与实现程度，例如：定位是否准确、合理、全面？是否能调动各个层面学生的兴趣和满足学生的需要？教学重难点和学习方法是否能凸显教学目标的要求？教学过程中是否能根据学生的学习状况及时调整目标和要求？是否能有效地实现教学目标？等等。

（二）教学过程的评析

当前，教师评课的重点要从注重结果转移到注重过程上来，对教学过程的评析涉及诸多问题：教学流程是否清晰合理，且遵循了学生的认知规律？教学内容的处理是否重点突

---

① 周勇，赵宪宇.新课程说课、听课与评课[M].北京：教育科学出版社，2004：84—85.

出、详略得当？教学方法的选择能否体现出学生学习的主体性和适应性，能否引导学生学会学习？教学手段的使用是否合理、恰当？教学过程中教师能否以学定教，充分发挥组织者、引导者的角色？学生的学习态度、状态如何？

（三）教学效果的评析

小学语文教学要关注学生的"学会"，更要关注学生的"会学"。对教学效果的评析涉及诸多问题：是否达到了所期望的教学目标？是否做到纪律良好、教学秩序正常？学生注意力是否专注，思维是否活跃？师生的交往是否和谐？

（四）教师素养的评析

教师素养包括教师的基本素养与专业素养。对教师素养的评析涉及诸多问题：教师的教学口语是否流利、简练而富有感染力？教师的仪态是否自然、端庄而有亲和力？教师的书写是否正确、规范、整洁且有一定的速度？教师应用现代媒体的技术是否熟练？教师的语文教学理念、语文学科专业素养是否先进、扎实？教师驾驭课堂的能力是否高超？

三、评课的基本原则

（一）实事求是原则

评课，对课不对人，要客观、真诚，不言过其实。当然，为了激励上课教师，常以指出优点为主、不足为辅，既应实事求是，也毋把一己之见强加于人。对教学中的亮点要加以肯定、突出，以供他人借鉴；对教学中的不足，要真诚地指出，并提出建议或希望，以供他人反思。

（二）删繁就简原则

课堂教学纷繁复杂，尽管评课可多角度切入，但切忌面面俱到，要抓大放小、突出重点。当然，有时可能需要对整个教学过程"逐一扫描"，进行解剖式评点，这并不意味着"眉毛胡子一把抓"，反而更需要删繁就简、削枝强干，突出重点内容和重要细节。

（三）因人而异原则

尽管对课不对人，但课里毕竟隐含着上课教师个体风格的差异，因此，评课时还要从个体差异的角度去关注课，切忌程式化。具体来说，一要注意教龄差异。对待教龄长的教师要持学习态度，评课重点可放在教学思想和教学细节的探讨上；对待教龄短的教师要细心指导，不要求全责备，可就教学中出现的问题提出具体的改进意见或努力方向，也可结合实际渗透一些教学理论的问题。二要注意性格差异。对待不同性格的教师可从其个性的角度切入，如性格直爽的教师，课堂教学往往也是直来直去、简洁明快，评课时也应推心置腹、有一说一。三要注意教师专业素质的差异。对待专业素质较高的教师，要提出新的目标，以求不断进取；对待专业素质一般的教师，要鼓励、鞭策，使其充满信心，迎头赶上；对待专业素质较差的教师，要诚恳地帮助他们认识到教学中的不足，促使其苦练基本功，提高自身素养。

（四）艺术性原则

评课应讲求艺术性，除了吸引听者外，还要让被评者愿意接受，这就要求评课者注意拿捏评课的"巧"与"度"。

应用训练

下面是著名小学语文特级教师支玉恒施教的统编版小学语文教材六年级上册《只有一个地球》两课时的教学思路、一位教研员的评课以及王荣生教授对其评课的评价。请你结合以上的评课原则，谈谈自己对评课的看法。

《只有一个地球》两个课时，教学过程简述如下。

1. 题解。

（1）围绕"地球"的讨论——让学生认识到地球是我们生活的地方。

（2）围绕"只有一个"的讨论——让学生理解只有地球能够养育生命。

2. 朗读课文。采用"朗读权竞争"的方法。

3. 转入学生默读，让学生"猜"教师要问的一个问题（在这一段里，教师的表演相当精彩）。

4. 教师"端出"没有被学生猜中的"一个问题"："读了这篇课文，你心里是什么滋味？"——"酸甜苦辣，你是哪一味？"

5. 学生谈"味"，并朗读课文中相应的语句，力图将"味"表现出来。学生分别提到"苦""酸""甜"（由甜变苦）等；之后教师边范读边指导。

6. 让学生就课文的五个方面内容（段落），分别写一个"抒情的句子"。教师示范："啊！美丽的一叶扁舟！"

7. 逐次讨论学生写的"抒情的句子"。采用"发表权竞标"的方法，每一个方面的内容竞选出写得最好的两句"发表"在黑板上。

8. 教师通过适当的增删、调序，将黑板上的十个"抒情的句子"变成一段小小的散文。

9. 组织以"环境保护"为主题的"实话实说"节目。教师为主持人，学生分别扮演环保局局长、生物学家、地质学家、女宇航员、"破坏过环境"的公司老板。

在《支玉恒阅读习作典型课例全辑》中，课例后附有一位教研员的"简评"，其要点如下。

一、指出整个教学设计的突出优点——三大步骤的粗放设计

1. 在多读的基础上请学生自由发表个人读书后的内心感受；
2. 给课文的五项内容各写一个抒情的句子，并经板书整理后，形成一篇小的散文；
3. 进行了一个有关"保护地球环境"、联系课内外知识的"实话实说"节目。

二、谈"应该给予我们"的启发

1. 多读；
2. 进行情感教育；
3. 有效地进行"读写结合"。

三、从四个方面表彰"实话实说"仿拟节目

1. 是一次非常切实的口语交际训练；
2. 非常自然有效地联结了课内外知识；
3. 培养学生运用已有知识解决问题的能力；
4. 生动有趣、涉及广泛，极大地调动了学生的学习积极性和参与热忱。

四、赞扬支老师的课堂教学

不失时机地对学生进行了多种心理品质的启导，并称赞"支老师的课程设计线条虽粗大，而他的心思却缜密如发，课堂反应之快，难以企及"。

王荣生教授评价：

上述简评发表在支玉恒著的《支玉恒阅读习作典型课例全辑》中，想必支老师是赞同的；其中有些文字，可能还出于支老师的口授，比如："谈到感情，支老师认为《只有一个地球》虽然也是一篇说明性的文章，但它与一般说明文、知识小品不同的是，本课具有丰富的情感因素，教学中也应充分地引导学生进行情感体验。"

与时下流行的评课一样，上述"简评"的着眼点也在教学方法上，但又不是对语文教学具体方法的研讨，而是以教学方法为抓手，志趣在上（教学方法的原理层面）下（教学方法的技巧层面）两头：联上，挖掘其体现或被认为体现了的"理念"，联下，展示其实现的效果或者被认为是实现了的效果，而效果又被归结为教师个人化的教学艺术。

比如，对"三大步骤的粗放设计"，"简评"云，"如此粗线条的教学设计，为教师和学生在课堂上的学习、探究、讨论、发表见解等，开辟了巨大的空间"，"学生在这样的情境中学习，可以自由地、自主地驰骋想象，尽情地表现自我，展示个性"，"这样的教学，实现了真正的'以学定教'，彻底扭转了过去'学生配合教师'的不合理现象，使学生真正成为课堂学习的主人，从而根本改变了学生的学习方式"。

这样的评课，更像是对优秀成果的鉴定和表彰（如果任课教师自己陈述，则是宣传）。但我们认为，如果公开课所要达到的目的就是为了证明某教师的教学"好"和"妙"，那么意义就很有限。

对教案与课例进行研究，关键是做学理的阐释，要在剥去教师个人因素之后揭示出一堂课何以好或者何以不好，这样广大教师才能从中有所学习、有所借鉴，才能把优秀教师个人的成功经验转化为语文教学的公共财富。而做学理的阐释，从教学内容的角度观照，可能要比单从教学方法的角度着眼更有作为。

《只有一个地球》确实是一堂成功的课，而成功的要诀，在于教师把握住了适宜的教学内容。具体说是两个方面：一是引导学生体验被课文唤起的情感，二是指导学生将所体验到的情感表现为"抒情的句子"。

支老师对该课文文体的理解应该说是错误的：说一篇文章是说明性的，同时又说它具有丰富的情感，这显然不通。但支老师认为该课文"有丰富的情感因素"，在语感把握上是正确的。《只有一个地球》其实不是说明文，而是类似于国外所通行的"公共演讲"，它是一篇说服性的演讲稿。说服性演讲，往往诉诸听者、读者的情感，通过饱含感情的事实陈述唤起听者、读者的情感认同，从而达到说服的目的。让听者、读者感受悲、愤、忧、喜，正是《只有一个地球》所要达到的效果；体验被课文唤起的情感，正是阅读或聆听《只有一个地球》的正确方式；将情感体验还归到文章的相应言辞中，正是感悟言语表达的正确方式。支老师的这堂课抓住了这些，或者说，在我们的语文知识尚很不充足的情况下，他聪明地"生产"出了适宜的教学内容。不仅如此，他还聪明地感觉到，将蕴蓄于内心的情感用言辞固定、力求用恰当的语句将它表达出来，正是写作的自然样式，因而也是指导写作的正途。

上述两方面，是这堂课成功的关键，也是可以转化为语文教学公共财富的。换句话说，《只有一个地球》的阅读课，再扩大一点，说服性演讲的听读教学，要抓住情感体验这个主要的教学内容；而写作教学，应该致力于指导学生准确地表达所蕴蓄的情感。如果要学习这堂课，我们以为，主要应该学习这两方面。而一旦把学习的要点放在这两方面，也就是说，正确地把这两方面当作自己的教学内容，教师们就会发现，教学方法的选择空间是无限的，完全不必拘泥于支老师教法的枝枝节节。

有些教师，津津乐道于支老师在这堂课里频频使用的"朗读权竞争法""发表权竞标法"，其实这些方法是很个人化的，未必要学，也未必学得会。还有些教师，正如那位评课的教研员，对支老师的"实话实说"夸赞有加，其实从教学内容合理性、合适性的角度看，那场"实话实说"并无多少必要——它更多的是"演戏"给台下面听课的老师们看的，更多的是通过"实话实说"主持人的活动，向听课的老师们展示教师个人的教学机智和教学魅力。比如，播音员般的嗓音、对学生发言"难以企及"的敏捷反应。

> 大家知道，语文教学界有不少具有高超教学艺术的优秀教师，也涌现出了许许多多种所谓的"语文教学模式"。尽管这模式那模式的宣传并不少见，尽管优秀教师马不停蹄地到处示范讲学，但是情况好像依然如故，普通教师的教学原来怎样，现在好像依然怎样。经常看到有人这样提出疑问：为什么优秀教师的经验不能推广呢？
>
> 其实不是经验不能推广，而是我们一直没有弄明白要推广的是什么经验。在我们看来，单从教学方法而论教学方法、从教学艺术而论教学艺术，很可能我们永远也找不到那些要推广的、应该推广的、可以推广的经验。从这个意义上说，主张从教学内容的角度观照教学方法，就不仅仅是对一种研究方法的主张，它体现了我们对语文教学改革方向的认识，也意味着我们对"教学理念"的落实有与众不同的见解。
>
> 前文说过，教学理念要体现在教学方法的操作层面，即体现为语文教学的具体方法，现在可以这样说，体现为教学方法的实质是要求体现在教学内容上。如果不把教学方法原理层面的理念转化为具体的教学内容，那么那些倡导的"理念"，比如，充分尊重学生的学习自主性等，很大程度上就会虚脱，至少在我们语文学科是这样的。

技能概观

一、评课路径

（一）循着一条主线

要评好课，先得在头脑中理出一条评课主线：这堂课的教学思路是什么，这种思路能否体现我们秉承的语文教学理念，这条教路上对整体或局部处理的优点、不足及其理由各是什么，我有什么启发或建议。

（二）贯穿三个要素

循着这条主线，要将教学目标、教学内容与教学方法三个要素贯穿起来审视课堂。即整体或局部的教学内容，尤其是教学重难点，是否是基于教学目标进行了精心取舍、加工，是否运用了恰切的教学方法，是否达到了理想的教学效果。

二、评课方法

（一）整体法

所谓"整体法"就是对一堂课进行整体的、全面的评析。也就是从教学思想是否先进、教材处理是否得当、教学组织是否合理、教法选择是否灵活、学法指导是否到位、教学手段是否先进、师生关系是否融洽、教学效果是否理想等方面进行全方位评价。尤其是对诊断型、汇报型、检查型、鉴定型等不同取向的课，常使用整体法进行评课。

一方面，整体法评课能够全面、系统地对一堂课的质量做出评价，能够整体审视一堂课的理念、思路、优点、不足，利于授课者全面地总结经验、发扬优点、克服不足、改革教学，利于学习者全面借鉴经验、取长补短、提高自我，也利于全面掌握授课教师课堂教学的基本情况。但另一方面，整体法评课易面面俱到，且费时较多。因此，运用整体法评课时应注意围绕评课意图展开，突出评课重点，把握好评课时间。

请你来做

请观摩一节统编版小学语文教材低年级的阅读教学课，试着用整体法进行评课。

（二）片段法

所谓"片段法"就是对一堂课的某个片段或教学环节，从一方面或几方面进行深入、细致的评析。可以针对解决某个教学目标的教学片段，指向教学重点或难点的教学环节、教育过程中的某个教学板块；可以针对某个有特色的教学环节、某个有争议的教学片段、某个不好确定的教学环节；也可以针对成功的教学片段、失败的教学环节；还可以侧重从教学目标确定、教学重难点定位、教材分析与处理、教学内容选择与加工、教学法选择与运用、多媒体选择与使用、教学评价、师生的关系、理念渗透等一个或几个方面进行评价。片段法评课较多运用于研究型、诊断型、示范型等不同取向的课。

片段法评课虽仅仅窥其一斑，却指向明确、重点突出、深入透彻、节省时间。在实施片段法的过程中，要追求窥斑见豹的效果，防止"只见树木，不见森林"。

小试牛刀

下面是语文特级教师刘云生执教的统编版小学语文教材五年级下册文言文《杨氏之子》的教学片段，阅读后请说说刘老师的教学好在哪里。

> 梁国杨氏子九岁，甚聪惠。孔君平诣其父，父不在，乃呼儿出。为设果，果有杨梅。孔指以示儿曰："此是君家果。"儿应声答曰："未闻孔雀是夫子家禽。"

师：（指着划线的两句话）这两句话精妙在什么地方呢？读一读，看看有什么发现。
生：杨氏子和孔君平都拿姓氏来开玩笑。
师：（惊奇地）哦，玩笑是怎么开的？

生：杨氏子姓杨，杨梅的第一个字也是杨。孔君平就和孩子开玩笑："此是君家果。"说杨梅是杨氏子的家人。杨氏子也拿孔君平的姓氏和孔雀联系起来回应。

师：这是个了不起的发现！还妙在哪里？（课堂暂时沉寂）

师：这样吧，我们把这两句话放回课文中，分角色读一读，再体会体会。请××同学读孔君平的话，我来读杨氏子的话，大家读课文中叙述者的话。

生：（齐读）"梁国杨氏子九岁，甚聪惠。孔君平诣其父，父不在，乃呼儿出。为设果，果有杨梅。"（师做端果实的动作）"孔指以示儿曰——"

生："此是君家果。"

生：（齐读）儿应声答曰——

师：（很生气地说）"孔雀是夫子家禽。"老师读得怎么样？

生：你漏读了"未闻"两个字，不对！

师：为什么不可以漏读这两个字？

生：这样显得不是很友好，不像开玩笑的话。

生：用上"未闻"两个字，否定了孔雀是孔君平家的鸟的说法，也就否定了杨梅是杨氏家的果子的说法。

师：要否定孔雀是孔君平家的鸟的说法，改一个标点符号即可："孔雀是夫子家禽？"行吗？

生：这样显得咄咄逼人。用"未闻"，表达的意思要间接一些，婉转一些。

师：你体会得很有深度。正因为如此，课文开篇就说"梁国杨氏子九岁——"

生："甚聪惠"。

请你参考

1. 以问题为主线，教学思路清晰

本段教学中教师以"这两句话精妙在什么地方呢？"为主线与学生展开对话，路径清晰，对话空间大。

2. 重视启发式教学

教师注重在与学生的对话中展开重难点的教学。例如，当"课堂暂时沉寂"时，教师要求学生把这两句话放回课文分角色朗读体会，并利用漏读"未闻"、改标点的方式，启发学生思考杨氏子的聪慧所在，巧妙地突破了这个难点。

3. 注重对学生的激励

例如，当学生说"杨氏子和孔君平都拿姓氏来开玩笑"时，老师做出了"惊奇"的表情；当学生说出是怎么开玩笑的，老师评价说"这是个了不起的发现"！

(三)特色法

所谓"特色法"就是抓住一堂课中某些独特的、新颖的想法与做法展开评析。较常见的,如在教材切入、情境创设、内容选择、教学路径、重点布排、难点突破、细节处理、运用设计、启发诱导、评价激励等诸多方面,彰显出上课教师的鲜明特色,就可以用特色法进行提炼、品评。特色法评课较多运用于研究型、示范型、评优型等不同取向的课。利于激励教师走教学创新的道路,利于发现教师在教学中运用的新经验、新模式、新方法,利于帮助教师形成自己的教学个性与教学风格。

运用特色法评课,首先要求评课者能够发现与提炼出授课者的特色,一般应从不同层面进行总结、提升,做到条分缕析、层次分明;其次要结合具体教学,分析这些特色所在;最后要在评析这些教学特色的过程中,相机渗透方法、理念,由个性上升到共性,给上课者和听课者以尽可能多的反思与启发。

请你来做

下面是一位教师在听了某老师执教的统编版小学语文教材二年级上册《植物妈妈有办法》后,用特色法进行的评课。你觉得这位教师的评课如何?和同学交流一下你的看法。

该教师执教的《植物妈妈有办法》是统编版小学语文教材二年级上册第一单元的第三篇课文,无论是选课、备课,还是试上,主要有以下特点。

一、主线明晰,重点突出

从整个教学流程来看,贯穿了一条主线:文本—识字—文本,其具体过程是:自读课文,自主识字—交流识字,指导写字—回归文本,熟读生字。这种整体—局部—整体的教学设计思路,不仅符合学生学习语文的规律,也突出了低年级识字与写字教学这一重点。

二、结构严谨,张弛有度

课堂结构,具体指一节课各部分的构成,及其相互之间的联系。本课教学,从创设情境、质疑导课,到自读课文、识字写字,再到朗读课文、巩固生字,三大环节,环环相扣,过渡自然,时间分布与内容密度分布合理,并能采用多种教学手段反复学习、巩固生字,尤其是交流识字方法,教师引导得法,教与学相映成趣,教师对学生评价的及时、得当,使得课堂异彩纷呈,正所谓"精彩的课堂教学不在于教师讲得精彩,而在于学生学得精彩"。

三、关注细节,培养习惯

综观"请你来做"中该老师的整堂课,她对学习细节的处理,应该说是最耀眼之

> 处。当请学生打开课本时,她使用了"轻轻地"一词;当学生读书时,她说"请坐端正了";当学生写字时,她要求学生"书本与眼睛要保持一尺距离……"。学生的一言一行、一举一动在老师的谆谆告诫中得到改正,在老师的潜移默化中受到熏陶。"教书育人"的真谛就在于从"小"着眼,这对培养学生的养成习惯是何等重要。
>
> 教学本身就是一种遗憾的艺术,如果说这堂课教师的语言再精练些,过渡语再自然些,岂不更妙?以上的只言片语仅仅是我个人的看法,望各位同仁斧正。

另外,还可以用表格法进行评课,即基于语文课堂教学的标准,制定一个相对科学、全面的课堂教学评价表,并依据表格中的细则来评析一堂课。评价表的内容与形式可根据教情自行制定,较适合新手教师使用。

要点提示

一、注重构建校本课堂教学评价体系

《基础教育课程改革纲要(试行)》指出:"建立促进教师不断提高的评价体系。强调教师对自己教学行为的分析与反思,建立以教师自评为主,校长、教师、学生、家长共同参与的评价制度,使教师从多种渠道获取信息,不断提高教学水平。"可见,提高语文教师的评价技能,创建符合语文新课程理念的校本课堂教学评价体系十分必要。

二、注重从多维度、多层面进行评课

语文课程评价的整体性和综合性要求我们要从文化自信、语言运用、思维能力、审美创造等多方面进行评价,以全面考查学生语文素养的提升情况。

三、注重语文课堂教学中的过程性评价

2022年版课标提出"语文课程评价包括过程性评价和终结性评价。过程性评价贯串语文学习全过程",并且,"过程性评价重点考察学生在语文学习过程中表现出来的学习态度、参与程度和核心素养的发展水平","教师应树立'教—学—评'一体化的意识,科学选择评价方式,合理使用评价工具,妥善运用评价语言,注重鼓励学生,激发学习积极性"。语文教学还要重视培育学生的智慧,而"培养智慧的教育是一种创新的教育,创新的教育更多的是一种过程的教育"[①]。因此,在教学过程中要及时反馈,相机调整课堂教学,使评价和教学同步推进。

---

① 史宁中,柳海民.素质教育的根本目的与实施路径[J].教育研究,2007(08):10—14,57.

另外，对师范生和新手教师来说，指导教师可边让被评者授课，边及时反馈，以便及时改进，这种方法在师范生的模拟教学和对新手教师的教学指导中经常运用。

四 学与做　　技巧提炼与实训

● 请结合自己的评课实践和本章内容，总结出你所认为的比较有效的评课技能。

● 下面是统编版小学语文教材一年级上册《四季》的教学课例，请用"整体法"进行评课。

《四季》教学课例

上课了，学生的桌上摆着一幅幅稚气而充满童趣的画。年轻的教师微笑着对同学们说："上节课我们读了课文，每个同学都画了自己喜欢的季节。我们办个画展好吗？"学生们异口同声地赞同。这个提议出乎所有同学的意料。随之，该教师请同学们贴完自己的画，再给旁边的同学讲一讲自己为什么喜欢这个季节，还注意听其他小伙伴说话。学生奔向自己喜欢的季节的画栏，选个位置，把画贴上去，还和旁边的同学交流。大部分学生已经做完了，有个小男孩最后才在教师的帮助下贴上自己的画，该教师拉着他的手，耐心地听他讲："我喜欢秋天，秋天有很多落叶。"教师轻抚着他的肩，眼睛里流露出满意的神色，并没有因为他最后完成而放弃鼓励。

"哪个同学愿意说一说？"该教师选了喜欢不同季节的学生。每个学生说完，他都送上一句鼓励的话，"听，他说得多么清楚。""你说话声音真洪亮！"

该教师充分赞扬了学生的画展和交谈，接着说："同学们的画好，而且说的话清楚。要是我们能用诗一样的语言描绘自己的画多好啊！"顿了片刻，他又说："我们继续学习《四季》这篇课文。"

学生大声地读起课文来。接下来，该教师请一个学生读课文，然后请同学们说一说他读得怎么样。有的说"他字音准确"，有的说"他声音响亮"，还有的说"他把雪人读得很神气"。教师随即引导学生："能不能把你喜欢的季节读出喜欢的感情呢？"学生高声地读起来，兴致很高。

教师请学生逐个读给大家听，读完，又引导学生评一评。"你体会到他的喜爱的感情了吗?"有学生说:"体会到了。"他接着问:"你是从哪里体会到的呢?"学生们积极地把自己的发现告诉大家。教师再问:"你能像他那样读一读吗?"学生们在朗读中感悟着语言,提升着感情。

教师又说道:"同学们学习的收获真大。大家还想用什么方式来读?"有的学生说"我想自己读",有的说"我们小组可以分季节读",有的说"我们想表演"。于是,学生们又用自己喜欢的方式读起来。教师问:"谁愿意读给大家听?"一位女同学被请到台前富有感情地朗读起来。有表演欲望的一组同学来到前面,看着屏幕上的课文表演起来,表演雪人的男孩子大肚子一挺,引来了孩子们开心的笑声。

"同学们能背一背课文吗?"该教师向同学们提出了挑战。

"能!"同学们不约而同地回答。

"如果你背下来了,就奖励自己一个金话筒。"教师点击鼠标,屏幕上出现了春天画面的动画,学生们自由地背起来,有的还边背诵边表演。背完,学生们高兴地在自己的书页上画下了小话筒。

"读课文,你有什么发现?"教师在屏幕上出示略去了画面的课文,不知道他想做什么,教室里沉静了几秒钟。有学生举起了手。

"我发现每个小节写一个季节。"

这似乎启发了其他学生的发现。"我发现春天写了草芽。"于是,教师进一步引导同学们:"夏天写……""你还发现什么?"学生们的发现似乎陷入了一个圈子。

教师说:"请女同学读每小节的第一行,男同学读后两行。"

学生们边读边思考着。"我发现草芽是尖尖的,荷叶是圆圆的。"

"谷穗呢?"

"弯弯的。"学生异口同声地回答。看来,大家对课文的语言已经有所领悟了。

"雪人不一样,他大肚子一挺。"教师补充道,"是的,这几句都写他们怎么样?"

"我发现都写了'他……说'。"有学生回答。

教师说:"对!很好。"

又有学生说:"我还发现第三行都有'我是'。"

教师满意地说:"对,写出了是什么季节。同学们的发现真多。"

接着,教师问:"你能仿照课文,说说你的画吗?再去画展看看你们的画。"

学生们纷纷下位子,边看边说。

有学生早已高高地举起了手:"落叶飘飘,他对大地说:'我是秋天。'"教室里响起了掌声。教师送给他一枚书签。学生们跃跃欲试。

又有同学说:"西瓜圆圆,他对青蛙说:'我是夏天。'"

……

教师分别请创作"四季"的学生合作朗诵新的"四季诗",大家朗读得都很有诗人的味道。

快下课了，该教师说："老师送给每个同学的书签上都有一首描写四季的诗歌。下课后，同学们可以互相读一读，还可以再去创作自己新的四季诗。"

学生们在愉悦中、在渴望中结束了这堂课。

● 阅读下面的案例，请用"片段法"进行评课。

一堂口语交际课

上口语交际课是件令人头疼的事。哪位毕业班的老师愿意"浪费"一节课去上考试不考的内容，让学生进行"口语交际"呢？今天这节口语交际课原本我也打算像往常一样，匆匆讲一讲，然后就抓紧时间进行其他练习。

上课了。我说："同学们，咱们这节课先来看一下这次口语交际的内容。"

学生没有丝毫兴趣地默默看着。有些同学看完了就在那儿干其他事，显然口语交际课对他们来说没有多大意思。为了启发学生，我说："我们从电视里常常可以看到拿话筒的记者，地震发生时是记者第一时间从现场给我们发回报道；现在首都北京在召开人民代表大会，来自各国的一千多名记者正在进行采访报道。记者这个职业多光荣呀，你们谁愿意长大了当一名记者？"

沉默了一会儿，有几位同学举起了手。我满意地点点头，接着说："好。现在咱们模拟一下，试着当一回小记者。"

教室里又安静下来，谁也不愿意第一个发言。为了抓紧时间，我说："那就先来采访我吧，你们想问什么，就问什么。"

我发现前排一位小男孩看着我，他的眼神告诉我他想发言。我高兴地说："好，请你来！"可他站起来，半天不说话，显然他不知道怎样开头。同学们都被他的样子逗笑了。我这才恍然大悟，原来还没有给学生讲清如何采访、如何说开场白呢。这都是没有认真准备造成的。

我马上给同学做了一个采访示范，模拟采访了一位同学，我把一张纸卷成一个小话筒，态度认真、诚恳地问："你好，我是电视台的记者，请问这位小朋友，你能告诉我你最喜欢上什么课吗？"

学生回答："当然是体育课了。"

我又追问："请问，你对你们学校的课外活动有什么看法？"

学生很遗憾地说："我们学校没有什么课外活动。"

我又说："那你能对电视机前的观众谈一下你的希望吗？"

尽管学生有些紧张，但谈得很好，我俩的表演如同催化剂，有些学生在下面跃跃欲试了。

我马上说："现在你们同桌先互相采访一下。"

教室里立刻热闹起来。有的学生握着小拳头伸长胳膊当话筒，有的学生把书本卷起来当话筒，你采访我，我采访你，个个脸上洋溢着兴奋与快乐。

"你好，我是海南电视台记者……"

"你好，我是北京电视台记者……"

"你好，我是中央电视台记者……"

……

这声音此起彼伏，像开了锅。教室这么"乱"，我还有些不太适应，我马上拍了一下桌子，大声说："好了，停下来！"同学们转过脸来看着我，很不情愿地停下自己的"采访"工作。

我说："现在请两位同学上来表演一下，谁愿意？"

"老师，我来！"

"我来！老师！"

竟有一半同学抢着表演，连平时上课爱说话、爱捣蛋的学生也把手举得高高的，真难得。我得先考虑他们。我请了两位同学上台表演。教室里响起了一片热烈的掌声。

两位同学不好意思地走上讲台，进行采访表演。尽管问的问题有些幼稚可笑，但态度却那么认真，我的心为之一动，平时怎么没发现他们的优点呢？

他们表演完了，我下意识地看看表，时间已过了一半，于是我说："这次交际课就上到这儿。接下来我们做综合练习，看看昨天那个病句。"

学生一听，满脸不高兴。有一位大胆的学生说："老师，我们还想采访。"

"我们也想。"

"我也想。"

我有点无奈。明天就要期中考试了，有几个病句学生还没搞懂。该怎么办？看着学生那期待的目光，我不忍心剥夺他们难得一次的"说话"机会！

"好，咱们继续采访。"我下决心说。

"耶！"学生们完全放松了，胆子也大了。采访热烈地继续着。

一个学生站起来，满脸严肃，态度认真地问我："老师，我是《××报》的记者，请问你校六年级突然取消晚修，这是为什么？"

我不禁一怔，好尖锐的问题……我回答得很含糊。

另一个学生马上站起来说："我是海南电视台记者，我想请老师谈谈你对这件事的看法。"

正当我考虑如何回答时，又有一个同学站起来："请问老师，如果不上晚自习，学习成绩肯定会下降，考不上重点中学怎么办？"

……

正当大家嚷着要去校长办公室采访校长时，叮铃铃，下课铃响了。

● 下面是语文特级教师贾志敏执教的《校园一角》作文教学课堂实录，阅读后请用"特色法"进行评课。

《校园一角》作文教学课堂实录

贾老师：我们是大自然的主人，我们热爱大自然。我们置身于美好的大自然环境中，用手中的笔把美景写下来，告诉别人，让别人也分享幸福，这是十分有意义的。怎样写景呢？首先要去观察，用眼睛看，用耳朵听，用鼻子闻，用手摸，有时还需要用嘴去尝一尝。其次，还要把自己的感受写下来，做到情景交融。我们的校园很美，有花有草，有树有木。我们一块儿去校园走走看看，去寻找校园里的"美"。

（贾老师带领同学们来到一棵大松树下）

贾老师：这是一棵雪松。我们一起对它进行一番考察吧！它位于什么地方？

学生甲：它位于操场的西北角。

贾老师：它像什么？

学生乙：它像一座宝塔。

学生丙：它像一把收拢的大伞。

贾老师：颜色呢？

学生乙：墨绿色的。

贾老师：你们用手去碰碰看，有什么感觉？

学生甲：扎人，扎得手心很疼。

贾老师：它似乎在告诉人们，你们可不要碰我呀！如果把它当作人，像谁？

学生乙：像哨兵。

学生甲：像慈祥的老人。

贾老师：让我们去看看美丽的花坛吧！

（贾老师带领同学们来到花坛前）

贾老师：我们的校园里一共有四个花坛。我们先看这个大花坛吧！花坛里栽着些什么花，你们都认识吗？

学生丙：我认识，这是月季花。

贾老师：颜色呢？

学生丁：有粉红的、深红的、朱红的……

贾老师：让我们再去看看喷水池吧！

（贾老师带领同学们来到喷水池边）

贾老师：喷水池呈什么形状？

学生甲：像梅花的形状。

贾老师：水池里的水怎么样？

学生甲：水很清，清澈得可以见底。水里还有几条金鱼在戏水。

贾老师：三座假山各像什么？

学生乙：有的像展翅飞翔的鹰，有的像盘坐着的老和尚。

学生丙：有的像一条竖着的鳄鱼。

贾老师：像什么全凭自己的想象。如果老师出一个题目："校园一角"，让你们写作文，有兴趣写吗？

众学生：有。我们有材料写的。

贾老师：我们先要看清题目，看懂题目的要求。既然是"校园一角"，那么绝不是要我们写校园的全部，只是要我们写校园的一个局部、一个角落。至于写什么，由你们自己决定。你们应该选择你们熟悉的、喜爱的内容。因为熟悉它，因为喜爱它，就会比较了解它，写起来比较得心应手。比如，怎样写校园里的那棵大雪松呢？可以先交代一下它的位置、它的形状，再写它的颜色，这是写它的静态。也可以写它的动态，即当风轻轻吹过，松树是怎么摇动的，发出什么声响。同学们如果想象丰富一点的话，可以把它比作一个人，他怎么跟你说话的？说了些什么？……如果把这些内容有条理地记录下来，就是一段美好的文字。你们试着写一写吧！

（学生习作后交流）

学生甲：许多人一跨进我们的学校，都会惊讶地说："这个校园真美丽，真整洁。"的确，我们的学校有高大的教学楼，有昂首挺立的松树，还有花坛。花坛呈L形的……

贾老师：你们都听到了，他写得很努力。可是他这么写有什么缺点？

学生乙：他先写了教学大楼，再写了松树，然后写花坛。我认为前面的话可以都不写，开门见山地指出：校园的南边，是一排美丽的花坛。

贾老师：我完全同意你的看法。我们平时说话要简明扼要，写文章更要这样，不要绕弯子，绕了半天才说到正题上去。建议你采纳这位同学的意见。

学生甲：校园的南边是一排美丽的花坛。花坛不高，用白底红花的瓷砖砌成……

贾老师：砖头一块一块地向上垒叫"砌"。这里该这么说："花坛不高，四周贴着白底红花的瓷砖。"

学生甲：……花坛不高，四周贴着白底红花的瓷砖。第一个花坛里栽着菊花和一串红。秋天，一串红开了……

贾老师：如果这么说，似乎更贴切些："现在正值秋天，一串红开得十分茂盛。"

学生甲：……现在正值秋天，一串红开得十分茂盛。远远望去，火红火红的，胜似春光，真是名副其实的一串红。菊花也争相开放……

贾老师：应该是"竞相开放"。

学生甲：……菊花也竞相开放，有白的，有黄的，有粉的，形态各异，绚丽夺目。第二个花坛里栽的是蔷薇，有些是粉红的，有些是深红的；有的风华正茂，有的则含苞待放。当你凑近闻一闻，顿时芬芳扑鼻……

贾老师："当你……"这是假设。不如改成"我凑近它一闻，啊，芳香扑鼻，香气袭人"。

学生甲：……我凑近它一闻，啊，芳香扑鼻，香气袭人。第三、第四个花坛里相继种着白玉兰……

贾老师：将"相继"改成"分别"。

贾老师：为什么第三、第四个花坛就这么一笔带过？

学生乙：有详有略，突出重点。

贾老师：对。作文还要注意突出重点，不能面面俱到。继续念下去。

学生甲：……我们校园的花坛，一年四季，繁花似锦，花草欣欣向荣，群芳斗艳……

贾老师：冬季的花坛里也能"繁花似锦"吗？建议你这样改："我们校园里的花坛，像个万花筒，一年四季不断变幻着。初春，欣欣向荣；盛夏，群芳斗艳；深秋，繁花似锦；即使到了隆冬，它还是那么生机勃勃。"

学生甲：……我们校园里的花坛，像个万花筒，一年四季不断变幻着。初春，欣欣向荣；盛夏，群芳斗艳；深秋，繁花似锦；即使到了隆冬，它还是那么生机勃勃。花坛只是校园的一角，它却把咱们的校园点缀得异常美丽。

贾老师："点缀"用在这里十分恰当。结尾很好，小结全文，点明中心。

……

贾老师：长江后浪推前浪，一浪更比一浪高。小朋友的文章真是一篇比一篇好。听了你们念的文章，我很感动，看到你们的进步，我十分高兴。

小朋友们，"校园一角"是属于写景的文章。要写好它，首先要观察景物。因为是命题作文，所以我们必须要审题。"校园"是范围，"一角"是对象。你选哪"一角"要先考虑好，然后确定观察的角度——即在什么地方看这"一角"，有时候你可以移动，有时候你可以不动，按一定的顺序，有详有略地记叙。当然，文章写好以后，还得反复诵读，认真修改，直到把文章修改到自己满意为止。

后 记

对师范生、新手教师以及全国教师资格证考试的考生来说，小学语文教学技能的重要性毋庸置疑。2011年，我们与华东师范大学出版社合作出版了《小学语文教学技能》，该教材深得读者厚爱，自出版以来印刷了十五次。

教材以"教学做合一"理念为指导思想，内容紧贴师范生和新手教师实际，遴选十六项教学必备技能（本版增加了"课堂朗读技能""模拟授课技能"两项技能），根据技能的训练逻辑，分为三篇，共十六章。

较之同类教材，本教材有四个突出特色：（1）结构新颖，尝试教材与教学同构的思路，即教学怎样教，教材就怎样编。每一项技能依据技能训练逻辑呈现，按"想与说—读与评—讲与议—学与做"来架构，形成"先做后学—边做边学—学后再做"的思路，这就把教材变成了"学材"，将学习者置于学习中心。（2）既凸显实用性，又不弱化理论性，即以实用为起点和归宿，使学习者学了就能用，并在运用中不断渗透"所以然"的知识，以帮助学习者举一反三。（3）本教材是教出来的，不是写出来的。我们不但把摸索出的师范生和新手教师技能学习的体验、得失提炼了出来，还让师范生现身说"法"，编写师范生自己的教材，这就更凸显了教材的针对性与普遍性。（4）表述方式特别，可读性强。就像与师范生和新手教师等说话一样，本教材语言简练、亲切，将理论渗透与任务驱动、案例分析相结合，摈弃了空洞的说教。

本教材由南京师范大学教师教育学院副教授肖晓燕和南京晓庄学院教师教育学院副教授王宗海共同撰写。其中，第二章、第五章、第六章、第十二章、第十三章、第十五章、第十六章由肖晓燕撰写；绪论、第一章、第三章、第四章、第七章、第八章、第九章、第十章、第十一章、第十四章由王宗海撰写；肖晓燕对全书做了增订工作。

感谢华东师范大学出版社师文老师在修订过程中的精心指导。

从2011年到2022年，我们将自己十几年的心得倾注进来，成就了这本《小学语文教学技能（第二版）》。

编　者

2022年8月2日